An Unoist Theory and the Modern Corporation
The Story of 400 Years of the Corporate Enterprise

Kasai Masaru

宇野理論と現代株式会社

法人企業四百年ものがたり

河西　勝 ── 著

社会評論社

宇野理論と現代株式会社――法人企業四百年ものがたり――＊目次

序　章　三段階論という宿命

一　ピケティと宇野の対話

不労所得生活者の社会から経営者の社会へ

トマ・ピケティは『21世紀の資本』で、国民の資本所有および所得の格差に関連して、「不労所得生活者社会」と「経営者社会」とを「二つの世界」として明確に区別して論じている。前者には「レッセフェール」国家、後者には「社会国家」が対応している。一次大戦以後、所得と相続財産に対する極めて累進性の高い課税とともに、不労所得生活者社会は相当程度にわたり経営者の社会（所有と経営の分離）へと移行した。つまりトップ百分位において、不労所得生活者（富・資本所有から得られる年収で生活できるだけの資産を持つ人々）が優勢を占める社会から、所得階層のトップ百分位を含む最上位層が主に仕事の成功によって得られる労働所得で生活する高賃金獲得者によって構成される社会へと移行した。資本／（資本および労働）所得比率βは、2013年までに一次大戦前に戻ったが、不労所得生活者の社会が復活したわけではない。その理由のひとつは、所得と相続財産に対して、一次大戦前と比較すれば依然として累進性の極めて高い課税が維持されていることである。「結局のところ、1913〜1950年の資本／所得比率βの減少はヨーロッパの自殺の歴史であり、特にヨーロッパの資本家たちの安楽死の歴史であった」（ピケティ 2014. 156）。

「不労所得生活者社会」から「経営者社会」への「移行」に関して、後者を現状分析に、前者を資本主義の原理論および段階論として対応させせれば、ここに、ピケティの「現状分析」と政策提言は、宇野弘蔵の三段階論によって強固な方法論上の基礎を確立することになる。一次大戦を画期とする「二つの世界」の時系列上の展開を三段階論構成に昇華させる限りで、ピケティの社会科学に対する貢献はより正当に評価されるものとなろう。

ピケティによる、国民経済計算と納税申告などに基づく一次大戦以後の「経営者社会」の分析が豊富な「現状分析」をなしていることは、誰でも認めざるをえない。一次大戦、大恐慌、二次大戦、福祉国家と高度成長、レーガンやサッチャーの新自由主義、21世紀初頭の金融危機、極端な所得格差復活に対する危惧、国際税制改革などなど、現状分析では当然のことであるが、時と所の具体性を欠くもっともらしいモデル理論（たとえばパレートの法則）は批判され排除されている。

現状分析ではいかなる一般的理論も排除されるという点では、ピケティのいう、（資本からの所得／国民所得比率）α＝（資本収益率）r×（資本／所得比率）β（第一基本法則）とそして、（資本／所得比率）β＝（貯蓄率）s÷（成長率）g（第二基本法則）自身についても、それらを経済法則論として理解する限りでとうぜんに当てはまる。「富の分配史は昔から極めて政治的で、経済メカニズムだけに還元できるものではない。特に一次大戦から1950年にかけてほとんどの先進国で生じた所得格差の低減は、何よりも戦争の結果であり、戦争のショックに対応するため政府が採用した政策の結果なのである。同様に、1990年以降の格差再興もまた、過去数十年における政治的シフトによる部分が大きい。特に課税と金融に関する部分が大きい」（ピケティ 2014）。

一方で、「不労所得生活者社会」が資本主義の原理論および段階論の対象をなすことは、資本主義社会の特殊歴史性を認めない新古典派ないし国民経済計算などに依拠するピケティにとっては当然だが、明確に意識されてはいない。19世紀にも統計分析的ないし「現状分析」的手法がそのまま適用されているようにもみえる。とはいえ、ウイーン講和条約以後から一次大戦直前まで（九九年間の世界平和の時代）については、「富と所得の格差について」、事実上「経済システム」への「還元」を認めているようである。先進諸国家が「レッセフェール的」（所得税率などが一率かつ低率）であることや、先進諸国の金本位制に基づいて世界的に通貨が「大安定」していることや、あるいは資本家的企業発展が、特に1880年代以降、それ以前のパートナーシップによるものとは異なり、株式会社形態を通じて資本所得と労働所得とを明確に分離する「純粋化」傾向を示すことなどが、経済法則論を可能にさせる。

ピケティにとっては一次大戦前には「富の蓄積と分配」が「不労所得生活者の勢力と自分の労働力以外何も持たない勢力との間」に「不可避的な」「所得格差」をもたらすこと（第一と第二の基本法則）は疑う余地のないものである

（ピケティ 2014.21）。「資本／所得アプローチは社会全体にとっての資本の重要性について概観を与えてくれる」。一次大戦前には、レッセフェール金融システムのもとに、株式会社企業における社会的資金の集中による固定資本の形成・蓄積が、それがもたらす企業の市場競争力のゆえに、純論理的に国民所得における労働所得と資本所得との格差拡大をもたらす傾向（資本主義的発展の純粋化傾向）があった。その金融システム発展史を段階論、その社会的再生産の純論理を原理論として明確にするときに初めて、一次大戦以後、現代株式会社企業における「所有と経営の分離」のもとで、「資本」および「労働」の所得が複雑にからみ合う「経営者社会」の「現状分析」が可能になる。

それ自身に利子を生むものとしての資本

「経営者社会」を経済学にとどまらず社会科学を総動員する「現状分析」の対象とするということは、同時にピケティのいう「不労所得生活者社会」を原理論・段階論にパラダイム転換させることを意味する。「不労所得生活者社会」の資本主義的原理および発展段階論に対する関係、つまりあらゆる社会形態に通じる経済原則を実現する（特に労働生産力の高度化をもたらす生産手段の利用）上での資本主義的生産様式の原理と歴史の「特殊歴史性」という問題である。この「特殊歴史性」の明確化のもとでなら、土地を資本とみなすピケティの資本概念そしてまた経済法則（第一および第二の基本法則）の考え方は完全に正しいといえよう。

ところでマルクスは「利子生み資本」論において、「貨幣の商品化」と「資本の商品化」とを明確に区別することができなかった。宇野の利子論は、その難点を、「貸付（資本でなく）資金の利子」（資金の商品化）と「それ自身に利子を生むものとしての資本」（資本の商品化）とに明確に区別して克服すべきものであった。前者については、諸産業企業における循環資本相互の商業信用に伴う資金の融通関係を商業銀行・中央銀行によって一般化するものとして貨幣市場が成立することを論証するもので、宇野の意図はほぼ完全に成功した。通例のマルクス教条主義からイクジットする宇野原論のはっきりした目的において、内容上成功した箇所が一つだけあるとすれば、それは貨幣利子論（商業信用・銀行信用論）に他ならない。

しかし「それ自身に利子を生むものとしての資本」については、資本主義的原理の特殊歴史性を「資本の物神性」として解明する宇野の明確な意図にもかかわらず、その論証に成功したとはいえない。もう一歩のところで挫折した。宇野原論では、マルクスを含む古典派経済学にしたがって、産業資本家、労働者階級、近代的土地所有者の三大階級が想定されていた。宇野原論では、固定資本が土地所有から恣意的に引き抜かれて、産業資本的形式（資本の流通形態）に還元され、固定資本が近代的土地所有と根本的に対立する関係におかれた。しかし工場も農場も、土地と合体する固定資本であり、年毎の賃貸借を通じて占有・利用される一つの生産手段体系に他ならない。地代を宇野が明確にした貨幣利子率（商品としての貨幣の代金）で資本還元（地代÷貨幣利子率）すれば、地代は資本が生む利子となり「それ自身で利子を生むものとしての」固定資本が成立する。当然に 貨幣利子率≒資本利子率（右辺はリスクプレミア分だけ左辺より高いとされる）が成立する。右辺は、ピケティのいう「資本収益率ｒ」と同義である。

「それ自身に利子を生むものとしての資本」における、利子÷資本 すなわち資本利子率が、貨幣利子率（中央銀行の公定歩合）にだいたい等しいことは宇野にとっても当然であった。しかも宇野は、資本利子率は、実際の証券市場の発展のうちに資本市場を規制するものとしてその資本の商品化を具体化させる事象と考えていた。宇野は、利益から配当が株主に支払われれ、配当が利子率で資本還元され株価が成立し、株式市場が発行市場と第二市場の両面において発展することを認めた。このように貨幣市場の原理を段階論上の資本市場の発展に関連付ける宇野の議論は、一点を除いてすべて正しい。その一点とは、株主への配当は原理的に株主が所有する固定資本の占有・利用に対する地代の支払いに他ならないこと（さもなければ配当の原理的根拠は不明）が、宇野には明確に認識されていないことである。リカード、マルクスを受け継いだ宇野の場合に、三大階級の想定が、近代的土地所有と固定資本との生産手段としての一体性の認識を最後まで阻害した。それは、「それ自身に利子を生むものとしての資本」を資本市場の発展に結びつけるもう一人の宇野の段階論上のこころみを封印するものであった。だがこの封印はついに破戒されるであろう。

ピケティの正しい資本概念

土地を資本に関連づける（ワルラス流の）ピケティの資本概念は、地代を利子として自ら生む固定資本を意味するものとして、未完に終わった宇野の「それ自身に利子を生むものとしての資本」を完成させる。同時に、ピケティのいう「不労所得生活者社会」における不労所得（資本所得）と労働所得との極端な格差構造は、資本家的企業の原理（原理論）と株式会社企業形態および資本市場・証券市場の発展（レッセフェール金融システム、段階論）との両面からのみ十全に解明されることが明らかになる。さらにそのことによって、一次大戦以降の「経営者社会」が「現状分析」の対象たらざるをえないゆえんが明らかにされる。ピケティは資本について次のように主張する。

> 「資本」という言葉は人間が蓄積した富の形態だけ（建物、機械、インフラ等々）を表すことにして、土地や天然資源ははずしたほうがいいこともある。それらは人間が天から与えられたものであり、それを自力で蓄積する必要はなかったからだ。この場合に、土地は富の構成要素ではあっても資本の一部ではなくなる。問題は、建物の価値と、それが建てられている土地の価値とを切り離すのは、必ずしも簡単ではないということだ。もっと難しいのは、「処女地」（人間が何世紀、何千年も前に発見した状態）と、そこに人間が行った改善、たとえば排水、灌漑、施肥などと切り分けることだ。同じ問題は、石油、ガス、希土類などの天然資源についても言える。その純粋の価値は、新しい鉱脈を発見して採掘可能にするための投資による付加価値（追加的な価値…引用者）と区別しにくい。だから本書ではこうしたあらゆる形の富を資本に含めることにする（ピケティ 2014.51）。

土地（一連の基盤整備を伴う農場、鉱山など）も工場（動力・伝道・作業機からなる機械体系全体を含む）も、一つの効率的な生産手段体系として、一年毎に繰り返して賃貸され、得られる年地代が資本還元される限りで自ら利子を生む資本の価値となる。資本とは利子生み固定資本であり、稼動中の生産手段・ストックを意味する。労働所得・資本所得とはその固定資本がもたらすフローである。資本の重要性は資本の存在が所得の前提をなすことにある。労働所得は労働用益の商品化を意味し、資本所得は、固定資本用益の商品化を意味するが、両者はともに、一定以上の労働生産力（市場競争力）を提供しうるものとしての生産手段・固定資本の存在（私有制）を前提にしている。要するに純粋資本主義社会の商品の生産・分配・消費の論理（原理論）は、固定資本の形成・蓄積のための資本市場・株式市場・投資バンキングの歴史的発展（段階論）に裏打ちされる内容をもつ限りで存在しうる論理である。「資本の本源的蓄積」を貨幣的富の集中と労働力の商品化に求める宇野説（宇野2016.51）は誤りであるということになる。

資本家的企業は循環資本（フロー）と固定資本所有（ストック）との資本二元論的存在である（河西2009）。前者の担い手が機能資本家もしくは機能経営者と呼ばれる。彼らが生産された生産物の価値（労働量価値＋市場価値＝付加価値）から支払う労賃と地代（このうち差額地代は限界原理がもたらす市場価値・超過利潤により、絶対地代は剰余労働量価値による）がそれぞれ労働者の労働所得となり固定資本所有者の資本所得となる（地代は資本還元されて固定資本がそれ自身で産む利子とみなされる）。機能経営者は、資本所有者ではないので、原理的には労働所得以外に資本所得を得ることなどできない。工場や農場や鉱山の所有者である個人資本家あるいは株主は地代を、従って資本所得をうる。彼らは、固定資本所有者である以外に機能経営を担うとすれば、もちろん資本所得以外に労働所得が得られる。

同様に、株主の代理人として社外取締役（イギリス）または監査役（ドイツ）は同時に大株主として、他の多数の少数株主とともに資本所得を得る。ピケティがいうように、「有限会社、あるいはもっと一般的に株式会社における企業会計は、資本を提供する個人の会計とは明確に分離されている。そこでは、労働報酬（賃金、給与、賞与、その他、経営者を含め、企業活動に労働を提供する、従業員に対する支払い）と資本報酬（配当、利子、企業の資本の価値を引き上げるために再投資された利潤等）は明確に区別されている。パートナーシップや個人事業だと話がちがう。こうした事業の会計は、ときに所有者と運営者を兼任する事業体代表の個人会計と一緒になっている」（ピケティ 2014.211）。

資本、つまり固定資本を原理的に機能資本（産業資本的形式・フロー）に還元してしまう宇野「原理論」によっては、資本あるいは土地が固定資本として、機能経営者による商品の生産において一定以上の労働生産力（市場競争力）を提供するものであることは全く理解できない。資本の重要性は、一定以上の労働生産力実現の可能性にあるのであって、それがなければ固定資本用益の商品化も労働用益の商品化もありえない。伊藤（2014）はピケティを「資本による剰余価値としての所得の社会的基礎が、基本的には賃金労働者の剰余労働にあることも（を）無視することになっている」と批判する。マルクス・宇野をオウム返しする伊藤の労働価値説・搾取説の難点は、次のことを全く曖昧にしてしまう点にある。つまりそれ相当に効率的な、一定以上の労働生産力を可能にする生産手段を固定資本として利用するのでなければ、いかなる労働も、価値をしたがってまた剰余労働にもとづく剰余価値を形成できず、さらに限界原理による市場価値をもたらすものにもならない。伊藤にとってはピケティのいう「資本の重要性」や、資本家の「資本所得」や機能経営者の「労働所得」などという概念は完全に理解を超えるものとならざるをえない。

ピケティの発展段階論

さてピケティによれば、18、19世紀を通じて1914年までは、国民資本の総価値は国民所得の6～7年分（資本

／所得比率βは600～700％）の間で推移した。国民所得（国内総生産GDPに等しい）に占める資本所得の割合α＝r×β（rは資本収益率、ハイリスク・ハイリターンなので投資分野によって異なるが、平均で4～5％）なので、社会全体にとっての資本の重要性を示す資本／所得比率βが高いほど、国民所得に占める資本所得のシェアαは、大きい。「ただしこれらは平均値を示すもので所得格差の実態については何も語らない」。

ピケティによれば、19世紀後半にほぼあらゆるところで導入された「有限責任会社」という革命的な概念のおかげで、リスクにさらすのは投資した資本のみで、個人の財産は無事だ」。「有限責任」こそが、株式会社企業形態を発展させ、巨額固定資本形成のために社会的資金を株式資本として集中することを可能にさせた。特にヨーロッパでは1880年代以降の産業企業における株式会社の普及によって、それまでの国民資本のうち農業（固定）資本が占める国民所得に対する高比率（このことがマルクスを含む古典派経済学の誤った三大階級の想定を不可避的なものにさせた）が急速に低下した。また株式会社の世界的発展は、特にイギリス、フランスの海外投資（純外国資本）を増進させる一方で、ドイツではむしろ国内資本の集中を著しく促進した（ピケティ 2014.124.148）。本書の第3章レッセフェール金融システムでみるように、鉄道や産業企業における株式会社の発展は、国債の発行をも仲介する投資バンキングとロンドン証券取引所を中心とするレッセフェール金融システムの発展をともなう。産業企業と金融機関の発展は、相互自治的にまったく共存共栄の関係にあった。

資本主義の発展段階論上では、資本収益率（資本利子率）は、各産業部面ごとにばらつきがあると同時に国債の利回りにほぼ等しい一般的利子率（中央銀行による公定歩合）を時にリスクプレミア分だけ上回る。資本家的企業は、リスクを取りながら資本収益率の最大化を求める。投資バンキングと証券取引所を通じて株式を発行し、固定資本の形成のために資金を調達する。株式会社企業は、レッセフェール金融システムのもとに、社会的資金を株式資本として集中しながら、世界市場上の水平的分業・垂直的分業をますます効率的に深化させていく。結果は（国民資本から所得／国民所得比率）α＝（資本収益率）r×（国民資本÷所得比率）βの増大であり、資本所得と労働所得との極端な所得格差拡大として現れる。

ピケティによれば、ベル・エポック期（19世紀末から1913年まで）は格差ピーク時であり、極端な不平等、史上最も不平等な社会のひとつであった。トップ十分位が国民所得にしめるシェアは、一次大戦直前に45－50％。トップ百分位の所得シェアは、１９００～１９１０年に国民所得の20％以上。資本は労働に比べてはるかに集中度が高いため、資本所得は所得階層のトップ十分位の懐に入る分が非常に大きい。分配のトップ百分位、トップ千分位と上がるにつれて、資本所得の占める割合は、ますます極端になる。

19世紀中と一次大戦前にかけて、税収は国民所得の10％以下だった。これは当時の国家が経済や社会生活にほとんど介入しなかったという事実を反映している。国民所得の7－8％だと、政府は中心的な「君主」機能（警察、法廷、軍、外交、一般行政等）は行えるが、それ以上はたいしてできない。秩序を維持し、財産権を保護し、軍を維持するための支払いを終える（これはしばしば総歳出の半分以上を占めた）と、国庫にはたいしたお金は残らなかった。この時期の国家はある程度の道路などインフラにも支出したし、学校、大学、病院などもまかなったが、ほとんどの人々はかなり初歩的な教育や保険医療にしかアクセスできなかった（ピケティ2014.493）。

なお公共資産（＝公的資本＋公的債務）は、長期間をかけて増加し、18、19世紀のイギリスとフランスで国民所得の50％に達した。公的債務（国債の発行）は、イギリスでGDPの２００％にたっすることもあったが、インフレ率がほとんどゼロのもとで、税収からの多額の利子支払いを通じて、投資家（不労所得生活者）層を大いに潤した（ピケティ2014.139）。

二　「経営者社会」の現状分析

産業資本家の安楽死

株式会社企業の発展を支えた世界大のレッセフェール金融システムは、一次大戦をもって永久に終焉した。そんな中でピケティによれば、フランス（イギリス、ドイツも概略同様）では、二度の世界大戦による破壊、大恐慌が引き起こした破産、そしてなによりもこの時期に成立した公共政策（家賃統制、国有化、そして国債を所有する不労所得生活者がインフレにより消滅したこと）などによって、資本／所得比率βは、１９１４年前6～7年分から（大恐慌と二次大戦を含む）１９５０年代まで減少の一途をたどり、２～３年分（２００～３００％）まで落ちた。しかし１９５０年代から資本／所得比率はずうと増え続け、１９８０年代に４００％弱、２０１０年に５００～６００％に達し、一次大戦前の水準（６００～７００％）に戻りつつある。このU字曲線は所得格差の変動にどのように関係するか。

再分配前の第一次所得で見ると、所得格差の大幅縮小が起こった。トップ十分位が国民所得にしめるシェアは、一次大戦直前の45〜50%から2013年現在で30〜35%にまで減少した（フランス、以下同）。20世紀（一次大戦以後）を通じた所得格差の大幅縮小は、全く最上位の資本所得の減少による。一次大戦以後に最上位1%の資本所得が減少しなければ所得格差は縮小しなかった。1914年にトップ1%が資本所得として国民所得の20%を得ていた不労所得生活者の社会が一次大戦以後の20世紀を通じて文字通り崩壊した（トップ百分位の所得シェアは2000〜2010年に8・9%まで低下）。この結果として、トップ十分位の所得構成に重大な変化が起った。労働所得が所得のほとんどを占めるようになり、労働所得が所得格差の主要な要因をなすようになった。「経営者社会」の登場である。

1932年では、トップ0・5%の人々にとってのみ、資本所得が主要な収入源だった。トップ十分位については、（労働所得）78%＋（資本所得）13%＋（混合所得・自営所得）9%＝100%。2005年では、トップ0・1%の人々においてのみ、資本所得が労働所得を上回っていた。トップ十分位については、労働所得 88%＋資本所得 5%＋混合所得 7%＝100%（ピケティ 2014.288. 図8-3.4. から推定。この数値は、納税申告書の資本所得をもとにしているので、資本所得は過小に表現されている）。

本来的に資本は労働に比べはるかに集中度が高いため、一次大戦以前は資本所有はトップ「1%」に極度に集中していた。トップ「1%」の所得のほとんどは、資本所得という形で入ってきた。なかでも高リスク資産である株の配当と債券の利子による所得は大きかった。それだからこそ、一次大戦以後、経済が崩壊し、利潤が減少し、企業が次々と倒産した大恐慌中に、トップ百分位の資本所得および所得シェアは急減した（ピケティ 2014.293）。

対照的にトップ9%（トップ百分位を除くトップ十分位）にとっては、一次大戦以後は、労働所得が主要な収入源となっていた。実際にトップ「9%」には、大恐慌の受益者である管理職・経営者層（少なくとも他の社会グループに比べれば受益者だ）が多く含まれていた。彼らは彼らの下で働く被雇用者に比べれば、失業に苦しむことはずっと少なかった。特に工業労働者が被った非常に高率の完全失業や部分失業は一度も経験しなかった。また、もっと上の所得階層に比べ、企業利潤減少の影響をそれほど受けなかった。「9%」の中でも、中級公務員と教師は特に順調だった。一方、民間部門の賃金は1929年から1935年にかけて50%以上も減少している。この時期のフランスが苦しんだ厳しいデフレは、この過程で重要な役割を果たした。幸運にも職と名目賃金を失わずにすんだ個人（主に公務員）にとっては、物価の下落が実質的賃上げとなり、かれらは大恐慌中ですら増大した購買力を謳歌した。「９％」が享受していた資本所得（名目値できわめて硬直していた賃貸料）もデフレで増加したので、この所得フローの実質価値は大きく上がった。

ところが、人民戦線が政権を握ると、このプロセスは完全に逆転した。マティニヨン協定の結果、労働者の賃金は急上昇し、１９３６年9月にはフランが切り下げられ、１９３６年から１９３８年の間にインフレが生じ、「９％」（トップ百分位を除くトップ十分位）とトップ十分位の両方のシェアが低下した。すでに大戦間期において所得格差は、一次大戦前のような資本所得（資本家階級）と労働所得（労働者階級）との問題というよりも、戦争など国民統合のために賃金（労働所得）格差を是正するといった政治的制度的問題になっていた。

ピケティによれば、20世紀一次大戦以後に最上位１％の資本所得の減少によって所得格差は縮小したが、その縮小した所得格差の中での所得格差は主として労働所得の格差によるものになった。ただし賃金格差だけに着目すれば、分配は長期的に安定していた。１９００年代には、２０１０年代と同様に、賃金階層のトップ十分位が総賃金の25％を得ていた。分配下位、たとえば賃金が最も低い50％は、常に総賃金の25～30％（このグループの平均賃金は、全体の平均賃金の50～60％）であり、明確な変化はない。反対にトップ百分位のシェアは、総賃金の６～７％あたりで長期間ほぼ完全に安定している。一次大戦前には、トップ百分位のシェアを基準にした資本所得格差（20％）は賃金格差（６～７％）の３倍に近かったが、21世紀初頭の資本所得格差（８～９％）は、賃金格差とほぼ同水準になっている。

所得のトップ十分位の下半分は、すべて経営者の世界であり、彼らの所得の80～90％が労働の対価である。その上半分、トップ１％をのぞく４％でも、労働所得は、大戦間、現在を通じて、総所得の70～80％と明らかに優勢である。２０１３年現在でも、所得のトップ「９％」（トップ百分位を除くトップ十分位）は、主に労働所得よって生活する人がほとんどである。資本所得は、ゼロではないが、通常は主な所得源ではなく、単なる補完に過ぎない。（民間部門の管理職、技術者、公共部門の高官や教師など）。なおこの「９％」の中には、医師、弁護士、商人、レストラン経営者など自営業者も含まれる。反対に１％（トップ百分比）は、所得の主たる源泉は資本であり、資本所得の大半が動産（証券類）からの配当や利子である。

トップ経営者が自分の報酬を決める無制限な権限を持つといった労働所得における所得格差拡大は、高額労働所得により得られる財産所有の集中や少子化における相続財産の集中がもたらす資本所得の格差拡大によって、さらに大きくなる可能性がある。21世紀初頭、一次大戦前の水準（６００～７００％）に戻りつつある資本／所得比率βのもとで、所得格差の拡大が、主に経営者層の労働および資本所得の集中に対する一般労働者の労働所得の格差拡大によるものだとすれば、「それは現代の民主社会にとって基本となる能力主義的な価値観や社会正義の原理とは相容れない水準に達しかねない」（ピケティ 2014.2.440）。

社会国家の将来性

ピケティによれば、一次大戦終了後の１９２０年から１９８０年にかけて、富裕国は全て例外なしに、20世紀の間に国民所得の10％未満が税金になるという均衡から、国民所得の３分１から半分が税金になるという均衡に移行した。その税収は「社会国家」の構築に使われた。一次大戦前の「君主的」役割（そのためには国民所得の10％しか要しない）を超えて、政府は増大する税収でますます広い社会的機能を引き受けるようになった。これが今や国民所得の四分の一から三分の一を消費し、その半分が保健医療と教育に、他の半分が代替所得と移転支払いに行く。

国民所得の10％から15％（時には20％）に及ぶ代替所得と移転支払いは、教育や保健医療に対する公共支出と異なり、家計の可処分所得の一部を形成する。政府は巨額の税金や社会保険料を徴収して、それを代替所得（年金や失業保険）や移転支払い（家族給付、公的扶助など）の形で他の世帯に支払うので、全世帯の可処分所得を合計すると、総額にはかわりない。要するに、現代の所得再分配は、金持ちから貧乏人への所得移転を行うというよりも、むしろ権利の論理として、概ね万人にとって平等な公共サービスや代替所得、特に保健医療や教育、年金などの分野の支出をまかなうということに特徴がある（ピケティ 2014.496）。

公的債務については、一次大戦以後、以前とは全く違う見方が登場してきて、「公的債務は公的支出を増やして富の再分配を行い、社会で最も恵まれない人々に益をもたらす政策の道具になり得る」とされた。ともかくしばしば公的債務はインフレに埋もれてしまい、インフレは、一次大戦以前とは全く逆に、国債を所有する不労所得生活者層の没落を促進した。

公共資産（＝公的資本＋公的債務）は２０１０年には、国民所得の１００％（イギリス）あるいは１５０％（フランス）に達していた。これは、国家の歴史的な経済的役割が着実に拡大してきたことを反映している。これにには保健医療・教育分野でのかつてなく広範な公共サービスの発展（公共建築物、公共設備への大規模な投資が必要）と交通・通信分野への公共もしくは準公共インフラ投資が含まれる。ただし国家の経済への積極的介入は、大きく二つの段階に分けられる。

一次大戦以後、「レッセフェール」に代わり経済への国家の積極的介入が模索され、様々な国有形態の企業と、従来の私有財産形態を併せ持つ「混合」経済、あるいは金融システムと「私的資本主義」一般に対して強い公的規制と監督が存在する混合経済が発展した。同時にソ連が二次世界大戦で勝利した連合国に加わったことで、ボルシェヴィキの導入した国家統制経済システムの威信が高まった。

しかし１９７０年代のスタグフレーションと財政の悪化が、国家の経済への積極的介入を正当化する戦後のケインズ的コンセンサスの限界を示した。他国に追い越されるのにいらだちを募らせた米英の１９７９・８０年「保守革命」が規制緩和を始動しはじめた。さらに１９７０年代に国家主義ソヴィエト・中国モデルの失敗がいっそう明らかになり、この二つの共産主義大国は、新たな形の私有財産制を企業に導入した。かくして国際的潮流は、国有企業のプリバタイゼイション（私有化）、経済システムの自由化に収斂していったといっても、もちろん「レッセレール」国家へと逆流するわけでも、それが復活するわけでもない。

現代の所得再分配は、20世紀に富裕国が構築した社会国家に見られるように、いくつかの基本的な社会権に基づいている。教育、保健医療、年金生活についての権利である。こうした課税と社会支出の制度が今日どんな限界や課題に直面しているにしても、それは歴史的に言えば、明らかにすざましい進歩であった。選挙での争いはあったものの、こうした社会制度を核として大まかなコンセンサスが形成され、特に「ヨーロッパ社会モデル」と思われているものに深くこだわるヨーロッパにおいてはそれが強かった。国民所得のうち、10%～20%しか税に行かず、政府が君主的な機能にまで切り詰められるような世界への帰還を本気で考える、大きな運動や有力な政治的勢力は存在しない。一方で、社会国家を１９３０年～１９８０年のような成長率で拡大させ続けようという主張に対する強い支持もない（ピケティ 2014.495）。

後に売却して得られるキャピタル・ゲイン（ピケティによれば資本所得に分類されるが、それは統計上の便宜的分類に過ぎないだろう）のために、ストック・オプションが経営報酬（労働所得）として経営者に与えられる。これがインサイダー取引を正当化し粉飾決算をもたらし、けっきょく２００１年にエンロンを破綻させ、労働者や一般投資家の諸権利を蹂躙した。資本所得といえ労働所得といえ自営所得と同様に、もはや原理論や段階論に還元し得ないものとして現状分析の対象にならざるを得ない。一次大戦前の資本所有の集中がもたらす不労所得生活者社会の所得格差と異なる戦後の権利と所得の格差構造、法人所得税の回避と利益の内部留保と自己金融化、労働所得を投資して得られる経営者の資本所得、株主の資本所得を横取りする経営報酬、そして非生産手段としての住宅所有等からくる資本所得、さらに相続財産が絡みあう「経営者社会」の極端な所得格差の実態、その根拠もしくは無根拠、そして権利と所得の格差是正の可能性と民主主義の行く末、これらを解明することこそが、ピケティの現状分析にとっては、重要課題となる。こうして、『21世紀の資本』は宇野三段階論上の現状分析をなすものとしてこそ、正当な評価を受けるものとなる。

ピケティは、マルクスや宇野・伊藤に対して新古典派の正しい資本概念を提起している。それを原理論と段階論に組み入れることによって、宇野の「それ自身に利子を生むものとしての資本」の問題点、そして株式会社・金融資本論など段階論上の難点はほとんど克服される。一方で、不労所得生活者の社会から経営者の社会への移行を所得格差社会のいわば歴史的循環とみなし、一次大戦前の資本主義的発展を人類前史を総括するものとは見なさない、ピケティの普遍主義的世界観も同時に払拭されよう。レッセフェール国家による資本主義社会よりも、人類本史を切り開く政治が制度と経済を設計し組織する脱資本主義的経営者の社会においてこそ、場合によっては所得と権利の極端な格差が生まれやすい。このことは、アメリカの「スーパー経営者」、ソ連邦のノーメンクラツーラ（および現在のロシア型経営者社会）や改革開放後の中国型経営者社会でも実証済みである。

ピケティの現状分析と政策提言は、一般理論に囚われず統計的な現状分析に徹するゆえに、学ぶべき豊かな内容に満ちている。たとえば、イギリス、アメリカなど1980年代以来の重役報酬高騰は、限界累進税率の大幅引き下げによるもので（つまり、高い報酬を得ても税金でもっていかれるくらいならその高い報酬は望まない）、より良い働きに対する報酬なのだという見方は間違い。あるいは、法人所得税率の引き上げは資本の海外逃亡を許すかもしれないが、法人所得を横奪する経営報酬に対して労働所得税率を引き上げても経営者は海外逃亡できない、などなど。

三 「企業それ自体」論争

擬似三段階論

ラーテナウは、一次大戦中の1917年に執筆した『株式制度について―実務的考察―』を1918年に公刊した。彼は、ドイツの19世紀末葉以来の株式会社大企業の発展において、「土台の組み換え」を確認した。経営管理機関における株主の代理人としての監査役会から機能経営者としての取締役会への権力の移行、同時に配当抑制など取締役会の実質的裁量権拡大と株主総会に本来的な私的利益・権限に対する抑制、いわゆる所有と経営の分離である。ラーテナウは、総力戦体制の継続あるいは戦後復興のために企業の「公共機関主義」を担保するものとして、取締役会の権限拡大を徹底的に擁護した。この場合に不明確のままだった株主の将来的地位に関しては、ユダヤ人ゆえにか暗殺される1922年までの一連の著作や議会発言、あるいは戦後復興のための「経済組織的プログラム」構想のなかで、明確にしていった。

ラーテナウの構想は、「株主なき株式会社」構想、あるいは株式会社を「生産共同体」所有へ転換させる構想のいずれの場合にも、株主のためにはなんらの財貨の見返りも期待させなかった。ワイマール共和国の政治的経済的激動、そして1929年末の経済大恐慌の始まりとともに、ラーテナウの論述に対して、ますます激しい異議申し立てが起こった。一次大戦敗北で始まった社会化論争、社会化委員会の任命、そして1918年12月のレーテ議会での社会化問題論争など、当時まだ記憶に残っていたすべての出来事を背景にしてみると、ワケは時代のロジックのなかに存在していた。要するにひとびとは、際立つ構造改革と経済不況の印象のもとに、ともすればラーテナウの社会主義的展望に助力を求めかねない議論のダイナミックスに恐怖を感じたのである（Riechers 1996,15）。

1928年、ハウスマンは『株式制度と株式法について』を著わし、その全篇を通じてラーテナウの「土台の組み換え」（これをハウスマンは特に「企業それ自体」と命名した）と社会主義に帰結するものとしてのその脱資本家的発展傾向を完全否認した。もともと経営管理機関は委託された株主（他人）資産を可能な限り儲かるように運用する。このような経営管理機関と株主全体との間の基本関係においては、一次大戦以後大株主としての「経営者株」（一種の経営管理機関株）といったバリエイションが存在するとしても、1870年代以来本質的にはなんらの変更もない。確かに「資本とコントロールの分離」が見られるが、それは、株式会社の本来的な「公共機関的性格」によるものである。ハウスマンは、株式会社の資本主義的（私的取得）原理の「止揚でなく修正」において「企業それ自体」の存在を認めた。彼は、自ら命名したラーテナウの「企業それ自体」から、社会主義的毒素を拭いさったのである。

ネッターは、１９２９年に『生きた株式法の問題』を公刊、ラーテナウに対するハウスマンの批判をより詳細に株式法の観点から発展させた。ネッターは、「経営管理機関株」による法律上の「資本とコントロールの分離」を明確に認めた。にもかかわらず、それを、「資本主義の内的有機的（経済的）発展」の法律上の反映と見なして、その脱資本家的意義の解明を課題とするには至らなかった。彼は、ハウスマンと同様に、ラーテナウのいう経営管理機関と株主総会との根本的な利害対立を認めず、脱資本家的企業への転換を否認した。ネッターは現代株式会社における資本主義的（私的取得）原理を企業（経営管理機関）と株主全体との利害同一性の実現とみなし、資本家的「企業それ自体」を主張した。

ハウスマンとネッターは、ラーテナウの脱資本家的「企業それ自体」あるいは「公共機関主義」を否認したが、資本家的「企業それ自体」を一種の擬似三段階論的な方法によって解明すべきことを主張した。株式会社の本質（資本主義的取得原理）、株式会社の基本形態（ドイツ株式会社の一次大戦前的形態）、そして一次大戦後状況のもとでの「基本形態のバリエイション」である。ハウスマンは、そしてネッターも同様に、一次大戦以降の現代株式会社の発展を、「株式会社の本質にとって決定的な、ＡＧ（Aktiengesellschaft ドイツ会社法上の株式会社）に具現する純粋資本主義的原理のバリエーション」として、定義づけした。ハウスマンは、ラーテナウの「公共機関主義」を、株式会社に一般的なものとして「公共機関的性格」に還元した。(注)

(注) 以上の「企業それ自体」論争が「擬似」とはいえ、法律上の三段階論のいわば萌芽形態を示していることは大いに注目される。宇野（１９５５年）は「座談会　法律学の疑問」において、法律学者に対して、法律学にも経済学の原理論、段階論、現状分析に対応するような三段階論方法が必要ではないか、と次のようにように問題提起した。「たとえば、…法社会学などの研究を外から見ていると、日本の社会は遅れている、これはいかん、というように道義的なあるいは法律的な憤慨をもって進められて言う場合が多いのではないですか。…もっと客観的にどうしてこういう風になったかというものとして、みるのが科学的立場ではないでしょうか。道義的に憤慨することは非常に誇張する傾向もあり得るのです。もっと冷静にみ得る場合に、誇張して憤慨することは科学的な態度を失わせることになるのじゃないか。あるいは市民的な社会関係が理想的状態であ

るかのごとく考えられたりする。これはやはりそうじゃないので、理想という意味がただわれわれの実践の努力の目標というふうに考えられたのでは、科学的研究とは離れてくるのではないかと思う」。「市民社会がそういう理想的な関係を持っているものとして規定されるということは、」そこに「原理的な体系が確立されている」ことを意味するのであって、われわれの実践目標というわけではない」。それは、資本主義的な経済発展段階に対する法律上の変遷を媒介にして、「日本の現状の分析基準として役立てられるときに、初めて科学的な規定になるし、またその分析も科学的になる。」

「企業それ自体」論争の「擬似三段階論」に通じる以上の宇野の問題提起は、その後どの学問分野からも注目されることはなかった。ここでは、克服すべき基本的な問題点を簡単に示して置きたい。次のような論争があった。法学者；「労働力を買って賃金を払った。買ったからその労働力は自分のもので自由に使える。こういう観念は経済的観念じゃなくて、法律的な観念でしょう。」宇野；「たとえば、労働力を買って、資本が、生産過程を支配するといった時には、労働力の生産に要した労働時間と、労働力を使用して得られる労働時間の差ができるのは、これは法律でも何でもないですね。それが経済学の対象になるのです。」

資本主義的生産様式は、法律的関係か、経済的関係か、経済学者と法学者との間には、埋めることのできない深い溝があるようにも見える。しかし近代諸国家の法律的関係が世界市場をつうじて資本主義的生産関係（経済的関係）を保証しているとはいえ、その一方で世界市場をつうじて主権諸国家をこえるその経済的関係が法律的関係を伴う主権諸国家の存在を可能にしていることも事実である。つまり法律的関係と経済的関係とは相互補完的であると同時にそれぞれ自立した関係にあるという点が重要ではないか。両者を媒介するものが近代の主権諸国家の存在ということになる。法律的関係と国家を措いてこそ、原理論を措いては、経済学および法律学の段階論つまり資本主義の歴史的発展段階論は成り立ちようがない。つまり、国家とその法律関係を超える法学の原理論を法学者に求めることに宇野の無理があった。けっきょく社会科学の三段階論は、その原理論を経済学に求めることになるが、法律学に求めることはできない。実際にハウスマンとネッターは、その擬似三段階論において、資本主義の純粋原理を経済学に、段階論をドイツの株式会社法理論に、現状分析をその法律形態の変容としての「企業それ自体」に求めたのである。

宇野の三段階論

この場合にハウスマンとネッターはともに、その「純粋資本主義的原理」を株主の私的取得の追求に解消した。そして、そこに生ずる「私的取得」と「社会的利益」の矛盾を経営管理機関株など株式所有形態のバリエイションによって解決するものとして、彼らなりの資本家的「企業それ自体」を発見した。彼らの主張の根本的難点は、資本主義的原理の矮小化に帰せられる。宇野の原理論によれば、資本家による私的利益の追求は、決して「社会的利益」と矛盾するものではない。もちろん利益追求競争は私的動機によるものであるとしても、資本家的企業の社会的総体としては、互いの競争を通じてあらゆる社会形態の存在根拠をなすいわゆる経済原則均衡（生産と分配と消費）を純粋資本主義社会として実現する。この「私的」資本の「社会性」（私有制と価値法則）の論証にこそ、マルクスの『資本論』の目標を超える宇野原論の眼目があった。

「資本の自由競争」あるいは「資本の私的社会性」、同じく資本家的企業の原理は、国家と世界市場上の発展において、現実的歪曲を最大限に矯正しつつ自らを貫徹させる。18世紀初頭以来発展した自由主義的国家とレッセフェール世界市場の発展は、資本家的企業原理の作用において不可欠である。特に法人企業は固定資本形成・蓄積のために、本来的には利益の内部留保によるというよりも外部的な社会的資金の調達と集中に依存している。資本家的企業の発展は、18、19世紀のレッセフェール世界金融システムによって外部的に裏打ちされる場合にのみ可能になる。企業の株式会社形態や投資バンキングや証券市場は、固定資本の形成・労働生産力の高度化として、抽象的に原理論に反映されるし、またされなければならないが、原理論と区別して資本主義の歴史的発展段階論として論じる以外にない。そこでは、個人企業、パートナーシップであれ、株式会社であれ、資本家的企業として、「資本所有とコントロールの一体性」が当然のこととして作用している。レッセフェール金融システムを通じて固定資本（生産手段）を形成し所有するものが、その年度ごとの貸付けによって、集合的に生産過程と経済原則をコントロールし実現するものとして、資本主義社会はその自律的な発展が保証される。

それゆえ宇野が一次大戦以降については、資本主義の世界史的段階論的規定を超えて「現状分析としての世界経済論の対象をなすもの」とする場合に、その含意は明らかであった。

つまり一次大戦以降の世界では、あらゆる社会形態に通じる経済原則的均衡の実現は、資本家的企業原理とレッセフェール世界（商品、貨幣、資本）市場によるものから、経営者が支配する脱資本家的企業と諸国家のグランドデザイン（目的意識的な制度設計）によりもたらされる世界政治経済システムとの協働によるものへと大転換する、と。こうして「資本主義原理」の明確化と「株式会社の基本形態」の段階論的根拠づけによって、ハウスマンとネッターの擬似三段階論は宇野三段階論へと飛躍する。株式会社など資本家的企業の本質（原理論）、株式会社の基本形態とレッセフェール世界市場（段階論）、それらの止揚としての「企業それ自体」と世界政治経済システム展開（現状分析）である。それによって同時に、ラーテナウの「企業それ自体」は、完全社会主義体制への過渡期的形態をなすものとしてでなく、グローバルな脱資本家的企業社会を構成するものとして、「人間前史」を総括する資本主義社会を超えるその普遍的性格が明確にされる。

現状分析の焦点としての「企業それ自体」

ベルサイユ条約によって、賠償問題に喘ぐワイマール共和国が成立した。そのもとで、「所有と経営・コントロールの分離」を鮮明にする、次の、三つの互いに関連する脱資本家的事態が発展した。第一に、沈黙積立金など内部留保を原資とする金融、つまり自己金融の肥大化である。第二に、債券と区別するために株式法が禁止する解散以外の自己株式の取得が一次大戦以後流行し、また特に1930年代に入って蔓延した。「株主は、会社が存続するかぎり自分の出資金の返還を要求できない」ことは、ハウスマンが認めるように「株式会社の根本原理の一つ」であった。しかしいまやなし崩し的に「生きた株式法」においてその根本原理が否認された。第三に、一次大戦以後、法人所得税率が引き上げられるとともに、利益の内のどれだけを減価償却資金として内部に留保するか、どれだけを税金に回すか、株主に配当するか、あるいは従業員・経営者自身に支給するかという点で、「私有制と価値法則」による拘束を打破して、飛躍的に取締役の自由裁量権が増大した。

ラーテナウは、資本家的企業からの離脱において、企業の果たすべき社会的役割（宇野のいわゆる「経済原則」の実現）を有能な取締役会による「公共機関主義」として主張した。しかしラーテナウの19世紀的国家社会主義は、ケインズが指摘したように、一次大戦以後の「公共機関主義」的企業自治の主張において、致命的な欠陥を露呈した。ラーテナウは、脱資本家的「公共機関主義」への転換は、資本主義的な発展の結果として歴史必然的な過程によるものであると見なしていた。そのために、一次大戦後、企業と取締役会は、株主総会や労働組合との関係で、また原料購入・確保および製品販売マーケッテイングの過程で、極めて組織的政治化せざるを得ないこと、したがってまた国家権力との政治・外交（しばしば軍事を含む）上の協働は不可避であることを、事実認識としてはともかく理論的に明確に認識しえなかった。

この点に関する限り、「企業それ自体」を資本家的企業の一つのバリエイションとみなし企業自治を強調したハウスマンもまたネッターも同様であった。彼らは、差し迫る国家の役割を一次大戦前の「夜警国家」以上のものとみなすことはできなかった。彼らにとって、ナチス政権の誕生は望むべくもない想定外の事件であり、単に受け入れざるえない深刻な事態の展開にすぎなかった。ドイツの脱資本家的企業は、１９３３年以来ナチス政権の広域経済追求との協働に生き残りを賭けた。ヒットラーのナチズムは、ラーテナウの「企業それ自体」を、その固有名詞を抹消したが、ナチズム強力国家における権力政治と経済との混合の基礎をなすものとして、ほぼ全面的に受け入れた。資本家的「企業それ自体」の存続を唱えた擬似三段階論の破綻といえる。

四　宇野理論の生誕

宇野弘蔵は、大正11（１９２２）年夏、ハイパーインフレションの真っ最中にドイツに渡航、それが終息に向う１９２４年にイギリス経由で帰国した。ベルリン大学に留学した1年半の間、ほとんどはマルクスの『資本論』を読みふけったが、一週間に一、二回は大学へ講義を聞きに行った。「クノーの経済史の講義、それからマイヤー先生の社会主義の歴史を聞きに行ったこともあるし、ゾンバルト、シューマッヘル、ワーゲマンなどの顔を見に行った。ゾンバルトはなかなか明快な口調で講義し、学生にも人気があった。」（宇野1970.73）。宇野は、ゾンバルトも貢献した「企業それ自体」論争のバックグランドにも馴染んでいたことになる。１９１７年ロシア革命の帰趨も定まらない時代、資本主義的世界の運命を、マルクスの『資本論』で解き明かすことが、宇野の終生のテーマになった。

帰国後、東北帝国大学に職を得て経済政策論の講義を担当することが決まった。当初から、資本主義の一般理論としての『資本論』、そして資本主義の発展段階論（レーニン１９１７『資本主義の最高の段階としての帝国主義』・ゾンバルト１９０２年『近世資本主義』・ヒルファーデング１９０７『金融資本論』など）の研究を通じて、経済政策を資本主義の歴史的展開に即して規定することが課題とされた。資本主義の世界史的展開を、重商主義・自由主義・帝国主義の政策的段階的変化によって規定するものとして明確なかたちをとるようになったのは、１９３５年前後のこととみられる。１９３７年には帝国主義段階論を割愛する『経済政策論上』が公刊された。それ以前の１９３４〜１９３６年に、リストと歴史学派を批判しながら、イギリス・モデルの『資本論』をドイツや日本に適用する場合の方法論を論じる次の五篇の論文が発表された。

宇野は「フリードリッヒ・リストの『経済学』－『経済学の国民的体系』」で、近代ドイツの経済政策論の第一人者とされたリストの主著『経済学の国民的体系』（１８４１年）を批判した。リストは、19世紀中葉のイギリスによる世界的自由貿易運動に対抗し、ドイツなどの後進工業国について大工業を育成する保護関税政策を主張した。そのために古典経済学の価値論を生産力説に置き換え、それを歴史の理論によって体系づける必要があった。この理論では生産力概念が、がんらい生産力の発達を特殊な経済的形態として実現する特有な社会的関係から抽象され、単純に技術的または常識的に生産力を「生産」する源泉―教育、技術の開発や習得、社会的諸施設・制度、政治的勢力など―まで含んで、経済学の主題とされた。しかし教育を豚の飼育と同様に生産的とすることは、「正に人を豚にするものである」。近代国家の社会的・経済的関係をまず資本家的商品経済によるものとして価値論によって解明する経済学の出発点は全く否定された。しかし逆にこのことによってリストの政策論は可能になる。つまり、関税政策のもとでの大工業の発展といっても、現実的には旧来の農村社会の分解や新たな農工対立の発生といった困難を伴う資本家的商品経済の発達の過程であるほかはない。しかし価値論の否定によってはじめから資本家的商品経済関係を措いて抽象的に想定される関税下での工業結合の発展ということが、国民的生産力として「正しい関係」をなすと主張された。理論家リストに対する「有力なる実際上の反証」にほかならない農業側からの現実的な自由貿易の要求も、たんに「農業家の迷妄」として片づけられた。「彼の理論は要するにその政策論を理論的に基礎づけるものではなく、政策論に伴う困難を回避するための手段となるのであった」。宇野はこの点にリスト生産力説の学問的破綻をみた。

「ブレンターノとディール―穀物関税に関する彼等の争論について」および「ドイツ社会政策学会の関税論―１９０１年の大会に於ける報告並に討議」は、歴史学派が、19世紀末のドイツの関税政策の結論ともいえる１９０２年の農業関税改正をめぐって、いかに内部の敵対的な争論のうちに学問的・実践的無力を示したかを論じたものである。歴史学派は、もともとリストとロッシャーを「先輩学者」とし、古典経済学に対して「ドイツの経済政策的要求」のもとに「発生した」ものである。真正面から穀物関税の是非を論じるのも当然だが、結局「古典的形態を脱してブレンターノ主義」に変質した自由主義的立場と、本来の重商主義の「著しく歪曲されたる再生に過ぎない」ディールや農業関税論者の立場とに分裂した。両者共に資本主義自身を批判的に分析する立場にはなかったので、19世紀末の資本家的生産の発展と工業国化に伴って発生した農業問題を経済的に究明し、それによってこの農業関税の歴史的必然性を、帝国主義諸政策と相関連するものとして論証し批判することは全く問題にされなかった。宇野にとっては、リスト以来の価値論の無視と、さらにそれによる資本主義の帝国主義段階への発展に対する無批判的態度こそ、歴史学派内部の混乱と無力の根本的原因をなすのであった。

歴史学派の社会政策学会を代表したシュモラーの経済政策論は、重商主義、自由主義、新重商主義（すなわち帝国主義）という諸政策の歴史的展開の根拠を、たんに各々先の政策が誤った乱用のために壊敗し、後の政策にとって代わられたことにあると説明している。しかしこれでは「政策があたかも政治家の賢明さによって決定されるかの観を与える」。諸政策の歴史的評価を誤るだけではない。帝国主義に対しても、「中正なる」立場から、「より賢明なる合理的なる政策の適用を以て批判する」に過ぎないのであり、「結局この時代とその政策とを肯定する」ことにならざるをえない。宇野はこれに対して、政策の「乱用」は資本主義社会の経済政策に「特有なる形式」であって「政治家の賢明」によっても避けられないと批判した。諸政策の歴史的展開は、政策自体の問題でなく、資本主義の発展とともに「政策の主体が代わる」ことによるとしなければならない。こうして資本主義への批判的・科学的分析の否定においてのみ成立するリスト以来の政策論に対して、古典経済学を発展させたマルクスの経済学を基礎にして、資本主義的に典型的な諸政策（重商主義、自由主義、帝国主義）の歴史的・主体的根拠（それぞれ商人資本、産業資本、金融資本）を解明するという宇野自身の方法が確認された。

リストと歴史学派への批判は、一般的に諸政策を資本主義の世界史的展開として実証するだけでは尽くされない。それらによる古典経済学の否定と実践的教理とは、イギリスに対する後進国ドイツの大工業確立の特殊性や、帝国主義段階への移行期における特異な農業問題の展開を背景にしている。歴史学派は、イギリスの資本主義的発展を基礎にして確立された経済学（価値論）が後進工業国の歴史や政策に対していかなる関連を有するかという問題を事実上提起し、同時にそのラジカルな解答を試みているのである。したがって歴史学派に対する批判は、ドイツの種々なる政策的対応を伴った特殊な資本主義的発展を経済学の理論によって具体的に解明し、それらの主張の歴史的根拠を明確にすることによって始めて徹底したものとなる。事実宇野はすでに、リストの関税論を、内外の「自由貿易に立つ絶大なる敵手」と機械的大工業の発展とを前提とする「産業資本の要求し実現せんとする原始的蓄積」の立場

―典型的にはイギリスで「地主、商人、高利貸によって実現されるもの」の「一変種」―と規定することによって、歴史学派の工業立国論の特殊ドイツ的な資本家的性質を明確にしていた。ここにはドイツの特殊性を『資本論』の理論によって分析する特有な方法が示唆されていた。リスト評価としても独自なものであって、リストのイデオロギー的性格を客観的に究明し、その意義を歴史的に限定づけるというその方法は、当時のリストの復活に一般的にみられた、その時代の「前進的」な世界観に合わせて適宜に肯定的な評価を下す（たとえば小林昇）というような傾向とは、ぜんぜん別であった。このように、宇野にとっては、『資本論』の後進国ドイツへの適用という問題は、リスト批判以来避けることのできない課題であった。また歴史学派を真に批判するためには、その農業関税論争の背景となった19世紀末のドイツに発生した農業問題を、みずから、金融資本が支配的な資本主義の帝国主義段階の「一般的規定」を前提にして、経済学的に解明する必要があった。だからこそ宇野はまた一方で、ちょうど1930年代半ばにわが国の農業問題の深刻化のもとで展開されたいわゆる「日本資本主義論争」が天皇制国家の一支柱をなした農村の地主・小作関係に濃厚な封建的性格を、後発資本主義に必然的な（つまり先進国の影響ないし金融資本的支配に媒介された、したがって『資本論』の直接的適用を拒否するものとしての）特殊形態として分析する視角をもたなかったことに対して、当然に重大な方法上の疑念を寄せることにもなったのである。

「社会党の関税論―1898年ドイツ社会民主党大会に於ける論議を中心にして」は、1902年の関税改正に向けて、いかに「厳密に社会民主主義的態度」をとりうるかを争ったドイツ社会民主党内の論争を検討したものである。党大会の論争は、正統マルクス派のカウツキーが、保護関税論者シッペルを論駁したことによって、政府の方針に反対する党の理論的・実践的態度を明確なものにした。宇野は、「マルクス、エンゲルスの主張をその俗学化から防衛」し、「関税政策の研究に対して社会主義的方法を明示するもの」として、この論争の意義を次のごとく評価した。

シッペルは、1870年代以後の保護関税への転換の基礎には「資本の発展」があることを理解しない。その真の意義を解明しようとするのでなく、マルクスの「リスト化」がすなわち彼の方法となった。それに対してカウツキーは、次の三点によって、資本主義を批判し、関税政策の歴史的性格を規定した。①とくに90年代末の保護関税要求は、(イ)政府（財政）・(ロ)ユンカー土地貴族（食糧品関税）・(ハ)鉄工業（カルテル関税）の三位一体による、有力になった労働者階級への権力政策的対抗であり、経済的発達を阻害するものである。②上の(ロ)は、労働力不足、土地価格の高騰による資本家的農業経営の窮境（農業問題）に基づくが、結局その大部分が労働者の負担に転嫁される。③(ハ)によって「擁護せられる資本家の独占団体」は、労働者を最も有利に圧迫しうる。

マルクスは、１８４８年の講演録「自由貿易問題」で、自由貿易か保護貿易かは直接には資本にとっての問題であるとする一方で、自由貿易によって促進される資本主義の完成は、同時に「社会主義的発展への根本的条件」をなす―というのは、労働者は自分の窮迫の原因を資本家的生産様式自体に求めなければならなくなるし、また資本家の一般的勢力、圧迫、搾取の増進に対抗し労働者の組織と力も増大するから―という理由で、自由貿易に賛成すべきものとした。労働者を歴史の実験台に据える非人間的自由貿易主義の廉でマルクス批判者に格好の餌食を与えたこの社会主義の必然性の論理は、後に『資本論』第一巻第七篇の「資本主義的蓄積の歴史的傾向」の節で「否定の否定」としてさらに詳説されることになる。エンゲルスも、マルクスの講演録の１８８８年のアメリカ版序文で基本的に同様な立場を明らかにした。それに対して宇野は、「かくてマルクスの主張はいわば40年間の世界史的試験にパスした社会主義の関税論である」という。そして実際問題へのその適用としてカウツキーの見解を肯定的に評価するのであるが、ここには大きな問題があった。

つまりマルクスは、自由貿易を資本主義に本来的な原則（レッセフェール主義）とみたのであり、それを特に自由主義段階に必然的な産業資本の利害と調和する政策として具体的に規定することは問題にならなかった。A・スミスが経済過程の自律性の一般的な証明によって、自由貿易を普遍化したこととも通ずるが、19世紀中葉の産業資本の支配が原理的に抽象化されるとともに、この政策の特殊歴史的性格も捨象された。そのことが他面で、社会主義イデオロギーによる「否定の否定」の論理に裏付けられて、マルクスの政策上の主張を可能にさせたのである。カウツキーが保護関税を資本主義の帝国主義段階の政策と規定しえず、政治主義的理解に偏し自由貿易を主張したのも、まったくマルクスに忠実に従った結果である。宇野は、「問題はすでに自由か保護かではない」として、カウツキーの帝国主義政策に対する認識の不十分性を認め、その克服のためには「命がけの飛躍」が必要だったことを指摘するが、その限界をマルクスの方法にはまで遡及することはしなかった。宇野は、カウツキーに対して、一方では「ヒルファーデング、ルクセンブルグの帝国主義」研究によって批判的な観点を得ながらも、むしろマルクスの原則に従うものとして、その理論的・実践的立場を基本的に擁護することになったのである。こうしたみずからの立場の分裂・混乱を追求していけば、『資本論』の帝国主義論に対する方法的関連、さらにマルクスにおける政策、歴史、論理（原理）の関連が問題とならざるをえなくなるが、この点はまだ方法論上明確に自覚されていなかった。

五篇の論文を総括するといってよい「資本主義の成立と農村分解の過程」では、第一に、ドイツの資本主義の発生と発展は、イギリスの「産業革命の展開したる資本主義を、完成したる形において輸入」した結果とみる観点から、その過程の分析には、『資本論』の「資本主義の発生に関する理論」（いわゆる本源的蓄積論）と「機械的大工業の生産労働者の地位に及ぼす影響の分析」とが「共々に考慮」されなければならない、とされた。第二にドイツにとって、保護政策と株式制度のもとに発展した金融資本は、イギリスに追い付いて資本主義を確立するための「最も有力な手段」であった、とされた。第三に農村問題としての旧社会形態の広範な残存は本源的蓄積のドイツ的特殊性によって必然化することが明らかにされた。ここには、イギリスを理論的基礎（i）にしたドイツの後進国としてのやや一般的な規定（ii）、それを前提にした日本の特殊形態の分析（iii）、という方法（i、ii、iiiからなるひとつの三段階論）が示された。それは、各資本主義の特殊性が積極的に問題とされている点では、「産業の発展のより高い国は、その発展のより低い国に、ただこの国自身の未来の姿を示しているだけである」とするマルクスやレーニンの基本的認識を明らかに否定するものであった。しかし宇野は他方では、次のように一般的に総括していた。「資本主義はイギリスにおいても戦前のロシア、ドイツにおいてもまた日本においても同様なる「発展の法則」をもって発達するのであって、それが阻害され歪曲されるところに各国の特殊性があるにすぎない」と。

以上の五篇の論文では、「経済政策論が理論的に主張できるか」ということが共通の「テーマ」とされていた。統制経済や広域経済の学問上の合理化のために経済学が総動員されるようになった30年代の世界的危機の時代に、直接何らかの経済政策を主張することが経済学にとって可能か、という科学としての経済学の根本的性格が問題にされたのである。宇野は、それは「結局、マルクスの〈自由貿易問題〉で解決されると思っていた」（宇野1970.73）。すでに帝国主義段階論が問題とされており、リストや歴史学派あるいは日本資本主義論争への批判も、後進国的特殊性の方法的な明確化としてより具体化され、カウツキーにも疑問が向けられたが、基本的にマルクス、エンゲルス、カウツキーによる、論理＝歴史＝政策という二段階論的手法を容認するという点に、この時期の宇野理論の特徴と限界があった（河西1983）。

二段階論から三段階論へ

1938年、宇野は治安維持法違反容疑で検挙され休職を命じられたために、それまでのような経済政策論の講義と研究は全く不可能になった（ただし獄中にあって、バジョットの『ロンバート街』を翻訳、出版したことが宇野利子論の成立にとって決定的に重要であったことは疑いえない）。以後約十年間（1938〜1948年）は、それまでほとんど手をつけることができなかった現状分析を「少しでも」「手がける」ことが宇野の強い希望となった。1941年に大学を辞職したのち、民間の研究所で次のようなテーマの研究が精力的に行われた。①ブロック化と植民地主義によって二次大戦に帰結した一次大戦以後の世界政治経済の分析。これは『糖業より見たる広域経済の研究』（1944年、「序論」「結論」を執筆）に代表される。②戦前に論争され（封建論争ないし日本資本主義論争）、戦後民主化が国民的課題となって改めて問題となったわが国農村の「封建的性格」の解明。これは『農業問題序論』（1947年）にまとめられた。③戦前に対して「民主主義的」に構造的変革をなした戦後日本経済の復興過程に関する分析。「国内経済　概観」として多数レポートされたが、論文「資本主義の組織化と民主主義」（1946年）は、この分析の統一的視点を提示するものであった（河西1983）。

以上の現状分析的研究は、とくに宇野帝国主義論の成立という点からみても大きな意義をもっていた。『経済政策論下』として帝国主義論を執筆する約束をして以来、宇野にとっては、一次大戦後のすでに一方で社会主義経済体制の出現をみた時代の世界政治経済の発展を、経済政策論として資本主義の世界史的発展のうちに典型的に説き得るか否かが、つねに問題として残されていた。『経済政策論下』の執筆が遅延していた一つの大きな理由（検挙・求職・辞職というような外部的事情以外の）もそこにあった。しかしここでの現状分析的研究から、宇野にとっては、一次大戦以後の世界政治経済的発展が、資本主義の世界史的発展、特に帝国主義段階的特徴を遥かに超えるものであることがより明確になった。ここから一次大戦以後の「現状分析」から区別して、支配的資本による重商主義政策、自由主義政策、帝国主義政策を資本主義の世界史的発展にもとづく段階論として限定的に論じる方法が生まれた。

たとえば上の研究①では、ドイツの一次大戦後の砂糖関税が、それ以前の直接金融資本と大土地所有にもとづく「独占的カルテル関税」からは区別され、新たに発生した「世界農業問題」を背景にする、自給化政策、農工業への国内統制、国際協定、広域経済の展開という一連の関連において把握されるべきものとされた。また一次大戦後の世界政治経済の発展が「世界農業問題」の解決を動力とするものとして把握されることになると、各国資本主義の歴史的展開をいずれにも共通する「発展の法則」のそれぞれの歪曲として規定し比較対照する二段階論的な方法は、明らかに後退せざるをえない。イギリスなど直接一国の歴史的発展をとって「一般的規定」とするよりも、まず各国の発展を制約するような資本主義的世界市場の基本構造を歴史的に明確にするという課題が浮かび上がってくる。

これらの点はこの時期の「世界資本主義」というタームの多用にもよく示されているが、先の研究②ではじめて、封建論争の背後に進行していた「昭和農業恐慌」を、一次大戦後の「世界的な農業問題の特殊な表現」として、つまり「わが国の農業問題もまた世界資本主義が処理し得なかった問題（より正確には、資本主義世界がこれまでに解決してきた農業問題とは全く別の世界農業問題…引用者）を特殊な形で問題にして来たもの」として、理解することになった（河西1992）。それは、戦前の宇野の論文「資本主義の成立と農村分解の過程」で見られたような大戦間期の日本の農業問題を直接ドイツの19世紀末農業問題と比較対照する方法とは、明らかに異なっていた。

研究③では、一次大戦後、とくに1930年代以来の世界的農業恐慌と各国の構造的失業に対する国家の全面的介入が、金融資本の組織化の限度を超える「一段高度の資本形態による組織化」として理解された。ナチズムについては、金融資本をその主体とみなすコミンテルンの理解（ディミトローフの「金融資本の最も反動的なテロル独裁」なる有名なテーゼに示された）と異なって、むしろ金融資本の支配的階級としての組織化の限度に対するものとみなされ、またナチズムの破綻に対するニューディールの型の「民主主義的」な「国家による資本主義の新たな組織化」が、二次大戦後の日本にも展望された。

一次大戦前のインターナショナリズム（主権国家関係）とレッセフェール主義（国家の経済への不介入）を超える、大戦以後の国家の国内経済への介入および世界政治経済的発展。宇野はもともと、国家の経済的基礎からの相対的独立性を重視していた。最も典型的には16世紀前半までの絶対王政期に見られるように、「未だ支配的なる階級関係の確立なき過渡期なる時期においては政治的権力は極めて強大なる勢力を獲得し、みずから直ちに経済的勢力に転化しかかるものとして作用することも少なくない」と。宇野は、支配的資本と国家の政策との歴史的対応関係をつねに問題にしてきたために、逆に資本と国家権力との分離の可能性を積極的に認める見方を得たともいえる。

ともかく宇野にとっては、一次大戦以後国家の政策は、大戦前の金融資本といった支配的資本（この宇野の認識も長年の努力の末に悲惨な結末に終わったが）によるものではもはやなかった。金融資本の組織化の限度を超える「一段高度の資本形態による組織化」とされたが、その資本形態なるものがなんであれ、「極めて強大なる勢力を獲得」した「政治的権力」が「みずから直ちに経済的勢力」として「作用する」時代が到来したのである。宇野にとっては、資本主義の世界史的発展を典型的に説き得る時期を一次大戦以前に限定し、それを資本主義の原理論に対応する資本主義の発展段階論として明確にすることは当然の流れであった。同時に原理論の唯物論的根拠を19世紀中葉の「純粋化傾向」に求める方法がよりはっきりしてきた（河西1983）。

１９４７年に東大の社会科学研究所に移る頃から、宇野の経済学研究の重点は、戦後の『資本論』研究の復活と相まって経済原論に置かれるようになったが、このことは、段階論の成立にさらにいっそう重大な意味をもった。『価値論』（１９４７年）、『経済原論上下』（１９５０・１９５２年）、あるいは『恐慌論』（１９５３年）によって、『資本論』が原理論あるいは純粋資本主義論として体系的に純化されることになると、マルクスやレーニンのように資本主義の「生成、発展、消滅」というような歴史的過程を直接原理的に規定すること、しかもそれが一国の「発展の法則」を示すとすることは、もはや問題にならない。

資本主義の歴史過程がその原理的規定から解放されることになると、はじめて原理と歴史の区別と関連の問題も自覚的に認識されることになる。まさしく宇野にとって（それはまた同時にマルクス経済学史上においてということでもあったが）「『資本論』とレーニンの『帝国主義論』との関連という問題」が初めて方法的に明確に意識されるようになったのは、戦中・戦後にかけてのこの時期においてであった。(注) 一般に問題の明確な提起はすでにその解決を含むのであるが、こうして原理論を基準にして資本主義の段階的発展、特に帝国主義段階の世界史的地位を規定するという方向が明確になってきた。

(注) この点について宇野自身は次のように述べている。「―『資本論』が、たとえば帝国主義論とどう関連するかという問題があるでしょう。そういうのは、しかしあの当時（『経済政策論上』を書いたころ―引用者）ほんとうは明確にはまだわかっていないからね。というのは、『資本論』の理論

自身をもっと整理しなければならないという考えとともに発展してきたわけで、それは戦前に明確にはいえなかった。いわばまだ残された問題になっていたと思うね」(宇野1970、1973)。

五十年目のめざめ

１９５０年の論文「世界経済論の方法と目標」は、一次大戦後の世界政治経済的展開の分析では、国際政治と区別された国際連盟やコミンテルンによる「世界的政治経済の物質的基礎」を明らかにするものとして、「世界農業問題」をその焦点に置くべきことを提唱したが、このような方法は原理論の確立によって「ある程度反射的に推論出来る」こととみなされていた。ここで「反射的に推論出来る」とは、一次大戦以後の世界的政治経済体制の展開は、資本による経済原則の原理的・歴史的実現の不可能性（つまり資本主義の時代の終わり）を根拠にするものである、と解釈できよう。宇野にとっては、一次大戦以後、労働組合が格段と勢力を増して、多かれ少なかれ労働賃金を国家の介入のもとに中核的な労働者自身が経営者との交渉と妥協において政治的に決めるということになると、原理論が論証する資本所有とコントロールの一体性、すなわち資本主義社会存在の根拠をなす労働力商品化は「止揚」されているということになる。確かに、「所有と経営・コントロールの分離」とか「企業それ自体」とか「経営者の社会」とかではない。労働力商品化の止揚にさらにそれと対応する「所有と経営・コントロールの分離」補助線を加えなければならないが、宇野においても、現代の脱資本主義社会は事実上認識されていた。脱資本家的企業と世界政治経済との統一的理解に焦点を絞る現状分析的展望が全くなかったわけではない（武藤2002）。

かくて１９５４年に、「旧著上巻と予定した下巻とを簡単に一冊」にまとめるものとして公刊された『経済政策論』において、一次大戦以後の世界政治経済的発展は、資本主義の本質（原理論）と歴史的形態（段階論）を相対化しそれから離脱するものとして現状分析の対象をなすとされ、ここにいわゆる三段階論が成立する。二次大戦前のように論理・歴史・政策を明確に区分せずに各国の資本主義のいずれにも貫徹する歴史「発展の法則」を認め、その歪曲としてそれぞれの特殊性を規定するというような一国資本主義的発展史観すなわちマルクス以来の二段階論的方法は、事実上まったく払拭された。

『経済学方法論』（１９６２年）では、「資本主義の発展の段階規定は、各段階において指導的地位にある先進資本主義国における、支配的なる産業の、支配的なる資本形態を中心とする資本家的商品経済の構造を、いわゆる〈ブルジョア社会の国家形態での総括〉としても、世界史的に典型的なるものとして、その国家形態自身も、また〈国際関係〉も、この発展段階に応じて変化するものとして、解明するものとなる」とされた。段階論では、商人資本・産業資本・金融資本が、それぞれ羊毛工業・綿工業・重工業の労働生産力的発展を基礎にして、労働生産過程を自らの現実的な運動のもとに基本的に実現しうることが実証される。これらの資本形態がそれぞれ国家の重商主義・自由主義・帝国主義の経済政策そしてレッセフェール世界市場の発展に指導的な影響を及ぼしうるというのも、あらゆる社会形態の存立の基礎としての労働生産過程に対する資本の支配的関係（このこと自身は原理論が論証する）の現実的な実現をその根拠にするからにほかならない。

それに対して、封建社会から資本主義への過渡期、資本主義のある発展段階から次の発展段階への移行期、あるいは世界市場で指導的でない資本主義国や産業部門の発展においては、何らかの資本形態が、生産過程を直接的に支配し社会的な再生産をみずからの活動によって実現しうるものとして、国家の政策を資本の利害に調和させる、ということを実証することは難しい。多かれ少なかれ国家と世界政治が資本の支配に代わってきわめて重要な意義を有するこれらの歴史的過程、そして特に一次大戦以後の主権諸国家体制をこえる世界政治経済的発展は、段階論の対象領域とは当然に区別されざるをえない。

こうして宇野においては、いわゆるタイプ論として「段階論の抽象性」がいっそう明確になったことと対応して、『経済政策論』（1954年）では方法論上なお懸念されていた一次大戦以後の「現代資本主義」の位置づけについて、『経済政策論改訂版』（1971年）で「現状分析としての世界経済論の課題」をなすことが確定された（河西1983）。

しかしながら、宇野は資本家的企業が循環資本と固定資本所有との二元論的存在であることを最後まで明確に認識し得なかった。そのために原理論も段階論も内容上は重大な難点を含むことになった。宇野の生涯にわたる学問的営為の結果として、たしかに三段階論は五十年前に世に生まれ出た。ただし相当の未熟児として。この自省的認識をもってのみ、解体した宇野学派（降旗1983）の再生は始まる。

第1章 「純粋資本主義」の再定義

一 近代国家の成立と資本家的企業

軍事財政国家：意図的な市場促進戦略

1648年のウエストフェリア和約までヨーロッパ中世の最後の二世紀は、宗教分裂と宗教戦争、王位継承戦争に支配された。この間において、中世盛期の理念と現実を支配する二つの大きな普遍的権力、すなわち皇帝権と教皇権が没落し、次第に君主国家の台頭を見ることになった。この和約でヨーロッパが定義した国際体制は、主権を有しながら「文明化した」国民国家とそれらが支配する植民地の関係を指していた。ヨーロッパ主権諸国家間の国境線が制定されるとともに、15、16世紀に成立した帝国は一つの近代的な統一国家に向かうものではないことが最終的に決定された（コーイング1984、ジョンソン1992）。

ヨーロッパの主権国家形成においては、分断された空間としての封建的領地が否認され、一つの統合された空間に転換するとともに、政治（国家政体）と経済とが融合する制度的形態（農村共同体としての荘園）が崩壊した。このような過程が、封建主義体制から資本主義体制への移行を意味する。近代主権国家が統合された領土的ベースを必要とすると同様に、資本家的企業経済の発展にとっても、生産の諸要因と生産物をその不動性・国家領土から解放して世界市場に統合する国境線の成立は根本的である。主権国家は、制度的に経済から区別され分離される場合においてのみ、レッセフェール世界市場経済の内部に「深く埋め込まれ」、それと強く互恵的に相互作用をし、その資本家的企業経済の発展を可能にする（Weiss & Hobson 1995）。

ヨーロッパの非中央集権的な地理的空間の内部において、諸国家は相互に近接した関係におかれた。各国は、ライバル国の成功した発展戦略を学習し模倣する一方で、他国によってすでに企てられ失敗した発展戦略の採用を取り止めることができた。世界史の標準をなす中国のような帝国国家システムと異なり、ヨーロッパでは、権力が諸国家間にますますより平等に分配されるようになった。一方で、諸国家の政治的軍事的ならびに経済的関係は、諸国家の伝統的な境界線を容易に突き破ったのであり、この過程で逆説的に、相互に浸透性に富む（つまり人々、商品、貨幣、資本の国際間の自由な移動がより容易な）主権国家群の国境線が成立した。

ウエストフェリア和約後の150年間は、ヨーロッパ世界の紛争は主として、君主（皇帝、絶対君主、立憲君主）の間で争われた。そして戦争こそが諸国家形成の本質的要因をなしていた。君主国家の中央官僚制は、かなりの程度で、軍事技術における変化の衝撃の結果としてもたらされたものである。専門的な陸軍の出現や火薬、キャノン砲、ガンの発展は、高レベルの軍事専門化をもたらしたが、それらは中央官僚制をつうじて最もよく機能した。支配者は、種々なる軍事技術上の発展を、その中央集権化戦略の一部として意識的に使った。また中央官僚制は支配者によって、地方の貴族から独立して国家歳入増大の方法を作り出すために、あるいは地方貴族を中央政府の活動に吸い取り、彼らを雇用ならびに威信において国家に依存する地位に据えるために使われた（Weiss & Hobson 1995）。

主権国家間のバランス・オブ・パワーにより、激烈な交戦状態が延期された条件のもとで、諸国家は、生き残りをかけて軍事力を強化させようとした。軍事力強化のために軍事費の増大率がますます歳入の増大率を上回るという財政上の危機に直面した諸国家は、破れかぶれの財政均衡の探求に向かった。財政均衡を回復させるもっとも有効な手段は、なによりも税収の増大である。支配者の意図的な権力蓄積戦略の結果としての国家形成は、商人や産業資本家に私有財産権を与えることによって、商業化や工業化を促進し、封建的領地を崩壊させて、土地ベース課税や間接的な市場課税（あるいは19世紀には高額所得に対する直接的な徴税）を可能にさせた（Weiss & Hobson 1995）。

財産権の付与は、初期の段階で財政収入と引き換えに都市が君主によって特許状や保護を与えられることとほとんど同じ方法でなされた。国家は貿易の動きを容易に監視できたので、商人資本家が、特に課税目的の標的にされ、そしてそれゆえに彼らに財産権が与えられた。このことは最初イギリスにおこなわれた。しかしおおよそ1600年から1900年にわたって、ほとんどのヨーロッパ諸国がより有効かつ広範囲に財産権を資本家的企業に与えるようになった。こうして特許法（知的財産権）がイノベーションを鼓舞したし、株式会社のために法的規定がなされ、契約法が発展した。財産権の創設によって、個々人が企業に投資できるようになった。資本家的企業の発展を支える主要な条件は個人財産の保障であった（Weiss & Hobson 1995）。

軍事財政上、税収増大を企及する国家は、財産権の保障を通じて資本家階級が自由に企業に投資できる環境を「意図的」に生み出した。一つの複雑な商業規制システムいわゆるマーカンテイリズムである。マーカンテイリズムは、旧来社会の政治的スペースの分断化された性格を乗り越えていくので、国家が国家形成のために使う重要な武器であった。国内の関税障壁と通行料徴収所が徐々に解除された。それは、国家が地方のミニ国家の過剰な歳入ベースを掘り崩す上で重要な武器であった。マーカンテイリズムはまた国家形成の一戦略として度量衡統一のシステムを作り出した。旧来社会の分断化されたシステムでは、度量衡の統一性がないために取引費用が過重なものになる。また度量衡は、各国間で異なったものであっても、存在さえしていれば諸国家間の換算はきわめて容易である。商品は、国内的にも国際的にも、その価値が信頼される方法で尺度される場合にのみ、交換されうるものとなる。ただし度量衡のようなインフラは、単に商品経済上の要件に対する対応というだけではなく、支配者の財政収入を最大化するという目的にも関連していた（Weiss & Hobson 1995）。

国家が金を蓄積するというマーカンテイリズムの目標は、財政均衡を回復維持させるためのもう一つの有効な手段として作用した。関税は、輸入商品に対する歳入創出課税であり、低価値商品の莫大な量の貿易をつうじて、政府歳入の豊かな源泉となったが、それだけではない。関税により、貿易収支にプラスがうまれ、国家による金蓄積が可能になる。国家の金準備は、国家に対する債権者の信用を高め、国債発行による財政収入の増大を可能にさせる。それゆえ、「貿易は財政の源泉であり、財政は、戦争の神経組織である」といわれた。

軍事財政支出の増大は、租税によるのみならず国債発行による財政収入の増大を不可避にさせた。それゆえ、国政上の優先事項は、公的信用（国家債務）を効率よく運用し、そして租税ベースを拡大し、また大蔵省から物品税徴収に至るまでの金融財政システム全般を改善することにおかれた。一方で重税を回避するために、財政支出には一定の限定が付された。重税は、私有財産の価値そのものを失わせ、経済の停滞や社会の不安定を引き起こし、また国債発行に伴いがちな過大な債務（けっきょくは税収増大により補てんされなければならない）とともに、政府と通貨に対する投資家の信頼を失わせることになる。こうして、歳入（一年間の財政収入）と歳出（一年間の財政支出）の均衡を慎重に維持していく、いわゆる均衡財政原則が確立した。

法治国家：市場経済に対する非直接的無意識的影響

しかしながら、財産権の有効な設定と資本家的企業の発展が、単に「意図された」市場促進戦略をつうじてもたらされると主張することは、あまりにも事態を単純化しすぎである。財産権は、強制手段の独占によって支えられる法システムの堅固な基礎に依存している。合理的な法的秩序は国家建設の意図せざる結果としてもたらされたものであった。国家創設を目標にすることこそが、中央集権化されたそして信頼に値する法律を作り出すことにおける絶対王政国家の主たる関心であった。ローマ法の復活と合理的なそして信頼しうる法律が特に財産権を安全にするために重要であった。法の「国家システム」は、コモンローと慣習が貴族支配の専制と社会的空間の分断された性格を維持する封建システムとは対照的であった。それは、特定主義（particularism 神の恩寵は人類全体にでなく特定の選ばれた個人にのみもたらされるという説）を解体する上で重要であり、このことは、国家ならびに資本家的企業の勃興にとって非常に重要であった。要するに、国家の法的秩序の予言性、継続性、信頼性、目的性は、資本家企業の大規模な発展にとってすべて本質的であった。それらは、直接的に市場促進的意図によるというよりも、国家自体の創設を目標にするものであった。資本家的企業経済の勃興は国家創設の非直接的無意識的結果に他ならなった[注]（Weiss & Hobson 1995）。

（注） ここでは、「非直接的」というタームが使用されるが、「間接的」というタームは使用されない。というのは、後者は、新古典派経済学者によって、国家の国民経済に対する不干渉関係（つまりレッセフェール・レッセパセ）を描き出すために使われるからである。それと対照的に、「国家の」非直接的活動は、もしそれが意図されない場合でさえも、資本家や企業に対して、それまでは法律上できなかったことを可能にさせるというような深い影響をもたらす。後で見るように（本書第4章レッセフェール金融システム）、特に金融（証券市場とバンキング）の分野では、イギリスでもフランスでもドイツでも、国家は、まさしくこの非直接的次元の意味において、強力な干渉主義者であった（Weiss & Hobson 1995）。

法の役割は、「私的」経済の発展に対して自治的国家を実現する権力の原則的形態であった。それは、資本家的財産権を強固なものにし、不完全ではあるが自治的な経済領域を生み出す助けになっただけでなく、また流通の最も重要な形態としての貨幣の発展を可能にさせた。商品形態としての金貨幣は、それが生産の諸要因（それらは、商品化された実在として評価される）を意のままにしうる交換を可能にするから、資本家企業経済の成長にとって根本的である。さらに、信用貨幣（紙幣）は、一部は、それ自身の通貨の価値を保証する国家の能力ならびに社会的な安定性を維持する国家の能力に依存している。新しい形態の合理化された法律は、法外な高利率で金を貸すことを可能にするから、国家は戦争を遂行するために金を借りることができるようになった。

法治国家の国内鎮定戦略は、国家が形成される場合の中心的な手段であった。国民国家が有する比較的に平和な治安確保の性格は、歴史上それまでなかった新機軸であった。前産業社会は、地方で発生する暴力または封建アナーキーによって打撃をうけた。このアナーキーは、主に貴族地主が互いに競って増殖していったが、さらに略奪者、傭兵隊、盗賊、馬上の追いはぎ、海賊、都市と農村のギャング、地方の自警団などが封建アナーキーの増殖に加わった。国家は政治権力の中央集権化を追求し、鎮定戦略を企てた。国家は長い時間かかって直接社会から暴力を取り上げて、結果的に軍事手段ならびに警察権力を独占するようになった。この過程で封建アナーキーは消滅した。要するに、封建的アナーキーに対する国家の優越性が、平定された空間の発展を可能にしたが、その意図しない結果として、資本家的企業経済が発展した。鎮定化は、結果的に、人々が、地方に発生する暴力により財産を失うことを恐れないで、金を投資したり、ビジネスを永続的に行うことを可能にした。

資本家的企業経済の発展にとってもう一つの阻害要因は、国家それ自体の専横であり、それは、軍事専横と世襲財産主義によって頂点に達した。国家は歳入を追及する場合に、「略奪の道」をえらび、不規則な課税、商人貨幣の恣意的な徴発、商人所得の没収などを行った。実際に、ヨーロッパ史の近代初期を通じて、支配者による債務拒否は極めて一般的であった。しかしながらヨーロッパに特有な複合社会（多数国家システム）が有する重要な特徴は、国境が比較的ルーズな、浸透性に富む構造を有するために、諸個人が隣国に比較的容易に越境できるという点にあった。資本家は、もし専制的な国家によって劣悪な処遇を受ける場合には、「退去する」権利を行使し、単純に国境を越えることによって、自分らのサービスを撤収し、それをライバル国の支配者へ移転することができた。

国家は、経済を発展させ軍備を増強するためには、その専横を避けて容易に近隣国家に脱出できる資本家階級から賞賛を得る努力をする以外の選択肢をもたなかった。国家による債務拒否は、長期的には、資本家に対する国家の威信を決定的に傷つけ、ローンのコストを著しく引き上げて、その財政危機をさらに悪化させたにすぎない。まさしく「偉大なる権力」への鍵は、債権者を満足させ資本家の「退去」を防ぐ国家の能力、つまり機敏さと安さの両方で、ローンを調達する国家の能力にあった。それゆえ、国際的な金融資本家が、国家財政に対して干渉することは、国家権力を制限するというよりも、逆に国家のインフラパワーを強化し、国家の対外的な政治的軍事的地位を高めることになった。こうして、国家による専横は、国際的な金融資本家階級の厳命によって鎮定化された。資本家の自由主義(国家から見て、レッセフェール・レッセパッセ)は、専制的国家自治権に対する拘束(自由の強制)として働いたのである(Weiss & Hobson 1995)。

ナポレオン戦争後、ウイーン講和条約(1814・5年)は、フランス革命以来4半世紀にわたるあらゆる革新的な政治概念を徹底的に否定し、革命以前の制度(力の均衡と勢力圏分割、王族間の結婚、共通の行動規範に従う君主間あるいは紳士間の暗黙の了解、正統な継承者による領地の世襲制)、つまり王権神授主義の大小の君主国をできるかぎり再興することで、西欧の正統かつ永続的な国境線を決めた。それから一次大戦が勃発する1914年までの99年間、大戦争がなかったことを考えれば、この安全保障体制は有効に働いたといえる(ジョンソン1992)。

ウイーン講和条約以降のヨーロッパに「100年の平和」(パックス・ブリタニカ)をもたらした19世紀文明は、カール・ポランニーによれば、次の四つの制度の上に成り立っていた。その第一の制度は、一次大戦までの100年間、列強間にいかなる長期的かつ破滅的な戦争も発生させなかったバランス・オブ・パワーシステムであった。その第二は、世界市場経済が独特のシステムに組織化されていたことを象徴的に示す国際金本位制であった。その第三は、前代未聞の物質的繁栄を生み出した自己調整的市場(資本家的企業経済)であった。その第四は、自由主義的国家であった。以上の四つの制度が組み合わさり、西洋文明の歴史の基本的な輪郭を決定した(ポランニー2001)。

1914年の一次世界大戦の勃発と「100年の平和」の終わりは、以上の四つの体制(主権国家群とレッセフェール世界市場、そして自己調整的市場・資本家的企業)の終わりを意味した。以上にみたように、ヨーロッパ諸国は、グランドデザインによって資本家的企業経済を生み出したのではない。資本主義的経済の出現は、マーカンテイリズムなど国家の市場促進戦略の直接的影響によるものであると同時に、法治を保証する国家権力の非直接的無意識的影響の結果でもあった。国家と企業との相互自治的な互恵関係の確立。国家は企業の発展がもたらす税収増大によって、国家インフラつまり産業・生活・治安などの基盤を作り出し、その用益を無償で企業と国民に提供する。同じ意味で、国家は企業の自由行動に対して徴税以外は無関心（いくに任せよ、なすに任せよ）である。このレッセフェール国家は、ウエストフェリア和約から約250年後の一次世界大戦をもって終焉した。一次大戦以後は、ベルサイユ体制とワシントン体制をはじめとして、国家および世界政治経済が脱資本家的企業経済に深く介入して、その経営者とともに意図的に制度設計を実現していく。

二　資本家的企業の原理的展開

ポランニーおよび宇野の三段階論

一次大戦を画期とするレッセエール世界市場から世界政治経済システムへの大転換に関連して、そしてまたおそらく二次大戦に決定的な影響を受けて、二つの三段階論があらわれた。ひとつは、1944年に公刊されたカール・ポランニー（1886〜1964）の『大転換』である。ポランニーは「大転換」の指標を、事実上、一次大戦以後における「自己調整的市場」の無機能化による19世紀ヨーロッパ文明の突然の崩壊に求めた（注）。もうひとつの三段階論は言うまでもなく、1954年に公刊された宇野弘藏（1897〜1977）の『経済政策論』である。宇野はここで、17世紀のイギリスに始まる資本主義の世界史的発展は、1917年ロシア革命をうみだした一次大戦をもってピリオドを打つという仮説を提案した。宇野によれば、一次大戦前の資本主義社会の世界史的発展を明らかにするものは段階論である。その段階論は、純粋資本主義論としての原理論によって根拠づけられる。一次大戦以後の国家が経済に介入する世界政治経済の展開は、原理論および段階論標準からの離脱として「現状分析」を通じて明らかにされる。

（注）一次大戦以前の19世紀にあって現実的に「前代未聞の物質的繁栄を生み出した」ものであることを認めるにも関わらず、ポランニーにとっては、「自己調整的市場という考えはまったくのユートピア」であった。このような市場は「社会の人間的実在と自然的実在を壊滅させることなしには、一瞬たりとも存在しえない」。それゆえ国家社会は、「みずからを保護するための手段」をとらざるを得ない。しかし「そうした保護的手段は、市場の自己調整を損ない、経済生活の機能を乱し、その結果、社会を別なやり方で、窮地に追い込」む。「自己調整的市場」の「ユートピア」あるいは「ジレンマ」こそ、一次転換（1880年代に始まり一次大戦に帰着）および二次転換（1920年代に始まり1930年代大恐慌、ファシズムとニューディール、そし

て二次大戦に帰着）をもたらしたものである。ポランニーはいわば理論的には、一次と二次の転換を合成して「大転換」としているようであるが、一次転換説とその根拠となる、「自己調整的市場」すなわち「ユートピア」説は、歴史解釈上、重大な間違いであろう。一次転換説を撤回するとともに、レッセフェール国家が保証する「自己調整的市場」（「純粋資本主義」）の「論理的および歴史的実在」（原理論と段階論）を認めよ（ポランニーは一方ではそのことを自ら認めている）。そして「大転換」を一次大戦以降の二次転換に限定せよ。それによって初めて、一次大戦を画期とし二次大戦に至る「大転換」の「現状分析」的展望は、宇野三段階論と同一方向に向かうことになる。

ポランニーと宇野とは、一次大戦前のレッセフェール世界市場の歴史的発展根拠を、原理的に「自己調整的市場」システムとしてであれ、あるいは「純粋資本主義」としてであれ（注）、あらゆる社会構成体に通じる、そしてそれらの社会形態の存在根拠をなす、宇野のいわゆる経済原則の特殊歴史的つまり市場価値法則的実現に求めるという点で、共通していた。それゆえに、両者にとっては、二次大戦に至る一次大戦以後の世界政治経済の展開は、この経済原則を、「自己調整的市場」（ポランニー）あるいは、純粋資本主義（宇野）に代わって、いかなる政治経済権力が実現するか（ドイツのナチズム、アメリカのニューディール、ソ連の経済計画、日本の総力戦体制構築）によって決定されるものとして、現状分析の課題となる。こうして、宇野理論が資本主義的搾取の歴史必然的崩壊を唱えるマルクス派歴史主義の克服から生まれたとすれば、ポランニーの三段階論は、スミスやマーシャル、ワルラスなどの新旧古典派の普遍主義（市場原理主義）の克服から生まれた。

（注） 宇野は『資本論の経済学』（１９６４年）において、マルクス『資本論』の地代論「諸論」から、以下のように長い文章を引用した。資本主義的発展の純粋化傾向は、本来的に資本主義化の困難な農業部面までも資本主義的生産様式に包摂するに至るというのである。［　］は再引用者による挿入を示す。

「われわれが土地所有を扱うのはただ、資本によって生み出された剰余価値の一部分が土地所有者のものになるかぎりでのことである。だから、われわれは農業が製造工業とまったく同様に資本主義的生産様式によって支配されているということを前提する。すなわち農業が資本家によって営まれており、この資本家を他の資本家から区別するものは、さしあたりはただ、彼らの資本とこの資本によって動かされる賃労働とが投下されている要素だけだということを前提にする。われわれにとっては、借地農業者が［農場で］、小麦などを生産するのは、製造業者が［工場で］糸や機械を生産するのと同じことである。資本主義的生産様式が農業を我がものにしたという前提は、この生産様式が生産とブルジョア社会とのあらゆる部面を支配しているということ、したがってまた、この生産様式の諸条件、すなわち資本の自由な競争、あらゆる生産部面から別の生産部面への資本の移転の可能性、平均利潤の均等な高さなどが完全に成熟して存在しているということを含んでいる。」

以上の文章は、特に農業部門を例証として論じるリカード以来の地代論の伝統的方法を、マルクスが「土地所有形態を歴史的範疇として扱う」立場から受け継ぐものである。ここでは、リカードの場合と同様に、資本家的生産様式の発展とともに、農業部面に限らず、すべての産業部門において土地所有者、機能経営者（循環資本の担い手）、賃金労働者の三大階級を規定する経済法則的関係が明確に現れる、というマルクスの主張（したがってまた宇野がその文章を引用した意図）には、不明瞭な点はまったくないといってよい。ただし土地所有の存在を農業部面に限定する無用な誤解を避け、より正しい「純粋資本主義」社会を想定するためには、土地を農場・工場など固定資本として、資本家的土地所有を固定資本所有として、より具体化する必要がある。

「純粋資本主義」と「自己調整的市場」

新古典派経済学（たとえばワルラス）は、「資本」と「土地」を、前者は利子を、後者は地代をもたらすものとして区別した上で、さらに、両者を広義の資本に統一する（亀埼2005）。この考え方は、地代を資本還元する（地代を貨幣利子率で除す）と利子生み資本が成立するので、決して間違というわけではない。しかし新古典派ないしポランニーのいう自己調整的市場システム、あるいは宇野の「純粋資本主義」社会の特徴をより明確にするためには、資本家的企業は循環資本と固定資本とから構成される、とするA・スミスの古典的な命題を改めて明確に復活させる必要がある。つまり「土地」をもっと一般的に一定以上の労働生産力を提供しうる固定資本・生産手段体系として理解すれば、その生産手段体系は、その一年間ごとの貸与を通じて得られる地代を資本に還元する利子生み固定資本（宇野のいう「それ自身に利子を生むものとしての資本」）となる。

ここでは企業形態を問わない。以下は、いかなる形態にも当てはまる資本家的企業の原理である。循環資本の担い手としての機能経営者は、一年間毎に集計される形で、基本的に次の四つの取引を行う。原材料など中間財gHQ（gHは単価、Qは数量）と労働用益wL（wは時間賃金、Lは年間総労働時間）とともに、固定資本所有者から1年間の固定資本利用を絶対地代rS（rは一般的利子率、Sは固定資本金額）を支払って購入し、それら三つの生産要素を効率的に組み合わせて生産を実行する。そして、もうひとつの取引がある。生産した生産物（中間財あるいは最終財）を商品として販売し、一年間の販売額pQ（pは商品単価、Qは販売数量）を得て、生産費を回収する。一年間の生産費支出（gHQ

$+ wL + rS) =$ 一年間の販売額収入（pQ）である　絶対地代 $rS = pQ - (gHQ + wL)$ である。r は一般的利子率であり、受け取り絶対地代 rS の資本還元は　$rS \div r = S$　なので、絶対地代 rS は固定資本金額 S がそれ自身で生みだす利子となる。こうして利子生み固定資本の概念は、経済原則を「価値法則と私有制」によって特殊資本家社会的に実現する「資本所有とコントロールの一体性」を、宇野のいう「資本の物神性」の解明として、論証することになる。

以下では、以上のように循環資本が労働用益および固定資本用益の商品化を根拠にして自立化する資本家的企業経済システムを、宇野の「純粋資本主義」社会およびポランニーの「自己調整的市場」システムに適用する。宇野のいう「純粋資本主義」社会は、次のように再定義されなければならない。宇野の以下の叙述について、「土地」を農場（農業機械類をふくむ）、「資本」を工場（機械類をふくむ）と同じもの、すなわち利子生み固定資本として読むと、次のような改正が可能になる。（　　）は削除、［　］は引用者による挿入をしめす。

　土地［・農場］がその所有者に年々［少なくとも絶対］地代を得させるものとして、［絶対地代の資本化による利子生み固定資本としてその資本用益を］商品化するように、資本［・工場］もその所有者に［絶対地代の資本化により］利子を得させる［固定資本用益］（もの）として商品化して売買されうるものになる。（しかし）この場合［に資本が地代を得るのは］、資本［・工場］は土地［・農場と同様に］（のように）貸し付けられるわけ（で）［だからである］（はない）。貸付資金の場合は貨幣を貸し付けて、利子を得るということになるが、これは資本［用益］が商品となるのではなく、貨幣［用益］が商品となるのである。資本［・工場］［用益］が商品となるのは、この［資本・工場の貸付］（貸付資本）によって、［土地・農場の貸付と同様に］、いわゆる貨幣市場で形成せられる利子率を反映して、資本［・工場］がそれ自身に利子を生む［固定資本］（もの）として、その所得［・地代］を資本還元せられ、いわゆる擬制資本［用益］として売買されるのである。定期的所得［・地代］を擬制資本の利子とせられるわけである。」（宇野1962）

ポランニーによれば、「自己調整機能をもつ市場システム」は、1780年代に始まる産業革命の「成果である高価で精巧な機械」を「生産に用い」ることによって、歴史的に「創出」された。以下、（　　）は削除を、［　］は挿入をしめす。なお数量記号は引用者による。

　自己調整とは、すべての生産が市場における販売のために行われ、すべての所得がそのような販売から派生することを意味する。したがって、生産のあらゆる要素について市場が存在することになる。そうした市場は、財（常にサーヴィスを含む）の市場ばかりではなく、労働、土地［・固定資本用益］、貨幣［使用］のための市場も含み、それらの価格はそれぞれ商品価格pQ、賃金wL、［絶対］地代rS、［貨幣］利子rs［sは貸付資金額］と呼ばれる。まさにこれらの用語は、価格が所得を形成することを示唆する。すなわち、［貨幣］利子は、貨幣の使用に対する価格であり、それを提供することのできる人々の所得を形成する。また［絶対］地代は、土地［つまり農場や工場］の使用に対する価格であり、それを供給する人々の、［地代を利子に還元する資本の］所得を形成する。賃金は、労働力の使用に対する価格であり、それを販売する人々の［労働］所得を形成する。（最後に、商品価格は、自己の企業家的サービスを販売する人々の所得に貢献するが、）［超過］利潤と呼ばれる（所得は、実際には）二種類の価格の差、つまり生産された財の価格とそのコストすなわち当該財を生産するために必要とされる［中間］財の価格［プラス支払い賃金および支払い絶対地代］の差［は、支払い差額地代の原資をなすもの］に他ならない。もしもこれらの条件が満たされるならば、すべての所得は市場における販売から派生し、それらの所得は、生産されたすべての［最終］財の購入をちょうど満たすものとなるだろう（ポランニー2001）。

以上の、宇野の文章およびポランニーの文章の修正（ただしここでは、貨幣の使用に対する価格としての貨幣利子については論じない）から、一般に産業会社は、貨幣M－商品C（生産の三要素：中間財・労働用益・資本用益）…P（労働生産過程）…商品C′（中間財・最終財）－貨幣M′すなわち生産支出と販売収入の循環資本から成り立つことが明らかになる。このM－C…P…C′－M′には、中間財Cの販売と中間財C′の購入、労働用益Cの売却と得た所得Mによる最終財C′の購入、固定資本用益Cの売却と得た所得Mによる最終財C′の購入、という商品取引が対応している。両者は、後者の三種の商品取引が繰り返されなければ、前者の会社の循環資本も成り立たないという関係にあり、総体として自己調整的市場・純粋資本主義を形成する。株式会社企業では、生産手段としての固定資産（固定資本）が自己資本として所有されるが、ここでも、固定資本用益は、労働用益と同様に、会社外から供給されるという関係にあるという点には変わりない。産業会社の循環資本に即して、次の一般式が成立する。

・第1式：一つの産業部門で一年間にわたり生産・供給される商品総額の価値構成

pQ（生産物供給総額）＝gHQ（中間財）＋wL（賃金）＋rS

（絶対地代）
付加価値 V = pQ − gHQ = wL（賃金）+ rS（絶対地代）
・第2式：一つの産業部門で一年間にわたり需要・消費される商品総額の価値構成。
pQ（生産物需要総額）= gHQ（中間財）+ wL（労働所得）+ rS（資本所得）
最終需要 F = pQ − gHQ = wL（労働所得）+ rS（資本所得）

三 「純粋資本主義」と経済原則

産業連関表の原理的構成

　産業部門を一定の基準に従ってⅠ、Ⅱ、Ⅲ、Ⅳ、Ⅴの五つ（一般的にはN個）に分類する。右の第1式を列（タテ）によって示し、第2式を行（ヨコ）によって示せば、図表1のような産業連関表が得られる。たとえば、三列目のⅢ部門では、行に従ってⅠ～Ⅴ部門のそれぞれから購入する中間財 gHQ（x13、x23、x33、x43、x53）を消費（インプット）し、総額でV3を支払って買った労働用益 wL および固定資本用益 rS を使って、生産物価値 pQ = E3 + V3 を生み出だす。同時に三行目のⅢ部門では、生産される総生産物価値 pQ は、列のⅠ～Ⅴ部門のそれぞれの中間財 gHQ（x31、x32、x33、x34、x35）需要に対して、また家計部門の最終財需要（F3）に対して販売される。こうして、列のⅢ部門における生産物価値（E3 + V3）の供給は、行のⅢ部門における生産物価値（S3 + F3）の需要と同時に実現する（E3 + V3 = S3 + F3）。Ⅲの産業部門でも、他の産業部門と同様に行列同一つまり需給同額の原理が作用するので、ここに一般的に生産物商品においてつねに需要と供給が一致する（供給額はそれに等しい需要額をもたらす）とするセーの法則が成立する。

　以上をやや一般的に言い直せば、列では、Ⅰ～Ⅴのそれぞれの産業部門は、行におけるⅠ～Ⅴの産業部面のそれぞれから原材料や部品など中間財 gHQ を購入し、また家計部門から労働用益 wL および固定資本用益 rS を購入し、それらを消費（インプット）して生産物を生産する。生産過程では、労働者は固定資本用益を使って労働を行い、中間財の価値を新生産物に移転しながら生産物の付加価値（pQ − gHQ = wL + rS）を生産する。一方行では、Ⅰ～Ⅴのそれぞれの産業部門で生産される生産物が、原材料・部品などの中間財および最終財として、列のⅠ～Ⅴのそれぞれの産業部門および家計部門からの需要に対して販売される。労働生産物（サービスを含む）は中間財として消費されるか、最終財として消費されるかによって、中間財か最終財

図表１　産業連関表の原理的構成

		中間需要（gHQ）						最終需要 F（wL＋rS）	
		Ⅰ	Ⅱ	Ⅲ	Ⅳ	Ⅴ	合計		需要総額 pQ
中間投入（gHQ）	Ⅰ	x11	x12	x13	x14	x15	S1	F1	S1+F1
	Ⅱ	x2	x22	x23	x24	x25	S2	F2	S2+F2
	Ⅲ	x31	x32	x33	x34	x35	S3	F3	S3+F3
	Ⅳ	x41	x42	x43	x44	x45	S4	F4	S4+F4
	Ⅴ	x51	x52	x53	x54	x55	S5	F5	S5+F5
中間投入合計	E	E1	E2	E3	E4	E5	合計 A	合計 B	合計 C=A+B
付加価値	V	V1	V2	V3	V4	V5	合計 D		
（wL+rS）	＊付加価値合計 D＝最終需要合計 B								
生産物価値供給総額 pQ	E+V	E1+V1	E2+V2	E3+V3	E4+V4	E5+V5		＊＊A+D＝A+B	

かに分類される。たとえば、じゃがいもは直接、家庭の食事に利用されるならば最終財であり、でんぷん生産やポテトチップス生産の工場原料として使われるならば中間財である。なお最終財は、マルクスのいう『生活資料』に限られない。たとえば企業は建設完了状態の工場設備（敷地を含む）を最終財生産物として購入する。この工場をスイッチオンにすれば、工場は、土地に合体した最終財が形成する効率的な生産手段として、地代を資本利子化する固定資本として、稼働することになる。つまり最終財とは、日々の生活資料以外に、固定資本形成のために消費される労働生産物をも含むのである（なおここでは固定資本所有者・株主は、家計部門をなすことを想定している）。

　したがってまた、列にみる生産物価値合計（中間投入合計A＋付加価値合計D）は、行で見る生産物価値合計（中間投入合計A＋最終需要合計B）に等しく、ゆえに、付加価値合計D＝最終需要合計B　が成立する。中間財は社会的にみればその消費が同時にその生産（価値の移転）をなす。要するに年間を通じて、労働者が、所有者によって提供される固定資本用益を使って労働することによって生み出す付加価値総額からなる最終財を、労働者と固定資本所有者がその労働および資本の総額をもって消費する、というのが生産と消費との本来的な社会的再生産関連をなす。この場合に労働者が消費する最終財とは、文化的な生活を送るために必要とする日常的な生活資料といってよい。しかし固定資本所有者の場合には、最終財は、生活資料として消費される以外に、固定資本形成のためにも使われることに注意すべきである。彼らは、資本所得から蓄積した減価償却資金や生活費を抑えて蓄積した資金にとどまらず、しばしば株式証券を発行して得た資金によって、固定資本形成のために最終財を購入する（ここでは最終財に対する需要増大分は固定資本形成による最終財の供給増大分によって相殺されるという社会的循環が成立している）(注)。

（注） 産業連関表は、若干のテクニカルな修正を施して、国民経済計算上の統計的実証研究に応用される。そこでは図表1にみる、付加価値合計D＝最終需要合計B　に対応して、国内総生産GDP＝国民総所得GDE＝国内総支出GDPの三面等価の原則が成立する。ここで「国内」とは「国民」と同義である。たとえばGDPでは、国外にいる日本人国籍を持つものの資本および労働所得が含まれるし、国内にいる外国人の両所得が差し引かれる。なお経済成長率とは、n年度からn＋1年度までのGDPの増加率である。

自己調整的市場と純粋資本主義との一体性

なお産業連関表に関して、いくつかの点を補足しておきたい。金商品を除くすべての生産物商品について、供給曲線は図表2が示すように右肩上がりになるが、これは、生産供給量の増加とともに徐々に労働生産性が下がり、生産物単位量の生産に要する労働時間量（生産費）が徐々に上昇することを意味する。一方で、商品に対する需要とは、その「単位」商品量に対する金貨幣「一定量」の供給・交換である。需要曲線は右肩下がりになるが、これは、金貨幣商品の生産供給増大とともにその労働生産性がじょじょに下がり、金「単位」量の生産に要する労働時間量の上昇とともに、一般商品「単位」量の購入に要する金貨幣の「一定量」が徐々に増大することを意味する。仮に需要曲線を金「単位量」の生産供給曲線に換算すると、一般商品と同様の右肩上がりの供給曲線が成立する。つまり生産過程における固定資本用益の利用にもとづく供給の限界原理は、金を含めたすべての生産物（およびサービス）に作用している。

pQ＝gHQ（中間財）＋wL（賃金）＋rS（絶対地代）は、地代rSが、差額地代を含まない絶対地代の場合にのみ成立する。需要曲線と供給曲線の交点つまり需要量と供給量が一致する均衡単価pは、金を含むすべての生産物における「供給」の限界原理（一定時点における供給の論理としての収益逓減の法則）によって決定される。同時にその商品の「単位量」の生産に必要な労働量とその商品を購入する「一定量金」の生産に必要な労働量（固定資本用益の限界労働生産性）は一致するので、この商品の売買において労働量価値交換の原理が作用することになる。I～V部門のすべての産業部門を通じて、限界労働生産性を提供する固定資本を所有するいわば限界供給企業あるいは各企業の限界供給部分は、「純粋資本主義」社会の境界線を形成するとともに、各産業部門の需要と供給を最終的に一致させる。この時に、rS（絶対地代）に等しい平均利潤が成立する。

各産業部門における企業の限界供給部分が平均利潤を得、それを可能にする固定資本所有がけっきょくその平均利潤を絶対地代として得るということは、産業部門のすべてにわたって、（利潤に対する中間財プラス労働費の割合として）利潤率が均等化することを意味する。各産業部門において限界供給部分が、その部門における需要に対して最終的な供給に応じるという点で、その存在に対するいわば資本家社会的承認がもたらされる結果として、すべて産業部面の限界供給について平等に一般的利潤率が成立するのである。

以上の産業連関表の「原理的構成」による解明を通じて、「自己調整的市場」と「純粋資本主義」とは完全に同一のものとして再定義される。両者はともにあらゆる社会形態に通じる経済原則を「私有制と価値法則」によって実現する特殊歴史的な社会構成体をなすことが明らかになる。ポランニーによれば、「どのような社会も、財の生産と分配における秩序を保障するような何らかのシステムがなければ存在しえない」。「自己調整的市場は、社会が経済領域と政治的領域へと制度的に分離されることを要求する」。社会の経済領域における秩序、つまり「財の生産と分配における秩序」が完全に「この自己調整的メカニズムにゆだねられる」という点で、19世紀社会は、「類をみない過去からの決別を意味していた」。宇野の純粋資本主義と同様に、ポランニーにとっても、自己調節的市場とは、あらゆる社会形態の存在のために不可欠な経済原則（財の生産と分配の秩序）を資本家的企業を通じて特殊的に実現させるものとしての自律的な市場経済システムを意味する。このような理解によって、生産（中間財と最終材）と分配と消費（人びとの消費生活のためのあるいは生産手段形成のための最終財の消費）という経済原則の実現は、必ずしも資本主義的市場経済によらなければならないというわけではなく、様々な制度改革的な工夫により可能である（非ないし脱資本主義社会存在の可能性）、という点が明確になる。

ポランニーによれば、実際に人類の歴史において、たしかに市場という制度はかなり一般化していたと考えられるが、経済が市場に支配されていたといえるような時代は、

19世紀になるまで存在しなかった。それ以前の時代には、生産と分配における秩序は、「互酬、再分配および家政という三つの行動原理」によって与えられた。このようなポランニーの考え方は、資本主義的市場経済だけが最も合理的な経済と社会のあり方であるとする普遍主義信仰（市場原理主義）に対する批判的克服としては、少なくとも方法論上十分であったはずである。

またマルクスの「再生産表式」によって、あらゆる社会的形態に通ずる経済原則を実現するものとして、「価値法則の絶対的基礎」が明らかにされる、と宇野は主張した。この「再生産表式」は、誤った固定資本所有の位置づけのゆえに原理論から除去されなければならないが、それに変えて産業連関表の原理的構成によって再定義される純粋資本主義は、あらゆる社会形態に通じる経済原則的一般均衡を実現するものとして、「私有制と価値法則の絶対的基礎」を明らかにする。われわれは、この産業連関表に示される「私有制と価値法則」による経済原則的均衡の実現という一点に、資本主義的市場経済の特殊歴史性の根拠を求める。ワルラスやマーシャルなど新古典派による産業連関的「一般均衡理論」は、資本主義社会の特殊歴史性という問題を無視したうえで、一般的経済原則均衡に強調点をおいており、したがって資本主義社会のみならず社会主義社会の分析にも役立てられる、とされている（御崎2005）。今や再定義される「純粋資本主義」（原理論）とその産業連関表は、あらゆる社会形態に通じる経済原則的均衡の根拠づけのゆえに、国民経済計算統計の一部として現状分析的に応用可能なものになるといえるであろう。

自己調整的市場の経済原則的根拠

再定義される「純粋資本主義」は、マルクスのいう、「資本主義的私有の最期を告げる鐘がなる、収奪者が収奪される」とする社会主義的革命展望を完全否認する。同様にポランニーの「自己調整的市場」すなわち「ユートピア」説は絶対に成り立たないことを論証する。「純粋資本主義」あるいは「自己調整的市場」が「自己破壊システム」へと自己転換する論理などはいかなる意味でも存在し得ない。ところが、ポランニーは、この「自己調整的市場」を突然「自己破壊システム」へとパラダイム転換させる。ポランニーにとっては、この資本家的企業システムを成り立たしめる「生産の本源的な要素」の商品化、つまり労働（労働用益）・土地（固定資本用益）・貨幣（貨幣用益）の商品化は、それらが労働生産物ではなく、「販売のために生産され」るものとしての本来的な商品「公準」に反するという意味において、「擬制（fiction）」でしかない。この極端なまでの人為的な商品擬制は、たしかに「社会全体に関する決定的に重要な組織原理」（財の生産と分配における秩序形成）を提供する。しかしその一方で、ポランニーにとっては、国家社会は、「人間社会」を破滅から救うために、市場の「自己破壊的メカニズムの切れ味を鈍らせるような防衛的な対抗運動」を現実化させる存在たらざるを得ないことになる。商品擬制（commodity fiction）は、社会全体に関する決定的に重要な組織原理を提供しつつ、ほとんどすべての社会制度に多種多様なやり方で影響を与えている。その組織原理によれば、商品擬制にかなう市場メカニズムの実際の機能を妨げかねないいかなる仕組みや行動も、存在を許されるべきではないとされる。しかしポランニーによれば、一方で商品擬制は「市場の自己破壊的メカニズム」を意味する。

市場メカニズムを、まさに人間とその自然環境の運命を左右する唯一の支配者とすることは、あるいは購買力の大きさと用途の唯一の支配者とすることでさえ、社会の壊滅をもたらすであろう。なぜなら、いうところの「労働力」という商品は、たまたまこの独特の商品の所有者となっている人間個人に影響を与えることなしには、それを無理やり押しつけることも、手当たりしだいに使うことも、あるいはそれを使わずにとっておくことさえできないからである。市場システムが人間の労働力を処理するということは、それによって、「人間」という名札に結び付けられたその人自身の物理的、心理的、道徳的特性を、市場システムが処理することを意味しよう。人間は、文化的諸制度という保護膜を奪われ、社会的にむき出しの存在になることに耐えられず、朽ち果ててしまうだろう。すなわち人間は、悪徳、堕落、犯罪、飢餓による激烈な社会的混乱の犠牲者として死滅するのである。自然は元素にまで分解され、街と自然景観は冒涜され、河川は汚染され、軍事的安全性は危機に陥れられ、食料と原料を生産する能力は破壊されるだろう。最後に購買力を市場が支配すれば、企業は周期的に整理されることになるだろう。というのは、貨幣の不足と過剰は、未開社会における洪水や旱魃のように、事業にとって災厄になることが明らかになるからである。労働、土地、貨幣の市場が市場経済にとって必須のものであることに疑問の余地はない。しかしいかなる社会も、その中における人間と自然という実在あるいはその企業組織が、市場システムという悪魔のひき臼の破壊から守られていなければ、むき出しの擬制によって成立するこのシステムの影響に一瞬たりとも耐えることができないだろう（ポランニー 2001.126）。

資本家的企業活動の総体、同じく自己調節的市場システムの成立のためには、生産要素と生産物の全てが商品化され売買されなければならないが、「売買されるものはいかなるものであろうと、販売のために生産されたものでなくてはならないという公準」は、労働用益と固定資本用益、そして貨幣用益に「ついてはまったく当てはまらない」のは当然である（ポランニー1944）。しかしポランニーのいうように、これらの用益商品の存在は、「擬制」でしかない、とはいえない。いかなる用益も「商品化」すれば、金貨幣に対して、立派に商品であり、それゆえに「市場の法則」（価値法則）に従わざるをえない。中間財と最終財からなる生産物商品が価値法則に従うのも、これら三つの用益商品が価値法則に従うことを根拠にしている。

重要な点は、次のようなポランニーによる宇野と同様な経済原則関係の明確化である。「労働は、いかなる社会においてもそれを構成する人間存在それ自体であり、また土地（工場・農場など生産手段体系…引用者）は、社会がその中に存在する自然的環境そのものにほかならない」。とはいえ、ポランニーのいうように、「労働と土地（工場・農場など生産手段体系…引用者）」を市場メカニズムに包摂するということは、社会の実体そのものを市場の法則に従属させる」ことにはならない。むしろ逆である。それら労働生産物ではない用益の商品化による市場メカニズムの確立は、「市場の法則」を「社会の実体そのもの」に「従属させること」を意味する。正しくは、宇野が明確にしているように、「市場の法則」、「価値法則」ないし「自己調整的市場」は、「社会の実体そのもの」（経済原則：生産と分配と消費）の実現を仲介するものとしてこそ、自らの自立的な存在を可能にさせ、また根拠づけることになるのである。

イノベーションの論理

再定義された「純粋資本主義」社会は、長期にわたる労働生産力の増進というもう一つの経済原則を進んで実現する。各産業部門においてその限界供給部分に対して水平的分業を担うより高い労働生産性を提供する固定資本を所有する企業は、（単位価格p－単位生産費c）×生産量Q＝差額地代をなす超過利潤（純利益）を得る。つまり図表1では、Ⅰ～Ⅴの列のそれぞれに 付加価値＝労働量価値－中間財価値 が成立する。その上で、それぞれの産業部面に属する個々の企業に即してみれば、より労働生産力が高い企業は、単位価格p＞単位生産費c が成立するので、その差額分は市場価値によるものとして超過利潤をなすことになるのである。こうして超過利潤を求めて、時に新しい固定資本形成のインセンティブが生じる。そのための資金が株式会社金融をつうじて、どのように具体的に調達されるかは、段階論上の課題をなすので今は措くとしても、一般

図表２　均衡価格の長期趨勢

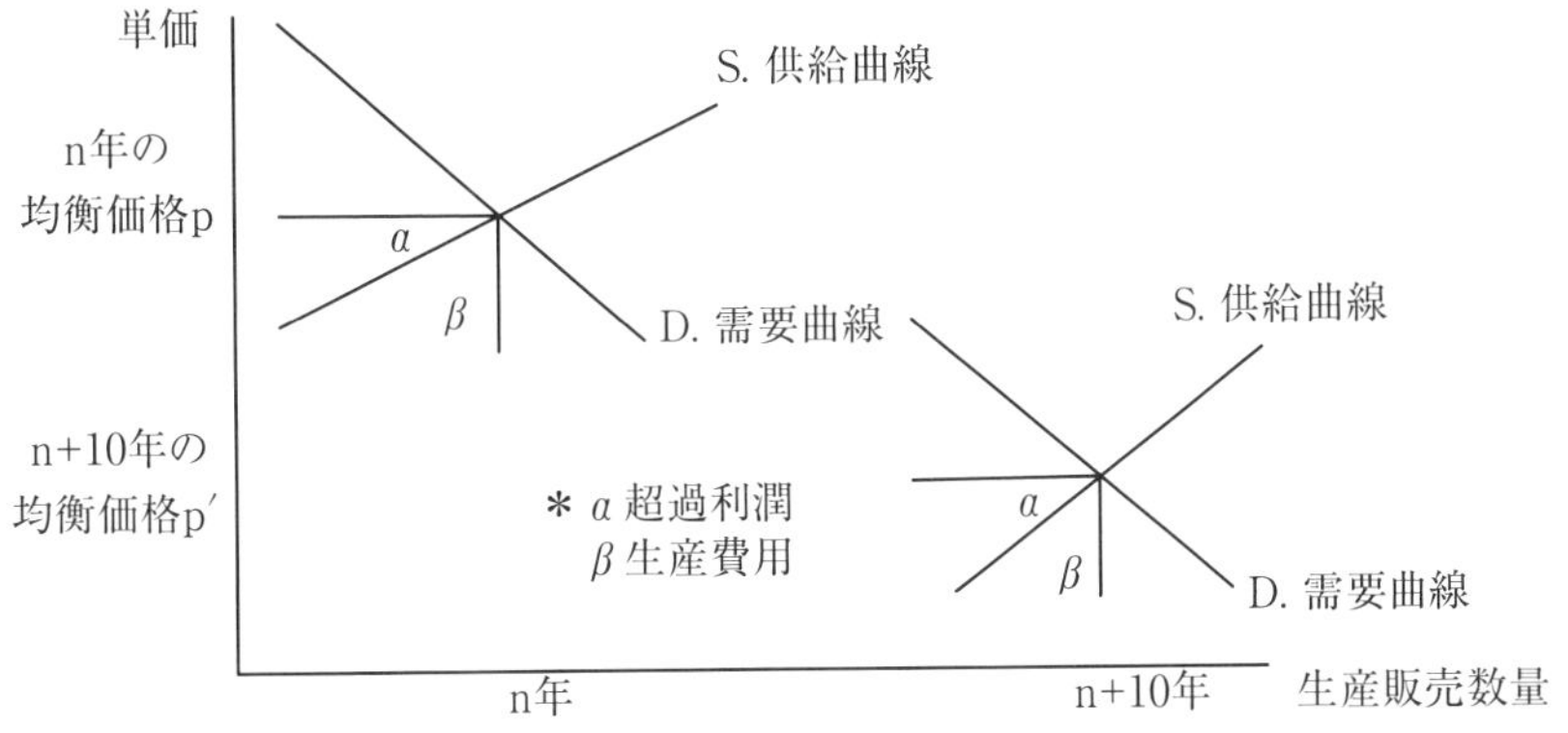

・S. 供給曲線は、一定の時点における商品供給の論理として、収益（収穫）逓減の法則をしめす。
・長期にわたる異時点間では、n 年と n ＋10との均衡価格格差がしめすように、商品生産上の労働生産力が増進する結果として、生産費逓減・収益（収穫）逓増の傾向が現れる。

的に特に景気循環の不況末期において、あらゆる産業部面で不況脱出のための固定資本形成が行われ、従来水準をはるかに上回る労働生産力が達成される（注）（図表2参照）。

（注）個人（家族）、一部有限責任のパートーシップ企業、有限責任の株式会社、株式を上場する公開会社、地主金融組合を通じて抵当証券を発行するユンカー農業企業など、段階論上で明らかされる資本家的企業の形態的相違は、循環資本と固定資本所有から成る資本家的企業の原理（本質）には関係ない。それらは、固定資本形成のための資金調達の仕方の相違を示すものにすぎない。しかし、いずれにせよ固定資本形成のための資金調達が、純粋資本主義社会の内部（受け取り地代によるいわゆる自己金融）からではなく株式市場などの外部から行われることを想定することは、純粋資本主義社会の想定と矛盾しない。前者の想定は、後者の原理的想定（企業における固定資本により提供される労働生産力の不断の増進の想定）を可能にする。

　このイノベーションによって、不況が好況に転じ、最好況期を経て、突然の恐慌、そして再び不況が続くというほぼ十年間の景気循環は、労働生産物ではないという意味で特殊な商品をなす固定資本用益商品と労働用益商品との同時的需給調整過程をなしている。労働者が固定資本を利用して生み出す労働量価値（絶対地代 rS プラス労賃 wL）は、ひとつの景気循環内においては不変である。したがって、不況末期から好況初期にイノベーションによって生じる労働過剰状態、すなわち労働用益商品の価値 wL 以下への労賃低下は、資本不足状態、すなわち固定資本用益商品価値 rS 以上への地代上昇に対応している。同様に好況中期から最好況期に向けて生じる資本過剰状態、すなわち固定資本用益商品の価値 rS 以上への地代低下は、労働用益不足状態、すなわち労働用益商品の価値 wL 以上への労賃の上昇に対応している。

18世紀以来の金融、商業そして全産業にわたる資本家的企業（自己調整的市場）の発展が、主権国家群がもたらすレッセフェール世界市場の発展にともなうものであることは明らかである。各国毎の、それゆえ国際的に通訳可能な、度量衡、会社法制、金本位制・中央銀行制度、私有財産制度がなければ、そして多角的決済システムとして総括されるレッセフェール世界市場システムがなければ、現実的にいかなる資本家的企業の活動・自己調整的市場の原理的展開もありえない。ただしレッセフェール国家は、資本家的企業にその経済的活動の可能性を与えるとはいえ、企業活動の自治的原理的内容は、国家ないし国家間関係（国際関係）とを基本的に超えている。たとえば商品交換は原理的には、必ず金貨幣あるいはそれにもとづく為替手形など信用貨幣・兌換銀行券・中央銀行券などによって行われるが、金貨幣によるその等価値交換の根拠は、限界生産費原理・限界労働量価値原理によって説明される以外にない。

要するに資本家的企業活動・自己調整的市場システムは原理的には、普遍的な経済原則をレッセフェール世界市場を通じて実現するものとして、最初から国境線・国家を超えているのである。したがってこの世界市場を段階論として棚上げし、原理論上「純粋資本主義」社会とは、社会的な経済原則を私有制と価値法則を通じて実現するものとして、他に依存することのないそれ自身で完全に自律する社会である、と宇野が方法論上想定したことは完全に正しい。純粋資本主義社会あるいは自己調整的市場システムは、主権諸国家成立の遺産であるにもかかわらず（あるいは、遺産であるゆえに）、主権諸国家の時空を超えて、純粋論理として自律的に存在する、という点の理解が重要である。

四　株式会社と「純粋資本主義」

「純粋資本主義」の想定と貨幣資本家の存在

マルクスは、機能資本家（循環資本の担い手）と貨幣資本家との二種類の資本家を想定し、後者が前者に100ポンドの貨幣を貸して、前者が生みだす利潤20ポンド（利潤率20％）の一部5ポンドを利子として受け取る関係を、利子生み資本M（１００ポンド）…M′（１０５ポンド）として規定する。この関係において貨幣は、「貨幣として具有する使用価値のほかに、一の追加的使用価値」つまり20ポンドの利潤を生み出す「資本として機能するという使用価値を与えられる」。そして「この、可能的資本としての、利潤の生産のための手段としての属性において、貨幣は一の商品に、但し一種独特の商品になる。または結局同じことになるが、資本は資本として商品となる」（マルクス1894）。

マルクスのこの貨幣利子と資本利子の混同に対して、宇野は、資本としての１００ポンドの貨幣を借り入れる、「資本をもたない」無一文の機能資本家や、利潤20ポンドでなく利子5ポンドを得て満足するような貨幣資本家の想定は、純粋資本主義社会としては不可能であるのみならず、マルクス自身による産業資本（M貨幣－C商品…P生産…C′商品－M′貨幣）の定義に反する、と批判する。そして、この二種類の資本家の想定にかえて、産業企業における循環資本同士の相互的な資金融資関係により、貨幣市場における商品化貨幣の単価として利子率の成立を論証した。宇野は、貨幣市場（貨幣利子）の成立では、貸付資金・利子を貸付資本・利子と混同する点や、商品としての資金の売買を可能にする銀行の固定資本所有に思い至らぬ点を除けば、完全に正しい論理展開を示している。つまり宇野はマルクスに対して貨幣市場を資本市場から概念的に区別することにおいてほぼ完全に成功した。

では、マルクスによる機能資本家と貨幣資本家との二種類の資本家の想定は、本当はどこに問題があるか。マルクスの想定する二種類の資本家に対して、それらの仲介者として、もう一種類の資本家つまり固定資本所有者を追加してみよう。固定資本所有者A氏は、株式の発行市場を通じて、貨幣資本家B氏に株券１００ポンドを買ってもらい、その現金１００ポンドをA氏の設備投資資金３００ポンドに加えるものとする。A氏とB氏は共同で所有するこの固定資本を地代20ポンドを代価として、機能資本家C氏に一年毎更新で貸し付けることができる。機能資本家C氏は利益20ポンドをその地代・配当の支払いに当てる。もし一般利子率が4％ならば、A氏とB氏が共同で所有する固定資本の金額は、20÷0.04＝500ポンドになる。貨幣資本家B氏は、購入した株券１００ポンドで会社の固定資本５００ポンドの4分の1を所有していることになり、１００ポンドを預金する場合に得られる利子4ポンド、つまり利子率4％に等しい配当利回り4％（配当4ポンド÷株価100ポンド）を得る。B氏はまた、１００ポンドの現金が緊急に必要であるという場合にば、１００ポンドで得た株券を１２５ポンドで（「純粋資本主義」社会の外に存在する）証券市場で売却でき、25ポンドのキャピタルゲインを得ることができるので、（もちろんキャピタル・ロスの可能性は覚悟の上で）大いに満足するであろう。

ここで注意しておきたい点は、機能資本家Cに対する20ポンドを対価とする固定資本用益の提供者としては、固定資本所有者Bは、固定資本所有者Aとともに、「純粋資本主義」社会の内部に存在するが、今や１２５ポンドの株券を所有して証券市場に関わる貨幣資本家Bは、３７５ポンドの株券を所有して証券市場に関わるかもしれない固定資本所有者Aと共に、「純粋資本主義」社会の内部には存在する余地はないということである。「純粋資本主義」社会には証券市場は存在しようがない限り、それは当然である。それゆえ証券市場に直面する貨幣資本家BやAの存在を想定することは、原理論にとって必要な一般的な「純粋資本主義」の想定と何ら矛盾することではないのである。

ここ（その外部に証券市場を伴う「純粋資本主義」社会の想定）における機能資本家、固定資本所有者、貨幣資本家の三種の資本家の想定の特異さは、機能資本家C氏による機能経営に対しては、直接何の報酬も想定していないことである。しかしそれは当然である。なぜなら機能経営者は、生産の三要素の購入と製品の販売といった産業資本的形式（原理的）行動以外に、労働用益も固定資本用益も、自らは全くなにも提供していない。生産の三要素をみずからは何も提供しないで利潤を得るので、マルクスは誤って、機能資本家を剰余労働・剰余価値の搾取者と断罪したのである（ただしマルクスは機能資本家の報酬を資本所得に対して熟練労働に対する対価とみなす場合がある点に注意）。

ここでは、マルクスのこの断罪に反対して、平均利潤は絶対地代として固定資本用益の提供者（資本所有者）に引き渡されるべきものと仮定されるので、機能経営者には、何も残らないことになるに過ぎない。実際には、固定資本所有には差額地代が生じるから、無一文の機能資本家C氏は、その一部を産業資本的形式活動に対する報酬として、受け取ることができよう。もし差額地代が生じないとすれば、そのような限界的固定資本用益の提供は、固定資本所有者兼機能資本家によって行われると想定すればよいであろう（御崎2005）。

以上のように、無一文の機能資本家と利子を得て満足する貨幣資本家の存在を宇野のように単に否定しさるのでなく、両者を仲介する固定資本所有者の存在を想定することによって、はじめてマルクスの利子論（貨幣利子と資本利子の混同）を完全に克服することができる。宇野は、マルクスのいう「利子付資本M…M´」を「貸付資本・利子M…M´」として残す一方で、「それ自身に利子を生む資本」概念の論理的導出に最後まで腐心したが、けっきょく失敗した。宇野は、前者をすて（つまり貨幣利子は資本利子にならないことを明確にし）、後者を「利子生み固定資本所有」として明確にするだけでよかった。しかしマルクスと同様に、利子生み固定資本について明確な概念を欠く宇野にとってそれは至難の業であった。

理念としての、資本の商品化の具体的実現

19世紀70年代から1914年まで、世界的なレッセフェール金融システム（本書第3章）は、「純粋資本主義」社会の自律的な拡大的再生産の論理を外部から支援した。その本来的な自律性が固定資本形成のための外部的資金を内部に吸収する力をもっていたからである。資本家的企業の分業と競争がもたらす「純粋資本主義」社会の成長は、株式公開会社の普及と世界的規模の証券市場の発展によって保証された。「純粋資本主義」社会における「資本所有とコントロールの一体性」（原理論）に対して、株式会社の普及および株式市場の発展（段階論）はいかなる関係にあるか。この問題について、「資本所有のコントロール」を象徴する「それ自身に利子を生むものとしての資本」を、「理念としての資本の商品化」とみなす次のような宇野株式会社論の核心的論点に対する若干の修正を通じて、考えてみたい。以下の文章において、（　　）は削除、［　　］は挿入をしめす。なお強調点線は引用者による。

理論的に想定せられなければならない、純粋の資本主義社会が、現実的には実現されないままに、1880年代以降、資本主義は［さらに一段と高度な発展をとげる］（末期的現象を呈する）ことになるが、しかし［1870年代までの］資本主義の発展期における、その純粋化傾向の内には、すでに純粋の資本主義社会における全機構が展開される。商品経済は、一社会を形成する経済的構成体として、その自立的根拠をうるとともに、基本的諸現象を展開するわけである。［資本主義社会が］金融資本の［活動が特に目立つ］時代としての転化を示して後も、別に新なる形態を展開するわけではない。［その］金融資本の時代を特徴づける、株式会社の産業への普及も、純粋の資本主義社会において、すでに論理的には展開せざるをえない、しかし現実的には具体化されない、いわば理念としての、資本の商品化の具体的実現にほかならない。いいかえれば、ここでもその歴史的過程は、純粋の資本主義社会を想定して得られる基本的規定によって、それを基準として解明せられうるし、またせられなければならないのである。それは資本主義の発生、発展の過程の解明と同様である。いずれも資本

主義の歴史的発展過程として解明せられるものであって、それ自身に資本主義の原理をなすわけではない。経済学の原理を、資本主義の発展期としての産業資本の原理とするのは、産業資本の時代が原理の対象として想定される純粋の資本主義社会に最も近接しつつあったという事実を過大評価するものであって、原理の意義を不明確にするものにほかならない。

…資本の自由競争（の障害をなす）［および国際分業化をますます促進する］固定資本の巨大化が、株式会社形式の普及を著しく促進し、その普及とともに銀行との間に新たなる関係を展開して、両者の［市場］結合の内に［産業企業と銀行・証券市場との共振的な高度経済成長を実現する］（独占的組織体を形成する金融資本が成立する）（宇野1962.89）。

宇野においては、「理念としての資本の商品化」とは、「それ自身に利子をうむものとしての資本」（われわれのいう利子生み固定資本）を意味する。工場、農場など固定資本所有者は、限界点以上の一定の労働生産力の実現を可能にする固定資本用益を提供することによって、始めてたとえば絶対地代１００rSポンドを得ることができ、資本による支配を実現する。絶対地代１００rSポンドを一般的利子率、仮に５％ｒで除して資本化すれば、２０００Sポンドの固定資本金額が得られる。現金でなくその金額２０００ポンドが、それ自身で利子１００rSポンドのキャッシュフローをうむ、というのが、利子生み固定資本の理念である。

一方でその金額２０００Sポンドは、たとえばAが所有する工場・固定資本をBに２０００ポンドの「資本商品」価額で売却しうることを意味する。ところが、「純粋資本主義」社会内には、生産と分配と消費を仲介する生産物市場、労働用益市場、固定資本用益市場、貨幣市場は想定されうるが、資本市場（証券取引所）とそれを可能にする投資銀行業などに限って存在する余地がない。商品として売買される可能性（宇野のいうように、理念としての、資本の商品化）があっても、それに対するBの需要とAの供給を一致させる資本市場がなければ、これらの商品の具体的な売買は成立しえない。要するに、宇野が明確にしているように、「純粋資本主義」社会では、資本の商品としての売買を現実的に具体化する余地は全くないのである。というよりも、はじめから証券市場、資本市場を含まないというのが、「純粋資本主義」社会の定義をなすのである。

株式証券市場の発展は、「純粋資本主義」社会の内と外の境界線を跨いで、A会社群とB投資家集団との間に、またさらにB投資家集団内部に、実際には投資銀行などが仲立ちして取引の網の目を作り出す。株式証券市場はB投資家集団が分散的に所有する社会的資金を、多数の株式会社それぞれの巨大な固定資本の形成と所有に結びつける。B投資家集団の分散的株式所有の流動性リスクは、ひとえに、多くの株式会社が個々の生産物について国際競争力（原理的には限界労働生産力以上の労働生産力）を提供する固定資本の形成に成功するか否かにかかっている。宇野の言うように、「株式資本の産業への普及」は「理念としての、資本の商品化（capitalization）の具体的実現にほかならない」。理念としての資本の商品化は、株式会社および株式証券市場の発展において具体的に実現する。実際には株式市場の安定的な発展は、国家が保証する国債証券市場の相当な発展を前提にするものであった。証券市場の発展は、古くから国債など国家の財政状態と密接不可分に発展してきたものなので、その解明はもともと国家論を含む段階論上の課題をなすことになるのである。以下の宇野の文章は、原理論を段階論に関連づけるものとして重要である。（ ）は削除、［ ］は挿入をしめす。

> 一般に資本主義社会においては一定の定期的収入は、一定額の資本から生じる利子とせられることになるのであって、貨幣市場の利子率を基準にして、かかる所得は利子による資本還元を受けた、いわゆる擬制資本の利子とみなされることになる。定期的に地代を支払われる（土地所有も、これによってその土地を一定の価格を有する商品として売買しうることになるのであるが、産業資本も株式形式をもって形成され、その運営によって得られる利潤が、株式に対して配当として分与されることになると）［固定資本所有が株式形式をもって形成され、その定期的に支払われる地代が株式資本所有に対する定期的な配当とみなされることになる］と、（資本）［固定資本所有］は、その配当を利子として資本還元される擬制資本を基準として商品化されて売買されることになる。その他公債、社債等の有価証券も同様にして商品化される。株式その他の有価証券の売買市場は、資金が商品化されて売買される貨幣市場に対して、資本市場をなすわけである。それは貨幣市場の利子率の形成に直接参加するわけではないが、その利子率を反映する利子率によって資本還元される擬制資本の市場として、いわばその補助市場を形成するものに発展しうることになる。しかしそれと同時に、この資本市場に投ぜられる資金は…土地の購入と同様に、投機的利得と共に利子所得をうるための投資として、原理論で解明し得ないヨリ具体的な諸関係を前提とし、展開するものとなる（宇野1962, 219–20）。

国際関係の内部化

資本主義的発展における三大階級への「純粋化傾向」を

「純粋資本主義」想定の社会科学上の根拠とすることは、その三大階級を固定資本所有者、機能経営者、作業経営者（労働者階級）に置き換えさせすれば、株式会社の普及がその階級区分を代理人制度として明確にするので、やはり完全に正しい。そして続いて述べるように、この「純粋化傾向」は、国際関係の「内部化」と完全に整合している。あるいは「純粋化」とは段階論上の国際関係の「内部化」のことに他ならないともいえる。

宇野は、「純粋化傾向」以外の「純粋資本主義」想定のもう一つの論拠として、次のように主張した。商品経済は、それが社会の内部に浸透し、産業資本として労働力商品化にもとづき生産過程を把握するとき、資本主義として確立され、「国際的関係」は、その内部に吸収されて行く（宇野1962）。いいかえれば、「純粋資本主義」は、「国際的関係」を内部統制する自律的な資本の論理がもたらす社会である。宇野にとって、原理論と段階論とを互いに「関連」づけることは最大関心の一つであった（宇野1962）。マルクス主義経済学の伝統に反して論理を歴史から分離したことは、宇野原理論のもっとも重大な業績を意味したからである。方法論上目的意識的に論理と歴史を区別したものが、両者の関連付けを深刻な自己責任と考えないわけがない。しかしここで、「国際的関係」・レッセフェール世界市場を資本主義生産の内部に「吸収」するとは、一体なにを意味するのか、宇野は、おそらく世界資本主義論者との論争からうまれた、資本主義の現実的歴史的発展を「内的に模写する」（これ自身決して明快とは言えないが）などからヒントを得たのかもしれないが、具体的には何も述べていない。われわれは答える、「純粋資本主義」社会は、世界市場上の金融システム（資産を現金化する場合の困難性の度合いを意味する流動性リスクの最小化メカニズム）と国際移民など労働市場の世界的流動性をその内部に「吸収」する、と。

個人（家族）、一部有限責任のパートナーシップ企業、有限責任の株式会社、株式を上場する公開会社、地主金融組合を通じて抵当証券を発行するユンカー農業企業など、資本家的企業の形態的相違は、固定資本形成のための資金調達の仕方の相違を示すものにすぎない。しかし、いずれにせよ固定資本形成のための資金調達が、「純粋資本主義」の外部の国際的な株式市場を通じて行われることを想定することは、「純粋資本主義」社会の想定となんら矛盾しない。前者の想定は、後者の想定（企業における固定資本により提供される労働生産力の不断の増進の想定）を可能にする。

また銀行は企業の循環資本から預金を受け入れ（貨幣の買い）、為替手形の割引き（貨幣の売り）によって循環資本の循環を促進する。段階論上、この商業銀行に預金するものが、外部の、つまり銀行に当座勘定口座を持たないプチブル層（貨幣資本家B氏）であると想定することも、「純粋資本主義」社会の想定と矛盾しない。プチブル層は、預金をして貨幣利子を得るか、株を買って資本利子を得るかを選択できる。株式市場および投資バンキング・商業バンキングの国際的ネットワークが、貨幣市場と資本市場の流動性リスク管理上の相互補完的関係を作り出し、貨幣利子率≒資本利子率の安定した世界的金融システムをもたらすのである。[注]同様に労働者がより高い労働生産性をもたらす固定資本形成の地域に外部から集合して、資本・労働関係の内部に編入され、労働用益商品市場の拡大成長のために追加的に参入することも、「純粋資本主義」の想定上、許されよう。

（注） 19世紀初頭の決済システムに実際に示されるように、原理論上の利子論では、銀行の預金負債は企業の当座預金に限られ、個人からの預金受け入れは想定されない。為替手形の割引による貨幣の借り入れつまり資金に対する需要と当座預金による資金の供給、このような個別企業の循環資本同士間における資金の需要と供給には、一般的に銀行の為替手形割引による資金の供給と当座預金による資金の需要がそれぞれ対応している。こうして原理論上、商業バンキングに仲介される貨幣市場における社会的な資金の需要と供給の一致は、景気の循環における労働用益および固定資本用益の需供変動（資本過剰と労働不足・利子率高騰）から資本不足と労働過剰・利子率低下の調整過程を反映する貨幣利子率の上下変動を通じて、調整されることになる（河西2009）。

要するに、「純粋資本主義」社会は、 次大戦以前のレッセフェール世界市場上においてのみ、あるいはいいかえれば、国際的な労働市場および金融システムを「内部化」する開放経済体制としてのみ、現実的論理的に存在しうるのである。開放経済体制とはいえ、「純粋資本主義」社会の内部と外部の境界は、それぞれの産業部門の限界企業、pQ＝gHQ（中間財）＋wL（労賃）＋rS（絶対地代）、により厳格に線引きされるので、はっきりしている。競争力のある固定資本を形成し、労働者とともに突然内部に侵入してくるベンチャー企業、競争敗者として、外部に追放される企業。「純粋資本主義」は外部からのより生産的な固定資本用益と労働用益の流通浸透性（もしくは資本主義の純粋化傾向が有する外部的国際的生産要因の内部吸収力）が極めて高度な社会といってよい。

商業資本と商業銀行業、あるいは鉄道などの運送業を含めて産業資本の存在は、労働力・労働用益の商品化によって根拠づけられるとしても、その労働力の商品化を可能にし根拠づけるものは、実は固定資本の存在なのである。といっても固定資本は、相対的過剰人口を生み出すことによって、労働力商品化を根拠づける、などと言いたいのではない（むしろ前者は後者の結果である）。固定資本所有者は国際的な外部資金にもとづき、より高度な固定資本用益をますますより多く提供し、（追加的に不断に国際的な外部から流入する）労働者階級は、その提供される固定資本用益を活かすために、より高度な労働用益をますます大量に提供する。産業資本は、原理的にこれらの国際的な外部からの追加的な固定資本用益および労働用益によって、あらゆる生産物の生産においてますます高度な労働生産力を実現し、同時に社会的な拡大的再生産を推し進めていく。

図表2が示すように、ある商品の需要曲線と供給曲線の交点は、その商品の需要と供給の一致を示し、商品単位量当たりの限界生産費および労働量価値を示すが、時間の経過と共に右下方に移動していく。産業資本の国境を越える存在根拠とは、レッセフェール世界市場のもとで、ひとえにあらゆる産業分野において、互いの競争を通じて自ら固定資本形成を進めますます高い労働生産力を実現しうるその生産経済能力の論理にあるのである。「純粋資本主義」社会は、レッセフェール世界市場の発展の時空を内部化し経済原則的均衡を「価値法則と私有制」によって特殊歴史的に実現するその生産経済能力のゆえに、レッセフェール国家を前提にしながらその国家を超える論理的かつ現実的な存在となるのである。

第2章　鉄道資本主義の隆盛

一　19世紀中葉の公益事業株式会社

議会制民主主義が生んだ株式会社

１７２０年の南海バブルの崩壊につづく数十年にわたり、公に売買される会社の成長のためには、何かにつけ状況は好都合であった。ブリテンは、同時代の標準で見れば裕福な国であり、資本を潜在的な生産的利用に投資するために必要な資金は存在していた（Cheffins 2008,141）。たしかに18世紀を通じてブリテンに住む一般労働者の生活水準は最低限のものであり、広範囲に広がる個人貯蓄を資本として動員することはとうてい不可能であった。しかし一方で、国が全体として享受する安定した政治的および社会的な状態、農業生産力を増大させた技術上のイノベーション、そして海外交易の盛況によって、金や銀を浪費するかあるいはため込むよりもむしろ貯蓄し投資したいと思う余剰資本をもつ人々は、多数存在していた。同様に貯蓄の規模についても、最大のビジネス企業に対してさえ金融支援が可能になるほどに、十分にゆとりがあった。１７５０年以後の70年間において、ブリテンの運河網を建設するために必要とされた累積資本総額はおおよそ20百万ポンドに過ぎなかったが、投資家たちは、たとえば１７９３年と１８１５年の間にイギリス政府によって発行された４４０百万ポンドの債務証券（国債）を買い占めることができたのである（Cheffins 2008,103-4）。

イングランドには、18世紀初頭までに、有効な株式市場を特徴づける重要な制度上の機構が準備されていた。その世紀の残りを通じて、譲渡可能な証券のディーリングがその仲介技術の意味において非常に発展した。18世紀の終わりまでに、ロンドンを本拠地とする専門的なブローカー（仲買人）およびディーラー（仲立人）が、スピーディーかつ信用のおける証券売買活動を追求しており、市場（そこでは、参加者の全てが機敏に取引をし、そして彼らのバーゲン品に対して光栄と感じるような評価を受ける）を成立させる努力をしていた。これらのことは、１８０１年のロンドン証券取引所の設立において頂点に達した（Cheffins 2008.141-2）。

１６９０年代までにさかのぼると会社発起の発作的な暴発が存在していたが、その暴発につづいて多くの公開会社を消滅させる市場破綻が起こった。19世紀半ばまでの長い期間にわたり、会社株式公募の際における周期的な株価の乱高下を通じて、一般的に株式会社企業の重要性が増大した。会社発起の暴発と会社の消滅の周期的パターンをよそに、１８３０年代までに、公共施設、運送、バンキング、保険、鉱山業といった分野で経営される多数の企業が公開で取引される株式を有するようになっていた。けれどもこれらの株式会社企業は、通常は株主ベースが狭くて特定の地域に限定される傾向があった。まもなく鉄道株式会社がそれらと違った様相をおびて発展した。19世紀の中ごろまでに、その最大のものは、洗練された経営階層制度、分散した株式所有、そして全国指向の株主登録により特徴付けられる複雑なビジネス企業になっていた（Cheffins 2008.18）。

公衆に株を買うよう勧奨することによって、速やかに広範囲の金融支援を獲得しビジネスベンチュアを立ち上げる企業の場合には、支配的な株式保有比率（ブロック株保有）を有する特別の創業者は存在していなかった。この点は、19世紀初期に開始した公開で取引される会社のリストを支配するビジネス、つまり運河、ドック、ガスライト・スキーム、そして鉄道を建設し運営する会社にとっては、普通であった。これらは、多年にわたりリターンを生みそうにない事業のために大資本を投入するいわゆるインフラ・プロジェクトに他ならなかった。このことが、主として企業家精神を持ち富裕でさえある少数の個人が提供できまた提供しようとするものよりも著しく広範にわたる資本の貯水池の活用を余儀なくさせたのである（Cheffins 2008.60）。同じパターンが19世紀の保険会社でも普通にみられた。

議会が法人格付与の過程を簡素化する法律を制定した19世紀中葉以前は、鉄道ビジネスの創業者は、他のインフラ・プロジェクトの場合と同様に、事業を開始する前に、広範な投資ベースを確保するために、議会政治を活用した。創業者は、法人格付与の認可を議会に申請する前に、市民集会を開催し、地域における輸送路の改善の必要性と鉄道創業の支援を訴えた。議会は、もし発行される株の引受人母体が地方の支援を明確に意思表示する場合には、法人格付与の公布を認可する傾向がより強くあった（Cheffins 2008.59-60）。しかしこのパターンは、１８３０年代には崩れ始め、鉄道株式資本の市場はますます地域間混合の性格を帯びるようになった。

たしかにランカシャイアー&ヨークシャイアー鉄道として、1835～1845年に調達された株式資本のほとんどは、「利害関係」諸州（つまり鉄道がサービスを提供する諸州）の住人の株式購入によるものであった。しかし、この時代の他の鉄道会社への投資は、純粋に地方的な事柄とはいえなくなっていた。ランカシャーやロンドンの投資家たちは、しばしば初期資本の提供者として、地方の投資家と結びついていた。そして成功した鉄道会社おける投資家ベースは、徐々にではあるが、ますます地域間混合の方向性を帯びるようになった。鉄道株の取引活動は十分に堅調なものとなり、1830年代央には、ロンドン以外で初めてリバプールおよびマンチェスターで証券取引所が開業した（Cheffins 2008.147）。こうして18世紀初頭の証券市場の創設以来、1840年代以降はますます、鉄道は非常に広範囲に地域を超えた多数の投資家によって分散所有される最初の企業となった。

18世紀初頭までに、証券を取引するための効果的な市場を特徴づける制度化された組織の全てが準備万端、ロンドンに存在していた。その一方で、イギリスは、1700年と1850年との間に世界で最初の産業革命を経験した。このように状況は、広範囲な投資家によって保有される会社が早期にビジネス組織の支配的形態として現れるためには、好都合な諸条件を提供したように見える。実際にはこのことは起こらなかった。というのは、産業革命の震源地に存在した企業は典型的には、適度の規模で経営されるただ一人の所有権者かまたはパートナーシップによるものであったからである。1880年代以前のイギリスの製造業では、株式市場に向かう企業はほとんどなかった（Cheffins 2008.18.133）。

イギリスは、「産業革命」によって他に追随を許さない技術的創造性の爆発を経験していた。新しい生産方法を創造し適用するその能力には最高のものがあり、この国は、生産の革新的様式である工場システムの本場であった（Cheffins 2008.141）。イギリスはまた小麦を生産する高度集約農場の典型国であった。しかしながら、イギリスの産業資本を「世界の工場」としてさらに大きく浮揚させたものこそ、鉄道株式会社の隆盛であったことを否定することはできない。運河とつらなり国内陸運を隈なく発展させた鉄道は、艦隊政策のもとにある海運業とともに、原材料の輸入と製品の輸出の両面においてコストを切り下げ、イギリス産業企業がもたらす国際競争力の増強に大きく寄与したと言えるからである。

二　南海会社と軍事財政国家

イングランドでは最初、冒険商人が海外貿易を目的にして、国王から法人格を認める勅許を与えられる場合に、「会社」という名称が使われた。１５５３年にロシア領土との貿易全体の独占的開拓のために創立されたロシアン・カンパニーは、貿易が共同資本によって共同の勘定で行われるという意味で、イギリス最初の株式会社であった。次の80年間にわたり、さらに夥しい数のビジネス法人が勅許によって創設され、海外貿易に従事する独占的な特権を与えられた。そのような法人は、その特権のゆえに国家に依存しており、そして国家は財政の主たる財源として法人企業に依存していた（Cheffins 2008.134）。

この時代において設立許可書が示す特定の条項を通じて、法人格の基本的な特性がだんだんはっきりと定着していった。永久継承権、訴え訴えられる権利、財産を所有する権利、満場一致というよりも多数決原理によるガバナンス、そして債権者に対する株主の個人的責任の制限などである。取締役は通常、株式所有権の特典に対する承認に関してコントロール権を与えられたが、株式は自由に移転可能であり譲渡可能であることを規定する条項が、株式の取引が合法的に実行可能であることを保証した（Cheffins. 2008.134）。

１６９０年代の最初の会社発起ブーム

１６３０年代から１６９０年代までは、ビジネス法人は概して衰退の傾向にあり、ほとんど新しい貿易会社は設立されなかった。既存会社も、それらの独占的特権を減退させるか放棄するかした。にもかかわらず状況は、会社設立活動の急増にとって好都合なものになりつつあった（Cheffins 2008.134）。１６６０年の君主制復古に続く30年間において、伝染病、火災、政府債務の不履行に見舞われたにもかかわらず、国民財産は25％増大し、貯蓄は倍増し、海外貿易、海運業、建設そして農業部門への投資の拡大がみられ、イングランドはますます繁栄していった。そのひとつの副産物として、主に急成長する商人や何らかの専門家たちによって構成される、依然として小規模ではあるが大部分はロンドンをベースとする拡大しつつある投資家集団が出現した。イギリスが１６９０年代に会社設立の第一波を経験した時に、必要とされる資金のほとんどを提供した者は彼らであった（Cheffins 2008.103）。

活用すべき余剰資本をもった人たちの間には、望ましい株券や債券は土地に対して魅力的な代替物をなすという覚醒が成長しつつあった。株券と債券の優位性は、土地に課される20％税が課されないこと、投資として非常に流動的であること、その取引の際に人件費や手数料がかからないこと、そして結婚した夫人が彼女らの個人財産として保有しうる財産の形態として適切であることなどにおいて見られた。これらの特徴が、1688年の豊作、そして名誉革命によって駆り立てられた強いビジネス高揚感と結びついて、イングランドで最初の会社設立の爆発のプラットフォームを設定した。1695年にイングランドとスコットランドで存在した150近くの会社の内85％は、1688〜1695年に設立されたものであった（Cheffins 2008.134）。

この第一波の会社設立期には、勅許によるだけの法人格付与はまれになり、議会の決議によるものが法人格付与の場合により普通の方法になった。また17世紀の終わりは、会社が何らかの明確な形態の国家の承認ないし関与に準拠することなく設立された最初の時代でもあった。このことは、権限開示令状や告知令状に関する特権的命令（設立許可または法令による権限付与のないまま活動する企業に対して、なぜそれらの資格のない会社が解散させられるべきではないかを会社自身に開示させるために使われる）を政府が躊躇したことによって促進された（Cheffins 2008.135）。

名誉革命の「財産回復」（1688年）は、海難救助や財宝探求を行う意図を宣言するさまざまな会社の立ち上げを促進した。続いて発起人が、新しいベンチャアを支援して株を売買するために投資家の「強い高揚感」をうまく利用しようとしたので、会社設立は加速化した。投資家は、フランスとの戦争によってもたらされる臭大な利益から多額の配当金を支払う軍備企業を特別な好意のまなざしをもって見た。そして会社は戦争が誘発する輸入制限の結果から利益を上げることを期待した。いくつかの企業が外国貿易に従事するために設立されたが、多くは国内指向であり、バンキング（もっとも有名なものは、イングランド銀行）や金融、上水道、鉱山業、漁業、製造業（たとえば軍備、上質紙、リンネル、ガラス）に従事することを提案した。株の取引は集中して、ロンドンシテイのレイビーリンス・オブ・レインと呼ばれる証券取引所路地にあるコーヒーハウス内で行われた（Cheffins 2008.135）。

1690年代に活動していた多くの会社が、1696・7年の金融恐慌と対仏戦争の一次的休戦（これらが外国の競争者を復活させるとともに、軍需の崩壊を招いた）によって大打撃を受けた。1695年時点に存在していた140の会社の内、1698年までにビジネスを継続できた会社は40に過ぎなかった。困難な経済状況が18世紀最初の10年間にさらに大打撃を与えた。この酔いから覚めた状況において会社発起も著しく後退し、1700～1717年にたった四つの会社が開業したにすぎない。しかしそのうちの一つ、南海会社が、短期間ではあったが新しい会社設立ブームの突発口を切り開くことになる。

初期のコーポレート・ガバナンス

17世紀末葉における株式会社の標準的ガバナンスは、全体会議つまり「株主」に類似する所有権者の集会によるものであり、その会議が、日常的なビジネスの運営を委任される取締役会を選出した。全体会議における投票の権利は、実質的な金融利害が投票の前提をなすという意味で、たいてい会社における所有権者の保有の程度によって決定された。いくつかの会社は、入り口で一種の最小限投票権を認める以外に、近代的な一株一票のルールを有していた。大多数の会社がコントロール権の不当な集中を不可能にするように組織化されたが、その場合にはひとりの所有者が投票できる最大限数を少なくする形で、誰に対しても投票権に上限が課された。たとえばイングランド銀行において、標準サイズといえる500ポンド以上の払込資本を有する株主には、それぞれ一票の資格が与えられた。それと同じルールが、基本的に国債への投資家として活動するミリオン銀行にも適用されたが、その場合には300ポンド以上の払い込み資本金を有する株主に一票が与えられた（Cheffins 2008.135）。

投票権に上限が課せられる場合には、主要株主でも投票上、直接、彼の株式保有に依拠して事態の行方を左右することはできない。こうして取締役の方では潜在的に、彼らが適切とみなす仕方でビジネスを行う相当な自由裁量権をもつことになる。しかし投票に上限を課すことは、たしかに多額の出資に基づいて法人の政策を左右しようとする投資家にとっては障害となったが、大株式所有者は「株式の分割」によって投票制限を回避することができた。「株式の分割」は、その大所有者のために、全体会議の大会で正規に投票できる名義上の譲受人（彼は、大所有者の信頼のもとにその株式を保有した）に株を譲渡することを伴っていたからである。また最大規模の会社であっても、一般的には株式の分散所有はあまり見られなかった。そんなわけでこれらの企業は、「大パートナーシップ」に似ていた[注]（Cheffins 2008.136）。

（注） 1695年頃、株式会社の4・25百万ポンドの株式資本のうち、3・23百万ポンドを次の六つのカンパニーだけで所有した。イングランド銀行、ミリオン銀行、ニュー・リバー会社、17世紀初頭に設立されたロンドンの水道会社、そして三つの外國貿易企業、東インド会社、ロイヤ

ル・アフリカ会社、ハドソン湾会社である。イングランド銀行には、１６９４年に１５００人以上の株主がいたが、内１７０人が合計して払込資本金の48％を保有する「大」持ち株者（つまり２０００ポンド以上の額面価額を有する）であった。ニュー・リバー会社は、１６１９年の法人格付与から１８６６年までに72株式以上をもたなかったが、そのうちの29株だけが、なんらかのかたちの投票権を有したにすぎない。東インド会社については、１６９０年代を通じて、ほんの一握りの主要な投資家が、合計して四分の一以上の株を所有し、会社の業務をコントロールした。ロイヤル・アフリカ会社は、明らかに主要なブロック所有者を欠いていた（１６９１年「大」持ち株は、全株式の14％を構成したに過ぎない）が、僅かに２００人（ほとんどロンドンの商業エリートから成る）の株主を有するにすぎなかった。ハドソン湾会社の株式については、確かに活発な取引が行われていたが、１６９０年の配当リストには29人、１７０３年のそれには67人がいたのであり、さらに狭い範囲で保有されていた（Cheffins 2008.137）。

南海株と会社発起ブーム

１６８８年の名誉革命はイングランドにおける金融革命のプラットフォームを設定した。国家活動のための財政については、議会による課税拡張に後押しされて、国債の発行および債務返済の能力が非常に改善されたために、次第に堅固なものになった。１７０７年のイングランドとスコットランドの同盟以後、イギリスは、ライバルのフランスに比べて戦争財政をよりよく運営できた。より良好な財政への転換は途切れのないものとなった。南海会社はその転換プロセスにおいて、重要かつ物議を醸す役柄を演じることになる（Cheffins 2008.137）。

南海会社は１７１１年に議会制定法による設立に従って、９百万ポンド相当の発行済み無償還短期国債と引き換えに株式を発行した。国債保有者にとって、保有する国債を南海会社の株式と交換する取引が有利になるようにするために、議会は南海会社に対して、南アメリカ（この地域は16世紀中ごろ以来、イギリス人の関心を掻き立てていた）におけるスペイン人植民者との交易独占権を許諾した。１７１９年までに、対スペイン戦争がこのビジネスを根絶させつつあったので、南海会社の取締役たちの注意は完全に公債市場に転換した。タイミングがよかった。というのは政府は、政府年金保険のための固定利子付き無償還国債のリストラにより、戦費を賄うために生じたかなり多額の債務償還コスト（国債費）を削減することを望んでいたからである。１７１９年南海会社は、イングランド銀行と張り合って、その固定利子付き無償還国債を南海会社の株に転換する政策を採用するように政府を説得した（Cheffins 2008.138）。

南海会社が勝利を収めた。国債保有者が30百万ポンドの国債を南海株と交換しうる可能性が生まれた。偶発的に南海株の価格が上昇した。価格が高ければ高いほど、ますますその交換条件は有利になる。南海会社の取締役たちは好機を見失なわなかった。会社株の市場価格をつり上げるために、公生と不正の両方の手段が使われた。会社の将来利益を誇張するレポートを新聞に書かせること、持続不可能なはずの高額配当を公表すること、会社が自社株を購入できるように準備すること、株主に気前の良い条件で金を貸す提案をすること、政治家を買収することなどである。

南海会社の取締役たちは、1719年に始まった一般会社による新株発行の急増によって、南海株に対する需要が横取りされるのではないかと懸念していた。当初は、海外貿易からのリターンの期待を裏切られた投資家たちが、彼らの注目を一般の株式会社にむけた。次いで一般の株式に対する需要が、パリから流出してきた投機的資本によって増強された。パリでは、国債をミシシピー会社の株式に転換するプランが、投資家の間に投機的な狂乱を引き起こしていた。1719年には18件の会社設立がおこなわれた。事態は、1720年の最初の6ケ月で本格化し、多くが一百万ポンド以上の公認株式資本を有する179の会社が事業を開始した（Cheffins 2008.138）。

事態は1720年5月末と6月に最高潮に達し、その時に96件の会社設立が行われた。これらは、額面の五から十倍高い価格で取引される夥しい数の会社株式とともに、劇的な株価上昇により顕在化する強力な投資家需要に支えられていた。新企業は、保険、漁業、外国および植民地貿易、土地開発、製造業（たとえば繊維、紙、ガラス）など、広範にわたる多様な分野での活動を提案していた。発明家や技術者は、ロンドンやリバプールに上水道を供給するベンチャア、熱耐性ペンキを生産するベンチャー、ガラス瓶やガラス大型四輪馬車を作るベンチャー、海上経由でロンドンに鮮魚をもたらす浮動プールを作るベンチャーなど、驚くほどの多彩なプロジェクトを提案して、金融支援を競い合った（Cheffins 2008.139）。1720年6月に、後に「バブル法」と呼ばれる法律が発効した。1720年の後半において会社設立ブームはおさまり、開始株式会社の数は、完全になくなるまでに、7月に二つ、8月に四つ、9月に三つと減少した。ここにバブル法がひとつの役割を果たしたことは明らかであり、6月以降は、証券取引所路地のコーヒーハウスは空っぽになっていた、といわれる。

1720年「バブル法」と南海会社

この間に、株式市場に提案されたスキームの多くは、物質的進歩がもたらす空想の産物であり、それを達成できる技術的能力を全く欠いていた。だが同時に大多数は、「実用本位」の分野で行われており、近代的技術を欠落してはいるが、幅広い産業分野にわたっていた。熱狂の度を増したプロモーターたちは、ごく最初の有利な機会に、熱心な投資家に株を売ることから利益を得るためにのみ、会社の立ち上げを開始した。同様に、発行される株式を引受ける者たちは、たいていは、配当収益または推定収益力を重視するよりも、素早く売却してキャピタルゲインを自分のものにすることを目的にしていた。まもなくそれらの会社は「バブル」の呼称を得たが、民衆はしばしば自分たちが選んだそのニックネームに酔いしれた。バブル以上に適切な表現はなかった。ある会社は一週間、あるいは二週間存続したが、他の会社はそんな短期間さえも生き延びることができなかったからである。

新設された株式会社の生存能力を別にしても、その多くには適法性という点で疑わしいものがあった。株式会社の組織者たちは、その創立の際にわざわざ立法化や勅許を求めることをしなかった。バブル法は、勅許または議会制定法による公認を欠く事業が法人として活動し、あるいは譲渡可能な株券を発行して資本を調達することを明示的に禁止し、そして違反に対しては刑罰および改善策を規定した。この法律は、ある者によって南海会社バブルの行き過ぎた行為に対する公共精神的反応として特徴づけされた。また公共選択視点からバブル法を分析した他の者は、法律は、立法または勅許による法人格付与の正当性を認めて、収益を上げる会社の能力を守るための立法者の努力であると主張した（Cheffins 2008.139）。しかし最も広く受け入れられた説明によれば、南海会社は自ら投下資本を奪い合う競争を弱化させる必要性があったのであるから、バブル法の立法化を推進したのは南海会社に他ならなかった。1718年以前に活動していた他のいくつかの事業とともに、南海会社がバブル法の適用範囲から除外されていたという事実が、以上の見方に一つの証拠を提供している（Cheffins 2008.140）。

勅許を得た一連の会社に対して告知令状に関する特権的命令が適用されるという、おそらく南海会社によって推進された大蔵省の1720年8月宣言が、投資家の楽天主義に更なる一撃を加えた。株価暴落が次の二、三週間にわたり続いた。その直接的な原因は告知令状に関する特権的命令にあるといわれたが、しかしおそらく市場要因が投機的狂乱を終わらせる上で、より重要な役割を果たした。疑問符が南海会社の将来見通しに対して向けられ、投機的バブルの中心にいるその会社はきっと約束した配当金を支払いえないだろう、という不安感が広がった。信用市場（貨幣市場）の引き締めによって、投資家にとっては、会社から未払い込み株式資本の支払いを要求される場合に、その不足分を補うために必要とされる資金の借り入れと、購入に同意した株の保証金の支払いに必要な資金の借り入れとの両方がますます困難になった。未経験の投資家がパニック状態に陥ったことや、外国資本の引き上げにより通貨危機が促進されたことが事態をさらに悪化させた（Cheffins 2008.140）。

南海バブルははじけたが、それは、特定の投資家にダメージを与える一方で、イギリス経済を大きく混乱させるものではなかった。南海会社は、新しいリーダーシップのもとに、また会社株と国債の交換のための法律上の改革に支援されて、1720年のバブル崩壊を生き抜き、1855年に一旦休止するまで、大ポートフォリオとしての政府証券を管理しつづけた。国債が南海持ち株会社の株式と交換されることによって、政府の財政状態は改善された。イギリスの公共財政の管理に責任をもつ者たちは、彼らの責任を効率的かつ立派に果たすことができた。かくしてイギリスは、18世紀の後半と19世紀のほとんどを通じて、イギリスのグローバルな卓越性に寄与するその軍事上および海軍上の成功を保証するために、十分強健な国債システムを整えることができた(注)（Cheffins 2008.141）。

(注) バブル法は、その議会通過につづく最初の数十年間においては、会社の役員会や法律家の会議でビジネス組織の問題が議論される場合には、常に潜在的な脅威となっていた。以後19世紀に入り、バブル法は時代遅れとみなされるようになり、関心は失われた。この状況のもとで、ビジネス団体の創立・運営を欲する者たちは、バブル法が特に標的にする株式譲渡に関する制限を回避しつつ、本格的な法人格付与に類似する成果を達成しうる非法人株式会社（コモンロー上のパートナーシップの一変種）の設立のために、「同意証書」（そのもとでひとつの受託者団体が、投資家の利益のために会社の財産を保有するためにする同意）を作成する方法を利用した。その結果として、成長する団体の欲求と調和する非法人株式会社が、法律によっていかに育成あるいは妨害されようと、強引に存在することになった。

バブル法は、数十年間ないがしろにされた後に、1808～1812年の一連の六つの裁判の際に、法務長官と民間係争者によって改めて取り上げられた。その初期の判決ではバブル法が広義に解釈されたが、それは非法人株式会社の廃止を意味していた。より後の判決では限定的案件に関してより実用主義的な取り組みが採用され、ビジネス企業が公衆に悪い影響を与えるかどうか、事実に基づいて個別的な理由により判定が下された。このことは、勅許や議会制定法のもとで法人格を取得しない会社については、その適法性は決して完全には保証されるものではないことを意味した。一方、有能な申請書類の書き手が非法人株式会社創立のための「同意証書」を、公衆のために明らかに有益な目標を会社がもつことを証明する仕方で巧妙に作り上げる限り、ほとんどの場合に所有権者は法的な異議申し立てから身を守られていることに確信をもつことができた。

バブル法を廃棄した1825年法は、非法人株式会社の事業は依然としてコモンローに服従している、と改めて宣言したが、そのことは、訴訟方法、株式の譲渡可能性そして有限責任などに関する不確実性のために、立法または勅許が認可しない会社は依然として違法の可能性があることを意味していた。バブル法廃止後の一連の訴訟は、互いに相反するような判決を生み出したので、趨勢は非法人株式会社の適法性にとっては有利な方向に向かってはいたが、いずれにしても、すげない法的環境が十分に成熟する法人事業の発展を潜在的に挫折させた（Cheffins 2008.148–50）。以上、法人格付与の上で法律上の障害が存在していたといえるが、実際には法律の状態は、18世紀と19世紀の最初の部分において法人事業を阻む重要な要因とはならなかった。

三　産業企業の所有とコントロール

産業革命を担ったパートナーシップ企業

法律環境は、会社の前進をある程度阻害したけれども、イギリスの産業革命は本来的に産業上、主要な株式会社み出すことはなかった。その理由はより多く市場要因の方にあった。比較的な意味で富裕であった18世紀のイギリスにおいては、産業革命のリーダーたちの遠慮がちな事業をはるかに超える経済努力に金融するために、十分に資金をもつ人々が存在していた。にもかかわらず、種々なる制度的地理的な障害によって産業企業への投資は阻害された。[注]

(注) バブル法の廃止後も、大パートナーシップ、非法人株式会社、そしてオーデナリー（よくみかける普通の会社、個人企業）は依然として、長きにわたりその内的な必要性にうまく適合しないコモンローのもとで、苦しんでいた。当時のパートナーシップ法は実際に、より大きなビジネス企業に対して様々な不利な状況をもたらした。外部投資家は、パートナーであることに関連する無限責任に対して、当然にも用心深くなった。訴訟の行為は、潜在的に厄介な訴訟手続を伴った。理論上では、すべてのパートナーが行動を共にするその団体全体の一部を構成したからである。いずれか一人のパートナーの死亡は、パートナーシップの正式終了を意味するので、企業の継続のためには、パートナーシップとしての再組織化が必要であった。あるいはまた所有権の譲渡については、パートナーシップ利害の移転が潜在的に全パートナーの同意を条件としていたので、解決し難い課題をなしていた（Cheffins 2008.148–50）。

イギリスの資本市場が分断化された特徴を有するということが、その一つの障害をなしていた。18世紀を通じてイギリスの地域間の経済的結びつきは強まっていたが、産業革命中においては、なんら単一の国民的資本貯水池は存在しなかった。地域的ベースで機能する、多数の小さな資本プールが全国的にバラバラに存在していた。サウス・ウエールズの鉄工業を立ち上げたのは、ロンドンとブリストルの富裕な商人たちであったし、ミッドランドの繊維産業においては、多数の靴下・メリヤス類製造業者は、ロンドン・コネクションによって提供される金融に依存していた。資本市場はいぜん主として地域内対応状態のままであり、産業実業家は、企業創業のために資本を調達する場合に、地域外の投資家にアピールすることはほとんどなかった。

産業企業が魅力ある投資対象として際立つものではないという事実が、投資家サイドから見たもう一つの障害であった。ほとんどの産業企業が小規模かまたは中規模であり、多くの企業が短期間しか生存できず、設立後数年で消滅してしまった。当時は規模と数において急激に膨張しつつある産業企業は、後になって「成長」ビジネスとして投資家の間で人気を博することになるとしても、余り信用されていなかった。急激な膨張は、信用への依存度が増すために、破産リスクが高まると考えられていたし、相当に大規模な企業に関しては、規模の経済を効果的に活用できるかどうか、という点で疑念が生じた（Cheffins 2008.152）。

また今日ではエイジェンシー・コスト問題として特徴づけられるものに関する（当代のA・スミスの）懸念が、世評によれば産業大企業はやる気のない雇用経営者を頼りにする結果として不快な経験をするらしいという意味において存在していた。１７８０年代央にロンドンで創立されたアルボン製粉会社は、当時では最大規模かつもっとも技術的に洗練された製粉所であった。この非法人株式会社（コモンロー上のパートナーシップ）は、蒸気機関の革新者ジェームズワット、そして当時の指導的な企業家であるマンスウ・ボルトンならびにロンドンの商業エリートのメンバーによって支援されていた。にもかかわらず、このベンチュアーは、一部雇用経営者の管理不行届きによって、開始後、二、三年内に破綻してしまった（Cheffins 2008.153）。

パートナーシップ企業の循環資本と固定資本

貿易、商業または他の手段で金持ちになった者にとっては、一つには不動産が社会的地位のために重要なベースを提供したゆえに、土地がしばしば投資対象として第一番の選択肢をなしていた。それとも、政府によって発行される債務証券に人気があった。「コンソル」として知られる国債が、投資の他の形態を「クラウド・アウトする」（押しのける）傾向があった。というのはコンソルは、安全性と堅実なリターンを提供し、そしてほとんどいつでも容易に換金できたからである。それらの魅力は、イギリスが戦争状態にある場合には、その指定利子率が平和時よりも高かったので、特に増大した。イギリスは、１７６０年以来の60年間のうち36年も、武力紛争にかかわっており、その戦争遂行資金を調達するために巨額の負債を蓄積していた。国債は、主にロンドンとその周辺地域で買われ、保有され、取引される一方で、産業革命はイングランド北部とスコットランドで起こった。この点を考慮すれば、政府の借入金のうち、どの程度のものが産業投資をクラウド・アウトしたかどうかははっきりしない。しかし18世紀を通じてイギリスの地域間の経済的結びつきは強まっていたのであり、コンソルの人気が産業企業への資本配備をある程度抑制したことは十分に考えられる。

商人が単一製品を専門的に取引する18世紀の商業革命にそって、水平的および垂直的分業（専門化）を徹底的に進めた製造企業は、19世紀に入っても、鉄道や保険などのように直接的に富裕な諸個人に対して外部投資を求めることには、余り乗り気ではなかった。この事実が大規模な株式会社企業の発展を抑制した。産業革命中は、製造業企業の所有者は、古い農場や小屋といった質素な建物によって存続可能な事業を開設できた。機械、特に中古は、破産後の競売売却の際に極めて安く買うことができた。たとえば１８３０年代では50の力織機を装備する小屋が、約５千ポンド（２００６年通貨で35万ポンド相当）で建設できた。多くの事業が、相当に小規模であり、１ダース以下の人数の労働者を雇っていたにすぎない（Cheffins 2008.153-4）。

製造業企業の作用域が質素であったことは、最小限規模の経済によるものであった。産業革命の科学技術は革新的ではあったが、相当に単純なものであり、それで安価に取得できた。急速に生産技術が変化するということは、高価な機械がすぐに陳腐化しうることを意味した。企業はまた規模の経済を有効に生かすために、十分な正確さをもって生産費用を測定し製品価格を設定しなければならないが、その場合に必要な会計手段を欠いていた。製造業ビジネスを始めようとする場合に、建物や機械を即座に買える現金をもたないものたちのためには、信用による原材料の購買や、場所と機械あるいはそのどちらかを賃借りするといった資本節約措置が得られた。破産した産業賃借人に対しては、地主は、ふつうは場所と機械の両方の賃貸しを切望していた（Cheffins 2008.153）。

製造業企業にとっては、固定資本上の必須要件が相当な金額に及ぶことはめったになかった。他方で、機能資本上（同じく「循環資本」上）、相当の現金が必須であるという必須要件は、企業の支出と収入の不整合から生じるのであるが、とうぜん存在していた。原材料の供給者には支払いをしなければならないし、あやふやな信用を供給者から供与されることはない。賃金は期限が来たら支払わなければならない。同時に原材料を完成品に変換するためには、二、三週間を要するし、納品した商品に対する支払いがなされるまでに二、三カ月は経過する可能性がある。循環資本上、現金を回収するには危険が伴うが、産業企業は、ひとたび事業の困難な初期段階を生きのびた時点で、よそよそしい投資家たちからの支援は得られなくとも、商業信用ネットワークを通じてキャッシュフロー上の難しい課題に対処できるようになった（Cheffins 2008.155）。

創業間もない製造企業における収入は、初期の顧客ベースを発展させなければならないので、たいていは取るに足りないものであった。それに対応して、事業開始中の二、三年を通じて、特に景気循環が下方に転じる場合に、あるいは機能資本上の現金必須要件が予想をうわまわる金額に達する場合に生じる破産については、高い発生率が見られた。このような困難な状況下にあっても、起業家が自分のビジネスを軌道に乗せるうえで、もし、個人的資金あるいは家族メンバーや裕福な友人のローンに頼ることができるということであれば、かれらは、最善の境遇におかれていることになる。明らかに、18世紀末から19世紀初頭の成功する起業家にとって何よりも大切のことは、賢明に自分の親あるいは家族に頼ることであった。同様に手元の金融資産については、個人的資金と家族財産を利用できるビジネスの共同出資者（たいていは商業上のコネクションあるいは宗教上の機縁にもとづいて徴募される）の支援をえてパートナーシップとして開業することにより、さらに膨らませることができた。

いったん産業企業が立ち上がれば、産業革命中にますます洗練された商業信用ネットワークが作動することで、循環資本上の必須要件が引き起こすキャッシュフロー問題は解決された。その時代のビジネスマンが短期信用を得る最も普通のやり方は、為替手形（商品の購入者が、返済すべき義務を負う金額にプラスして支払いの先延ばしに対する補償金額・利子を将来期日に支払う義務を承認してサインする文書）の発行によるものであった。製造業者の場合には、彼らはたいてい、原材料などの供給者に対して為替手形を提供した。供給者たち（だいたいは商人や卸売販売業者）は、受取った為替手形を満期日まで保有することによって利子率を稼ぐことができたが、彼ら自身の負債を決済するために、為替手形を自分の債権者にパスする場合も多々あった。その場合にその為替手形を受取る者は、同様に現金受取りの遅延を補償されるという意味で、その手形を満期日の額面額よりも少ない額で受け取った。為替手形の「割引」は、産業革命の最中に、ますます地方銀行によって支配されるようになり、産業の信用需要に応じる方向で大きな役割を果たすことになった（Cheffins 2008.155）。

イギリスの地方銀行は、為替手形の割引に加えて、産業企業に当座貸越（これは正式には短期性向であったが、銀行はごく普通に更新に同意し、長期貸し付けの形態を生み出した）を提供した。一方で、地方銀行は、要求に応じて預金者に支払える流動性の高い資産を必要としていたので、一般的には、株式所有などを通じての直接的なビジネス支援、つまり投資バンキングからは手を引いた（Cheffins 2008.156）。それゆえ、産業企業は、儲かるようになり、拡張をもくろむほどに十分に良く営業を維持できる場合には、固定資本投資のための資金調達に関しては、主に留保利益に依存するようになった。「家事のための出費を抑え、利益を留保せよ」。製陶業のウェッジウッドをはじめ多数の者が偉業を築き上げたのは、そのような方法によってであった。資金調達の必須要件が留保利益を超える場合には、所有権者はたいてい、家族メンバーやビジネス仲間からのローンに頼るか、もしくは新鮮な資本は注入してくれるが事業運営には積極的な役割をはたさない「眠れる」パートナーを受け入れた。

はじめから外部投資に依存して成功した大規模企業の所有者にとっては、新しい投資家を呼び寄せるよりも、より多く既存の支援者を追い出すためにうまく立ちまわったという事実が証明するように、彼らには、コントロール権を解きほぐすような嗜好はほとんどなかった。産業実業家は、独立独歩と外部者懐疑主義を強調するビジネス文化のなかで活動したので、外部投資家に対しては偏見を抱いていた。ほとんどすべてのことが個人的な知恵と信用に依存しているということを考えてみれば、「株式公開」という発想は奇妙で不快なことのようにみえ、単にビジネス原則に対する背信であるのみならず、家族忠誠に対する裏切りのように思われた。またこの時代の産業企業の所有者は、先に触れたように投資家と同様に、雇用経営者に営業活動を委託することに関連するエイジェンシー・コストについて懸念を抱いていた（Cheffins 2008.156）。

成功した実業家は、全部の卵を一つの籠の中で保持することの危険に気づいていた。しかし彼らは、自分で経営する企業のコントロール権を解きほごすことで対応する代わりに、主たる事業によって生み出された財産を他の事業への投資に使うことによって、多角化を実現した。土地は安全な選択範囲とみなされ、過剰資本の人気のあるはけ口であった。他の可能性としては、投資のために利用できる資金を有効に配備するプラットフォームを提供する地方銀行を開業することであった。またしばしば産業実業家は、運河や鉄道といったインフラ・プロジェクトの主要な支援者であった。その一部は、より良好な輸送網によって、近隣の産業活動を活性化させたいという強い願望によって動機づけされていた。さらに他の選択肢としては、他の産業企業に「眠れる」パートナーとして投資することであった。彼らは、同じ産業部門内で、もしくは全く異なる産業部門で、企業家精神をもって活動し利益を挙げるメンバーに対して、資本を提供した。この点で評判のよいやり方は、家族の中でより若い世代のメンバーによって開業される企業に金融することであった（Cheffins 2008.157）。

当時は、創業者の家族ビジネスを相続して成功する実業家の実例は存在しているが、これは明らかに例外的な習慣であった。19世紀前半期では、パートナーシップの不動産譲渡証書によって創立される企業のほんのわずかな部分だけが、30年以上存続したに過ぎない。この時代の企業の多くは単純に破産するか、もしくは成功した企業の場合でさえ、一般的に創業者は企業を売るか、または遺言状で家族以外の者へ譲与する準備をした。たいていはその企業を相続ないし買収するための子孫の意志が明確にされなかったからであり、あるいは創業者の遺産を子供たちの間に公平に分配することを容易にするために、現金が必要とされたからである（Cheffins 2008.150）。

未発達な産業株式会社

イングランドでは、１８４４～１８６２年に行われた多数の会社法改革によって、法律上の風潮が法人企業のために改善された。会社法は、活動中の企業に対して、完全な法人格、譲渡可能な株式、有限責任（１８５５年以降）、その他の本質的な法人特性によって、会社が法人格を取得するための簡素かつ信頼できる手続きの仕方を明らかにした。19世紀中葉に成立した会社立法は、１７２０年のバブル法やコモンローが投げかけたいかなる法律上の「暗部」をも退去させた。１８４４年以来の株式会社法のもとで、産業・製造企業からも毎年、平均３３７件の法人格取得のための申請が提出された。１８５６年以来の株式会社法のもとで一年あたり平均３７７件の法人格付与、１８６２年会社法の制定に続く15年間では毎年平均８７４件の法人格付与が存在した。しかし法人格取得の活動にもかかわらず、1880年代までは、実際には創業者やその家族が産業企業の所有構造を支配し続けた。

　新しい法定上の枠組みが、産業企業の所有構造に著しくは影響を与えることができなかった理由には、次の点があった。法人格を取得しても事業を実際に開始しなかった会社や、事業を開始しても間もなく破産もしくは自ら清算するか休眠に入った会社がかなり大きな割合で存在していたこと、法人格取得後、開業して十分に運行可能になった会社でも公衆から資本を調達する意思を全く持たず、「非公開」にとどまったこと、「非公開」にするつもりがない場合でさえ、すぐに株式を公衆に提供する計画をもたなかったこと、たとえ会社が公衆に株式を提供するつもりがあっても、ロンドン証券取引所で活発な取引対象になることはめったになかったこと、などである。要するに、株を提供して資本を公衆から集める誘因も能力も産業企業側に欠落している一方で、外部投資家も産業企業の株式にあまり魅力を感じなかった。それゆえに19世紀中ごろの産業企業においては、それ以前と同様に、マンチェスター、シェフィールド　オルドハムなど若干の地方株式市場を除いては、資本所有の分散化がほとんど起こらないかたちで、「資本所有とコントロールの一体性」は維持されていた。

　産業革命中は、工場には大規模固定資本の必須要件はなかった。また強い感覚の個人主義が広く行き渡たっていたので、資本のブロック所有者は、イクジット（資金調達のため株式証券化して売却し資本のブロック保有を解く）する気が進まなかった。事態は1880年に至るまで著しくは変化しなかった。工場は典型的には、従業員平均90人未満で（1871年現在）平均的に小規模で稼働し続けていた。結果としてたいていの場合に、実業家が資本の必要性を満たすために、自己金融（留保利益と家族やビジネス仲間による支援）以上のことをする必要はめったになかった。また産業革命の絶頂期をつうじて起こった、株式公募を阻止する方向に作用する独立心の欲求および強い個人責任感覚の大部分が持続していた。産業企業の所有経営者はまた、公募を実行して自分が運営するビジネスからの引退を容易にするつもりなどなかった。代わりに、彼らはほとんどの場合に、自分らのビジネス所有権を家族以外のものに移譲するか、または単に自分らの企業をたたんでしまうか、どちらかを選択をした（Cheffins 2008.170）。

　主要パートナーの死亡以後に創業者に引退を許すか、またはイクジットを促進するために株式公募を実行する所有経営者の事例が1870年代末までになかったわけではない。固定資本上の必須要件の成長によって、特に地方で多数の鉄鋼会社[注]が法人格の取得に駆り立てられたことは確かな事実である。にもかかわらず、一般的な事態としては、個々の会社が株式の売り手として好んで株式市場に向かう機運は相当に弱いままにとどまっていた（Cheffins 2008.170）。

（注）ブリタニア鉄工所（１８７２年）、ビルソン&クランプ・メドー炭鉱（１８７４年）、ダーリントン鉄工会社（１８７２年）メーシー&カニングハム鉄工所（１８７２年）、南クレバランド鉄工所（１８７２年）など。

１８５０年代、１８６０年代、１８７０年代をつうじて、国債、土地、不動産に対するリターンが弱含みであったために、安全かつ十分に利益の上がる投資対象が不足していた。とはいえ一方、産業会社の株式に対する需要が特に堅調であるとか広い範囲にわたっているというわけでもなかった。１８６０年代、１８７０年代では、イギリスでは、約25万人が投資有価証券を所有していた。産業企業において株式所有が分散するようになるためには、有価証券を所有する投資家から産業株に対する相当な需要があることが必要であったであろうが、これらの個人投資家の五分の一以上は決して鉄道以外の会社株を所有しようとしなかった。大部分の「安全」投資家は、彼らの資本に対して単純に4～5%の確実な年リターンを求めており、産業企業の株式をあまりにもリスキーと考えて、避けた。冷え込んだ国内リターンに不満な「安全」投資家は、海外の借り手が国内金融市場の未成熟のために資本の輸入を強く望んでいたので、イギリスの外に目を向ける傾向があった。イギリスの純外国投資の対ＧＮＰ比率は、１８４０年代の０・７６%から１８７０年代の４・００%へと正当にも上昇した（Cheffins 2008.171）。

他にも「安全」投資家が、産業企業の株式を避ける立派な理由があった。１８５０年代央から１８８０年代初頭では、製造業企業の収益レベルは、その以前および以後の時代と比べると全体にわたり順調であった。にもかかわらず産業企業への株式投資はよりリスキーであった。発行される株式は相当に大きな額面資本額（ほとんどの場合に一株当たり10ポンド以上）を有していたが、引受人がその一部（平均30%）を支払うだけで入手できる（残りの分の支払いは会社の呼びかけによって後でなされる）株式を発行することによって法人格を取得することが、発起する会社の標準的な慣行であった。株式発行会社の取締役は後続の払い込みを見届けるといった直接的な意図はなんらないと、しばしば再確認したが、しかし会社が実際には払い込まれない額面資本額の全部ではないとしても、そのほとんどの払い込みを請求する多数の事例が存在していた。この場合には株式投資家は残余債務という困難に直面することになる。残余債務は無限責任ではないが、理論的には長期にわたって株式投資家を破産させ、おそらくその間に株式証券の市場性を縮小させることになる。

情報の非対称性の問題は地方市場では解消

信頼できる情報の不足が、産業事業の株式投資に対するもう一つの障害をなしていた。「投機的投資」に関する1876年のある論文は、情報不足企業に関して次のように言っている。「人々は投資しないではいられない気持ちになるが、その場合には、その企業の収支報告書や統計数値に関して、自分なりの意見を持たなければならない。なぜならそれらは、単に真っ正直に見えるだけかもしれないし、多くの重大な事実を隠したりゆがめたりしているかもしれないからだ」。投資家にとって、さまざまなやり方で産業会社のメリットを突き止めることは、口で言うほど簡単なことではない。相当に資産無知の人々はその大部分が、むしろ3％の甘美な単純性という安全性をより好むのであって、投資に対する大きな障害になる（Cheffine 2008.171-2）。

資産無知を克服するために宿題をこなしたいと思う投資家にとって一つの困難は、株式公募を支援するために発行される会社設立趣意書が、実質的な金融データを含むというよりも、しばしば会社の成功に関してどぎつい約束を唱えていることであった。株主は、会社が設立され活動し始めるや否や、これらの上場会社が資本需要を満たす上で金融上の資金をもっているかどうか判断するために、株式登録簿を調査することができた。しかしこのような調査は、会社の登記済み事務所からいくらかでも遠距離に住む株主にとっては、おそらく実行の可能性はなかった。また信頼できる金融データを入手することも難しかった。1855年以降は、一般会社法のもとで法人格を取得した会社が年次金融データを公的に届け出るという必須要件はなんら存在しなかった。会社取締役が自主的にバランスシートと金融レポートを株主に配布する場合には、提供される情報は例によってわずかばかりのものであり、また会計上の原則が未発達であったために、解釈さえ困難であった。配当率や株価の変動範囲といった基本的な事態に関する情報を遅滞なく伝えることも非常に困難であった（Cheffins 2008.172）。

マスコミ報道はデータの空白を埋めるためにほとんどなにもしなかった[注]。1880年に先立つ時代においては、修道院長や寡婦などを（株式投資という点では）劣悪な境遇に放置し、株式保有の当然の魅力を相当に削減する状況があった。

（注）１８４０年代以降、鉄道会社に関しては、ロンドンおよび地方の指導的な新聞による広範囲にわたる報道があった。『レイルウエイ・タイムス』や『ヘルハスズ・レイルウエイ・カゼッテ』といった週間誌が会社の会計、株主総会の報告、他の投資関連金融情報を定期的に公表した。しかし産業会社を観察し続けようとする人々にとっては、状況は相当に寒々しかった。１８７０年までは、一般向けの日刊金融新聞は全くなかったし、その年の日刊紙『ファイナンシャー』の創立も、そこには編集者のコメントも事件の報道もほとんど無かったので、普通の投資家にとっては事態の改善にはほとんど役立たなかった。さまざまな会社のプロモーションについて評価を加えるタイムズ紙の日刊『マネー・アーテイクル』には人気があったが、編集者がフランボワイヤン（植物）会社のプロモーターであるターアルバート・グラントから巨額の「献金」を受け取ったことが発覚した１８７５年に信用を失墜した（Cheffins 2008. 173)。

「安全」投資家に加えて19世紀中葉には、投資有価証券における投資家に関しては、基本的に二種類が存在していた。裕福な貿易業者や商人からなる「商業階級」と、もう一つは産業企業で成功した資本所有権者たちである。商業階級は、公開取引される会社の株を買う準備ができていたが、金融・信用会社、ホテル、電信オペレター、運送会社を好んで支援していて、たいていは産業企業を回避した。他方では、成功した産業企業の所有権者は一歩進んで、公衆に株式を提供する製造業企業の株式に対する需要の主たる源泉をなしていた。とはいえ株式引受けを勧誘する上で多岐にわたる取り組みも、この需要の源泉を十分に活用することはめったになかった。そうするよりもたいてい、株式の引受人はベンダー（株式発行人）の友人やプロモーターのビジネス・コネクションを通じて募集された。このような取り組みは、これらのビジネス・コネクションの延長地域にいる投資家を勧誘するためにもなされたが、焦点は主に地方の投資家に絞られていた。結果的に、１８８０年以前では、株を公衆に提供するそれぞれの産業会社の株主の数はたいてい２００人を超えることがなく、株式の取引活動も散発的で、株式の相場付けが成立しないことも多々あった（Cheffins 2008.174)。

産業実業家階級による投資が地域指向であったことは、株式の購入を阻害する「安全」分類から見た情報の非対称性が重大な障害にはならないことを意味した。たとえ正式なデスクロジャーが未発達であったとしても、地方の投資家は、会社の取締役や工場が稼動しているビジネス環境に関する彼らの知識を根拠にして株を買うことができた。いったん会社が設立され、株式の売り手側としてプロモーターが株を相当量持ち続けることを前提にして会社が運営される場合には、そのことは、会社の取締役が会社の成功上有する強い金融的および個人的利害関係を頼りにしていることを意味するわけで、投資家株主にとっては、理にかなうことであった。また産業実業家でもある投資家は、ふつうは一握りの会社株だけを買ったに過ぎないし、また多額の未払込資本金を有する株式を発行する慣習が、彼らを用心深くさせる金融上の誘因を与えたので、投資会社の事態から決して目を離すことがないような、有利な状態におかれていた。さらに株式を公衆に提供する産業会社は、少なくともその株式に対する若干の需要を見込むことができた。その一方で、潜在的市場が依然として狭い範囲に集中したままであったという事実は、株式所有の分散化がそれほど進んでいかないことを意味した（Cheffins 2008.174）。

四　鉄道会社の所有とコントロール

ロンドン証券取引所で取引される会社のタイプ

南海バブルの波紋のなかで、状況は何かにつけ、公開で売買される法人企業の隆盛にとって有利であるように見えた。にもかかわらず、国民経済のうち法人セクターはいわば試験的な意味合いで成長したに過ぎず、１８４０年代に至るまで、大量に分散した株式保有構造を有する法人企業は基本的に知られていなかった。１７４０年代以後における法人企業のわずかな成長は、大部分、運河会社とその他運送ならびに水道水供給やドックの会社によるものであった。ロンドン証券取引所の権威のもとに発行される定期刊行物『取引所の動向』によれば、１８１１年現在で、取引所で売買するために上場される株式を有する会社は61存在していたことになる。

19世紀初頭では、株を公衆の間に流通させるほとんどの企業が「非産業」であり、概して公益事業分野に属していた。『取引所の動向』に登録する目的上、製造業企業は、一括して「種々雑多」部門に含まれていた。この部門には、多種多様な企業が含まれていたが、そのほとんどが長続きせず、いかなる程度にせよ、定期的に株式を取引する企業は皆無であった。１８４０年代までには、毛織物工場として稼働するものが二ダースほど存在しており、製造業企業が株式会社として活動することは、幾分より普通になりつつあった。とはいえこの毛織物産業においても、産業革命を代表する他の業種とともに、コモン・ロー上の小規模パートナーシップが商業組織上支配的な形態のままであったことは、注意されてよい（Cheffins 2008.144）。

１８２５年における上場会社数の急増は、相次ぐ会社発起によるものであり、これが公衆の「ブーム心理」を捉えた。その理由として、国民経済における自信の増大、農業の大豊作によるイギリス商業社会における余剰資本の形成、そして国家の借入削減による国債リターンの低下があった。南アメリカ鉱山会社の設立が、先発して状況を切り開き、国内外の多数の鉱山会社がそれに続いた。その後、様々なタイプの新しい国内会社の発起が続いた。ガス照明会社、保険会社、鉄道、そして傘レンタル会社、ロンドンに海水を導管で供給し（住民は海水を浴びて楽しむ）ことを提案する会社といった風変わりなベンチュアもあった。1824・5年の会社設立急増は、作物の不作により食料品輸入のための資金の使用が不可避となり、全国的な信用収縮が株を買うために借金をした投資家を襲った時にとつぜん終わった。1825～1839年における『取引所の動向』に登録される会社数の減少は、ほとんどの生存会社が、株式を公開し売買する上で十分な耐久力を有していたことを示している（Cheffins 2008.143-4）。

1824・5年の会社発起の熱狂に続いて株式市場は崩壊したが、それは、「不信の激発」と特徴づけられるものを引き起こすさまざまな地方銀行の「取り付け騒ぎ」と結びついていた。まもなく投資家の株に対する熱狂は、1830年代央に会社設立ブームが鉄道と銀行の主導により発生した時に、戻ってきた。1834～1836年に、総額135・2百万ポンドの名目資本を有する300社が市場に売り出された。88社が名目資本額69・7百万ポンドを有する鉄道であり、20社が23・8百万ポンドの名目資本額を有する銀行であった（Cheffins 2008.144）。

1840年代に向かって、売買しうる株式を有する法人企業の中には、株主が最も多数を占める運河会社、二番目に登録数の多いガス照明会社が存在していた。そして1830年代央、特に1840年代以降では、銀行と鉄道が会社設立急増の中心部分を占めた。これらのいずれの株式会社においても、支配的な株式投票権ブロックを所有する投資家がいた直接的証拠はほとんど存在していない。政府の債務証券（国債）の取引が最も重要であった証券市場において、法人企業部門は一般的なレベルではまさしく付け足しに過ぎなかった。株式をいつでも換金できるような流動的市場は事実上ほとんど存在していなかった。ロンドン証券市場の会員数が800社に達しつつあった1840年代初頭では、四、五人のブローカーと二、三人のジョッバー（前者の仲買人と後者の仲立人は、自己利益のために卸売ベースで株を売買するいわゆる「マーケットメーカー」であり、持ち銘柄の売値・買値を公表して価格形成にかかわる証券業者である）だけで、会社株のすべての取引を担当していた（Cheffins

2008.144)。

鉄道会社における株主総会支配

初期の鉄道会社はほとんどの場合に、運河会社に特徴的な地元指向の株主ベースを有していた。1840年代までに投資ベースは著しく拡大した。議会に提出された報告書によれば、1845年に2万人以上の個々人が、それぞれ2000ポンド以下の金額の鉄道株を購入し、他の5千人の個々人がそれぞれ2000ポンドを超える鉄道株を購入した。1854年に公刊された鉄道産業の概説書によれば、「中小株主」が会社の大部分を占めており、彼らは、鉄道の取締役が会社の方針を決定する場合には、「イギリス全土に散らばる所有権者（株主）」から集められる委任投票権に依拠すべきことを主張した。1855年現在で、イギリスの最大十鉄道会社は、平均で7・7千人の株主を有していたが、1万5千人以上の株主を有するロンドン&ノースウエスターン鉄道（LNWR）がそのトップに立っていた。

鉄道株の取引がそれまでの標準からすれば余りにも大量になったので、伝統的な取引チャンネルは不適切を極めた。結果として、イギリスの証券取引所の数は1840年代央に3から18に増えた。二、三年の間に、多数の地方証券取引所が一時活動を停止したり、地方の株式仲買人の人数が20%も減少したりした。にもかかわらず、イギリスの証券市場は、19世紀の残りをつうじて、バーミンガム、ブリストル、グラスゴー、リバプール、リーズ、マンチェスターといった都市で活動する証券取引所と一体になって、多角的性格を持つものになっていた。鉄道はまた、ロンドン証券取引所でも重要な存在になった。そこでは鉄道は、1853年当時で値付けされる全証券の額面金額の16%を占めており、また国内および外国の国債を除けば、値付けされる証券の67%を占めていた（Cheffins 2008.158）。

大鉄道会社は、かなり大きな株主ベースを有することに加えて、強力な支配的なブロック株式保有者を欠落していた。この点を明らかにするよい例となるのは、1840年代と1850年代にそれぞれ鉄道を経営した二人の著名な人物が株主総会を支配しているとはいえなかった、という事実である。一人は、ジョージ・ハンドソンという。1840年代に「鉄道王」とか「鉄道ナポレオン」とか呼ばれ、ヨーク&ノース・ミッドランド、ヨーク、ニューカッスル&ベルウイック、そしてミッドランド&イースタン・カウンテイーという四つの主要な鉄道会社の業務を支配した。これらの鉄道会社は、他の、重要さにおいて劣るハドソン鉄道と一緒にして、イギリスで稼働する鉄道路線のほぼ30

%を管理運営した。ハドソンは、1849年に主要なポストから退いた。不法な株式取引、会計上の詐欺、私腹を肥やす当事者間取引を摘発されてダメージを受けたのである。ハドソンは、一部は秘密かつ違法の株式割当てを通じて、ニューカッスル&ベルウイック鉄道（1847年にヨーク&ニューカッスルと合併してヨーク・ニューカッスル&ベルウイックを組織した）の株式の約20%を保有した。だがハドソンは概して、影響力を行使するためのプラットホームとして、株式所有に依拠していたわけではない。彼は最初は、ヨーク&ノース・ミッドランドの（取締役会）会長として有名になったが、そのポストにつく際の株主総会による選任は、株式所有者というよりも、経営者としての彼の有用性と政治的コネによるものであった。ハドソンは、ニューカッスル&ベルウイック鉄道の最大の株主であったが、37万ポンドの資本のうち1万ポンドの価額の株式を所有したにすぎない。1845年までに彼は、32万ポンドの価額の鉄道株を所有したが、その価額は、鉄道株の価格が急落した1949年までに、約10万ポンドまで減少した。ヨーク&ノース・ミッドランドに有利に下された裁判所の判定によって、ハドソンは株式の横領に関して、自分のいくつかの会社に対して自発的に損害賠償をしなければならないことになった。ハドソンは貧窮のうちに、かつての友人たちが購入した年金保険の支援によって生活した（Cheffins 2008.159）。

ハドソンの没落と入れ替わりに第二の鉄道スター、マーク・フィシュが登場する。彼は1846～1858年にLNWRの総支配人であった。会社は、フィシュのリーダーシップのもとに、イギリスにおける支配的な鉄道になり、その時代のライバルや他のビジネス企業のいずれよりも大きな株式資本を有していた。フィシュは、法人企業経営のパイオニアになったが、それは、LNWRが当代の標準からみて巨大な規模で活動したという事実によって余儀なくされたことである。彼は、高い社会的地位を享受し、彼の年俸は、当時では例外的に高額の2千ポンドに達していた。しかしフィシュは、LNWRのなかでは主要な株主ではなかった。取締役会は、ハドソン型のスキャンダルや不正を暗示することもなく、1858年に彼を解雇した。これは、もしフィシュが取締役選任に影響を及ぼすのに十分に大きな株式ブロックを保有していたならば考えられないことであった。フィシュの遺言によって、彼は死亡時に、当時の標準からすれば相当に高額な、4万ポンドの個人資産を有していたことが明らかになったが、しかしそれは、1850年代初頭に29百万ポンドを超えていたLNWRの株式資本総額と比べれば、あまりにも僅かなものであった

（Cheffins 2008.159–160）。

以上のハドソンとフィシュをめぐる二つ事実は、大鉄道会社における支配的ブロック株式保有者の欠落を例証する良い事例となる。しかしこの事実によって、「最大の鉄道会社は、19世紀中葉と末葉を通じて、現代的スタイルの所有とコントロールの分離のパイオニアになった」（Cheffins 2008.23.158）とは決していえない。その事実は、むしろ究極的に経営者（取締役）に対する株主総会における委任投票権を含めた多数決原理による支配（株式会社において当然の「資本所有とコントロールの一体性」）の例証にほかならない、とみるべきであろう（注）。

（注） 鉄道株式会社も資本家的企業としては、個人企業やパートナーシップ企業と同様に、原理的には循環資本と固定資本所有からなり、循環資本の担い手が機能経営者（社内取締役）である。固定資本所有者（株主）は株主総会を形成し、株主総会は固定資本形成などの戦略経営を担う株主の代理人（エイジェンシー）を取締役会に選任する。取締役会は機能経営者を取締役に加え雇用する形で機能経営を管理する。株式会社のこの機構において、「資本所有とコントロールの一体性」は貫かれる。従って、機能経営を担う社内取締役が、株式の保有者ないしブロック保有者である必要は全くない。一方で委任投票権を集め、株主総会を牛耳り、自分を社外取締役（会長）に専任するある程度影響力をもつ株式保有者の存在は必要である。その意味では、上の二人の鉄道王の経歴が示すように、19世紀中葉以後、一次大戦まで繁栄したイギリスの鉄道株式会社は、一つの最も典型的な資本家的株式会社形態を示すものといえるであろう。

鉄道マニアと鉄道株式所有の分散化

１８５０年代初頭では、主要な鉄道会社の一つであるミッドランド鉄道においては、取締役たちは全部合わせても、投票権の資格を有する資本価値の2パーセントを所有したに過ぎないが、一方で取締役会で株主総会の代理人を務めるそれなりの影響力をもつブロック株保有者が存在しなかった証拠もない（Cheffins 2008.157）。19世紀中頃のイギリス鉄道会社の株式所有構造については、得られる経験上のデーターがほとんどないが、鉄道会社は個々の富裕な個人が創業するためには固定資本形成の必須要件が大きすぎるので、法人格付与において、一般的に支配的な株式ブロックを保有する株式所有者を欠くことになった。通常の状況においては、相当に富裕な個人投資家でさえ、巨額すぎて直接支配権をもたらす株式ブロックを購入することはできなかった（Cheffins 2008.160）。一般の投資家としては当然のことながら、直接会社の支配権を獲得するために鉄道株を購入したわけではない。彼らは、大なり小なりの鉄道株を保有することにより、相当の配当を得ることができたし、時にキャピタルゲインも獲得できたからである。

1840年代央に発生した鉄道株マニアが鉄道株式会社の隆盛のために大きな役割を演じた。『エコノミスト誌』は、「今や、貧しい事務員、小売商人が雇う貧しい年季奉公人、解雇されたウエイター、破産者など、全ての人が鉄道株に没頭している」と断言した。ここには若干の誇張が見られる。1870年代の終わりになっても、典型的な私的投資家は常に富裕な人であった。しかし1840年代央における鉄道株熱狂は、投資家ベースの著しい拡大をもたらしたことは事実である。鉄道株に対する強い需要に対して、1845年には新しい鉄道会社の法人格取得のために、1400件もの申請書が議会に提出された。指導的な鉄道会社の著しい株価上昇によって、投資家熱狂が存在する証拠が提供されたのである（Cheffins 2008.160）。

鉄道株需要の急増にはさまざまな要因があった。農産物の一連の良好な収穫高に後押しされて貯蓄銀行における預金が急速に蓄積されて利子率が低下し、投資資本を配備するための利益の多いチャンネルが不足することになった。鉄道がその明らかなはけ口として注目を浴びた。鉄道網の拡張は、単なる一つのベンチュアーの提案にとどまらず、「偉大な事実」であり、鉄道会社は、1830年代央の鉄道株狂乱の崩壊の後にちゃんと立ち直ってみせた時に、「安全と利益の評判」を獲得し始めていたのである。

配当金がまた魅力であった。配当金は、1830年代央の鉄道ブームの際に株を買った人々をがっかりさせたが、1840年代初頭までに、多数の鉄道会社が年当たり6%の配当金を提供しており、10%以上を提供する会社もいくつかあった。1844年に議会で提出された政府法案によって、それらの気前の良い配当性向は持続可能であるという期待が強まった。その法案は成立しなかったが、払込資本のリターンが10%以上であるかどうかにより変化する条件で、鉄道株を購入する権限を政府に与える提案をしていた。その変化する条件とは、10%より低いリターンは規範というよりもむしろ例外とすることを意味していた。さらに投資家をひきつけたものは、キャピタル・ゲインが容易にえられる可能性であった。額面価額で株を買う資格をその保有者に与える「仮株券」の売却を見込んで、未発行株を予約購入する「局面」によってよく示されるように、鉄道株の購入とその機敏な転売によって、即時に利益を確保するという期待が形成されていった（Cheffins 2008.160）。

一方で、投資家たちは、鉄道株の否定的な側面をあまりにも簡単に軽視した。鉄道会社は、より多くの現金がその鉄道網の建設のために必要とされるので、資本を要求する資格が与えられるという事実を大目に見る傾向があった。またほとんどの投資家は、収入や利益が相当量の配当金支払いを支えるために十分かどうか確かめるために、わざわざ財務諸表をチェックするようなことはしなかった。投資家たちは、もっと用心深かったとすれば、事態を適切に評価するために戦ったかもしれない。というのは、いくつかの鉄道会社が誤解され易いあるいは詐欺的でさえある会計報告を行っていたからである（Cheffins 2008.160）。

1840年代が終わる頃に、鉄道に関する投資家の感情は劇的に変化した。農産物の不作と穀物法の撤廃による大量食料輸入から生じた金地金の流失によって、イングランド銀行は、最低政策金利の引き上げを余儀なくされ、これが株の購入を容易にしていた安上がりの信用を窒息させた。さらに鉄道会社が株主を圧迫し始めた。経済環境の変化のなかで、1845・6年に議会が許可した多くの鉄道が順調にスタートしなかった。その一方で主要な鉄道会社が、計画通りに大規模開発を進めており、線路の総距離を1846～1851年に3000マイルから7000マイルに延長させつつあった。鉄道会社は、必要な資金を調達するために、株主に対する要求に著しく頼っており、多くの株主が農業危機により誘発された信用収縮に苦しんでいるにもかかわらず、1844～1851年には182百万ポンドを集めた。株主の痛みはさらに悪化した。主要な鉄道会社が、会社間の継続的な競争と建設費に引きずられてかなり配当金をカットしたからである。拒否的な感情が、パニック状態で投げ売りした鉄道投資の新参者の間で強まった。結果として株価は下落し、鉄道資本の株式市場価値総額は、1847年の54百万ポンドから1853年の18百万ポンドまで下がった（Cheffins 2008.162-3）。

鉄道株式ブームの崩壊と資本要求に関する不愉快な経験によって、鉄道投資は、不確実クラスの烙印を押された。1850年代の低配当がさらに鉄道投資の魅力を減退させた。にもかかわらず、1840年代に鉄道マニアが疑う余地のない出発点を提供していたので、すでに「イギリス全土にわたり撒き散らされる所有者」からなる投資家ベースは存在していた。

1850年代と1860年代を通じて、主要な鉄道は、本線を補完する支線、駅、操車場を完成させた。鉄道会社は、優先株の発行、銀行からの借入によって、また大部分が株式の形態で支払われる仕事を引き受ける請負契約企業に対する依存によって、建設資金を賄った。鉄道建設は金融危機が請負契約企業に打撃を与えた1866年に一時的に中断した。しかしながら主要な鉄道会社は、19世紀の終わりまでの30年間にわたり、金融上の安定性を達成し、投資の安全場所として、国内資本市場における特恵的地位を享受することになり、通常は、国債で得られるリターンを超える定期的な配当金支払いによって、絶え間なく新しい株主の供給を増大させた。『バンカーズ・マガジン』は１９０１年に、「イギリスの鉄道株は、投資家によってしつっこく吸収されるので、群を抜いて十分に一般に保有されることになる」、と述べた。鉄道会社の株式登録簿に登録される普通の株主は１８８７年までに26万人おり、鉄道証券の保有者は55万人いた。ただし実際は投資家は、ひとつ以上の鉄道会社の株式を所有することが当たり前なので、この数字が示すほどにはそのベースは大きくない（Cheffins 2008. 160-164）。

イギリスの鉄道は、１９１４年以前に分散した株式所有によって特徴づけられる会社の実例である（Cheffins 2008. p160-164）。株式資本額でみて最大のＬＮＷＲは、分散した株式所有のモデルであった。会社は20世紀が始まったころに３万６千人の株主を有する一方で、ＬＮＷＲの24人の取締役は、会社の発行済株式の１％以下を所有していたにすぎない。ミッドランド鉄道の株主ベースは約４万７千人と、もっと多く、そして他の八つのイギリス鉄道会社はそれぞれ1万人以上の株主を有していた（Cheffins 2008.230-1）。

鉄道証券は、投資信託や保険会社の形態における初期の機関投資家にとってもまた、人気のある投資先となった。同時に主要な鉄道会社の上級マネージャーは、エイジェンシーコストを備える官僚的なエリートとしてしっかりと制度化されていた。鉄道マネージャーは、投資家の欲求を満たすレベルで配当金を分配する必要性に気を配るが、別の面では、投資家のリターンを最大化するよりも、むしろ投資および雇用レベルを維持することを好んだとも言われる（Cheffins 2008.p160-164）。

以上、19世紀中葉以後１９１４年の一次大戦に至る株式保有の著しい分散化にもかかわらず、大鉄道会社における「資本所有とコントロールの一体性」を阻害する要因は何も見出されない。雇用レベルの維持などエイジェンシーコストも、むしろ資本所有とコントロールの一体性を実現するためのコストであり、両者の分離にともなうコスト発生とは決していえなかったであろう。

第3章　レッセフェール金融システム

一　専門化銀行とユニバーサル化銀行

預金バンキングと決済システム

19世紀ヨーロッパでは最初、個人預金のための市場は、決済システムから独立していた。決済システムは、金兌換銀行券に加えて、為替手形市場と銀行の当座勘定に基づいて機能した。商品とサービスの交換にかかわる専門的職業者は、銀行にある自分の当座勘定に対して、為替手形を割引く時はいつも貸方に記入し、商品購入にともなう負債を決済する時はいつも借方に記入した。

それと対照的に個人の貯金のための市場は、貯蓄銀行によって管理運営された。貯蓄預金口座はビジネスではなく個人によって開設され、つねに貸方であり、与信のために使うことはできなかった。最初、貯蓄銀行は非営利組織であり、１８００年代初頭に博愛主義者や市町村自治体によって創設されたもので、町の貧者の間に預金の習慣をしみこませることが狙いであった。貯蓄銀行は、かれらの顧客の預金を抵当証券と安全金庫、政府の有価証券に投資した。こうして個人の預金は、19世紀半ばまで決済システムの外に置かれていた（Verdier 2003）。

当座勘定（決済システム）と預金市場との以上の分離は、決済システムにおける変化によって、徐々に克服された。その変化は急速であり、イギリスを始めとして、ヨーロッパのいたるところで起こったが、三つの互いに関連した預金バンキング上の革新に基づいていた。株式銀行の普及、支店ネットワークの拡大、個人預金の増大、である。株式銀行は、支店の全国的ネットワークを発展させ、個人の預金を初期資本の少なくとも数倍獲得するようになった。預金バンキングは、適切な流動性を維持するために為替手形の再割引に依存する必要性を低下させたので、銀行は為替手形市場に積極的に進出して行った。預金バンキングを非常に魅力あるものにした理由は、特にそれが、それまでは除外されていた経済の三つの領域、辺境地域、産業部門、中流階層を決済システムのなかに編入したことにある（Verdier 2003）。

預金バンキングによって、それまで貨幣市場の外に置かれていた地方が、ようやく決済システムに編入された。また預金バンキングは商業だけでなく産業部門を決済システムの中に編入した。製造業では、生産期間に拘束されるため、資産の流動性が商業よりも小さいから、当座貸越（取引銀行に対して当座預金残高以上の金額の小切手を振り出すこと）つまり前貸しといった金融方式が必要とされる。銀行は、産業に対して、為替手形の再割引に頼らずに、預金を立て替えて繰り返し融通する。さらに預金バンキングは、中流階層の貯金をも決済システムのなかに編入した。産業化の恩恵が中流階層により深く浸透し始めると、長期と短期の両方にわたり、預金勘定に対する需要が成長した（Verdier 2003）。

イギリスの専門化商業銀行

イギリスでは、18世紀初頭、早期の中央集権化の過程で中央銀行（イングランド銀行）の創立をはじめとする金融革命に成功した。洗練された証券市場が金融システムの中枢として機能する一方で、19世紀中葉までに自由な預金・貸付市場が十分に成長した。イギリスでは、地方政府には地方の金融市場に介入する権限がなく、株式銀行と個人銀行との競争は市場ベースで行われた。地方の個人銀行の多くが、1815年のナポレオン戦争に続く通貨の不安定のなかで破綻した。また、株式銀行に対するイングランド銀行の独占は、1825年に終わった。この二つにより、銀行創立に対する新しい制限が1844年に導入される前に、夥しい数の株式銀行が設立された。一方、イングランド銀行は、政府のための、そしてロンドンの貨幣市場のための銀行として、その中央銀行機能にますます焦点を合わせるようになった。その結果、これらの新しい株式銀行と既設の個人銀行との間で激しい競争が発生した（Michie 2003）。

個人銀行に対して成功裏に競争するために、株式銀行は莫大な預金を獲得した。個人銀行は伝統的に、少数のパートナーによって提供される多額の個人資本により運営されたが、預金を基礎とする株式銀行の貸付力に対して競争することがますます困難になった。株式銀行は、資産と負債の構成について、突然の預金引出しや債務不履行に至る金融危機を切り抜ける方策を学習したので、個人銀行に対してより強力に競争することができた。株式銀行は、辺境をカバーする支店をもうけ、貯蓄銀行や相互信用協会から預金者を引き抜く一方で、地方の個人銀行を合併して支店化したり淘汰したりした。同時に株式銀行は、18世紀末と19世紀初頭を通じて主に地方の個人銀行が行っていた投資バンキング（運河、船渠、ターンパイクなど公共事業にかかわる大企業の社債や株式の保有）を放棄した。

1847年、1857年、1866年、1878年において銀行破綻をもたらした流動性危機は、株式商業銀行を覚醒させた。高度に流動的な資産ポートフォリオを保有することによって公衆の信頼を維持することがいかに重要であるか、という考え方が定着した。こうして、個人の預金を妨害されずにつかむことを許され、また投資に対する保守的な態度が醸成されるとともに、株式銀行は、投資バンキングの事業を、特にその目的のために設けられた機関（投資信託、投資銀行）と株式証券市場にまかせて、預金・商業バンキングに専門化した。株式銀行は、支店ネットワークと手形交換協会の会員資格により、全国のあらゆる場所で効率的な決済サービスを提供した。ここに、全国的に管理運営しロンドンで短期貨幣市場（コールマネー）を利用する本店のもとに、預金を集め、貸し付け（為替手形の割引）をする、夥しい数の支店を有する、伝統的なイギリスの株式商業銀行が出現することになった（Michie 2003. Cheffins 2008）。

イギリスのバンキング部門は、19世紀末と20世紀初頭を通じて、株式銀行間の合併および株式銀行による個人銀行の買収によって支配され、熱狂的な合併活動を経験した。銀行合併の波は地方の個人銀行を国民的広がりをもつバンキングオペレーションに置き換えた。スコットランドでは、銀行は合併によるよりも内部的な拡張（主に新支店の開設）により成長したが、イングランドでは合併の方がより有利な賭けとみなされていた。買収される銀行が、既存の建物、ビジネス、人事を新たに提供したからである。また1879年法が、銀行合併傾向のための快適なプラットフォームを提供した。有限責任に転換することを選択した銀行は、自らのバランスシートを公表しなければならなかったが、このことは、買収の方法による成長を追求する銀行にとっては、合併の潜在的標的に関して相対的な強さや重要性を評価することがより容易になることを意味した。無限責任を留保することを選択しバランスシートを秘密のままにする地方の個人銀行は、合併とか売却などの場合に人気を失った。合併による全国的支店ネットワークの急成長は、バンキング産業における大銀行への集中を劇的に促進した（Cheffins 2007.233-5）。

ドイツのユニバーサル信用銀行

伝統的に地方分権化していたドイツでは、貯蓄銀行と地方の個人銀行は、非営利バンキングへの補助金、支店設置の地域的な制限などいろいろな政治的保護手段を使って、中央の私的商業銀行の預金市場への侵入を妨害し、急速に成長する個人預金市場を全国的に分断させた。地方政府は自身の財政上の窮状を克服するためにも、貯蓄銀行をその危機から救出した。危機を脱した貯蓄銀行は、その利益を地方政府の事業に投資し、また個人預金からなる財源を抵当証券や自治体債券に投入した。一方で、ドイツの全国的な郵便貯金はイギリスの場合と異なり、地方の資金市場競争においてほとんど成功をおさめなかった。地方分権化した国の地方自治体は、イギリスのような中央集権化した国よりも、貯蓄銀行の長期的利害に対するよりよい守護者たることを証明した。要するに貯蓄銀行は貧者を救済する地方の努力として出発したが、1850年までにプロイセン（ドイツ）では、地方のロジックが階級のロジックを王座から退けてしまった（Viedier 2003）。

地方の貯蓄銀行または個人銀行が、より小口の預金者のために近隣の市場を独占する権利を与えられたため、1850年代以降中央の大株式銀行は、若干の当座勘定預金を受け入れるとともに、多くの場合にほとんど全く株式資本（自己資本）を基礎にして営業を行なった。ベルリンの大株式銀行は、もっとも利益の上がる貸付機会と、そして貸付は預金を生み出すから、そのもっとも豊富な預金の財源との両方を、大口預金をする工業企業など、より広い範囲の顧客に見出すことに向かった。株式銀行は、預金バンキングの分野を十分につかむことができないので、より大きな程度で自己資本に依存することを余儀なくされた。自己資本は、コストがより高い。つまり株式配当（資本利子率）は、預金に対する支払い利子（貨幣利子率）よりもいくぶん高い。それゆえベルリンの大銀行はイギリスの場合のように商業バンキングに専門化できず、リスクは高いがリターンのより大きい投資バンキング分野を成長させて、けっきょくユニバーサル化した。ただしドイツの株式銀行は、強力な投資バンキング指向をもつ一方で、19世紀の第二半期を通じて、商業バンキングを著しく重んじるようになった（Viedier 2003）。

ユニバーサル信用銀行は、1871年にドイツ帝国が形成された時に、株式会社規制の大きな緩和と工業化の強力な波動にともなって、改めて株式会社形態のもとに組織化された。ふつうの株式会社に適用される一般法以外には、ユニバーサル株式銀行を規制するものは何もなくなった。1871年の国家統一により、通貨と金融の統合が進み、工業が大規模化し躍進的な発展を遂げる可能性が生まれた。ユニバーサルバンキングにおいて、特に不況期には、短期負債（預金）と資産の流動性（貸付の回収、投資証券の売却）との間において、バランスシート上のミスマッチが悪化する場合があった。1875年に創設されたライヒスバンク（中央銀行）が、イングランド銀行と同様に資金の「最後の貸し手」としての役割を引き受け、ユニバーサルバンキングの破産リスクを緩和した。同時にユニバーサル銀行は、従来の直接的な証券投資から手を引き、その資産（借り方）とライアビリテー（貸し方）とのバランスをますます保守的に組み立てるようになった（Verdier 2003. Fohlin 2007）。

一方で、ライヒスバンクの創設以降、ベルリン証券取引所を中心としてドイツの証券市場の急速な発展が見られた。それとともに産業企業の株式および社債の発行を積極的に引き受けるベルリン大銀行の投資バンキングが発展した。世紀交替期以降、ユニバーサル大銀行は、一連の金融サービスを総合的（ユニバーサル）に提供する「法人金融のスーパーマーケット」の呼称をえた。ベルリンの大銀行（株式信用銀行）は典型的には、同一機関において、イギリスと同様の商業バンキング機能（預金獲得、当座預金・当座貸越、為替手形割引、商業手形引き受け、商品・サービスの掛買掛売信用）を、ベルリン証券取引所における産業企業の株式証券発行の引き受け（イギリス流の成熟した投資バンキング）に結びつけていった（Fohlin 2007.81）。

イギリスに多少遅くれたとはいえ、ドイツのユニーバサル銀行でも、特に世紀交代期以降、ドイチェバンクやドレスナーバンクなどベルリンに本店をおき、多くの支店を有する大株式銀行を中心にして、株式資本の集中にもまして、預金急増による資産保有の集中化が進んだ。イギリス（イングランド）と同様に、多くのユニバーサル銀行が、以前は独立していたより小さな銀行（しばしば個人銀行）を買収し、それらを望まれる場所設定において支店化した。こうして全国的支店ネットワークの形成と預金バンキングの増進とともに[注]、ベルリン大銀行への資産の集中は極めて急速に発展した。

(注) 1894年までに、大銀行は全部一緒にして73の預金オフィスを開設していた。1900年でさえ、株式銀行は、平均でそれぞれ一つの支店を有していたにすぎず、支店を設置する株式銀行についてみても、平均で四つの支店を有していただけである。しかし支店の総数は、次の十年にわたり、四倍になり、特に急成長が一次大戦以前の8年間で生じた。1913年までに大銀行の支店は依然として252存在していたが、その22は外国にあった。1870年代に支店設置を開始したドイチェバンクが支店設置（48支店）

をリードしたが、ドレスナーバンクとコメルツ・ウント・デイスコントバンクが、それぞれ47と44の預金オフィスを設置した。1913年には、まったく預金オフィスをもたないベルリン・ハンデルズ・ゲゼルシャフトを例外として、他の大銀行は、16から31の間で支店を保持していた。一次大戦以前の二、三十年を通じて人口が増加した。しかし人口に対するバンキングオフィスの勢力伸長には劇的なものがあった。ドイツにおける1支店当たり人口は、1900年の4万5千人から1910年の1万5千人へと三分の一にまでに減少したのである（Fohlin 2007.75-6）。

商業バンキングにおけるイギリスとドイツの類似性

ドイツユニバーサル大銀行の商業・預金バンキング部門は、世紀交代期に、遂にイギリスの商業バンキングに追いついた。システム設計における明らかな相違にもかかわらず、イギリスとドイツは1884～1913年に、同様に商業バンキングにおいて集中化していた。1890年においては、銀行資産の集中率について、推定上の5大企業率と10大企業率は、二つの国において相当に類似していた。ドイツではそれぞれ17、19%、イギリスではそれぞれ、21、31%であった。イギリスでは、1910年までに、トップ5と10の商業銀行がそれぞれ、資産の36%、56%を保有した（イングランドとウエールズのみでは、43%と65%）が、ドイツのトップ5と10のユニバーサル銀行は、それぞれ資産の31%、44%を保有した。

イギリスでもドイツでも同様に、特に、大銀行が既に強力なベースを有する地域の外で競争者を買収し支店化しようとする場合には、それを正当化するいくつかの経済的理由が存在していた。全国的支店ネットワークは、ある地域の資金余剰と他地域の資金不足との調整を促進するし、銀行がその短期リアビリテー（負債）信用リスクをより広範囲に分散させることによって、システムの不安定性に対する防御を可能にさせる。またその地域間における大きな多様性は、預金引き上げに対してより低い準備資産率を可能にさせ、またより多くの資金を生産的利用に動員することを可能にする。主要銀行の本店は支店を通じて顧客に地方銀行ではなしえないような高度に専門的なサービスを提供できる。

また大法人企業の借り手は、大銀行からより効率的にサービスを受けることができる。というのは、大きな資本ベースを有する大銀行は、中小企業にとってはとうてい受け入れることができないほどの高金額ライアビリテイー（負債および資本）を融通できるからである。また大銀行が広範囲にわたる支店ネットワークを作り上げるやいなや、より多大な送金ビジネス（つまり、現金、為替手形、そして公文書の移転）がひとつの組織内で運営されるから、顧客のために取引費用が引き下げられる。支店は、小貯蓄者からの預金の直接的収集を助け、ひょっとすると銀行窓口による証券の小売を容易にする。この点はドイツのユニバーサル銀行に限ってのプラスアルファ的な支店ネットワークのメリットであるが。さらに19世紀のほとんどを通じて破産に悩まされる銀行業においては、規模の程度は、信頼性と威信の重要なシグナルとなったが、合併は、その慎重さと安定性によって、合併指向の銀行の評価を高めることになった（Cheffins s2008.234. Fohlin 2007.78）。

一般的に工業の集中と銀行の集中の間に直接的な関連がある場合には、銀行業は自然的な寡占ビジネスであり、またはそうなりつつあった。だが、だからといって一次大戦前の時代には、バンキングおよび一般の産業部門に反競争的行動をもたらすような過度の集中化が進んだわけではない。全国的な支店ネットワークを有する少数の大銀行はそれぞれ、広告やマーケテングにおける「規模の経済」、資金の供給と需要をマッチさせるより大きな機会、そして分散的投資および安定性の増大などからより大きな恩恵を蒙ることができた。それゆえ逆に、支店ネットワークの発展を伴う大銀行の資産集中は、ますます銀行間の商業バンキング上の競争を増強させた。地方の独占的な中小銀行が買収され、より大きな銀行の支店に入るかもしれないし、多くの全国規模の銀行が同じ地域で中小の預金オフィスを開設することになるかもしれない。こうして激しい競争をつうじて生き残る大銀行は、その効率性や安定性の度合いを、ますます高めることになった。（Fohlin 2007.79）。

二　株式銀行の流動性リスク管理

ユニバーサル銀行のバランス・シート

ドイツの株式銀行の金融資産（借り方に示される銀行所有の資産）は、六つの流動性つまり満期クラスに分類される。現金、為替手形、政府証券、その他証券、当座勘定上のローンないし当座貸越、そして非常に短期のローンである。加えて、銀行は、相対的に少額かつ安定した額の固定資産を保有していた（だいたい2％）。現金は資産のうち最も流動性が高いが、当然になんらの所得も銀行にもたらさない。ドイツのユニバーサル銀行には、銀行は最低準備金上の必須要件がほとんどなかったので、即時の準備金不足をよく理解した上で、できる限り現金保有を低位に維持していた。実際問題として銀行は一つの団体としてはふだんは、資産のうち4・5～5％ほどを現金およびコールマネーの形態で、完全に流動的に維持していた（Fohlin 2007.81-2）。

ユニバーサル株式銀行は、短期の資金貸付を為替手形と短期満期ローンを通じて提供した。為替手形は本質的に政府の裏付けのあるＩＯＵ（借用証書）であった。これらの為替手形は、短期流動性の必要に対して資金を融通した。為替手形は、株式市場の景気のよい年には下端で、不景気の（１８９０、１９００、１９１５）年には上端で、ユニバーサル銀行資産の約20～25％相当を占めていた。短期ローンすなわちコールマネーは、「ロンバート&レポート」という一般的カテゴリーに分類された。ロンバート・ローンは通常、数日、さもなければ数週間の内に満期になるが、主として証券取引のために、もしくは商品売買上の商品納入と支払との間の時間差をカバーするために信用を提供した。銀行は通常、これらの短期ローンを若干は無担保で、しかし多くは為替手形ならびに有価証券を担保にして行った。これらのローンは、商業ビジネスの一構成要素をなすとみなされるが、しかし特にユニバーサル銀行の場合には、同様にビジネスの投資サイドにも関連していた。ロンバード・ローンの構成比率は、為替手形ストックの場合よりも、より大幅に年々変動した。たとえばユニバーサル銀行は１９００年には全体として資産の約８％をロンバード・ローンで保有したが、十年後にはその二倍近くを保有していた（Fohlin 2007.83）

当座勘定サービスは、ドイツの信用銀行ビジネスにとっても、ほぼ間違いなくもっとも重要な路線を形成していた。当座貸越は、銀行資産の最大の単独構成要素をなしていた。１８８０～１９１４年の全期間を通じて平均でほとんど総資産の50％を占め、そのうちの数年についてはゆうに半分以上を占めた。借り手は、為替手形またはロンバード・ローンがカバーする期間よりもより長期にわたる融通を必要とする一連の金融需要のために、当座貸越を利用した。この前払い（当座勘定信用貸し）は、利子と手数料からなる即刻のリターンを提供したが、他方でまた、顧客企業と銀行との間の長期的な親密関係（それは、株式発行引受業務およびその手数料と、そして銀行から株式を買った個人顧客が保有する委任状ならびに委任投票権を銀行にもたらす）がスタートする可能性を意味していた。ともあれユニバーサル銀行は当座貸越を他のタイプの貸付に加えて、大いに商業ビジネス路線に投資した。銀行部門はこの時代を通じて、相当資産のうち80％以上を商業上の貸付けに向けた（Fohlin 2007.83）。

ユニバーサル銀行が行う投資バンキングのほとんどが、バランスシートに記載されることなく行われる。株式の発行引き受けや仲買業務のような投資バンキング活動は、あまりにも一時的すぎて、年次バランスシートには記載できないポートフォリオ（資産保有形態）をもたらす。これらのサービスがより長期の資産保有をもたらすかぎりで、それらの資産は銀行のバランスシート上、証券の形態をとる。銀行が多少なりとも長期に保有する証券は非政府証券と政府証券との二タイプに分類しうる。前者は子会社など、他銀行の株式と社債からなる。あるいは銀行はふだんは収蔵することはないが、たまたま適切な価格で売却できなかったために保有を余儀なくされた株式である。後者の政府証券は主として国債または政府所有の企業証券からなる。保有する国債のほとんどは銀行の第二支払準備金を構成していた（Fohlin 2007.83）。

非政府証券は、銀行の証券保有の最大部分を占めたが、しかしその時代を通じて証券総額は、銀行資産の11％に達していたに過ぎない。全体として、19世紀末から20世紀初頭において、ユニバーサル銀行は資産ポートフォリオにおいて、純粋な投資銀行に対してよりも、イングランドやウエイルズの正統派商業銀行に極めて強く類似していた。イギリスの株式商業銀行は、ドイツの株式銀行に比較して、より多くの現金と政府が裏付けする証券を保有したが、為替手形の保有割合ははるかに少なかった。しかし三つの最も流動的なクラス（現金、コールマネー、為替手形）の合計は、二つの国の銀行資産において同様な割合に達していた。他の四クラス（ローン、当座貸越、証券投資、固定資産保有）の割合も、ほとんど同じであり、個別的に見てさえもそうであった（Fohlin 2007.84）。

ドイツのユニバーサル銀行は、1883～1914年において、ライアビリテー（貸方＝資本＋負債）に占める預金の割合を徐々にではあるが大幅に増大させていった。ユニバーサル銀行は1850年代のその開始期においては、ほとんどまったく株式発行で得た資金によって金融したのであり、当座勘定で受け入れる預金も少額にとどまっていた。事態は確実に進化し、株式銀行は、やがて3、6、12ケ月の短期預金を低利率（1906年まで平均で1～2％の間）で引受けるようになった。

1880年代から20世紀交代期までに、預金勘定は、ライアビィリテーの40～45％に達していた。預金獲得は、特に1894年以後、ユニバーサル銀行がドイツ経済の大幅な回復基調とともに広範で同時的な預金獲得のために支店ネットワークを拡充した結果、急速に増大した。そのレベルは、世紀交代期後には、銀行ライアビィリテーの50％以下にとどまった。預金は少なくとも1913年にはライアビィリテーの60％に達した（ライアビィリテーに対する預金の割合は、ベルリンの大銀行の方が地方銀行よりも5％以内でより高かった）。かくして一次大戦までの十数年にわたり、資金調達におけるより高い割合の株式利用も、実際的にはもはやドイツのユニバーサル銀行をイギリスの純粋な商業銀行から区別するものではなくなっていた（Fohlin 2007. 85）。

預金は、個々の預金者によって提供される資金と並んで、銀行がその当座勘定上の貸付活動（為替手形の割引）を通じて創造する預金の両方を含んでいる。それゆえ、当座勘定を含まない預金だけを見る方が、預金動員に対する銀行の寄与に関しては、より正確な映像を提供することになる。ドイツでは、1900年以前においては、公表された当座勘定信用は、預金の四倍から五倍に及び、したがって純粋の預金は、銀行のライアビィリテーの10％未満を構成していた。支店ネットワークの拡張と合致して、当座勘定信用は、1907年に続く5年間において純粋預金額の二倍にまで低下し、1911年以後ほぼ同レベルになった。ライアビィリテーに占める両タイプの預金の拡張は、当座勘定信用から預金への漸次的推移に加えて、預金だけで、ライアビィリテーに占める割合としては、1900（10％）年と1919（38％）年との間で、ほとんど四倍も増大したことを意味する。

ただし、ドイツの預金のレベルは、預金ビジネスにおける急成長にもかかわらず、イギリス、フランス、合衆国と比べてより低かった。なお平均的数字に限られるが、ドイツの株式銀行では1914年までの全期間を通じて、ローンと信用（当座勘定における借方）が預金と当座預金余剰を上回っていた（つまり平均的には預金動員を超えて与信が進んだ）（Fohlin 2007.86）。

ライアビリティの構成

ヨーロッパでは、プチブル層が個人として預金市場および資本市場に参入するのは、19世紀半ば以降である。家計から生まれる余剰資金の保有者は、それで預金資産を買うか、国債や株式証券に投資するか、両者のリスクとリターンの程度を勘案しながら、自由に選択できる状態にある。それゆえ預金は、当座預金と異なって、しばしば通知なしに、預金者によって引き出されうる。預金は、常に払い戻されるべき状態におかれなければならない。銀行によるいかなる預金引き出しの拒絶も、銀行の安定に対する一般不信を呼び起こし、銀行は取り付けの危険に直面する。あまり事情を知らないでパニックに陥る傾向のある預金者は、すべてを失うリスクを犯してまで、預金資産をなるべき早く、それに対して罰金が科せられるというような場合でさえ、引き出して現金化しようとする（Viedier 2003）。

あるいはまた預金負債によって得られる資金のうち当座貸越（長期貸付け）に使われる割合が高すぎる場合には、銀行は、預金者による突然の引き出しに対して非常に傷つきやすくなる。当座貸越は為替手形の割引よりもよいリターンをもたらすが、容易に繰り越されるし、また中央銀行での再割引を通じて簡単にリサイクルできない。流動性のより小さい当座貸越資産が流動性のより高い預金負債に依存することになり、銀行はバランスシート上、強い流動性ミスマッチ（不適合の度合い）にとらわれることになる。

こうして、とっさの預金引き出しの場合と同様に金融危機が発生し、銀行は破綻する。金融危機を避けるためには、預金により得られる銀行の流動資産は、その相当の部分が、預金引き出しの突然のいかなる増大に対しても支払準備として応じることのできるように、現金またはそれに近い形態（コール市場資金、あるいは損失なくいつでも売却できる国債などの優良証券など）を保証する方法で用いられなければならない。一般的に株券や預金など現金以外の資産が現金に戻る困難さの程度を流動性リスクというが、流動性リスクの管理方法を提供することが金融システムの核心的機能となる（Viedier 2003）。

ドイツの場合においては、ほとんどの国と同様に、支払準備は、現金、コールマネー、為替手形、またはしばしば政府が発行する低リスク証券の形をとった。これらの短期的つまり流動的資産のストック総額は、１８８０～１９１４年の時代を通じて、ユニバーサル銀行の総資産に対する比率において36～42％と著しく安定していたが、その下位部類の比率は、時間とともに上下に変動した。また為替手形と政府証券とは、ドイツの銀行のポートフォリオのなかで重要性は全く異なっており、つねに前者が後者に大幅に勝っていた。１８８３～１９１３年において、ユニバーサル銀行は、総資産の約20％を為替手形類に、２％を政府証券に計上していた。政府証券の保有が限られていた理由の一つは、少なくとも保守的な投資を必要とする貯蓄銀行やその他の金融機関がより多く政府証券を保有したことにある（Hohlin 2007.90-1）。

短期ライアビリティをより長期の資産に変換させる（資金を借りる期間よりもより長い期間にわたり貸付けること、満期変換という）バランスシート上の現金率（現金対預金比あるいは対ライアビリティ比）の低下について最も注目に値するのは、地方のユニバーサル銀行ネットワーク（主として首都の外に所在する中小規模の銀行によって構成される）とベルリンに本社を置く大銀行との間のギャップである。前者は一次大戦前夜まで一貫して、後者よりも、著しく低い現金率を維持した。両者が、1890年以後絶えず現金率を引き下げたのであるが、大銀行はそれをより急速に成したのであり、1910年ごろまでに大銀行の現金率は地方銀行のそれに向かって収斂した。このパターンは、1894年ごろに始まり一次大戦の直前まで急成長した経済発展に伴って形成された。ベルリン大銀行における高い現金率のより急な低下は、地方銀行や私的銀行の支店化や吸収・合併による大銀行の国内他地域への拡張と合致しており、それゆえバンキングと資産の大銀行集中と一致していた。大銀行は、合併とともに支店化と預金獲得をすすめて、ますます増大するライアビリティ（特預金負債）のうち、より大きな部分を貸しつけることできるようになった。競争の環境が利益率を維持するためにより保守的でない政策を必要にさせたために、現金率をますます引き下げることになったのである（Hohlin 2007.95）。

現金／預金比率についてドイツとイギリスを比較すると、1891年ごろでは、前者は後者を6％以上上回っていた。これは、一般的にはライアビリティに占める預金負債の割合がドイツの場合にイギリスよりも相当に低いことによる。このギャップは、ドイツの株式銀行のライアビリティから引受済み手形を除外すればもっと大きいものとなる。ロンドンの株式銀行（大銀行）は、この時代に一貫して、現金バランスを一つのグループとしては預金の10～15％で維持していた。それと対照的に、ベルリンの株式銀行（大銀行の平均率）は、高くて22％（1891年ごろ）に達することもあったが、その後急速に低下したため、低くて7％（1907年以後）を維持していた（Hohlin 2007.92-4）。

貨幣市場と資本市場の相互補完

ドイツのユニバーサル信用銀行における商業バンキングの進路は、イギリスの専門化商業銀行の発展とほとんど全く異ならなかった。両国の大銀行が、互いに類似する集中度と金融機関上の構造を維持しながら、銀行間の厳しい市場競争を通じて、商業バンキング上の困難な道を切り開いていった（国家の非直接的無意識的影響の事例）。銀行株式証券がもたらすリターンさえも、1890年以降の後期産業化の時代の多くの年々にわたり、両国できっちりと一致していたほどである。各種資産保有や支払い準備率の類似性、互いに匹敵する預金および当座預金の利用、ドイツの大銀行における投資バンキングから生じる銀行所得の低い割合など、両国銀行の重大な類似性が浮かび上がってくる（Hohlin 2007.100）。商業バンキングに伴う流動性リスクの対応において、「ドイツの銀行は、相対的に非流動的であり、イギリスの銀行は、高い流動性の状態を維持していた。

バンキングシステムにおける諸国間の相違は、典型的にはイギリスとドイツの間にみられた」(Miche 2003)とは必ずしも言い切れない事態が1880年代以降発展した。

ドイツのユニバーサル銀行は、イギリスの銀行と比較して、現金の保有割合を、特に1890年代以降著しく低くする分、現金よりも流動性の劣る為替手形(20%)と、必ずしも低リスクとはいえない非政府証券とをより高い割合で保有した(その意味でイギリスの銀行よりも貸付資産のより「長期の保有パターン」を示した)。しかしドイツの大銀行は、ローンや当座貸越の繰越で長期化する貸付けの担保として、その顧客に証券(それは貸付危機の際には売却された)の提供を熱心に求めた。証券市場は、その長期貸付からの脱出の機会を銀行に提供したからである。1913年にドイツのユニバーサル大銀行では、その貸付のうち推定11%が、証券を担保とする貸付の形態をとっていた(Miche 2003)。大銀行はユニバーサルバンキングに特有な債権の証券化システムあるいは株式証券を担保とする貸付によって、当座貸越の増大による「流動性の圧搾(ミス・マッチ)」を大きく緩和していた。ユニバーサル銀行はその投資バンキング事業において、顧客産業企業の株式発行引き受けと株式売買を通じて、商業バンキング上および証券取引上の流動性リスク管理に関して、ベルリン証券取引所と相互補完の関係にたっていた。

おもて向きはほとんど長期貸付をしないイギリスの銀行家も、要請される場合には、商品取引上で発生する短期貸付(ローンと当座貸越)をひんぱんに行い、自らの原則を曲げて、それを繰り越しすることが常であった。そうでもしないかぎり、銀行は、競争銀行に顧客を奪われてしまう。総資産にしめるその長期貸付の割合はドイツと同様、ほぼ50%に達していたと推定される。一般に相当な長期貸付けが行なわれていた1875~1914年の時期に、工業会社への貸付けの59%は一年以下、79%が2年以下であったが、3年以上も13%に達していた。イギリスの専門化商業銀行は、現金とコールマネーを高い割合(24・5%、1913年)で保有し、「投資」における低リスク証券の少額保有とともに、高い流動性を保持した。そのことによって、為替手形保有の割合を著しく低下させる一方で、より流動性の低い当座貸越の割合をドイツと同様にほぼ総資産の50%に維持することが可能になった(Miche 2003)。

さらにイギリスの大商業銀行は他国の大銀行とともに、直接的間接的にロンドン証券取引所の証券売買に介入した。ロンドン証券取引所の役割は、巨額な長期金融のための資金を調達する手段を提供するといった資本市場におけるものに限られない。証券は、必要な場合にはいつでも、売り買いできるというまさにその事実が、それらを貨幣市場証書にするのである。ロンドンの大商業銀行は、特に国債や社債など固定利子証券への投資やそれらの売買を証券取引所のブローカーに委託して頻繁に行う一方で、短期予告で払い戻される短期貸付を、預金に払うよりも決して高くないあるいはそれより低い利子率で、ブローカーに提供した（コールマネー）。直接的な証券売買にせよあるいはそのための貸付によるせよ、証券流通のための銀行からの資金の流入は、証券の流通を促すことになり、証券市場を活性化させて、証券自身の流動性リスクを相当に低下させる。

商業バンキングを徹底的に追求したドイツの大ユニバーサル銀行も、ロンドン証券取引所を必要としたのであり、事実、ロンドンのコールマネー市場を広範囲にわたり利用した。この市場がドイツでは、発展を制限されていたからである（制限が撤廃されるとベルリンのコールマネー市場にも向かった）。ロンドンのコールマネー市場は、ドイツのみならず、ドイツ、フランス、日本、合衆国などから短期資金を受け入れ、世界中の銀行資産の流動性を維持するとともに、多くの政府と企業がロンドン証券市場で証券を発行することを魅力あるものにした。発行証券が、コールマネーによって、より容易に吸収されたからである（Miche 2003）。

1914年まで証券市場は最先進国経済の金融システムで重要な役割を演じ、そして発展途上国に鉱山業など得意分野を確立させた。万能手段というには程遠いが、証券市場を通じて、政府とビジネスは資金を調達し、人々は貯蓄を運用し、証券は最も洗練された借り手と投資家の間への高レベルの市場浸透を成し遂げた。国際的には証券市場は重要なインフラ・プロジェクトや地中の鉱物と石油の開発のために融資する世界中に広がる資本市場のための機関になった。貨幣および資本の両市場の働き、そしてバンキングシステムのスムーズな機能が証券市場が提供する流動性に著しく依存するようになった。一般的なバランスが、国際金本位制とレッセフェール諸国家のもとに、ますます複雑になる世界市場経済で発生する無数の取引において達成された（多角的決済システムの成立）が、それは唯一、世界中の証券市場で行われる不断の売りと買いを通じてであった。

最終的に、証券市場は、証券取引所の形態を通じて、世界のすべての主要な金融センターのすべてとマイナーな金融センターのほとんどにおいて自らの存在を確立した。これらの証券取引所を通じて、世界証券市場は、世界中で株券と債券の取引を早く、安く、容易にし、信用しうるものにする安定性、組織性を有し、そして日常的な経験を通じて自らの知識を集積するものとして作用した。証券の売りと買いに付属して、ほかの資産が持ちえないような即時性と確実性が存在したが、このことが証券に貨幣自身に類似する能力を与えた（Michie 2006.119）。19世紀末以来一次大戦前までに、資本および貨幣市場による世界中の資金の最適的配分が本当に実現したのである。

三　ベルリン証券取引所

地方取引所との関連と国際的地位

ドイツの証券市場は、国債と特に鉄道の株式や債券とによって駆り立てられて、1850年以後拡大したが、イギリスのそれに比べてはるかにより組織化された形態をもって発展した。証券取引所は、1857年のドレスデン、1860年のシュトットガルト、1874年のデユッセルドルフなど、主要な都市センターに出現して、既存のものに加わった。ドイツの証券市場には当初、パリがフランスで、ロンドンがイギリスでそうであったような仕方においては、明確なセンターが存在しなかった。この点は、1871年のドイツ統一後も変わらなかったが、しかしそれから特に、1873年の通貨統一そして1875年におけるベルリンをベースとする帝国銀行の創立後、ドイツにおける金融統合が発展するとともに、ベルリン証券取引所が、特に鉄道の株式と債券をふくむ法人証券のための市場として発展し、ドイツの証券市場において支配的な影響力をもつものとして浮上した。フランクフルトは、オーストリア・ハンガリーのビジネスを引きうけるウイーン、そしてドイツ諸州の公債を引き受けるベルリンによって、次第にその国際市場たる地位を失った。1880～1893年の期間に、ベルリンが、国内と国際的取引の両方で最大のドイツ市場に成長したので、フランクフルト証券取引所の取引高は、ドイツの取引総額の10％にまで下がり、さらに下がり続けた（Michie 2006.96-7）。

それにもかかわらず、地方の証券取引所は、地方の投資家の数の増大に対応し、地方の会社の必要性に応ずるものとして、ドイツの主要な都市に急増し続けた。フランクフルトは、地方の株式と債券のための市場を提供しただけでなく、その伝統的な経済的結びつきのゆえに、オーストリア・ハンガリー帝国の株式や債券のための市場をも提供した。一方ハンブルグは、主要港たることとその所在地のおかげで、ドイツの船舶輸送と商業会社が発行する証券のための重要な市場になった。商業為替手形への初期の関与を反映して、銀行はすべてこれらの証券取引所の会員であったので、このような統合市場の創立は、銀行が大きく互いに維持していた相互関係に起因するものであった。加えて、ドイツの証券市場の発展は、政府によるさまざまな課税と立法によって著しく影響を受けた。ドイツの証券市場は、地方自治体レベルか州レベルかのいずれかで、長期にわたり規制と制限に直面してきた。ドイツ統一とともに、このコントロールはますます全国的なものになった。はやくも1881年に取引高課税が導入されたが、それは、1894年に二倍に引き上げられた。それから1896年法は、すべての証券取引所に対して帝国政府の監督を生じさせたが、一方で、先物の売りと買いは投機と同然なものとして1897年に禁止された（Michie 2006.96-7)。投機を禁じるその法律は、1908年まで改訂されなかったが、その時までに、多くのドイツの証券取引が、外国、特にロンドンに移動して行われた。ロンドンは、1870・1年のフランス・ドイツ戦争時に、多くのドイツの国際的ビジネスを全くパリから切り離して引き付けていたのである。ロンドンに向かわせることのできない証券ビジネスのうち、一部が大銀行内または大銀行間に内在化された。こうして国際的証券というよりもドイツ国内の証券を主に取り扱うものとして、商業バンキングと投資バンキングとの統合とユニバーサル化が発展していった。というのはその統合は、課税と外部的監視の両方から、ベルリンの大銀行による証券取引活動を保護したからである。

ドイツの証券市場の国際的地位は、イギリスやフランスとばかりではなく、またベルギーやスイス、オランダのような近隣諸国のそれともまた異なっていた。1913年までにドイツのいたる地域に普及した24の証券取引所があったが、しかし多くはそれら自身の地域性を超える重要性をほとんどもたなかった。最大の地域的証券市場の一つであるフランクフルトの国民的な取引高に占める割合は、1901年と1913年間で5％に過ぎなかった。このことがベルリンをドイツ内の支配的な証券市場にさせた。1900～1913年に355・1億マルクの価値をもつ証券がベルリン証券取引所で発行されたが、これはドイツの証券市場におけるベルリンの重要性を示すものである。しかしながら、これらの内83％は、国内的なものであり、18％が外国のものであった。このことは、国際的市場としてはドイツをして、ロンドンあるいはパリ、あるいはアムステルダムに対してさえ、重要性を非常に引き下げることになる。実際にベルリンは、取引所法が施行される1897年以降、国際市場としては下り坂にあった。発行総額にしめる外国証券・株券の割合は、1883～1897年では、35％であったが、それは、1897～1913年では、絶対額では幾分増大したが、10％にまで下がった。ベルリンは、オーストラリア政府の負債を取引する主要な外国用センターとしては、フランクフルトを追い抜いたけれども、ロシア証券のために持っていた地位を１８９０年代にロシアに譲った。それに代わって、ベルリンはますますドイツ国内の会社証券のための市場になっていった（Michie 2006.145）。

証券市場の発展にいかなる類の政府介入もなかったイギリスと対照的に、課税と立法の結合、証券取引所への銀行の直接的参加（ドイツでは銀行は証券取引所の会員であった）、そして鉄道網の国有化が、ドイツの証券市場の発展を遅らせせた。ベルリンの大銀行は当初は、発展が遅れた証券市場に代って、ビジネス顧客に対して長期ローンを拡張し、国民経済の金融要求を満たすことにおいてより大きな役割を演じることを余儀なくされた（Michie 2006.98）。しかし特に１８８０年代以降、大銀行は、預金者が金融危機の最中に彼らの貯金を引き上げるために殺到する場合に伴うリスクを回避するために、長期ローンに代えて、証券の発行と取引を投資バンキングに任せるようになった。けっきょくはドイツでもイギリスと同様に、（国家の非直接的無意識的影響のもとに）預金・商業バンキングおよび投資バンキングの両方が同時的に発展していった（Michie 2006.98）。ドイツでも、工業化のより後の段階においてであるが、ユニバーサルバンキングと証券市場との共存共栄の関係が発展した。結果として、ベルリンの大銀行と証券取引所がドイツ国内にもたらす貨幣市場と資本市場との相乗効果は、ロンドン、パリ、ニューヨークなどの大銀行（貨幣市場）と証券取引所（資本市場）とによる世界的なレッセフェール金融システムを十分に補完するものとして、国際的に機能することになる。

産業企業における公開株式会社の普及

１８７０年は、普仏戦争におけるドイツの勝利、巨額の戦争賠償金、それに続くドイツ第二帝政の形成をもたらした。これらの出来事は、工業化の新しい波、偉大な科学的イノベーションの時代、生産の多くの部門における急速な技術変化、そして重工業の急成長と合致していた。投資に固有なリスクが、多くの場合に大きな最低効率プラント規模と相まって、企業家が外部の株式投資家を追い求め、彼ら個人の債務を制限するように仕向けた。１８７０年における会社法の制定と法人格付与制限の緩和によって、政府は、株式会社形成に対する旧来の防壁を撤去した（Fohlin 2007.224）。

法人格付与法における自由化は、産業活動の爆発を伴っていたが、特に1871年以後、株式会社創設の急増を引き起こした。1871～1908年の38年間に、それ以前の45年間より総額で約三倍大きな資本金を有する、総数で十五倍多い株式会社が創設された。法律上、株式会社(Aktiengesellshften)の地位を有する会社総数は、1870年以前の約2百社から、その後の短期間に1千社以上にまで急膨張した。その数は1890年までに、3千社を超え、1890年代末から一次大戦までに5千社以上が存在していた。これらの新株式会社の多くが既存の私的企業の組織転換からもたらされたことは確かであるが、しかし新しいベンチュア・ビジネスの創設もまた重要な役割を演じた。株式会社形態の利用は、企業創立者に所有権を分散させ、金融資産を多様化させ、そして金融市場から外部資金を調達することを可能にさせたが、これらのすべてがさらにいっそうの成長可能性をもたらした。こうして近代産業企業への進化が急速に進んだ(Fohlin 2007.21)。

工業が拡大発展したので、当然にもプロイセン(ドイツ)の農業労働人口比率は1861年の66%から1882年の40%まで減少した。工業労働比率は同年間において、26～36%に増大した。帝国全体としての労働配分の変化も同様であり、農業労働人口比率は1882年の43・4%から1895年の37・5%、1907年の35・2%へと減少した。工業、商業、運輸における労働人口比率は、同期間に42%、48・1%、そして52・5%へと成長した。鉱業部門は1870年後時代において傑出していたが、金属・冶金は、20世紀の最初の十年においてドイツ製造業のなかで最大シェアを占め、労働人口比率が1895年の19・8%から1907年の25・1%へと増大した。

(注) 東北部ドイツのユンカーは、ラントシャフト(地主金融組合)による抵当証券の流通を通じる資本の導入のもとですでに相当に進んでいた小麦など耕種農業の集約化をさらに徹底的に推し進めた。東北部ドイツのユンカーは新しく甜菜の栽培を導入し近代的な輪作体系を確立して甜菜を砂糖工場に供給するとともに、抵当証券発行で得た資金をつかって、砂糖工場の株主になった。イギリス19世紀中葉のハイファーミングをはるかに超えるドイツ農業の高度集約化は、後に「農業革命1950～1914年」を成すと評価された(Perkins 1981)。

近代的な有価証券とは、いずれの所持人にも利子ないし配当を取得しうる権利を与えるものとして一般に流通しうる、法学者のいう無記名証券を意味する。ドイツでは、1870年まで鉄道証券で占められていた有価証券市場は、その後、特に工業株と債券が非常に増大するようになり、さらにまた、まったく新しい抵当証券が登場してきて、これらが、有価証券取引で重要な地位を占めるようになった。1912年における有価証券の総額は537億マルクであり、その内訳は、公債257億マルク、株式証券(額面）１４７億マルクに対して、抵当証券は１３３億マルクであった。１９１2年の有価証券総額５３７億マルクのうち30億マルクが、ラントシャフト発行の抵当証券であった。ラントシャフトによる抵当証券流通高は、特に１８７０年代から急激に増大した。社会的な資金が高い利率に引き付けられて、ますます鉄道投資や工業投資に向かうようになった１８５０年以来、ラントシャフトは、特に東部六州の大農場所有に信用を提供する唯一の機関に成長した。その抵当証券発行総額は、１８７０年から１８８０年までの十年間に、１８７０年までの百年に達成された約６・68億マルクを倍増して、約12・40億マルクになった。それは、１８８０年から１９００年までの二十年間に11・42億マルクを増加し、さらに大戦直前の１９１３年までに、約９・03億マルクを増やした。１９１３年までにラントシャフトによって達成された総額32・86億マルクの抵当証券発行は、特に１８７０年代以来、社会的資金の農業固定資本投下がいかに巨額であったかを示している。ラントツャフト抵当証券の利率は、１８３０年までの五十年間は普通４％であった。その後３・５％に転換した。これは、工業のまだ未発達であったために、相当の資金が公債や土地信用に向かったためである。ところが１８６７～１８７8年に、鉄道事業や工業企業がおおくの資金を吸収するようになり、そのためラントシャフトは、対抗上一時的に5％の利率の抵当証券を発行した。しかし、１８８5年までは４％の抵当証券利率が首位を占めたのに対して、世紀末には、３・５％および３％の抵当証券が重要性を増した。これは、金融市場に緩慢が生じ、すべての有価証券利率が低下したことを反映していた。新世紀に向かって景気が好転し、利子率が再び上昇し始めると共に、４・５％や３・33％ないし３％の抵当証券が減少し、４％と３・５％の中間利率の抵当証券が主流をしめるようになった。ラントシャフトの抵当証券は、工業株式証券とともに、資本市場において確固たる地位をしめることになった（Sombart 1923）。以上のように農業と工業は、資本市場で競合しつつ、資源の国民的最適配分を実現した。

同時に新興産業が浮上してきた。これらの中で二つのものが特別な卓越性を獲得した。第一に、エミル・ラーテナウ（ワルター・ラーテナウの父親）がジーメンス＆ハルスケと一緒にドイチェ・エジソン応用電気会社を結成した１８８７年に、電気工学産業が始まった。会社は１８８４年にジーメンス＆ハルスケから独立し、１８８７年にアルゲマイネ・エレクトリツィテート会社（ＡＥＧ）になった。世紀交替期までに、優に30社を超える電気株式会社が、総額４３６百万マルクの資本金をもって操業していた。第二の新興産業企業である化学薬品は、電気工学ほどドラマチックな開始をみなかった。少数の化学薬品会社が１８５０年代に出現したが、１８７０年代までにぜんぶ消滅した。近代的なドイツ化学薬品産業の出発と世界市場におけるその卓越性は、少なくとも新しく42社が創設された１８７０～１８７４年に現れた。１８９６年までに、１００社を超える化学薬品株式会社とものすごい数の中（被雇用者６～50人）・小私企業（１～５人）が存在していた（Fohlin 2007. 22-3）。

20世紀への転換後、近代企業への発展はもっとも顕著なものとなった。規模、生産物の多様性、機能の統合化のすべてが向上した。１８８７年にはドイツ最大１００社のうち、36社だけが五つ以上の生産物グループの生産に参加していたに過ぎないが、１９０７年にはこの数は51社に増えた。同様に、生産および原料あるいはそれらの一方に関与し、同時にマーケッテイングないしカルテルに関与する企業の数は１８８７～１９０７年に13社から64社に増えた。またトップ１００社の株式資本は１８８７年には３・８～40百万マルクの範囲にあったが、１９０７年には10～１８０百万マルクの範囲に変わった。これらの組織上運営上の変化によって雇用経営者をともなうより階層的な法人システムがもたらされた。しかしそれは決して「所有とコントロールの分離」（Fohlin 2007.23）を意味するわけではない。逆に、金融上の独立性と会社組織上の複雑性の増大とともに、所有とコントロールの一体性を実現するコーポレート・ガバナンスに特有な銀行と非金融企業間のリレイションシップが形成された。

１８７０年以後のブームにおいて、ベルリンの大信用銀行は、特に鉱山、機械、電気工業における法人証券の新発行の大多数を引き受けた。また最大の銀行が、１８７１・２年のフランスの戦争賠償金支払い、鉄道会社の国有化、多額政府貸付金融といった主要な引受けプロジェクトに参加した。これらの多額のあるいはリスキーなプロジェクトを引受ける際には、銀行はしばしば、非流動性あるいは支払い不能に対する予防手段を講ずる一方で、銀行に多額の信用提供を可能にするシンジケート（コンソウシアム）を立ち上げた。シンジケートは、一般の産業企業の発起活動にも適用され、複数の産業企業に対して、複数の銀行が対応する独特なリレイションシップが発展した。

銀行の会社発起活動のゆえに、またドイツの証券市場の独特の機関的組織のゆえに、ユニバーサル銀行、特にその最大のものであるベルリンの大銀行は証券取引所と密接に結び付けられた。一次大戦前の時代を通じて、相当な割合の株式会社が彼らの株式を、数個のドイツ市場のうちの一つ以上に上場した。19世紀の第一半期には登録される株式会社の全てが、ベルリン取引所に上場されていたと推定される。19世紀を通じて株式の上場は急速に成長したが、70年代以降、新しい階層の株式会社がさらに急速に膨張した。１８７０年代初頭までに株式会社のほぼ半分が、１８９０年代のほとんどと１９００年代初頭には株式会社の三分の一以下がベルリン証券取引所に上場した。株式会社形態の利用の増加はまた、二番手以下の株式提供による多くの会社株式資本の膨張に加えて、特に大きい証券取引所における取引所ビジネスのバランスを変えた。たとえば、ベルリンは、１８７０年までは主に州債や他の国債証書を取引したが、工業証券がより広く利用されるようになるや否や主に工業証券を取引するようになった。証券取引所とユニバーサル大銀行とのリレイションシップは、株式会社がより一般的に普及するとともに、流動性リスク全般を最小化するものとしてますます発展していった（Fohlin 2007. 26-8）。

四　ロンドン証券取引所

国際的地位と地方取引所との関連

１７８９年のフランス革命と１８１５年のナポレオン戦争を通じて、証券市場は交戦状態やインフレーションによって深刻に妨害され、証券の国際的取引は、ほとんど存在しないほどであった。この時期に、パリとアムステルダムの首位がほとんど失われる一方、特に１８００年のその創立以来、ロンドン証券取引所が浮かび上がってきた。以来ロンドン証券取引所は、この種のものとしては世界のなかで最大かつ最も重要なものとして存在したが、同時にイギリスでは地方の株式企業の活力を反映して多数の地方証券取引所が発展していた。地方の取引所の活動は、単に販売と購買をめぐる地方市場自身の産物とはもはや言えなかった。それぞれ地方の取引所は、ますます全国的な投資（これは、電報網そして１８８０年代からは電話を利用するブローカーとデーラーのネットワークを通じて伝達される）によって駆動されるようになった。次第に投資家は全国いたるところで、それぞれの取引所の得意分野を活かすことができ、市場間にわたる活動による証券売買高の増大がもたらされるようになった。このネットワークの中で、ロンドン証券取引所は、国内向けであれ外国向けであれ、イギリスでもっとも活発に取引される証券のための支配的市場として浮上した（Michie 2006.98-9）。

しかしながら１８５０～１９００年とそれ以降におけるロンドン証券取引所の主要な特徴は、外国の証券、主に外国国債や外国鉄道の株式および社債の発行における重要性が増大したことである。ロンドン証券取引所で値付けされる証券の内、外国資産の割合は、１８５３年の10％未満に対して、1903年の少なくとも50％へと増大した。このの国際的な総投資額の40％ほどがイギリスの投資家によるものであったが、そのことが、ロンドン証券取引所を世界で最も国際的なものにさせた。会員に対して、人数に関してであれ経費に関してであれ、ほとんどなんの制限も課さないこと、事実上いかなるタイプの証券に対しても市場を提供しようとする取引所の意欲、会員が採用するビジネス手法に対するほとんど完全な無制限容認、そして手数料が固定されたものではないことなど、ロンドン証券取引所は低コストかつ最小限度規制によって、秩序正しい市場を提供した。結果は、事実上間断なき拡張であり、会員が1850年における864社から1905年における5567社に六倍以上に増大した（Michie 2006.99）。

1914年まで、ロンドン証券取引所は、世界で最大かつ最も国際的なものとして重要であったが、すべての領域で最上位にあったわけではない。国内的には、それはたくさんの地方市場（その中でグラスゴーとリバプールにおける証券取引所が最も重要であったが）からの競争に直面していた。地方の証券取引所は、地方の投資家を引き付ける地方の会社の株式や社債の両方の要求を、たとえそれらがロンドン証券取引所で相場付けされる場合でさえ、満たし続けていた。グラスゴー証券取引所は、スコットランドの公債証券のための市場と地方で広範囲に保有されている海外鉱山株を扱う活発な市場との両方を提供した（Michie 2006.145）。

ロンドン証券取引所は、国債のための市場としては、オーストラリアやカナダの国債といった帝国内で発行されるものは依然として重要であったが、しかし国際的には、その重要性を減らしていた。多くのヨーロッパ国債の発行の本国帰還、そしてロシア、日本、ラテンアメリカ共和国といった諸国が発行する国債をめぐるパリとの競争が、ロンドンの重要性を大きく低下させた。パリ証券取引所の地位は、1870・1年のフランス・プロイセン戦争によって損傷をうけたが、対独賠償資金の調達に成功したことが、その国際的地位を回復させた。パリは再び、主要な世界的金融センターとしてのロンドンに対して挑戦することは決してできなかったが、にもかかわらず、ヨーロッパ大陸における、とくに地中海に接しているすべての国にとって最も重要な金融センターであり続けた。この点は、重要な国際的規模をもってドイツの最も重要な金融センターとして浮上したベルリン証券取引所からの競争が増大したにもかかわらず、依然としてそうであった（Michie 2006.115）。

国債をめぐるパリとの競争に代わってロンドン証券取引所は、世界中で活動する鉄道会社によって発行される株式と債券のために、特に合衆国、カナダ、アルゼンチン、インドからのそれらのために、巨大な市場を提供した。ロンドン証券取引所におけるアメリカ人市場は、すべての売り場のなかで常にもっとも活発な市場であったが、ロンドンと合衆国の両方で発行される合衆国鉄道証券の要求のみならず、カナデイアン・パシフィックといった重要なカナダ鉄道証券の要求をも満たした。1914年までにカナダの鉄道会社によって調達された374百万ドルのうち、277百万ドルがイギリス、51百万ドルが合衆国、41百ポンドがカナダ国内からのものであった。ロンドンはまた、鉱石と石油の探査・生産・配分を世界中で行う会社によって発行される証券のために国際的市場として機能した。1914年までにロンドンは、ロシアならびに東欧・中欧、中東、極東にわたって油田を経営する24会社のために市場を提供した（Michie 2006.145）。

イギリスの証券取引所は、株式会社を会員資格のあるものとしたが、株式銀行を会員として受け入れることだけは拒否した。地方の証券取引所は、その設立以来最小限の委託ルールを維持したが、一方ロンドン証券取引所は、一次大戦ちょっと前までそれらを導入しなかった。最低手数料の導入後でさえも、頻繁な手数料の値引き、免除、忌避の存在が、ロンドン証券取引所の国際的地位を比較的に変化のないままにさせることを保証した。その結果、ロンドンの大銀行は、証券を売り買いするビジネスをロンドンに集中することになった。銀行は特定のブローカーと特別な条件で交渉することによって、かれらの取引をわずかなコストで処理することができたので、ロンドン証券取引所は非常に魅力ある市場になった。こうして、商業バンキング、投資バンキング、そして証券仲買業の間における役割分担（イギリス金融システムの専門化過程）が全般的な流動性リスク最小化に向かって促進された（Michie 2006.139）。

産業企業における公開株式会社の普及

イギリスでは夥しい数の会社が、1880～1914年に、最も急速な局面は1890年代央であるが、証券取引所への上場を果たした。ロンドン証券取引所では、海運会社、醸造所、鉄鋼企業、その他の商業および産業会社の株式と社債が証券時価総額に占める割合は、1883年の1・2％、1893年の3・5％、1903年の9・9％と増大していった。同様に、ロンドン証券取引所で値付される産業および商業会社の数は、1885年の70から1907年の571と増加した。ロンドン証券取引所に参加した産業企業は、醸造、鉄および石炭生産、化学薬品、繊維製品、新しく地歩を固めた自転車および自動車産業において活動していた（Cheffins 2008.176）。

地方の証券取引所の株式証券の取引もまた拡大した。ロンドン外の証券取引所は、そこにおける相場付けの権利取得（上場）はより安価だったので、特に中小の産業、商業会社に魅力的であった。加えて地方証券取引所の会員である専門的なトレイダーは、ロンドンのより多忙な株式によりも、中小の会社の株の証券値付けに、時間とエネルギーをより多く投入した。それゆえ、たとえばマンチェスターで上場され相場付される商業、産業会社の数は、１８８５年の７０から１９０６年の約２２０まで増大した。同様に１９００年までに、１９６の会社が彼らの株式の主要市場をグラスゴー証券取引所にもち、１８２の会社がエジィンバラ証券取引所にもった。他地方の証券取引所の取引も拡大しつつあり、営業する地方証券取引所の数も、１８８２年の11から１９１４年の22にまで増えた（Cheffins 2008.176）。

証券取引所で取引される会社の数が増えただけでなく、取引される株式の現物も変化した。１８７０～１９１３年に、ロンドン証券取引所と地方の株式市場で証券が取引される会社の数は、５２０から約１１００に増大したが、鉄道株の株式時価総額にしめる割合は、76～16％に下がった。その減少部分はほとんど、銀行（１８７０年時価総額の11％、１９１３年の19％）、主としてオーストラリア、南アをベースとする会社による鉱山業（１８７０年０・６％、１９１３年15％）そして産業・商業会社のセクターを意味する「種々雑多」（１８７０年１・６％、１９１３年18％）のそれぞれの増分によって埋め合わされた（Cheffins 2008.177）。

ただし証券取引所に上場したとしても、株式証券が直ちに流動性資産になるというわけではなかった。１９１０年についてみると、イギリスの株式取引所で値付けされる証券といっても、実際の取引上の公式記録を持つものは、その15％以下にすぎない。上場された株式の多くが、何ヶ月もの間、売買されなかった。ロンドン証券取引所でさえ、多くの証券の相場は名目的なものに過ぎなかった。多くの株式が活発な市場をもたず、相当な投げ売り価格で取引された。地方の市場は当然ながら、さらに流動性を欠いていた。多くの中小規模のしかし地方の堅固な産業企業の場合には、株式を妥当な価格マージンを付けて、あるいは一定の期間内で買うことも売ることもできなかった。この点において、このような株式証券の保有者の地位は、しばしばビジネス・パートナーと事実上ほとんど変わりない状況のもとに置かれていた（Cheffins 2008.177）。

商業および産業の株式証券を一つにまとめていう「種々雑多市場」は、19世紀末から20世紀初頭に著しく成長した

図表３　世界トップ100社におけるイギリス産業会社、1912年

会社の名前	ランク	産業分野	時価総額（百万ポンド）	ブロック株保有者の存在
J. & P. コート	3	繊維と皮革	59	◎
ロイヤル・ダッチシェル（オランダジョイントHQ）	5	石油	38	◎
ブリデッシュアメリカタバコ	11	ブランド製品	33	◎
リオ・テイント	13	非鉄金属とその他採鉱	30	◎
インペリアル・タバコ	17	ブランド製品	25	◎
ギネス	20	ブランド製品	22	◎
レバアー・ブラザーズ	27	ブランド製品	18	◎
ヴィッカーズ	51	鉄、鋼、重工業	11	△
ブラナー・モンド	57	化学薬品	10	○
コンソリデイトゴールドフィールド	60	非鉄、その他採鉱	10	×
アームストロング、ウィットワ～ス	67	鉄、鋼、重工業	8	◎
ブルマーオイル	74	石油	8	○
リッキット&サン	7	ブランド製品	8	◎
ファイン・コットン・スピンナー	82	繊維および皮革	7	△
メトロポリタン・カレッジ	95	機械工学	6	○

（Cheffins 2008.178–9。ブロック株保有者の存在については、同書251ページ参照）

が、政府や鉄道の証券と比べれば、「後輩」のままであり、その分、流動性が劣っていた。１９０４年の『エコノミスト誌』がいったように、「最もよく知られた産業株の大部分にとって、いぜんとしていわば有名無実市場のままであり、上場される多数の銘柄のうち、ほんの僅かな部分だけが取引交渉の準備ができたことを誇れるに過ぎない」。皮肉なことに、あまりにも多数の産業および商業会社が一挙に株式市場に向かったことが、逆にその株式の流動性を阻害した。産業株式投資によってカバーされる分野が余りにも広大であったために、ロンドンの株式市場（ロンドン証券取引所の建物の一角を占めるチャペルコート）は、上場を受付けた多数の銘柄を実際上は十分に売りさばくことができなかったのである（Cheffins 2008.177）。

多くの場合に株式市場での株式の「売れ行きは良くなかった」。その一方で、国際比較的な意味では、イギリスの法人企業は申し分なく発展した。20世紀への転換期に合衆国が経験した大規模な合併の波から生まれた50の最大会社の平均株式資本額は、イギリスにおけるトップ50産業会社の平均株式資本額のほぼ四倍（１９０５年）であった。確かに「ビッグ・ビジネス」は、イギリス的現象であるよりも、アメリカ的現象であった、といってよい。しかしながらイギリスの法人部門も、ぐずぐずしていたわけではない。株式発行市場における株式資本額の順位（図表3参照）でみると、1912年、100の世界最大の産業（製造業と鉱山業）企業のうち15社がイギリスに本社を置いていた。合衆国は、世界トップ100のなかで54社を有していたが、しかしイギリスは、ドイツ（14社）、フランス（6社）そして他の全ての国に先んじていた。また世界トップ100社に含まれるイギリスの会社は、合衆国やドイツなどのライバルよりもより長く生き延びてトップ100社に至ったのである。イギリスの大企業は「末期的衰退に苦しむ恐竜だった」とは決して言えない（Cheffins 2008.178）。

しかも上の数字は、産業会社に絞られているので、イギリスの実際のビックビジネスの規模を示すものではない。イギリスは、貿易、金融、産業に従事する「大法人企業」（2百万ポンド以上の払込資本金をもつ）を93社有していたが、一方ドイツは45社を有していた（1907年）。これらの相違は、もし鉄道を考慮するとすれば、もっと大きなものになる。当時はドイツの全ての鉄道網が州所有化されていた一方で、イギリスでは鉄道は最大の私的部門企業であった。株式の時価総額で見ると、イギリスの最大50社のうち、トップ10社を含む22社が鉄道であった（1905年）（Cheffins 2008.179）。

では、イギリスの法人企業における「資本所有とコントロールの分離」に関してはどうか。一次大戦以前イギリスの産業企業については「個人家族資本主義」が主流であったという一般的学説に反して、ハンナ（Hannah 2007）は、「所有とコントロールの分離」が公的に取引される大規模な産業会社の規範であった、と強く主張した。たとえば、1898年に株式公募をはたした路面電車機構の製造業者である株式会社エレクトリック・レイルウエイ・アンド・トラムウエイ・カレッジワーク」（ERTCW）は、「所有とコントロールの分離」によって特徴づけられる産業会社の実例であるとされた。株式会社メトロポリタン・レイルウエイー・カレッジ・アンド・ワゴンの執行役とメカニカルおよびエンジニアリング企業のデック・ケラーがこのERTCWの全般的戦略決定に影響力を行使していた。しかし1905年までに、この会社には、いづれの単一株主についてみても、会社株式の2・2％以上を所有するものはおらず、取締役会は全体で8・9％を所有していたに過ぎない。しかしこのような株式所有の分散化パターンはどれほどの広がりを見せていたのか（Cheffins 2008.242）。

前掲の世界最大100産業会社に属するイギリス産業会社に関するハンナのリスト（図表3参照、◎、○、△、×の順に、ブロック株保有者の存在が低下する）に即していえば、15社のうち、何らかの類の大きな影響を与える重要なブロック保有者を欠落する会社はただ一つ、コンソリデイトゴールドフィールドだけであった。二つの会社が境界事例として目に付く。ヴィッカーズは家族出資金が10%であり、ファイン・コットン・スピンナーでは、株の支配的ブロックが集合的に多数の構成企業によって所有されていた。その他12の会社では、ブラナー・モンド、ブルマーオイル、メトロポリタン・カレッジについては決定的な証拠は欠くとはいえ、明らかにブロック株保有者が会社の株式所有を支配していた。この15のサンプル会社は、その企業の規模からみて、特に株式所有を大きく分散させる可能性があること、そして鉄道などにみられるように株式所有が著しく分散していても、それは、「資本所有とコントロールの一体性」を否定するものではないこと（本書第2章参照）を考慮すれば、一次大戦前夜までに、所有権は「実質的に」コントロールから分離していたというハンナの主張は、いかなる意味においても、正しいとはいえない（Cheffins 2008.251）。

なお国際的標準からみて大きな会社を有することに加えて、イギリスは、1913年の統計によれば、他の国と比較して大きな株式市場を有していた。国内の証券取引所で取引される会社数の対人口（百万）比は、ドイツ、フランス、日本、またはアメリカよりも、イギリスにおいてより高かった。また国内会社株式の金額は、個人によって所有される金融資産の割合でみると、イギリスで相対的に高く、株式が人気ある投資選択肢であったことを示している。さらにイギリスは国際的な意味でももっともよく発展した株式市場を有していた（Cheffins 2008.180）。

第4章　イギリスの株式会社―1880〜1914―

一　代理人の制度

株主と取締役の関係

19世紀中葉以来、完全な法的人格、譲渡可能な株式、有限責任、そしてその他本質的な法人特質を有する会社の法人格取得手続きを規定するイギリスの会社法は、公開会社が大いに普及する世紀末葉から20世紀初頭にかけて、外部投資家としての株主の権利を実質的に保証していた。

列強の多くにおいて、会社法は、特別にコントロール権限を取締役会に割り当てる一方で、株主に権限を持たせるために、株主に取締役を選任する権利を与える「任命権戦略」を採用した。それと対照的に、イギリスの会社法は、誰が会社において管理者権限を有するか、あるいはマネジャーが選任される仕方を指示することはまったくなかった。その代わりに、それらのことは、会社の内部統治ルールつまりほとんどの場合にその内容を株主が決定する「会社の定款」に委ねられた。標準的な慣行は、定款が、会社を管理運営する取締役会の正当性を認め、そして株主総会で複数の取締役を選任するように株主に要求することであった。この場合に法的事項としては、株主総会の投票で過半数を確保できる株主ないし連立株主が、社外取締役として取締役会に在籍して、会社を管理運営する人物を決定できる。[注]　1909年の投資に関するあるテキストによれば、「それゆえに株主は、自分らの資本のコントロール権を取締役に引き渡すけれども、依然としてその取締役に対して非常に効果的なコントロールを働かせる立場にいる」(Cheffins 2008.30)。

(注) 監査役会（戦略経営者）と取締役会（機能経営者）からなるドイツの二層役員会制度と同様に、イギリスで発展した取締役会だけの単層役員会制度においても、その取締役の権限は実質的に、社外取締役（戦略経営者）と社内取

締役（機能経営者）とに区別される。すなはちイギリスでは正確には、取締役会にしめる社外取締役が株主総会の代理人となるのである（Charkham 1994）。

株主総会における委任状（代理人）による投票も、もっぱら会社の定款によって管理された。会社の定款は、ふつうは株主だけが代理人になりうることを規定する。その意味するところは、現行の取締役に反対投票したい株主は、彼のために取締役として行動する妥当な人物を、総会のために決められた期間内に探し出すために奮闘してもよいということである。また、取締役が前もって押印された委任状書式を株主に送りつけることによって、あるいは代理人として自分ないし近親の仲間を指名することによって、より有利に集票することは、普通のやり方として認められていた（Cheffins 2008.130-1）。

イギリスの会社法のもとで想定されるルールは、会社のすべての株式（または少なくとも「普通株」）に対して、等しい権利と制約条件が付与されるというものであるが、これは、「1株1票」ルールの適用を意味する。このような状況下では、普通株の過半数を所有する者が、彼が（もちろん自分自身を含めてもかまわない）選出する取締役を通じて、会社をコントロールすることになる。投票権が、1株1票以外の方法（投票の上限規制、1株当たり複数票、無投票株など）によって配分されることも可能であった（Cheffins 2008.30）が、しかし1株に1票の配分が急速に標準になっていった。1899年のある調査によれば、95の「商業・産業」会社（50万ポンド以上の名目ないし公認株式資本を有する）のうち、84が、何らかの上限投票権の形態ではなく、1株1票ルールを有していた（Hopt, Kanda, Roe, Wymeersch, Prigge 1998）。

情報の非対称性の克服

イギリスの会社法は、会社をコントロールするものたちに対して、配当金の公表を強制することは決してなかったが、会社の定款によって、株主は取締役会による配当金の提案を裁可しなければならないと規定することが普通であった。配当政策を決定する上で、株主がその拒否権を行使することはめったになかった。会社法によって自由裁量権を行使する立場にあることを前提にすれば、法人の取締役会は株主への現金分配を簡単にストップできたのであるから、配当金に関する規律は潜在的には幻想的なものであった、と言えるかもしれない。それゆえ会社をコントロールするものたちが、定期的かつ継続的な配当金の支払いをし続けるように、非公式だがしっかりと拘束される場合にのみ、配当金は、情報の非対称性がもたらす取締役の私的利益抜き取りを矯正する役割（エイジェンシー・コスト理論に帰せられる役割）を果たすことができる。実際はイギリスの公開会社は、あたかもこの拘束された状態のもとで活動するかのように自ら振るまった。圧倒的多数の会社が配当金を公表した。支払われる配当金は年次収益のうち相当な割合を占めていたが、会社は特別な事情がない限り、配当金の削減や中止を避ける努力をしていた（Cheffins 2008.77-8）。

　代理人制度のもとにおいては、公開会社に投資する外部投資家は、情報の非対称性の状態のもとに置かれ、株式ブロック保有者のコントロールによる利益の私的抜き取りのリスクに直面している。しかし１８８０年代から１９１４年までにおいては、現代の標準から見れば最小限にみえるが、会社法、証券取引規制などレッセフェール「国家の非直接的無意識的影響」のもとで、さらに証券市場の成熟をつうじて、株主はその権利を実質的に保護されていた。(注) いわゆる代理人問題は、19世紀末以来から一次大戦前においては、株式所有の分散化およびロンドン証券市場のグローバルな発展、会社発起に関わる金融仲介業者（会社のプロモーター）の活動、インサイダー（取締役）の悪事を監視する新聞などによって、事実上ほとんど克服された。産業企業における公開株式会社の普及と発展においても、株式ブロック保有者（代理人、社外取締役、産業資本家）を通じて、資本所有とコントロールの一体性、すなわち17世紀末以来の絶対的私有制に基づく資本家的企業存在は確実に継承されていた。(注)

（注）１９００年に至るまで、会社設立趣意書の内容に対する規制は何もなかった。また会社のプロモーターは、株を買う投資家の決断に影響を及ぼす会社とその取締役との間の契約などに関しては公開するという法律上の必須要件にはほとんど従はなかった。彼らは、設立趣意書の裏付けなどなしに、容易に株式を流通させることできた。１８５６年から１９００年までの間は、会社の財務諸表の監査に関する立法上の必須要件は何もなかった。貸借対照表は株価を評価する上で考慮すべき重要な情報の一つとみなされていたにもかかわらず、会社法は１９０８年まで、年次貸借対照表の公開を要求しなかった。法律が株主に提供する保護は限られたものにすぎないことは、当時の人々にとってもはっきりと見えていた。私的個人またはパートナーシップ企業の場合には、多かれ少なかれ詐欺行為的でありまた不可能でもある目標の達成が、会社法の手法によれば容易になるという批判もあった。あるいは、「株主は間違いなく無防備である、会社の定款のもとでなんだってできるのであれば、あからさまに窃盗罪や公金横領罪さえ犯すことができるはずだ」などと言われた。１９００年会社法はまた、会社に監査役の任命を義務付けたが、監査役が専門家資格を有することは要求しなかった。１９０８年には設立趣意

書規制の抜け穴に対する取り組みがなされ、趣意書なく公衆に株式を配布する会社には、多くの情報を含む「趣意書代わりの声明文」の準備が要求された。また会社はその年度以降、貸借対照表の公開を義務付けられたが、用いられる書式設定に関しては、当局のガイダンスがほとんどなかった。そして損益計算書を提出するという必須要件もなんらなかったが、一次大戦前においては、会社法は財務公開において高度な質を求めるものではなく、デスクロジャーは役立たずで誤解を招く恐れがあった（Cheffins 2008. 194–6）。

個人企業の株式会社組織化

19世紀のほとんどを通じて、運河、ドック、ガス照明機構、鉄道にみられたように、ビジネスの創立者が、あらかじめ自分の出資金による会社のコントロールをほとんど放棄して、直接的に株式の購入による金融上の支援を公衆に求めることはごく普通であった。19世紀末葉には、電気会社が公衆の投資を会社の開始直後に求める企業のもっとも目立つタイプであった。しかし１８８０年代初頭に開始された電気事業は概して不振のままであり、少なくとも電気会社に投資された16百万ポンドの半分が失われた。創業後、企業は、有効性ないし実用性が疑わしい特許、未発達な技術、そして１８８０年法（地方自治体に、私的に所有される成功した電気供給工場を21年経過後に強制的に購入する権限を与えたが、１８８８年にその21年間の存続期間を延長した）により、その順調な発展が妨害された[注]（Cheffins 2008. 181）。

（注） 照明装置を開発し、特定の地域に電気を供給する企画案に基づいて、電気事業にかかわる公募が相次いで行われた。電気ベンチュアの出資者は投資家の支援を求めて、発明家から特許権を購入するために会社の法人格付を取得し、その次に会社の株の公募を実行した。この種の最も重要な新株発行は１８８０年、アングロ・アメリカン・ブラッシュ・エレクトリック・ライトコーポレイションを結成する際に行われた。会社はイギリスの特許権を照明の「ブラシシステム」および別の白熱ランプ特許に有効に活かすことを目的にした。会社の株価の急上昇は、電気生成分野において、「小ブラシ」といった多数の企業の立ち上げを引き起こした。同社は発電機、モーター、開閉装置、小型変圧器の製造において目標を達成することができたが、ほとんどの場合に「ブラシバブル」として知られる事態が発生した（Cheffins 2008.181）。

20世紀最初の十年を通じて、ゴム生産は、多数の会社が何らかの事前のビジネスを準備しないまま発起されるもうひとつの分野であった。ゴム価格が急上昇するさなか、イギリスの投資家たちは熱狂的に、南東アジアのセイロン（現在のスリランカ）とアマゾンにあるまだ建設されていないゴムプランテーションを支援した。彼らは、ゴムビジネスにかかわるイギリスの会社数が150以下から約500に増加する1908年と1910年の間に、約90百万（2006年の通貨では6・45兆）ポンドの価値のある株式を予約購入した。この経験は不運のものであることが証明された。投資の狂乱が治まった時に、生き残っていて何らかの配当の記録を示した会社は、新会社の内のほんの一部分に過ぎなかった。

『エコノミスト誌』によれば、1899年には電気会社と同様に特許権を利用するために公募を実行した会社は34にのぼり、内33が新しく法人格を取得した。『エコノミスト誌』は、これらの会社の総体的実績を「とても悪い失敗の記録」と特徴付けた。これらベンチュア・ビジネスの惨憺たる結果や電気会社とゴム会社を苦しめた困難性に対して、19世紀末と20世紀初頭を通じて成功裏に株式を公衆に提供した企業は、主に非公開会社から公開会社への組織転換により設立される企業であった（Cheffins 2008.182-3)。

1880年代に至るまでは、産業企業による株式公募は、個人主義および控えめな規模の固定資本要件からくる対応によって、その発展が抑制されてきた。しかし19世紀の末葉においては、仕事から手を引く気持ちに傾く産業企業の所有権者にとっては、株式公募の実行は、少なくともビジネス投資の一部を換金し、その売却代金を、以前の企業金融上の成功に執着する度合いを弱める形で、他分野に再投資ないし再支出する機会を提供した。このパターンについて、ロンドン証券取引所の1911年のあるテキストは、「ビジネスを築き上げた上で隠退を望む優秀で成功した製造業者あるいは商人は、法人格を取得し株式の公募を実行しようとする」と述べた[注]（Cheffins 2008.183-4)。

(注) このパターンのひとつの実例は、ビール醸造業者のギネスによる1886年の株式公募である。エドワード・ギネス卿は、社会的地位、称号、名声、素晴らしい生活スタイル（それらは同じく、多額の可処分所得とそれを有利に使うための暇で自由な時間を必要とする）に対する彼の野心のゆえに、ビジネスを公開する決定を下した。もうひとつの実例は、人気のあるホットドリンクの製造業会社ボブリによる1896年の新株発行である。ビジネスの創始者であるジョーン・ローソン・ジョンストンとアンドリュウ・ワルカーは、その提案の際に両方が50歳半ばであったが、彼らの息子たちは、必ずしも後継者になると言うわけではなかった。このことが両者に、会社発起人E・T・ホリーの説得を受け入れる余地を残した。ホリーは、ボビリ社の株を2百万ポンドで購入し、ジョンストンとワルカーに現金を支払うという提案をした。続いてホリーは、公募の方法（つまり、株式を2・5百万ポンドで公衆に売却するが、しかし会社の経営については、報酬を引き上げてでも、もう一度ジョンストンとワルカーに働いてもらうとい

うもの）によって会社を再開始させた。

合併のための株式会社組織化

夥しい数の株式公募が企業合併（おそらく新興ドイツからの激しい追い上げ競争に対応する）のために資金を獲得する必要性から実行された。産業および商業企業における合併は、19世紀の終わりに近づくまでは滅多になかったが、しかしそれ以後、事態は変わった。19世紀末から20世紀初頭を通じて、単一企業のコントロールのもとに、連続的段階的生産継続を可能にするために設計される多数の「垂直的」合併が生まれたが、それらの合併に必要な資本は、少なくとも部分的だけでも、普通株など証券の公募によって調達された。一方1888～1912年に、繊維、化学薬品、金属、セメント、タバコなど、同じ産業部門で活動する五つ以上の企業が参加する、少なくとも26件の「水平的」合併があった（Cheffins 2008.227）。複数企業の合併によって成立する一つの合併統一体が、たいていは外部投資家が入手を求める普通株を発行して、その合併協定のための資本投資に役立てることは、よくみられる慣行であった。資本市場を活用する理由は、たとえば4百万ポンドの資本金を持つイギリス最初の株式会社産業連盟である食塩連合とか、8百万ポンドの株式および負債資本を有するファイン・コットン・スピンナー&ダブラー連盟といった企業結合体にとっては、必要な資本を少数の人々がパートナーシップで調達することは、とうてい不可能だったからである（Cheffins 2008.187–8）。

合併は、統一企業体のベンダー（創業者、株式の発行人）の側にとって、資本市場の活用を会社に促すというだけではなく、イクジットに熱心なビジネス企業所有権者の側にとってもまた、きっぱりと解決策を提供するという理由で重要であった。20世紀の転換点において行われた複数企業の産業合併に関しては、産業家家族の第二世代または第三世代にとっては、その活動力や関心が衰退していく一方で、プロモーターのスキームは、長年にわたる家族ビジネスに対して純朴な限界を感じさせるという点で魅力があった。（注）

（注）石鹸および化学薬品製造業者であるジョセフ・クロスフィールド&サンズ有限責任会社の社史によれば、クロスフィールドの第三世代は、1911年にライバルのブルナー・モンドに会社を売る決定を下した。その理由は、提案された条件が金銭上魅力的である一方で、おそらく、第三世代のジェージェーとジョージ・クロスヒールドにとっては、家族ビジネスを手放すことなどは何も心苦しいことではなかったからである。ジェージェーは、石鹸には大して興味がなかったが、旋盤細工の優秀なアマチュアの機械工

であり、また素晴らし漁師でもあった。ジョージもまたスポーツマンであり、狩猟の愛好家であった（Cheffins 2008. 188)。

株式のブロック保有者にとって、合併の際のイクジットがとりわけ魅力的になりうる状況は、彼らが、実際に産業部門内の競争激化の犠牲者になる可能性がある場合であった。合併は必ずしも所有権者のイクジットを伴うものではなかった。20世紀への転換点で起こった水平的産業合併に際して、企業設立趣意書や利害関係のある企業間の準備会議レポートで繰り返し行われた議論は、利益を減らし過剰稼働力の負担を倍加させる厳しい短期的な価格競争を除去する必要性に関してであった。合併の主たる目的は、合併以前に広がっていたよりも高いレベルで製品価格を安定させることにおかれていた。競争圧力に対応して組織化される合併においては、もし結果が経営上の機能における広大な集中化に終わるならば、イクジットを望まない株式ブロック所有者にとっては、競争圧力に対する治療は、逆に病気を悪化させる可能性があった。しかしながら当時の水平的合併の場合には、その構成企業は、しばしば元の所有権者が働き続け、重要な経営上の決定権を行使する選択肢を有していたという意味で、法律上および管理上、合併以前と同様な自治的存在のままであり続けた。[注]

(注) 構成企業が享受した独立性によって規模の経済性の開発が阻害され、合併が不利に影響した事例としては、わずかに、イギリス・ソーイング・コットン、カリコプリンター連盟、ブリテッシュ・コットン&ウール・ダイヤー連盟などがある。ただし完全に破綻した重要な合併企業は、唯一、ヨークシャイヤー・ウールコンバーズ連盟だけであった（Cheffins 2008.188-9）。

株式ブロック所有者（産業資本家）の存在

19世紀末葉と一次大戦前においては、部分的なイクジットのためであれ、企業合併のためであれ、株式を公開し相場付けを追求する会社の所有権者は、一般に外部投資家による株式所有の相当な分散化をもたらす一方で、普通株を完全に手放すことを控えて、相当大きな株保有比率（ブロック株）を持ち続けた。一般の外部投資家は、公募または合併を実行するもともとの会社所有者による相当な出資金保有の継続を、その会社の将来繁栄に対する信念と責務の示威表明をなすものとして取り扱った。１９０９年の投資に関するあるテキストによれば、「もし取締役が単なる小株主に過ぎないことが気付かれてしまえば、経営者は機敏な機密情報を提示しないのではないか、というリスクが存在することになる。理想的な株主リストとしては、取締役は古くから継続して大きな個人的株式所有者であるとすべきである」（注）。支配力を行使するために十分に大きな株式ブロックを所有する株主（社外取締役）にとっては、配当の形態において投資家に利益を分配する圧力が存在するその程度に応じて、その株式ブロックを「解い」て株式所有を分散化させるインセンティブは存在している。多数の株式保有者への利益の定期的な分配は、支配的ブロック株所有権者が法人の利益を横領し浪費する余地を減らすことになる。当時イギリスの会社には、このようなダイナミズムが明らかに作用していた（Cheffins 2008.77.184）。

（注） この種の市場期待があったので、名高い発起人E・T・ホリーがホットドリンク製造業者ボブリを1896年に公開し、そしてその元の所有者の株式取得が「単に」16%にとどまった際には、株式登録者が、「完全に変質してしまった」といわれた。このようにビジネスの創業者またはその後継者が、主要な所有権の保有に失敗する場合には、強力な市場標準に違反する危険が発生し、そのことによって逆に公募の成功が危険にさらされることになった（Cheffins 2008.228）。

ブロック株保有者は、社外取締役兼戦略経営者として、払い込み資本金を使って設備投資をすすめ、マネージャー（社内取締役）に対して一定の労働生産力と競争力を可能にする固定資本用益を提供（工場などの賃貸し）する義務があり、その固定資本用益の利用の結果生まれる利益を配当金（地代）として自ら受け取り、また株主に対して配布する権利において、株主総会に代理する。このことは、社外取締役（ブロック株保有者）が、他の一般の株主にはなしえない手法で「資本のコントロール」の「金銭上の私的便益」を追及することと何ら矛盾しない。社外取締役（ブロック株保有者）は、ブロック株保有によって手に入れた安定性、信頼性に対する評判を利用し利益を増やすことによって、大株主としての自分をふくむ株主全体に平等に分配される配当金を大幅に増やし、けっきょくは彼らがコントロールする会社の価値を増大させることができるからである（Cheffins 2008.61–2）。

二　投資家の多角化投資戦略

有価証券を買う2・2%の最高富裕層

一次大戦前では、イギリスの会社株式の「買いサイド」で最も重要なのは個人投資家であった。有価証券を「本格的に」保有する個人投資家の数は、1870～1914年に、25万人から100万人へと著しく増大した。むろんすべての個人投資家が株式を買ったわけではないが、その相当な部分が少なくとも若干は普通株を所有した。鉄道証券の保有者数は、1887年の54・6万人から1902年の80万人に増えたが、保有証券の約半分は普通株であった。鉄道以外の会社については、株式所有者の数は、1860年代初頭の5万人以下から、20世紀最初の十年間における25～50万人の間へと増大した[注]。

(注) 機関投資家は概して国内株式には向かわなかった。銀行は保守的な投資家であり、部分的に鉄道を例外にして、決して国内会社の証券保有を増大させることはなかった（本書第三章参照）。投資信託は海外証券に焦点を合わせており、株式は、国内であれ外国であれ、彼らの投資の小部分をなすに過ぎなかった。保険会社と年金基金は、20世紀の後半には機関投資として重要になるが、1914年までは比較的マイナーなプレイヤーに過ぎなかった。保険会社は株式には用心深く、概して債務証書に投資することを好んだ。

個人投資家のベースは、以前には株式投資の意味など知らなかった社会階層にまで広範囲に広がった。たとえば、主要なデパートメントストアの一つであるセルフリッジの株主は、木製家具職人、ガス集金人、事務職員、看護婦、主婦、学校の女性教師そして住み込みの女性家庭教師であった。とはいえ株式投資は、主としてはいつまでも富裕層のために用意された活動領域であり続けた。1914年では「本格的な証券保有者」が100万人いたとはいえ、イギリス総人口の2・2%を占めたにすぎない。仮に、ひとりの被相続人の投資が投資家全体の証券保有に代わって信頼できる数値を提供すると仮定すれば、この2・2%というごく少数のものが最高の裕福層を形成していたことになる。1913・4年に亡くなったものたちが残した遺言状に関して内国歳入庁がまとめた集計データによれば、1件当たり平均で実に5万（2006年通貨に換算して3・38百万）ポンド余りの遺産価額が株式、払込資本金（株式）、ファウンドから構成され、全遺産額の約55%を占めていた。

株式を所有する個人投資家の中核には、1880年以前もそうであったが、成功した産業企業の所有権者が株式に対する重要な需要源泉をなしていた。特に彼らは、自ら運営管理していた企業から部分的にであれイクジットする場合に、その後のとっておきの資本投資に期待を寄せていた。また19世紀末葉には、海外小麦の大量流入に伴い危機に陥った農業土地所有から資本を引き揚げて、証券取引所の証券に再投資する富裕な地主の活動も多々見られた。しかしながら個人投資家層におけるもっとも重要な傾向は、「安全」投資家の指向性における変化であった。1870年代では、25万人の証券所有者の五分の四が「安全」投資家であり、投資手段として株式を無視していた。この投資家層の規模は、1884～1914年に、一部はかなり多額のサラリーを稼ぐ専門家や経営者の数の急増とともに著しく拡大した。同時に、「安全」投資家の投資範囲が広がった。1880年までに、すでに相当な人数が鉄道証券に投資していた。まもなく主要な株式銀行が同様に人気ある投資先になった。世紀交替期には、「安全」投資家は、ますます産業および商業企業によって発行される証券に向きを変えていった。彼らは、市場性と安全性を偏愛して、しばしば債券や優先株などプレ普通株証券を選んだ。20世紀最初の10年の終わりまでに、大多数が少なくとも幾らかの普通株を保有するようになっていた（Cheffins. 2008.191–2）。

海外投資か国内投資かという選択肢

1880～1914年に、イギリスの会社の株式に対して「買いサイド」が膨張した。以前はその膨張に対する一つの潜在的な障害は、投資家が海外投資を選択する可能性であった。外国資産の利払いから生まれる巨額所得を獲得する「レンティアー（不労所得生活者）」階級が存在していた。これらの所得から、巨大な貯金プールが形成されたが、それは、国内産業、特に産業の新技術部門に投資されるよりも、むしろ海外に再投資された。経済史家の間では、19世紀末から20世紀初頭におけるイギリスのドイツなど海外諸国に対する相対的な衰退は、経済的「失敗」の一形態をなすものか、それとも、維持し難き卓越性からの単なる不可避的な転調に過ぎないかに関して、大論争が続けられてきた（Cheffins. 2008.193）。しかしこの場合には、イギリスの海外投資こそが大英帝国を含む世界市場全体の成長を導く重要な要因であったことは無視できない。イギリスの成長率は資本輸出の結果として、資本輸出先諸国よりも相対的に劣ることになったに過ぎない(注)。海外投資の選択肢は、19世紀末から20世紀初頭におけるイギリス投資家にとってはとうぜん魅力的であった。彼らは、国内よりも相対的により高い成長率を実現しつつある海外諸国に資本を割り当てることから、潜在的により有利な利益を達成することができたからである（Cheffins 2008.193）。

(注) 年成長率は、1880年代、1890年代、1900年代をつうじて、イギリスの場合（2・1%、2・0%、1・5%）に比べて、ドイツ（2・8%、3・5%、2・9%）、アメリカ（4・0%、3・7%、4・0%）西ヨーロッパ（2・6%、2・1%、1・8%）、カナダ（3・3%、3・4%、6・1%）の場合に、より高かった（Cheffins 2008.193）。

とはいえ、1880～1914年においては、海外投資は、海外諸国のすぐれた経済的実績によるというよりも、より現実的には、多くのイギリス人投資家が精通していた「多角化」投資戦略の潜在的利益によって動機づけされていた。投資家がなぜ海外投資を欲したかは、十分には明確にならないとしても、ともかくこの時代の資本の海外流出は、相当なものであり、「世界史上最高額の完全自発的資本移転を示す」といわれる。海外資産への投資がイギリス人資本保有総額に占める割合は、34～44％の範囲にわたると推定される。これほどの規模の海外投資は、イギリスを本拠地とする会社の株式に対する需要に関して、少なくともある程度は「クラウデング・アウト」効果を作用させたことを暗示している（Cheffins. 2008.193-4）。しかし19世紀末葉以降の海外投資は世紀中葉の場合とは異なり、一方的に国内株式に対する需要抑止装置として機能したわけではない。1880年以降は、国内株式市場も「多角化」投資戦略上の有力な選択肢の一つとして浮上したからである。

イギリスの会社の株式が外国のそれに勝る資本収益率（リターン）を実現させるその範囲で、海外からの資本牽引力は弱まり、投資家は資本をイギリスの株式市場に割り当てる心構えをした。イギリスの会社は1880～1912年において、まさしく海外株式に勝るリターン（収益率）を実現したが、このことがその時代を通じて、国内株式に対する需要を持続させることになった。1883～1912年にわたり、イギリス法のもとで法人格を取得して、それぞれイギリス、大英帝国、外国で稼働する約500社の収益性に関するある調査結果によれば、イギリスの会社は、12に区分される部門（鉄道、商業、工業、銀行、農業および抽出物、金融トラスト）のうち、七つの部門で帝国の会社よりも収益率がより高く、六つの部門で外国の会社よりも収益率が高かった。国内にベースをおく会社への投資は、投資家にとって賢明な投資戦略であった。帝国というよりも、国内経済という観点から見て、産業と商業企業は、今日一般的に広く受け入れられている見解が示唆するよりも、はるかによりよい仕事を成し遂げていたといえる。利益の長期的減退の証拠は存在するとしても、イギリスの会社の収益減退は、外国の会社の場合の収益低下に比べて決してより急速というわけではなかったし、帝国の会社の収益減退を下回ってさえいた（Cheffins 2008.203-4）。

別の566社のサンプル調査においても、同様なパターンが示される。このサンプルは、「一級と二級」（1870～1913年までに、イギリスの証券取引所で取引され、定期的に配当金を支払い、負債に対して間断なく利子を支払い、長期にわたる大きな価格下落に苦しむことのない証券を有する会社を意味する）のイギリスおよび外国の会社によって構成されている。このサンプル調査の結果によれば、外国の証券（普通株、債務証書、優先株）は平均で、年率5・72％のリターンを実現させ、4・41％を実現した国内証券を上回っていた。同様に外国の株式は平均で、国内株の6・37％に対して8・28％とより高いリターンをもたらした。とはいえ、このような国内株と外国株との間におけるリターンの相違は、大きくは鉄道の実績がより劣っていたことに原因が帰せられる。イギリスの鉄道は平均で、単に年率4・33％のリターンを実現したに過ぎない（低リスク、低リターン）。また鉄道は、1880年にはデーターベースの13・0％、1913年には9・7％を構成していた。イギリスでは鉄道以外の部門の会社が、外国の会社と比較しても、相当に上首尾な結果をもたらしたことは明らかである。多数の国内製造業および商業上のグループが、非国内グループの最高と同じ幅の株式リターンを生んでいた。

時間の経過とともに外国投資の「強み」は一進一退したので、時系列上の変化を念頭においてみる必要がある。エーデルシュタインのサンプル調査では、国内優位の時代と海外優位の時代とが交互に入れ替わっていた。1870～1876年と1887～1896年そして1910～1916年では、国内株が外国株を凌いでおり、その他の時代は、海外リターンがより良好であった。海外リターンの方がより高い可能性がイギリスの会社の株式投資に影響を及ぼしたと仮定すれば、「海外優位」の時代を通じてトレンドの作動に何らかの力が加わっていたのかもしれない。「外国および国内投資」に関する『エコノミスト誌』の論文（1914年）によれば、1908～1910年には「外国債券のファッションがおこり、投資を求める大衆は、全員がイギリスを避けて舶来品を信用するように勧誘された」。エーデルシュタインのサンプル調査によっても、1897～1909年は海外優位の時代であり、国内投資と海外投資のギャップも最大であった。一方で1910～1913年は国内優位の時代であり、国内に投資する選択肢の魅力が相対的に高まった。『エコノミスト誌』の同論文は、イギリス国内の証券を購入した人々を祝福しながら、「外国投資の流行は、一部は資本家仲間の無意味なパニックよるものであり、イギリスの産業は、いづれの海外諸国からよりも、国内から資金をより容易かつより安価に調達することができる」と主張した（Cheffins 2008.204–5）。

国内投資の安定成長

19世紀末から一次大戦前までについて投資家に開かれていた選択肢を検討する場合には、国内投資もまた海外投資の代替手段として重要であったことが注意されてよい。というのは投資家は、この時代を通じてイギリス資産に対して全面的に優先権を与えていたからである。国内投資バイアスは伝統的にみられたが、特にこの時代では、1880年代初頭の電機株、1890年代央の自転車株、自動車株および醸造株、1909～1911年のゴム会社に対する熱狂において、明瞭にみられた。つねづね政治家やジャーナリストが海外投資を唱道したにもかかわらず、イギリス人の資本保有総額の約三分の二は国内資産に投資されていた。大多数のイギリス人投資家にとって、イギリスは「おはこ」の投資国であったわけである（Cheffins 2008.119.205）。

イギリス人投資家が資本を国内に配分しようとする場合に、国債などと比較してどの程度のリターンをもたらすかということが、その株式に対する需要を支える助けとなる。政府発行の「金縁」証券の利子率は、19世紀を通じて3％以上であったが、1888年には3％を下回り、そして1907年までは3％以上に上昇することはなかった。投資家は、より高い利回りをもたらす国債証券の代替物を求めるようになった。ほとんどの投資家がより良いリターンを熱望しており、ある程度のリスクは受け入れる用意ができていた。イギリスをベースとする会社の株は、一次大戦にいたる43年間のうち34カ年について国債あるいは確定利子付き債券よりも優れており（1897～1914年には、リターンの相違は推定3％対5％というように構造的であった）、一つのより良い投資選択肢であることが証明された（Cheffins 2008.119.205）。

鉄道を除く株式は、鉄道証券（株式と社債）よりも高い年リターンをもたらした（1877～1886年、1887～1896年、1897～1909年、1910～1913年の各平均で、7％対5％、9％対6・2％、1％対0％、6・1％対1％）。そして鉄道証券の相対的に貧しい実績が、その人気を他の投資に比較して低下させる原因になった。このような有価証券に対する人気の低下は、長期にわたりまた広範囲に及んだが、鉄道市場だけに限定されてはいなかった。投資家は特に、以前はより多くの信用を集めていた投資グループの将来に関して危惧するようになった。公衆は、コンソル公債（政府発行、年利3％、償還期限なしの永久公債）や国内鉄道株を買おうとはせず、他の方向で市場を活性化させた。そのシフトの当然の受益者こそ鉄道以外の会社の株式であった（Cheffins 2008.206）。

19世紀の最後の二十数年間、輸入食料品の氾濫が悪天候と結びついて国内農業をたたきのめした。小麦耕作農場が特にひどく打撃をうけ、地代と土地価格は下落した。農業用地のリターンは、全く期待し得ないものとなった。土地所有者は、農業関連所得への依存を減らすことによって対応した。1880年代に土地所有者の土地売却資金による株式市場投資が本格的に始まった。このことが、さらに土地売却を促す1909年土地課税の新規導入と相まって、イギリスをベースとする会社の株式に対する需要をさらに増大させることになる。イギリスの会社の株式は、一次大戦のちょっと前まで年々良好なリターンをもたらしたのであり、ほとんど確実に、新規の投資資本にとって評判の良いはけ口となっていた（Cheffins 2008.207）。

三　株式証券市場の機能

株式発行市場とプロモーター

会社発起のプロモーターは、「ロンドン部外の地方からの、合衆国からの、活気ある植民地からの、そして大陸からの新種の来訪者」として「きざっぽく」描写されたが、彼ら自身のフィールドは全くもっていなかった。この新しい来訪者たちが、1880～1914年にイギリスをベースとする産業および商業企業の新株発売においてますます権勢を振うようになった。数え切れないほどの多数のプロモーターが、数件の企てに着手しただけで自分の正体や身元を曖昧にしたまま、金融世界の辺境に消えていった。有名になったプロモーターたちの間においてさえ、彼らが顧客企業と投資家のためになした仕事の質という点では幅広い多様性があった[注]（Cheffins 2008.198）。

（注） 一次大戦以前は、ロンドンの金融地域（シテー）の最上位のマーチャントバンクは、ほとんどの場合に、株式の国内発行の支援を避けた。これらのエリート銀行の多くにおいて、重要な社員は外国人だったので、イギリスをベースとする産業企業からの申し込みは、「本拠地で試合する」なんらの優位性もなかった。ふつうの規模の産業企業の公募は、自国または他国の政府や外国の鉄道のために取り決める取引と異なり、マーチャントバンクが請求する高額の手数料を正当なものとするほどに十分大きな金額になることはまれであった。またロンドン部外をベースとする中小企業の場合には、株のマーケッテングや手配を助ける株式仲買業者（ブローカー）や事務弁護士に依存して、株式を公衆に流通させる慣行があった。さらに公募の規模という点でマーチャントバンクと地方の株式仲買業者などとの中間に位置するが、1880年代以降「新しい種類のビジネスマン」として、会社プロモーターが存在していた（Cheffins 2008.198）。

この時代には、株式公募に応じることは、小口投資家の潜在的ニーズによく適合しており、彼らにとって潜在的に安価で便利な投資方法であった。会社のプロモーターは、ためらいがちな投資家を勧誘するためのさまざまな技法を持っていた。プロモーターは、客を接待する際に自分の豪華さや大邸宅やワイン貯蔵庫の壮大さを見せびらかせたが、かくも豪勢な生活をするために資本の蓄積ができたとすれば、他の投資家も同様に金儲けをすべきではないか、というわけ。またプロモーターは成功事例を公開することによって投資家の注目を集める術を知っていたが、一方で世間体の尊重もまた彼らの影響力の強化に役立った。たとえば1896年、自転車、タイヤ、自動車会社による相次ぐ公募の最中に、19の会社がそれぞれ取締役に王国の貴族ひとりを任命したが、そのうち実質的なビジネス経験者は一人しかいなかった。投資家は、会社の設立目論見書に、貴族、準男爵、ナイトまたは議員、大佐、中佐などの肩書きを認めるやいなや、中味をろくに検討もせずにすぐ応募の申請書を送った。

会社プロモーターは、最前線で株式を予約購入するように友人やビジネス仲間に働きかけ、あるいは株式引き受け業務協定（株式発行の当事者たちが売れ残り株を全部引き受けるための料金を保証する）を導入して、発行株式に対する投資需要の底上げが既に存在していることをアピールした。彼らはまた、楽観的な将来利益を見せびらかして投資家を誘惑した。会社プロモーターのマーケッテングの仕方は全体として未熟であり、「プロモーターは、欠陥のある資本市場システムの内でも、特別に有害な目玉である」などと言われた。しかしながら、以下の三点において全体的に、株式市場の必要条件は次第に十分に整備されていった（Cheffins 2008,208–9）。

株式発行市場の成熟

第一に、19世紀末と20世紀初頭においては、新規発行の株式に対する投資家の需要には引き潮と満ち潮があり、会社のプロモーターは、市場センチメント（心情）の変化の範囲内で活動しなければならなかった。会社プロモーターのマーケッテイング手法は、もしすでに株式の価格が有利に動いておらず、投資家にアピールする「一時的流行」の目星を持たなくなる場合には、牽引力を持つことはできなかった。産業証券は、それに対する本物の需要がない限り決して売れなかった（Cheffins 2008,209）。ブームが過ぎて投資家の楽観主義の急上昇が根も葉もないことが分かった後、株式に対する需要が効果をなくしつつある時に、投資家たちは、「一度かまれたら、用心深くなる」というメンタリテイに順応していた。この投資家のメンタリテイによって、以後の継続的な産業拡張のために必要な資金の調達がきびしく損なわれた。

ビクトリア期の資本市場における投資家メンタリテーの非生産的、アンチ産業主義的バイアスこそが、イギリス経済が19世紀末から20世紀初頭において「停滞し」始めた重要な理由の一つであるとされる。しかし一次大戦前は現実的には一般的に、投資家のセンチメントにおける短期的な株価急騰に続く不快な経験によって、株式の「買いサイド」が非常に妨害されるというようなことはなかった。(注) この時代の投資家は、国内産業投資以外に、いくつかの投資選択肢を持っていたので、「買いサイド」の低迷は、実際には必ずしも純粋に周期的な市場「狂乱」の産物であるとは言えない。国内会社の株式は、それがパーフォーマンスにおいて外国証券、国債、鉄道証券に比較してより優れているときにのみ、その産業株の市場ブームに影響を及ぼす現実的根拠をもっていたからである（Cheffins 2008.216）。

(注) １８８０～１９１４年においては、株式の需要に影響を及ぼす投資家の楽観主義の最初の急上昇は、１８８２年に起こり、電機産業に影響を及ぼした。次は、ギネスによる１８８９年の新株発行の成功後の相次ぐ公募であり、１８９０年までに、86の醸造会社が資金調達のために公開された。それから事態は低迷し、１８９３年には、会社発起と株式引受のビジネスは、事実上死んだも同然であった。しかしながら、１８９０年代央には、国内の会社による公募が醸造業の新しい波に導かれて最高潮に達した。それから、自転車、タイヤ、自動車会社による数え切れない程の公募によって特徴づけられる「自転車ブーム」があった。１８９９年には、自転車ブーム崩壊の「通夜」のさなか、投資を目指す公衆の間のほとんどの部分に、株式購入に対する明白な嫌気が存在していた。株式市場の一時的休止はしばらく続いたが、優良証券でさえも公衆が予約購入をしようとしなかった理由は、一部は会社の新株発行に関連する苦々しい経験にあった。しかし１９０９年末には、様々な部類の産業株式のなかに新たな活気が見られ、証券取引所投機が復活した。イギリスの会社によって構成され、ゴム製造に従事することを提案するゴム産業が、特に劇的に影響を受けた。「ゴムブーム」は１９０９年に始まり、１９１０年にピークに達した。１９１０年の後半までに、マラッカ・カンパニーによって公表された期待はずれの金融ニュースによって、株式市場に対する懸念が生まれた。この会社は、より大きなそしてより良く評価されるゴム会社の一つであったが、公衆が熱狂に囚われ、会社のプロモーターが慌ててその激情に迎合するような場合には、無分別な投資を強調する危険を思い出させる不快な会社であった。１９１１年までに、会社に対する目がくらむような期待は粉々に打ち砕かれた（Cheffins 2008.215）。

第二に、注意深い投資家は、彼らが当てにする公募に関して販売中の株式をじっくり吟味したいと望む場合には、たくさんの「健康被害警告」を受け取ることができた。ある１８９９年の論文はあざやかな戒めのメッセージを伝えた。「極めて妥当な想定であるが、情け容赦ないプロモーターたちが彼らの特別な獲物とみなす純朴な田舎の投資家さえもやがて、極端な残忍さという点で野生の猫（財政的に不安定な企業の意味がある）と謹厳な正直者の提案とを区別することを学ぶであろう」。被害を受けやすい投資家は、『ストック・イクスチェンジ・インテリジェンシー誌』に助言を求めることによって、穀物（現にあった事実）からも み殻のクズ（見掛け倒しの有望さ）をふるい分けることができた。この雑誌は、主要な会社の取締役をリストアップし、また会社の株式資本準備に関して詳細な情報を提供した（Cheffins 2008.209）。

必要な辛抱強さを欠いている投資家のためには、いかにより少ない努力で同じ得点をうることができるかに関して、たくさんのアドバイスが存在していた。1901年のあるテキストは、新株発行目論見書が「ゴテゴテ飾り立てられ」ている場合には、たいてい「紙くず箱に捨ててしまうのがよい」と述べた。「新株発行目論見書をいかに精査するか」と題する1897年の論文は、「投資家は、すべての意味において誘惑を疑い、隠された多くの落とし穴を避けることができるならば、純粋なプラトニックな視点から新株発行目論見書のなかに興味ある研究さえ見出すことができる」と述べた。1897年の『エコノミスト誌』は自分自身の判断力を働かせることを好む人に対して、もっとも誠実かつ正義の人こそ簡単に欺かされるので、目論見書にある取締役の名前は確かな助言とはならない、と諭した。1900年以後は、肩書きのある個人が取締役会に在籍することはあまり普通ではなくなり、プロモーターたちは、公募の際の「装飾品」取締役について、このやり方は投資家にとって退屈なものになった、と認めた。

以上のような投資家に対する訴えによるかよらないかはともかく、投資家は特定の産業部門の株式に対する熱狂の波の最中でさえ、しっかりと株式公募をあれこれえり好みした。自転車、タイヤ、自動車の株式の1890年代央のブームにもかかわらず、19世紀末から20世紀初頭にかけて実行された会社を含む306件の公募のうち、97件だけが完全に予約購入されたにすぎない。投資家は中小企業を好まない傾向はあったが、しかし大規模公募の場合にも、時代の達人プロモーターが関っているにもかかわらず、失敗する可能性があった（Cheffins 2008.21）。

第三に、1880～1914年を通じて、鉄道は例外であるが、多くの株式公募がプロモーターの関与なく大きく地域ベースで実行された。1883年ごろ、イギリスの会社の約80％が、自社の株式が取引されるその主要株式市場と同じ都市に本社を持っていた。以後、電信電話の使用によって地域間株取引の障壁が掘り崩され、ロンドン証券取引所が工業・商業株を取引する上でますます重要な市場になった。それでも一次大戦前では依然として、ときおり特別な事情のもとで集団化した多数の地域的な「貯金のどんぶり」が存在していた。イギリスには、資本市場は一つでなく二つ存在している、と言われた。イギリスで法人格を取得する会社のうち、国内で活動する会社の株の所有権を支配するものはロンドン部外のイギリス人投資家であり、一方海外で活動する会社の株主の大多数は、ロンドンの投資家であった（Cheffins 2008.210–1）。

株式の公募が、強いローカル指向を持つ場合には、新株発行に潜在的にともなう情報の非対称性の問題はそれほど深刻なものとはならなかった。地方の市場では、ベンダー（株式発行人）のビジネス上の評判とその事業の見通しの両方に関する投資家の側の地場的知識によって、十分の数量の株式取引が行われた。結果として誠意の感じられない株式の販売促進は除去され、また証券が適正にその投資金額に近い価格で売却されるように保証された。会社プロモーターに対する評判は強制力としてほとんどの場合に無力であったが、その一方で、地方で創業資本を調達する会社を投資家に推薦するものたちは、用心深く振る舞う強い動機を持っていた。新株発行のマーケッティングが、たいていヨークシャイヤーやランカシャイアーなど州内の製造業タウンに居住するブローカー、銀行家や法律家によってなされた。彼らの全てが、自身の評価を高める目的をもって、顧客投資家のためにますます生真面目でバランスのとれたアドバイスを提供した。ロンドン証券取引所における会社株式の取引が成長したにもかかわらず、地方の資本市場は、情報の非対称性を矯正しつつ、多数の会社の固定資本形成の必要性を満たす上で十分に盛況だった（Cheffins 2008.211–2）。

二次株式市場と配当政策

株式公募は不定期的に発生する事態であるが、ほとんどの株式売買は、「二次取引」において日常的に行われる。二次取引に関与する投資家は、何を買い何を売るかのアドバイスを全く不十分な法的強制下にある法人デスクロージャーに求めることはできないが、会社を評価するために会社の配当政策を頼りにすることはできるし、実際にそうした。会社を評価する場合に理想的には、直接的に配当金支払いの領域を超えるべきであるということは一般的に気づかれていた。『エコノミスト誌』は１９１０年に次のように述べた。「株価は、支払われる配当金によるよりも、儲ける利益の程度によって決定的に影響を受けるはずである。というのは、利益が得られないのに配当金は支払われるという場合には、株主は、単に資本の払い戻しを受けることになるに過ぎないからである。同様に投資家は、会社が過去に安定した配当金を支払ったというだけの理由で、そのようなハッピーの状態が永久に続くなどと思い込むべきではない。配当金は、財務実績、競争者からの潜在的な市場圧力、そして当該ビジネス部門に影響を及ぼす一般的な趨勢を配慮して決められるからである」(Cheffins 2008.212)。

しかし19世紀末20世紀初頭を通じて、信頼できるデータが少なかったので、配当政策は、投資家が頼りにする主な情報とならざるをえなかったし、実際に配当金は、投資家に信頼できる情報を伝える手段となっていた。ただし、配当金に関して会社が行う決定は、その政策変更が会社を他社よりも抜きんでた存在にさせる場合にのみ、情報伝達の効果をもった。イギリスでは大多数の会社が、年に一度配当金を支払い、そして大金の支払いを安定的に維持することを目的にしていた。結果として、前年までに配当金を切り詰めるか、まったく見送った会社は、配当金メッセージの強化という標準的政策から逸脱するものとして、投資家にとってとても目につきやすい存在となった。

一方で配当金は、誤ったシグナルを送ることに対してペナルテーが存在するとする場合にのみ、情報伝達の機能を実現し得た。この時代を通じて、会社法が会社の無分別な配当金の支払いに対する潜在的な抑制として機能していた。会社法(アソシエイション条項)では、配当金は利益のみから支払われるべきものとされていたからである。しかしながら、せめて短期間ならばこの制約を回避する方法はあった。利益の総額は、利益に対して費用(たとえば減価償却費)を削減することによって上方修正されうるし、またたとえ前年度に認められた損失が帳簿に残っているとしても、会社は本年度に生まれる利益を、配当金として分配することが許されたからである。また会社は、配当金の支払いを継続するために、もし短期であれば現金を銀行から借り入れることができるし、実際にそうした(Cheffins 2008.212)。

しかし、たとえ以上のように利益のみを配当しうるとする会社法の規定を一時的に回避できる場合があるとしても、もし基本的に分配される現金がある時点で利益によって支えられないとすれば、取締役はシラを切り通してその場をやり過ごすことなど絶対にできない。株主への現金分配を貫き通す営業損失企業は、遅かれ早かれ大損害に遭遇して破綻し、再建に向かわざるをえなくなる。資本から現金が不適切に分配されたと申し立てるいくつかの「配当金訴訟」が発生し、その審議をめぐって、しばしば報道機関が批判的な論評を行った。不適切な気前の良すぎる配当政策から連想される危険を前提にしてみれば、投資家は、適切な配当金支払いを維持または増加させる決定を下す会社をみて、その配当政策を設定する取締役会は、会社の見通しに関して、当面は現在の現金分配レベルを支える上で十分良好であると信じている、と分別よく判断できた（Cheffins 2008. 213）。

会社の取締役会は、自社株のための市場が干上がってしまわないように保証し、また合併や内部的拡張に金融する上で、資本市場に復帰する選択肢を開いておくために、投資家の信頼を保持することを望んだ。定期的な配当金の支払いは、投資家をつなぎとめるための効果的な手段であった。配当金としての資本所得を全く無視でき、保有する株が成長してより高値で売却できるまで5年10年と待機する用意がある投資家の数は非常に限られていた。一方で、数百人を数える株主たちは、会社が好調で配当金が支払われるかぎり、ほとんど盲目的に満足していて、株主総会でも定足数を満たすことは困難なほどであった。逆に、配当金の中断が発生するやいなや、多数の株主が総会に出席した。こうして、公開会社は、定期的かつ持続的な配当金の支払いを続けるといった信用されるやり方を余儀なくされているかのように、自ら振舞った（Cheffins 2008.77.185）。

ほとんどの会社が配当金を支払うだけではなく、気前のよい配当政策を採用した。六つの主要な工業企業について、利益に対する配当金の割合（配当性向）は、１９０１年と１９０６年の間では、68～92％までの範囲で変動した。これではサンプルが小さいので、数字は示唆的であるにすぎないが、１８９０～１９０６年には、それぞれ多様な工業部門において活動する会社の平均配当利回り（一株あたり配当額と株価の比率）は、この期間に決して3％以上にはならない「金縁」国債のリターンを楽に超えていた。要するに、19世紀末と20世紀初頭を通じて、公開で株式を売買する会社は、コントロールの私的便益がブロック株保有者にその保有を「解く」インセンティブを提供する見返りに、相当に高額の配当金を分配する市場主導の重荷を背負うことになり、さもなければに、盗み取りの如き利益の分配に屈ってしまうものたちのために存在していた。

なお配当金と株価との間には事実上強い相関関係が存在していた。配当金の支払いが株価と強く結び付いていることによって、配当金は投資家にとって価値ある情報伝達の手段であることがさらに裏付けられる。要するに配当政策は、堅固な金融データが不足している環境のもとで、取締役会と投資家との間に存在する情報の非対称性を十分に克服するものとして、株式の二次的取引に参加しようとする投資家に対して、適切な出発点を提供していた（Cheffins 2008.113）。

四　株式ブロック保有者の成長

レッセフェール証券取引所規制

証券市場規制は、会社法が有する市場指向に対する重要な補完を成していた。ロンドン証券取引所とそして19世紀を通じて多数の大地域センターにおいて形成された証券取引所のそれぞれが、売買のために株式の上場を追求する会社に対して必須要件を課した。このことが、証券取引所は純粋に私的な団体であり、その上場ルールは法律上の根拠によるというよりも、むしろ契約法および代理権法によって裏付けられるという意味において、市場主導の「自己規制」を成立させた（Cheffins 2008.75）。

１８８０～１９１４年を通じて証券取引所の取り組みは、方向においてレッセフェールであった。ロンドン証券取引所は、売買される証券の正式上場に際して、有価証券として承認しうるかどうかに関して支配力を行使した。証券取引所の当局者は、いかがわしいプロモーターが付きまとうような問題企業に対しては、相場付け（上場）の承認を拒否した。それ以外には証券取引所は、市場で売買される証券の品質については関心を寄せることなく、取引所の会員に対して、彼らが選んだいかなる金融証券でも自由に取り扱うままに任せた。取引所当局は、投資家に対する彼らの唯一の責任は、証券を売買する上で効果的でよく整備された市場を提供すること、そしてその目的のために必要な限りで会員を規律に従わせることにある、と想定していた（Cheffins 2008.75）。

ロンドン証券取引所が関与する規制の基本形態は、相場付けを求める会社に対して、証券取引所委員会が承認する書式において会社が定款を持つことを強制することであった。１８７０年代初頭に証券取引所は、もし会社の定款が自己株式の買い戻しを不可能にするように規定しない場合には、相場付けを拒絶するものとする規定を整えた。１８９５年には証券取引所は、会社の定款が述べるべきことをその上場ルールにおいて明確に規定していない場合には、相場付けを求める会社に対して、その定款の中に取締役の借入能力に制限を課す条項を入れることを要求した。証券取引所はまた、１９０２年までに、会社の定款に対して次の三点を強く求めた。所定の最少限の株式数の所有を取締役に義務付けること、毎年一回、貸借対照表を株主および証券取引所に回覧すること、そして取締役が個人的な利害関係を有する会社とのいかなる契約に関しても開示を義務付け、またその取締役による意見等の表明はしないように義務付けること、である。１９０９年までに、証券取引所の上場ルールは、定款が含むべき条項に関して具体的に詳しく説明し、既に言及した必須要件に加えて、定款が株主および証券取引所に対する損益計算書の年次回覧を強制することを取り決めた。様々な関連においてこれらの必須要件は、会社法が課すものよりもより厳しかったが、一般的には投資家に提供された保護は内容が充実していたとは言えず、それゆえそれは、投資家が株式を購入する上で相当な誘引をなすということにはならなかった（Cheffins 2008. 196-7)。

ロンドン証券取引所で売買される会社に影響を与える証券上場ルールの必須要件は、１９１４年以前に限ぎっていえば厳格なものとはいえない。ロンドン証券取引所は伝統的に会社を厳格に規制することを避けてきたし、また何らかの「公的な検閲官」として活動することを拒絶した。しかしながら、証券取引所が、値付けされる証券のための成長市場の存在を保証するために課した「三分の二ルール」は、会社に多額の出資をする支配的なブロック株保有者（社内取締役）にとっては重要な意味をもっていた。ロンドン証券取引所は遅くても１８５０年代以降、資本金の三分の二が公衆によって予約購入されるべきであり、そしてもし株式証券がそのような割合で公衆に割り振りされない場合には、証券取引所におけるその証券類の相場付けを差し止めることになる、としていた。株式市場の操作を抑制し流動性を促進することを意図したこの三分の二ルールは、実際にはいろいろなやり方で回避されたが、それでも投票権を有する普通株について完全な相場付けを望む会社のブロック株所有者に対しては、彼らの総出資金を会社資本金の三分の一にまで減額することを義務付けることになった（Cheffins 2008.76)。

三分の二ルールの限界

ハンナ（Hannah 2007）は、19世紀末葉以降、既にイギリス企業において「所有権とコントロールの分離が生じた」という自説の統計的証拠の欠落を埋めるために、ロンドン証券取引所における上場の「三分の二」ルールを持ち出した。ハンナは、古文書研究にもとづいて、ルールは厳格に執行された、と主張する。「相場付けされるイギリス産業の大多数が20世紀初頭までに非常に分散化した株式保有を、33％以上を所有しないそしてそれ以下を所有する取締役とともに有している」。三分の二ルールは確かにある程度までは株式分散を促進した。しかしながらルールの影響力は、実際にはいろいろな形で限定されたものであった。

ルールの限界の第一は、ロンドン証券取引所で「完全な相場付け」の権利を獲得し、正式に三分の二の株の売却の協定を結んだ会社の所有者はその後、株式市場で売却される株を買い戻すことによって、自分の株式ブロックをより強化できるという点である。ハンナは、この慣行は広い範囲には及ばなかったことを、取引費用の発生と、公募をきっかけとする株式価格の一般的上昇傾向を引き合いに出して指摘する。しかしながら、たとえばカッスル・ライン輸送会社が、1881年にその普通株のまさしく三分の二を公衆に流通させた後に、ドナルド・カリーはその会社における自分の個人的株式保有を1882年の9％から1883年の18％、1886年の27％、1899年のピーク44％へと不断に増大させた。エドワード・ギネス卿も、彼の醸造所が最初の公募を1886年に実行した後、カリーと全く同じことをおこなった。ギネス卿は、ロンドン証券取引所で許可されている普通株の最大三分の一を割り振りされたが、公開市場で会社の株を買い上げ、1888年までに25万の発行済み株のうち13万2千5百株を保有していた（Cheffins 2008.226）。

また、株式の相場付けを追求する会社の所有権者は、ロンドン証券取引所の上場ルールに従うとしても、優先株や無担保社債のみを発行することによって、総会での投票で完全なコントロール権を保持することができた。ハンナはこのことを認めるが、醸造所以外は、相場づけを追求するほとんどすべての会社が、普通株の三分の二またはそれ以上を公衆に対して発行することを選んだと主張する。しかし実際には、公募の際のベンダー（株式発行人）が完全に三分の一の、あるいはそれに非常に近い出資金を保有することが標準であったし、彼らがしばしば普通株の全てを保有することさえあったようである。また1914年に至るまでは、イギリスの会社による公募の過半数は、いかなる普通株の売却も伴なっていなかったと言われる。19世紀末と20世紀初頭では、醸造、鉄鋼部門の公募の際には、典型的にはベンダーが普通株の全てを保有したこと、あるひとつの鉄鋼会社においてのみ、所有者は少なくとも三分の一の株を保有することに失敗したことが報告されている（Cheffins 2008.227）。

同様に1888～1902年に株式公募によって裏付けされる産業会社間の主要な水平的・垂直的合併のほぼ半分において、ベンダーは、議決権株式の全てを保有していた。少数の事例においてベンダーは、三分の二ルール規定を上回る株式を保有したが、さもなければベンダーに許される三分の一の株式、ないしはそれに非常に近い割合の株式を保有することが標準的な慣行であった。株式公募によって裏付けされる主要な水平的・垂直的合併のうち、ベンダーにより保有される出資金が必ずしも明確ではない少数の企業においても、明らかにベンダーのブロック株保有が標準であった。輸送会社エラーマン・ライン有限責任（1901年公募・合併）では、ベンダーのジョーン・エラーマンが過半数株主であり、ユニオン・カッスル有限責任（1900年公募・合併）では、ベンダーのドナルド・カリーが約25％相当の株式を保有した。同様に、J＆Pコート（1896年合併）、アームストロング・ウィットワース（1897年合併・公募）、そしてビッカー・サン＆マキシム（1897年合併・公募）についても、会社はそれぞれブロック株保有者によって特徴づけられた（Cheffins 2008.228）。

19世紀末と20世紀初頭に行われた大規模な水平的合併の顕著な特徴は、たいていの場合に、合併を構成する会社間の競争を弱めるというはっきりした目標をもって、同一産業において互いに競争する多数の企業が単一法人の傘のもとに編入されるという点にあった。この種の合併においては支配的な株式ブロック保有は、ベンダーとして活動する単一の創立者または家族が存在する場合よりも、とうぜんに合併構成会社の複数の元の所有者の間により広く分散保有されることになる。しかしたいていの場合に、その複数の元のブロック株保有者が事実上、合併会社の取締役としてそのまま居残った。合併で成立する新結合体において、ベンダー取締役間の大激戦を通じてトップに出世するものたちは、たまたま起こる全てのことに関して、あたかもそれまでは彼ら自身の個別企業で行われたものがユニットの増加とともにより大きく成長したものであるかのように、合併会社のコントロール業務を遂行し続けることができた。同輩中になんらリーダーがいない場合にさえ、元の所有権者たちはたいてい、彼らの権威に対する何らかの類の挑戦を食い止めるために、それなりの株式ブロックを保有する一人の社外取締役として、委任投票権も含め十分な議決権を有していた（Cheffins 2008.228）。

「三分の二」ルールの第二の限界は、会社がロンドン証券取引所で「完全な相場付け」を実現する努力をする場合にのみ適用されることである（Cheffins 2008.229）。会社は、「完全な相場付け」を追求しなくとも、「特別な合意」によって証券取引所で株式を発行し公募できるという点で、ルールには重要な限界があった（Cheffins 2008.196–7）。多数の会社が、完全な相場付けの方法によるよりもむしろ特別な合意の方法で取引される株式に関して、ロンドン証券取引所と協約を結んだ。特別な合意を成立させるために、会社は設立趣意書または同等の文書、会社の株式資本の明細、公衆やそのほかに割り振りされる株式の数量に関する詳細を証券取引所に提出しなければならなかった（Cheffins 2008:229）。

証券取引所は、市場が独占されないように保証するために、公衆に売り出される株式の数量に関して調査していたが、着手された特別の合意が拒絶される事例は、ほとんどなかった。従って特別な合意は、ビジネス所有権者が支配力を放棄することなく、普通株の完全な相場付けを必要とする範囲で投資を実現する手法を提供することになった（Cheffins 2008:229）。通常、一流の会社は、株式取引を促進し潜在的に株価を上昇させながら、完全な相場付けを達成しようと努力した。だが１９１０年の法廷証言において「新会社の株式取引の99％は、特別な合意によっていた」と証券取引所の会員が主張するように、「特別な合意」は、株式を売り出す上で評判の良い選択肢とみなされていた（Cheffins 2008:196–7）。

第三の限界。特別な合意を獲得する会社は、ロンドン証券取引所で完全な相場付けを求めることなく、公衆に株を流通させる会社の大集団の中の一つの小集団にすぎなかった。その他多数の様々な会社が地方の証券取引所で売りに出されたが、そこでは相場付けは、たまには、株式が公衆の手の中に不十分にしか届かない場合には拒絶されることがあったが、三分の二ルールを順守することなく容認された。商業界には、普通株が公衆に対する売却のために提供される場合には、その株式のかなり大きな部分が、売却のために入手可能になるようにすべきである、という一般的な期待が存在していた。地方の証券取引所で取引される会社は明らかにしばしば、三分の二ルールが規定するよりもより小さな「浮動性」を持っていた。最も重要な地方の証券市場の一つであるマンチェスター証券取引所は、１９１０年に提示されたある提案書（すべての地方の取引所は、地方の多くの会社が三分の二ルールの必須要件を満たすことができないことに基づいて、ロンドンの上場ルールをかれら自身の目的に即して適用するべきであるという提案書）に異議を唱えた（Cheffins 2008:229）。

第四の限界。会社が株式市場にいかなる類の取引プラットフォームも確保せずに、個人的な関心または取引利害を通じて結びつくグループによって、株式が非公開のもとに発行される多数の事例が存在していた。１９１４年以前は資本市場は地域指向であり続け、株の販売が地方ベースで友人、ビジネス団体、顧客ブロカーもしくは弁護士に向けて、頻繁に行われた。会社はほとんどの場合に、中小規模の企業であったが、しかし少なくとも若干は、良好な投資見通しを提供する有望な企業の場合もあった。ロンドン証券取引所に関する1911年のある研究によれば、それなりに大きな利益の可能性を提供する何らかのビジネスの創設または拡張のために、資本を地方ないし非公開で調達する上で、まったく何の困難性もなかった。また「グラスゴー、ヨークシャイア、ランカシャー、ミッドランド出自の本当に良い株式は、公衆に間で売り出されるためにロンドンに来ることはめったになかった。会社のインサイダーは当然にも彼ら自身と友人たちとの間で、発行される株式を保有し続けた（Cheffins 2008.230）。

資本所有とコントロールの一体性

以上、三分の二ルールの限界を逸脱して成立するものとして、様々なブロック株所有者の存在が明らかにされた。イ．完全に三分の一の出資金株式を保有し、続いて市場からの自社株の購入を通じてさらに株式保有を増大させる会社所有者、優先株など投票権を持たない株式だけを市場で発行し、普通株のほとんど全てを保有する会社所有者、企業間の大合併にも関わらずイクジットすることなくブロック株保有を続ける会社所有者。ロ．ロンドンで「特別な合意」の方法で上場し、三分の二ルールの圏外で株式を公衆に流通させる会社所有者。そしてハ．特に地方で、三分の二ルールを適用しない証券取引所で株式を発行する会社所有者。ニ．もしくは地方で、証券取引所の外で縁故者との間で非公開に発行株式を流通させる会社所有者。これらの事実は、イギリスの株式会社大企業の規範として、三分の二ルールによって、一次大戦以前に株式資本所有の分散化が相当に進み、所有とコントロールが分離した、というハンナの主張には大きな限界があることを意味する（Cheffins 2008.226）。

一方で、株式会社企業におけるブロック株所有者の存在は、チャンドラー（1977）のいうように、19世紀的な「個人的家族的資本主義」の直接的な継承を意味するものではないこともはっきりしている。株式会社への組織転換が行われるということは、その動機が何であれ、かつての個人的資本所有者が改めて株式をブロック保有する社外取締役として「会社の代理人」たる地位を引き受けることを意味するからである。

会社の株式が会社の所有者のために生み出す総リターンは、ビジネスが時間の経過とともに生みだす純キャッシュフローの関数である。ほとんどの場合に、会社の株式の、あるいは少なくと「通常」もしくは「普通」株のすべてが、その株式に帰属する等しい権利と制約を有している。それゆえ、ブロック株所有者および個々の投資家が受け取るリターンは、不労所得者として、会社の株主全体が所有する株式数の百分率に比例している。しかし社外取締役は、資本所有者（株主総会）の代理人であり、戦略経営者として、株主の払い込み資本金を使って固定資本形成をすすめ、マネージャー（社内取締役）に対して一定の労働生産力つまり競争力を可能にする固定資本用益を提供（工場などの賃貸し）する義務がある。一方で社外取締役は、その固定資本用益の利用の結果生まれる利益を配当金（地代）として受け取る権利において、株主総会に代理する。社内取締役は労働者とともに労働用益を提供し、固定資本用益、中間財を使って商品を生産し売却して得られる（収入から労賃と中間財費を控除した残りの）利益を固定資本用益の利用代金として社外取締役への地代（配当金）の支払いに向ける。このような社内取締役に対する社外取締役の契約関係（固定資本用益および労働用益商品の売買契約関係）の遂行が、段階論における「資本所有のコントロールの一体性」の定義付けとなる。

第5章　ドイツの株式会社―1880～1914―

一　代理人としての制度

株主の代理人としての監査役会

ドイツに発展した株式会社は、株主の代理人として戦略経営者が構成する監査役会と機能経営者が構成する取締役会との二層役員会制度を確立した。イギリスに発展した単層役員会制度では、その取締役の権限が、社外取締役（株主の代理人・戦略経営者）と社内取締役（機能経営者）において、それぞれ実質的に区別された。それゆえドイツとイギリスの役員会制度は代理人制度としては本質的に同じであった。ただしその形態的相違によって、戦略経営者が株主に代理して行う代理法人金融および代理法人コントロールにおいては、両国において無視すべきではない形態的相違が生まれた。イギリスでは、単層役員会制度が金融仲介業とロンドンおよび地方の証券取引所との関係において予定調和的であり、ドイツでは、二層役員会制度がベルリンの証券取引所およびユニバーサル大銀行との関係において予定調和的であったといえる。

ドイツでは、株式会社の公式的なガバナンスは、取締役会（執行役員会）に対して監査役会がコントロールするという形をとる。前者は、トップの企業マネージャーから構成され、後者は、株主の代理人から構成される。大株主または株主の代理人（少数株主からの投票委任状を有するもの）が、年次に開かれる株主総会において、監査役会メンバーを選出する。監査役会は、取締役会を任命する責務を負う。これらの法規は1870年と1884年の会社法によって発展した。特に1884年会社法は、監査役会と執行役会（取締役会）とを完全に分割し、監査役会の役割、特にそのメンバーの受託者（株主の代理人としての）責任をより厳しくし、取締役会に対するコントロール機能を詳細に規定した（Fohlin 2007.125）。

１８７０年以前では、法人設立に関しては、法人の設立勅許状が特許制度を通じて個別的に承認され、そのガバナンスに関する規制も、厳格なものではなかった。１８７０年に初めて現れた会社法は、設立勅許状に対する一般的な制限緩和を伴っていた。この新法を公布する際に、政府は、法人格付与の管理に関して大きな対策の必要を認めたが、同様に、法人の会計、報告書、ガバナンスにおけるより大きな画一性と一貫性を要求した。その会社法は、一部は、株主と社会全体の利害を保護する手段として二層役員会構成を取り決めた（Fohlin 2007.125-6）。１８８４年会社法は、全ての株式について投票権を認め、同時に一株一票ルール原則を承認したが、法人設立者が投票権をいろいろな形で制限する選択の余地を残していた。このことはもし法人が望めば、一株当たりではなく、株主一人当たりに一票を許すことを意味した。実際の慣行はそのようには進まなかったが、会社法のこの条項は、株式資本金額が増大するに従って一定の比率で投票権を減少させることが可能であると解釈された。それは、法人の運命がやすやすと大株主の手に落ちないようにする安全装置であるされた（Hopt. Kanda. Roe. Wymeersch, Prigge 1998）。

１８８４年会社法ならびに１８８１年と１８８４年の証券取引所法令によって、株式や社債の発行引受けと証券取引所上場の必須要件がより厳しくなった。１８７０年代の不正、スキャンダル、株式証券価値の深刻な損失に対して、１８８４年法は、株主利害の法的保護を生み出すという特別の意図を持って提案され、とりわけ監査役会と執行役会（取締役会）の完全分離を義務付けた。個人が二つの役員会に同時に在籍することが禁じられ、以前に会社の取締役であったものは、その役員を公式に解任される限りで、その会社の監査役会に入ることができるようになった。ただし法律は、取締役会と監査役会との連携を禁じなかったし、当然に二つの機関は多くの場合に協力して仕事をした。１８８４年法はまた、監査役会の役割、特にそのメンバーの受託者（代理人としての被信託者）責任をより厳しくした。１８８４年会社法以前には、ほとんどの監査役会メンバーは、会社運営を監査する上で、ほとんど責任を果たさなかった。その地位は、１８７０年法にそのコントロール機能が概略されていたにもかかわらず、しばしば名誉職とみなされていた。１８７０年法が監査役会に対して、会社の情報を得る権利を与える一方で、１８８４年法は、取締役会の監視などを義務づけた。立法者はこれらの変更を、株主（特に彼らの代理人が十分に奉仕してくれることを確保しえない株主たち）に対してより大きな保護を保証するために行った（注）（Fohlin 2007.126.231）。

（注）一次大戦前の20年間にわたり、非金融企業の取締役会はどちらかといえば小規模のままであり、多角化が進んだ重工業や砂糖製造業などの特定の部門では12人以上に及ぶこともあったが、平均では二人に留まっていた。それはともかく総資産（＝負債＋資本）でみて企業規模が大きければ大きいほど、その大企業はますます高度に多角化し、階層制のすべてのレヴェルでより多くの部局を持つことになり、それゆえ、より多くのトップレベル経営者が取締役会に在籍することになる。監査役会の規模は、取締役会の場合と同様に一般的にはそれほど大きなものではなく、１８９５～１９１２年をつうじて平均メンバー５人で変わることがなかった。ただし少数ではあるが、メンバーが20人にも及ぶ最大規模の監査役会を持つ企業が様々な産業部門に現れた。またそれらの企業は必ずしも最大規模の取締役会を持つ企業というわけではなかった。また企業の規模が、直接的に監査役会の規模を決定するわけではなかったが、一般的に、株式所有権の分散化がより大きな規模の監査役会をもたらす根本的誘引をなしていた（Fohlin 2007. 127-133）。

株主総会における委任状投票

一次大戦前、銀行による委任状（代理権）投票の制度には二つの原則的形態があった。第一に、株主は身元を明からかにしなければならないが、株主の名前による投票を許可することによって、銀行に投票代理権を与えることができた。第二に、慣行上より重要であったが、株主の投票権が投票権限付与によって銀行に移譲された。この第二の形態の委任状投票は、委任状保有者としての銀行によって非常によく利用されたので、後には銀行投票権あるいは預託投票権（Depotstimmrecht）とよばれた。多くの銀行が証券口座開設の際に、顧客に投票権限付与を自動的に譲るように義務付けたので、銀行は自らは所有しない株式保有比率をコントロールする権利のために大幅なアクセスが許された。銀行は、株主から移譲される投票権によって、多かれ少なかれ、欲することはなんであれなしうるようになった（Fohlin 2007.121-2）。

銀行による新株発行に対する関与、安全な預金サービスの提供、そして株式を担保とする貸付を前提にすると、ユニバーサル銀行、特にその最大のものは、投資家の委任状投票を取り込む上で道理にかなった組織であったといえる。まさしく多くの投資家は銀行の委任状投票を、特に個々人の出資金（株式や社債）が投資家全体のポートフォリオに比べて取るに足らない場合には、有益なサービスと見なしていた。株主総会で議決権を確保する場合には、銀行は、監査役会メンバーの選出や長期戦略の決定など、企業組織の先立つ課題に決着をつけるための投票に関して、直接影響力を及ぼすことができた。こうして銀行は、自らは何ら株式を所有しない場合にでさえ、企業の経営と戦略に影響力を及ぼすことができた（Fohlin 2007.122.161-2）。

会社は伝統的に無記名株式を発行したので、株主はたいていは匿名のままであった。なんの指図もなく委任状の管理を銀行に移譲する最大の可能性を持つ者は、匿名のままに留まる少数株主たちであった。一方で、大株主は通常は、法律上身元を公開しなければならなかったが、それと同時に当然にも自分の議決権を留保しようとした。銀行は、比較的に大きく分散した所有権構造を有する最大規模の上場企業の株主総会においては、銀行自身では、直接的に株式証券をほとんど所有しなかったにもかかわらず、結果的には、圧倒的な議決権株式を保有することになった。

少数株主は、大株主のように、必ず持ち株分の投票をしなければならないとは感じないので、持ち株をユニバーサル銀行に預け（銀行はブローカーも兼ねており、株式を窓口で一般の投資家に小売したが）、銀行に投票権を委譲した。[注1] この理由で資本が、少数の大株主によってブロック保有される閉鎖的な企業では、広範囲に分散的に保有される企業の場合に比べて、委任状投票はあまり行われなかった。逆に、株式の過半数が分散的に保有されている場合には、銀行は、株主総会での投票に相当な影響力を行使する上で、少数株主から非常に僅かな委任状投票権を集めるだけでよかった。株主総会では出席率が極端に低く、当事者は、非常に少ない持ち株によって、株主総会で相対多数を、そして過半数さえも獲得できたからである。[注2] 事実、代理投票ルールを前提にすれば、株主総会での議決権株式が直接的な持ち株である必要は全くなかった。このような委任状投票による高度の議決権によって武装した銀行は、法人企業において監査役会を構成する上で重大な発言力をもつことができた（Fohlin 2007.122.124.162）。

（注1） 定例の株主総会以外に特別な会議が、重要課題を票決するために召集される場合にでさえ、大多数の株主は家にいて、決定を大株主や委任状保有者に任せたのである。株主総会への出席率が低い理由は、「合理的無関心」に集約される。つまり株主総会の場所が遠距離すぎて旅行の費用が嵩むこと。出席するための時間が十分にないこと、ニュースとして取り上げられることが、少数株主のために十分な情報を提供するという感触があったこと、そしてもちろん、中小株主としては影響力が非常に限られているという憶測が存在したことである。加えて婦人株主は、議題に上手に対処できるとは考えられていなかったので、株主総会に出席する気持ちはもともとなかった（Fohlin 2007.124-5）。

（注2） 非金融企業における銀行の委任状投票についてではないが、1900年代初頭の最大三銀行A ドイチェ・バンク、B ドレスナーバンク、C ダルムシュタット・バン

クの株式代表について、触れておきたい。通常の年次株主総会で公式代表として投票した株主資本の割合（１９０３・５年の平均）は、A銀行で、20・15％、B銀行で12・10％、C銀行で５・13％であった。限られた数の株主および株主代理人（１９０３・５年平均でB銀行43人、C銀行49人）がこれらの小さな割合を代表したが、総会に出席した彼らには、大きな権限が与えられた。最も極端なケースであるが、C銀行の１９０５年総会では、71人の参加者が会社株式資本の４・５％を代表した。各参加者は平均で、１７万８千マルクの株式価値（額面価額）つまり資本の１・４％で票決した。それゆえ、総会参加者は彼らの平均持ち株の平均22倍をもって投票したわけである（1.4×71÷4.5≒22）（Fohlin 2007.122–4）。

銀行取締役の非金融企業監査役会在籍

工業経済が１８９０年代半ばに成長の新局面に入る時までに、兼任重役は、よくみかける制度上の取り決めになっていた。しかしその現象は、工業化過程の後半さえ、いわれるほどには広く行き渡っていたわけではない。ベルリン証券取引所に上場される株式会社の三分の二だけが、銀行と何らかの兼任重役の関係を持っていた。つまり三分の一は、なんら（間接的にでさえ）そのような関係を持たなかった。非金融企業の半分ほどが監査役会に在籍する銀行の取締役あるいは個人銀行家を有したが、その40％（サンプル全体の19％）は、後者によるものであった。[注] 法人企業の12％だけが、ベルリン大銀行（トップ９銀行）の取締役を監査役として受け入れたが、その割合は、トップ４大銀行（いわゆるD銀行、つまりドイチェ、ドレストナー、ダームシュタット、デスコント）に限ればもっと低下する（Fohlin 2007.134–6）。

(注) 企業間の兼任役員制ではいろいろの組み合わせが考えられるが、銀行の取締役（執行役）は、非金融企業の監査役（できたらその議長ないし副議長）を兼ねる場合に、その企業にガバナンス上の影響力を行使する上で最大のポテンシャルを持つことになる。言うまでもなく、監査役会は、株主総会の代理機関として、取締役会をコントロールするはずのものだからである。

以上の数値は、大銀行が非金融企業の監査役会で指導的な地位につくことを考慮する場合には、さらに低下する。監査役会の議長・副議長は当該法人企業の政策課題に関して最大のコントロール権を保持するので、このような地位につく銀行家は、ガバナンス上、監査役会の普通のメンバーよりもより大きな権力を行使することができる。[注] ただし大銀行の取締役を自社の監査役会の議長ないし副議長として受け入れる非金融企業の割合は、22％未満であったし、議長だけの場合には、14％未満であった。言い換えれば、銀行家が企業の監査役になるケースのうち、トップ二つのポストを占める割合は半分以下であった。大銀行が監査役会の議長あるいは副議長を務める企業は、サンプルの5％未満だったし、議長だけの場合には、2・5％にも達しなかった。ほとんどの場合に、大銀行は中小銀行に比較して、在籍する監査役会でトップの地位を保持してはいなかった。トップの席を占める割合はそれぞれ大銀行で26％、地方銀行で48％、非公開銀行で37％であった。（Fohlin 2007. 136-7）。

ヒルファーデング（1910年）やガーシェンクロン（1952年）など（大きくは、これに「金融資本の支配」を唱える宇野・1954年を加えてもよい）のオーソドクシーによれば、大銀行は重工業の大部分を支配したとされる。(注) このような認識は、いくつかの最大企業の役員会に銀行家が登場したという事実だけに基づいている。しかし、そのような表面的な「コントロール」基準は、実際には銀行の関与が「コントロール」というよりも、むしろもっと穏健なもの、投資バンキングに伴う便宜的な性格のものであったことを示している。たとえば、トップ9銀行は、1910年、鉱山業部門の企業数の40％以下（総資産の約四分の一）において監査役の地位を保持していた。確かに銀行はこの工業部門において相当の利害関係を有していたとは言えるが、しかしこれらの事実は、いかなる類の銀行支配論をも裏付けるものではない。逆に、いくつかのドイツ最大企業に対する大銀行の確たる影響力に関して、まさしく疑義を提起するものとなっている。

(注)「金融資本は資本の統一を意味する。以前は分離されていた産業資本、商業資本、銀行資本の諸部面が、いまは、共通に大金融業の管理のもとにおかれ、この大金融業には、産業および銀行の主人たちが緊密な人的結合をなして合一されている。この結合そのものが、大きな独占的な諸結合による個別資本家の自由競争の廃止を基礎としている…」（ヒルファーディング1910）。

二　兼任役員会制度と投資バンキング

会社発起とベルリン大銀行

固定資本形成の資金調達のために新株が発行され、取引所に上場されるが、その場合に、一般的に二つの方式があった。投資家の直接的株式応募による（継続的会社創設という）か、あるいはプロモーター（発起人）ないし引受人による株式の買収とそれに続く株式の公衆への売却による（同時的会社創設という）か、である。前者のイギリスで支配的な株式会社設立方式は、19世紀中葉には投資家の負担のゆえに、しばしば製造業における株式会社形態の普及を妨げた。後者の方式は、1870年代の金融危機以後ドイツで普及した。ドイツ式の株式発行引受け業務は、イギリスのような継続的な株式応募が実行不可能のゆえに発展した。つまりドイツでは投資しようとする公衆は、個々の証券発行に対して一種の認可証明を要求したが、より根本的には、投資に関して一般公衆の手本となる人物や機関を必要としていた。同時発行は一部はナイーブなドイツ人投資家によって必要とされたものであったが、新株に関する法律上の規定も新証券の発行方式を決定する上で重要な役割を演じた。またそのことが一方でユニバーサルバンキングの形成と発展を助けた。ドイツの銀行にユニバーサルとしての特別な性格をもたらしたものは、一般的に会社設立における、イギリスの「継続的」方式とは異なる、「同時的」ドイツ方式であった、とされている（Fohlin 2007.229）。

1870年会社法は、株式会社規制を全国的に統一した。1870年法とその1884年改正法は、新規に発行される株券の全量が引き受けられるべきこと、そして少なくとも、その25％が新会社の設立前に払い込まれなければならないこと（額面価格よりも高く発行される株式については50％の払い込み）を義務付けた。さらに引受けが行われる期間を詳細に記述する新株発行目論見書が要求された。また初回の株主総会には、最低限割合の出席者数が必要であるとされた。それゆえ、新設立企業の場合でもあるいは組織替え企業の場合でも、株式購入にもとづく株式発行引受け業務は、規制と期限の諸条件を満たすことができず、株式発行を長期に遅らせたり、あるいは、株式発行を失敗させる可能性があった。かくして、その発行される全株式資本を買収する、情報に通じた仲介者が存在することは、新株を発行する会社にとっては、その株式発行が成功するための保険を意味した。ドイツの金融システムにおいては、道理にかなった同時的引受け業務サービスの提供者は、ユニバーサル銀行であり、そして大量の株式発行については、特にベルリンをベースとする大銀行であった（Fohlin 2009.230）。

1870年および1884年の会社法による新株引受け業務に関する規定を通じて、産業企業の証券市場への主要な「水道管」としてのユニバーサル大銀行の地位が強化された。株式発行の引受人側としては、特に業務や取引に先立つ払い込み義務や時に一時的にせよ株式を保有する必要性から、十分な予備資金が必要とされた。こうして銀行はそのライアビリティと株式を発行する顧客のネットワークの両方を拡大していった。これらの拡人のインセンティブは、新会社の設立、従来の非公開企業の株式会社への転換あるいは既存会社同士の合併と買収など、新株発行の量的増大とともに成長した。要するに新株発行の引受け業務に関する1870年会社法以来の株式全額払い込みの規定から、同時的設立の必要性、それゆえ大ユニバーサル銀行の必要性が生じたのである（Fohlin 2007.230）。

ドイツのユニバーサル銀行、特にそのような機関の最大のものが、1884～1913年の時代を通じて、投資バンキングとして、銀行と証券取引所の両方において、証券取引活動を拡大した。ユニバーサル・バンキングがベルリンの最大銀行のもとに著しく集中し、商業バンキングと投資バンキングがそれぞれ自立的かつ相互補完的に成長する傾向（本書第三章参考）は、1894年と1896年などの課税および規制変更の後にさらに強まった。特にベルリンの五大銀行は、全国的な支店ネットワークを通じて預金資産の集中を著しく押しすすめた。その豊富な資金によって、商業上の資金貸付（商業バンキング）を拡充すると共に、株式発行の引受けを拡大させ、また銀行間の取引とベルリン証券取引所取引とを接続させて、株式証券取引（投資バンキング）の活動能力を最大化していった。

新株引受コンソウシアム

大銀行の取締役を監査役会に持つ産業企業は、一定の工業部門に群がる傾向があった。たいていの場合に大銀行はまた、これらの工業部門における最大企業の監査役会に在籍したので、それらの法人企業のコントロール下にある資産の、当該工業部門総資産に占める割合は、一般的に、その産業部門に占めるそれらの企業数の割合を超えていた。この点では三つの部門が突出していた。金属加工業（機械、造船を含む）、軽量軌道、電気工学である。1910年において、大銀行の取締役を監査役会にもつ企業は、最初の二部門のそれぞれにおいて、株式企業総資産の約70％（企業数では、21％と18％）をしめた。最後の部門では、監査役会に大銀行の取締役が在籍する64％の企業が、同部門の資産の98％以上を支配した。以上に示されるように、大銀行家在籍の少数工業部門への集中は、その工業部門における大銀行コントロール権の強化をもたらすと言えるかもしれない。しかしながら、たとえば電気工学部門では、それらの割合は全産業株式会社企業数の3・5％以下を、全株式会社資産の15％を占めたに過ぎなかったことも、注意されなければならない（Fohlin 2007.138-9）。

ドイツの法人金融システムに関するオーソドクシーと並んで、金融上のリレイションシップについての多くの理論的モデルが、「ハウスバンク」リレイションシップの便益を強調する。企業は一つの銀行と長期的なリレイションシップを取り結ぶが、そのことによって企業が（大きく発展した後でさえも）銀行とビジネスを継続し続けることを保証される、と。しかし兼任役員制による排他的「ハウスバンク」リレイションシップが成り立たないことは、複数の銀行が企業の新株引受コンソウシアムに連座したことからも明らかである。(注) 大銀行、地方銀行、そして個人銀行の全てが同じ会社の監査役会に座席を占めるケースが多くあった。まさしく大銀行の取締役を監査役にもつ大産業企業にとっては、監査役員の46～62％を占める三つないし五つの銀行とコネクションを持つことが一般的であった（Fohlin 2007.141）。大銀行の取締役がベルリン取引所上場の大企業の監査役に付くこと（そのこと自体は全ての企業にとって不可避的な事態であるとまでは必ずしも言えないが）は、もともと新株の発行を引受ける投資バンキングに伴って生じたものであった。

（注）工業株の発行業務は、動員する資本が余りにも大量であったゆえに、高度に集中する個々の銀行施設を前提にはするが、多くの場合にそれを超えて、特にコンソウシアム（シンジケート）の形態における銀行機関の協同を必要とした。これらの発展によって、コンソウシアム割合の分配、コンソウシアムの指導あるいは工業企業委員会への出席などに関連して、銀行間の競争が危険な影響力を持ちうる伝統的分野がさらにいっそう拡大された。大工業の銀行取引の様々な領域の処理をめぐる銀行間の競争は実際には、ドイツ銀行活動の高度な集中段階にもかかわらず、「激戦」の様相を呈したのである。この場合に大銀行といえども、大顧客たる産業企業に対して、決して明白な優位性を達成しえたわけではない（Wellhoner 1989.237）。

発行引受けから生じる顧客企業株の保有

ドイツの法人企業金融に関して最も普及している見解の一つは、ユニバーサル大銀行は、顧客企業の株式を相当の保有率において保有し、そしてそのような立場をこれらの企業活動の戦略的決定に関して影響力を行使するために使った、というものである。しかしながら実際には銀行は、事業年度の終わりを越えて保有される工業証券の長期保有を実際よりもなるべく過小に評価し、バランスシート上の「所有される証券」勘定にも（一次大戦前は会計法が十分に整備されていなかったこともあるが）かなり控えめに記入していた。あるいはまた正しくは所有証券勘定科目に属するものが「シンジケート参加」科目に記帳されたり、あるいは逆に正しくは後者の科目に属するものが前者に記入されたりした。投資家たちが非金融企業株の大量保有を銀行の新株発行ビジネス上の不調の兆候とみなすことを、明らかに銀行は恐れていた（Fohlin 2007.107）。

過度の証券保有は、銀行の株式発行ビジネスにとって状況がすこぶるまずいこと、銀行が過度の投機的没頭にはまったこと、あるいは銀行が自己勘定による過度の投機的取引に巻きこまれたこと、けっきょく銀行は、資金を十分に利益を生むように運用できなかったことを意味すると解釈された。それらの理由で銀行の投資資金回収が大幅に不可能になったことが、その証券勘定科目の総資産に占める過度の証券保有率をつうじて、気付かされることになる。大銀行の投資家（預金者や株主）たちは銀行による著しい非金融企業の株式保有に関して「しかめっ面」をしたと言われるが、株式保有を実際より少なく評価しようとしたまさにその事実によって、銀行は非金融企業を直接コントロールする積極的な政策の一部として、株式保有を追い求めたのではないことが暗示される。１８８０年代から一次大戦前では、銀行は、非政府証券を大きな割合で長期にわたり保有することを当然のごとくを回避していた（Fohlin 2007. 107）。一次大戦後は、その流動性リスク回避に成功することができなくなり、短期借り・長期貸しの手形ミスマッチ・金融危機の可能性が生まれた。

１８８４～１９１３年において、ベルリンの大銀行については、非政府証券（産業企業の株式）の保有は実物資産総額のおおよそ7～8％の間で変動しており、その時代の終わり（１９１４年まで）には上昇傾向にあったが、11％を超えることはなかった。ユニバーサル銀行の投資総額のかなりの部分が、事実上、株式引受けコンソウシアム（すなわちシンジケート）への連座から生じた。それゆえ引受けコンソウシアム参加として、銀行集団が株式発行上無能であるゆえに、あるいは株式引受け処理が事業年度末に及んだというだけの理由で、銀行帳簿に残存する株式が銀行の株式保有（銀行総資産の約4～5％）に含まれることになる。株式発行引受けシンジケートを通じて投資戦略の一部として意図的に取得した株式以外の株式保有（銀行総資産の約3～4％）はほとんどが、大銀行が新しい領域に預金獲得の足がかりを確立するために合併し支店化した地方銀行に対する永久的株式保有によっていた（注）（Fohlin 2007.110）。

(注) ベルリンの大銀行全部を含む32の最大重要なドイツのユニバーサル銀行の貸借対照表と損益計算書（１８９４～１９０２）によれば、そのサンプル銀行の約三分の二が、コンソウシアムビジネス（典型的には株式ないし社債を発行するという特別の目的で結集する銀行グループと呼応して、株式ないし社債を発行すること）にともなう株式を保有していた。これらの株式は、個人投資家に売却することを目的にする一時的な賭け金を意味した。言い換えれば、この特別な証券勘定は銀行資産のかなりの割合を占めることもあったが、年々変動した。当然、発行があまり順調に

進まない場合にはその株式が数年にわたり保有されることもあったが、それらは、積極的な投資ポートフォリオの一部とは考えられていなかった。たとえば、ダルムスタート・バンク、デスコント・ゲゼルシャフト、ベルリン・ハンデル・ゲゼルシャフトなどについては、コンソウシアム証券保有は、年々変動し、なん年かは総資産の12～14％に達したこともあるが、1894～1902年を通じて、平均で3％から5％の間を推移した。なおサンプル銀行の三分の一から二分の一が貸借対照表において「永久参加株」ないし「パートナー株」を保有しなかった。それらの株を資産の5％以上保有する5銀行の内、ダルムスタート・バンク、デスコント・ゲゼルシャフト、ライニッシュ・デスコント・ゲゼルシャフトは、資産の10％以上のいわゆる永久的参加株を保有していた（Fohlin 2007.110-113）。

ベルリンの大銀行によるコンソウシアム関連の株式保有は、1890年代末の株式会社創設ブームを通じて一貫して増大し、1900・1年、株式市場危機直後の1902年に一次大戦前ピークに達した。大銀行は、1907年株式市場危機直後に株式保有を少し増大させたが、株式市場が好転する時には証券保有を減少させて、1909年には、1884年以来の最低点（銀行総資産の約4％）を記録した（Fohlin 2007.108-110）。大銀行は、その投資バンキングの収益増大傾向と一致して、明らかに地方銀行よりも割合から見てより多くの法人証券を保有していた。一方、地方銀行は、引受けシンジケートビジネスに深入りすることは決してなかったので、その株式保有比率は低下する傾向にあった（この時期を通じて銀行資産の平均ほぼ2％）が、逆に引受けシンジケートによらない非金融企業の株式保有の割合は大銀行と比べてかなり高かった（同5％）。

1880年代から一次大戦まで、銀行は明らかに非金融企業に対して、大量の長期的直接投資をほとんどしなかった。その企業証券の総保有が銀行の自己資産に比較して低い割合にとどまったすれば、その銀行保有証券は、産業株式会社の総名目資本のうち比較的小さな割合を占めたに過ぎない。大銀行は1886～1913年まで、全体として、ドイツの株式会社の総株式の銀行保有割合を2・5％から徐々に4％まで増大させ、その後一時的に3・5％まで低下させたが、以後5・2％を超えることはなかった。（ユニバーサル銀行全体では、5％から徐々に増大したが、9％を超えることはなかった。）確かに、いくつかの企業にとっては、銀行の株式保有割合が大きい場合があったが、しかしそれは、ほんのまれであったし、ほとんどが一時的現象にすぎなかった。国民経済全体の規模と比較してみても、銀行の非政府証券保有は、非常に小さな割合をなしていた。ユニバーサル銀行の非政府証券保有は、一次大戦前の

30年間にわたり、ＧＮＰの２～４％間を変動した。その増大の最大部分は１９００年以後であったが、一次大戦まで４％を超えることはなかった（Fohlin 2007.120）。

以上にみるように一次大戦前では、銀行によるドイツ企業へ直接出資（株式と社債）は、ドイツの株式資本総額と比較して些細なものに過ぎなかった。要するに、ドイツのユニバーサル大銀行は、イギリスの投資銀行と全く同様の伝統的な投資バンキング・ビジネスに従って活動した。言い換えれば、オーソドクシー（大銀行によるかなり大幅な長期的株式保有比率が、大銀行を顧客企業の運命と結びつけ、また逆に顧客企業の運命を銀行に結びつけることによって、企業投資上、長期的リレイションシップや長期的展望を拘束するという理論）は全く成り立ちえない。逆にベルリン大銀行による顧客産業企業株保有比率の僅少さは、一次大戦前における大銀行の投資バンキングが介在する証券市場（資本市場）の成功を物語っている（Fohlin 2007.121）。

三　投資バンキングとベルリン証券取引所

取引所外における大銀行の株式証券取引

株主と国家社会全体の利害の保護を目的とする、１８８４年会社法における取締役に対する監査役会コントロールの強化によっても、１８８０年代末の株価上昇と、それに続いて起こった１８９0年代初頭、特に189１年の株価暴落を防ぐことはできなかった。これらの激しい株価下落ならびに証券取引所取引に関連する横領や不正に対するセンセイショナルな公判を契機にして、公衆は、蔓延する投機や汚職を公然と非難し始めた。株式取引所は、表向きはすでにこの時までに政府によって規制されていたが、多くのものが、株主のためにさらに厳しい保護を要求した。また農場主は、低穀物価格を先物取引の責任に帰して、証券取引活動および特に先物市場の制限を要求した。１８９２年に立法府は、責任の所在を調査し、改善を勧告するために、株式市場調査委員会を設立した（Fohlin 2007.231）。

その結果として生まれた１８９６年取引所法は、証券の発行と上場に影響を及ぼす多くの措置を含んでいた。この新法は、既存の非公開会社が新しく株式会社に転換する場合に、その株式が正式の取引を認められる以前の、商業登記簿に登録された後の一年間の待機期間を定めるとともに、その一年間における新株発行会社の貸借対照表と損益計算書の公表を義務付けた。加えて、満額資本払込み済みの発行株式だけが、正式に取引されうるものと規定された。これらの新しい規制は、ほとんどの株主が活発な株式市場を欲していることを前提にすると、たいていの株式発行企業が、もし彼ら自身だけの工夫に任されるとすれば、外部投資家を引き付ける上で大きな困難に直面することを意味した。こうして、これらの法的制限は、株主を保護する可能性を強める一方で、より大きな銀行の投資バンキング信用の必要性を生み出し、より多くの証券取引を証券取引所から大銀行へと押しやるとともに、初期の会社法によって促進されたユニバーサル大銀行の成長と集中のためのインセンティブをさらに増大させた（Fohlin 2007.231）。

１８９６年法はまた、新株発行に対するより緊密な監視を保証するために、証券取引所内に政府委員、司法団体と専門委員会などによる新しい統治機関を設立し、加えて、規制のより厳格な履行と、被害を被った当事者のための法的な償還請求手段を明記した。１８９６年法はさらに、証券取引所への参入を認可する機関に対して、たとえばその機関のメンバーの半分は証券取引所登録簿に記載できないとか、メンバーの三分一は証券取引に関与できないとか、新株発行に関わるものはその株式の取引承諾については何らの発言も許されないとするなど、より大きな独立性を条件づけた。１８９６年法は、１８８４年の法的責任条項を強化して、新証券に必要とされる設立趣意書において提供される虚偽のまたは誤解をうむ情報に由来する（もし投資家がその情報は正しくないと賢明にも知ることができなかったとすれば生じる）投資家の損害について、株式発行引受人に特別な責任を課すことになった。これらの規定は全体に、取引所で取引される証券の質の最低限界レベルを投資家のために保証し、そして証券発行企業と外部投資家との間に、あるいは発行引受人（大銀行）と証券購入者との間に存在しうる、当然の情報の非対称性の解消に力点をおいていた。このように事実上１８９６年法は取引所の信頼を高め、証券、特に株式証券のより大きな効用を促進することになった（Fohlin 2007.232）。

ただし、これらの株主保護的な規定は、新株に対する制限や１８９６年法のなかで最も議論のあった措置、つまり鉱山業や製造企業の証券ならびに広範囲にわたる商品（穀物や製粉製品）の先物取引の禁止によって、その効果が弱められた可能性がある。先物取引の禁止は、証券取引所に兼設されていたベルリン商品取引所を基本的に廃業させた。そしてそれは、現金取引証券市場の運営を妨害し、さらに銀行サービスに対する需要を増大させた、という主張があった。先物取引は乱高下を増幅させるという意見が人気を博したが、一方では先物への投機が実際には価格を安定させる、という異論もあった。しかしながら１８９６年法は、正確には如何なるビジネスが禁止されるか多少の不確実性を残したし、また法律の施行には相当の幅があったことも注意されるべきである。それゆえに取引を制限された証券を含め、かなりの量の先物売買が1896年後も、実際上の困難にもかかわらず執拗に続けられていた（Fohlin 2007. 232）。

先物取引の禁止は、証券取引をより多くユニバーサル・バンキングシステムのなかへ押し込んだ、という主張がある。この意見によれば、バンキング・システムが先物契約取引を模倣することを企てたので、より多数の顧客を有する、そしてより広範囲に証券を扱う中央集権化した銀行、つまりベルリンの大銀行が、地方のより小さな銀行や個人銀行に対して優位性を獲得した。先物売買がほとんどないことは、現金に対する、それゆえ銀行信用および証券取引に対する緊急の必要性を増大させた。こうして先物取引の禁止は、バンキングの集中に更にいっそう拍車をかけた。バンキング集中および証券市場に対するその影響は、1896年法の修正条項によって先物売買の包括的な禁止が無効になった1908年後でさえも、解消が難しく細々と生き永らえた、と考えられている（Fohlin 2007.233）。

課税がもたらすベルリン五大銀行への資産集中

証券取引所に対する立法上の介入はまた、課税の領域にまで広がった。1881～1913年において、いくつかの対策のために、さまざまな税金が課された。1881年にようやく取引所の取引に対する課税が導入されたが、その税は二つの部分から構成されていた。所有権譲渡の最終的認証（譲渡認証）としての印紙税と全ての新株に対する課税である。前者は、取引ごとに均一20ペニヒ（先物取引は1マルク）となり、後者は、全ての新株の額面価額1千ペニヒ当たり（関係する証券のタイプにより）1から5ペニヒの料金を要求した。株式取引所の取引に対する1パーセント税に賛成する政治運動が続いたが、1885年には、1千ペニヒ当たり十分の一税が、均一税にとって代わった。9年後、この税は、1千ペニヒ当り十分の二に倍増し、千ペニヒ標準ではなく、総額全体に課せられた。600ペニヒ以下の非常に小さい取引額については免税のままだった。1900年印紙税法がこの例外を除去し、全ての率をさらに増大させ、また鉱山株の発行と譲渡に対して課税を開始した。こうして、19世紀最後の20年間を越えて証券取引所がその重要性において増大したとき、税収をもたらすものとしての証券取引所の活用も同様に拡大した（Fohlin 2007.233）。

1885年税法の際には、課税がベルリンのトップ五大銀行によるバンキング集中のインセンティブになっていることが、政策立案者、経済学者、ビジネスマンによって認められた。銀行は証券取引所の外で、証券買い注文と売り注文をバランスさせることができ、両者の差額である証券の純取引に対してのみ税金を支払えばよかったので、大銀行は、一種のネットワーク効果がもたらす利益を享受することができた。つまり、銀行にとって、顧客がより多数であればあるほど、証券取引のための市場はより広くなり、そえゆえネットワーク内部的取引における課税対象外の手数料収入もより多額になる。こうして課税は銀行が顧客ベースを拡大させることに拍車をかけ、さらにベルリンの大銀行による地方銀行領域への浸食をもたらすことになった。節税は、大銀行が中小の地方銀行によって課される手数料をかなり下回る率にまで手数料率を引き下げることを可能にした。税率が上昇する場合には、ネットワーク内部的すなわち埋め合わせ取引による節税も増大する。この状況は、新税法によって内部的取引に対する免税が廃止される1900年6月まで続いた（Fohlin 2007.233-4）。

ベルリン大銀行の優位性は、ベルリンの代理店を通じて注文をだす地方銀行の二重課税のせいで増大した。すなわち、地方の銀行家は、ベルリン証券取引所にいる大銀行家に証券の取引をパスするが、その地方銀行家がベルリンで取引をおこなうその大銀行家の名前を明らかにする場合にのみ、元の譲渡認証（すでに印紙税を支払い済み）を譲ることができた。さもなければ、地方の銀行家は自分の押印を準備し、再度、証券取引税を支払わねばならなかった。このシステムが1894年の印紙法によって修正されるまでは、追加の税負担が、地方の銀行家によって、それゆえまたかれらの顧客によって負担される委託および仲買の費用に付け加わった（Fohlin 2007.234）。

しかしベルリンの大銀行へのバンキング集中をもたらした法的規制や課税も、金融上、ベルリン証券取引所の証券市場に対立する独自の銀行指向の証券市場をもたらすようなものではなかった。先物禁止にせよ、内部的（埋め合わせ）取引にせよ、銀行間における証券取引の増大は、証券取引所に対して部分的に証券取引を代替することになるとはいえ、決して大銀行が証券取引所の事業を「横取り」することには繋がらなかった。逆に、銀行間のネットワーク内部的な証券取引は、全国的な（あるいはむしろ世界市場上の）発行市場や公式的第二市場における統一的株価形成（当然にこの相場価格に、銀行内、銀行間、あるいは銀行窓口での小売・購入など取引所外での取引価格も従わざるを得ない）というベルリン証券取引所の本来的な機能を、積極的に補完するものに他ならなかった。

証券取引所の統一的株価形成システム

株式商業銀行を会員として受け入れることを拒否したイギリスの証券取引所と対照的に、ドイツでは、ユニバーサル銀行が証券取引所の会員であると同時にブローカであることが認められていた。ドイツの証券取引所では、取引される株式の価格設定に関しては、取引所自身が設定するルールと政府が課す規制との両方があった。ドイツの取引所は、コール市場（売り注文と買い注文が共にグループ化され、ひとつひとつ継続的でなく一定の時点で契約締結がなされる）であった。価格設定の方式は、すでに少なくてもベルリンでは一般的な慣行であったものが、1884年と1896年の証券取引所法によって、正式な制度となったのであるが、1880～1913年にほとんど変更はなかった。証券取引所は、私的ブローカーと公認ブローカーとからなる二セットのブローカー（仲買人）を雇い入れた。1884年法によれば、公認ブローカーは終身にわたり任命され、自己勘定で取引することや他のブローカーと一緒に行動することを禁じられていた（にもかかわらず、自己勘定取引についでは明らかにしばしば行われていた）。

公認ブローカーは、統一価格体系に基づく証券の価格設定に対して責任を負った。そのもとで、ブローカーたちは、売り注文と買い注文をバランスさせ、何回かの価格アナウンスと価格再調整の後に、当日のすべての注文を結びつける最終価格を決定した。統一価格体系は、ほぼ間違いなく著しく透明性を高め、それゆえベルリン証券取引所における証券取引の信頼を保証した。一方で、価格設定は十分に正確でも信頼できるものではない、あるいはブローカーたちは市場価格の設定において、しばしば、特にある特定の日に一定量の取引が達成されない場合には、私心のあるバンカーの願望に従った、という非難もあった。このような非難が、1890年代初頭の改革要求と結びついたのである（Fohlin 2007.235）。

1896年法は、公認ブローカーを制定し、国民的規範としての統一価格システムを確立した。これらの制度は、先に触れたように、1896年法以前にも非公式に存在していた限りで、法制定以後の日常の行動様式おける変化はほとんど期待されていなかった。しかしこの新法令は、証券取引所の所長が部外者を除外して公式に価格設定を行うことを取り決めた。すなわち理事、秘書官、ブローカー、所長そして取引所規則によって規定される他商品取引の代表者だけが、価格設定のために出席を許可された。これらの規定が自主的な価格設定に対して不正に干渉する機会を最小化した限りで、法律は、証券取引所における透明性と公衆の信頼を回復させた。同時に、もし仮に銀行の市場介入が株価の乱高下を制限するとみなされる一方で、もし法律がそのような銀行の関与を阻んだとすれば、その場合には、これらの方策それ自身が株価の乱高下を増大させることになるとみなされた。ともあれ統一価格システムの一般的利用のもとで、個々の証券が多く重ねて上場され売買される個々の証券取引所間において価格の相違をもたらすその主たる理由が除去されることになった（以上、ドイツ証券市場が世界的証券市場の一環をなしたことは明らかである。第四章参照）。かくして１８９６年法は銀行にとっては、さらに多くの裁定取引（銀行間や取引所間での鞘取り）の機会および所得の重要な源泉を喪失するという結果をもたらした（Fohlin 2007.235-6）。

一次大戦前における工業発展の後半期に特に顕著になるベルリンを中心とする証券取引所の本来的な統一的価格形成機能は、いかなる形にせよ、ユニバーサル銀行による特別な証券市場支配を全く不可能にすることになった。この時代の世界大のレッセフェール金融市場システムは、貨幣市場であれ、資本市場であれ、需要供給を一致させる市場参加以外の一切の組織的政治的介入を最初から排除するものとして、特に工業化の後半において典型的に発展していた（レッセフェール国家の非直接的無意識的影響）。

しかしながら、証券の発行引受業務と取引を商業バンキングに結びつけるドイツのユニバーサル銀行の慣行のゆえに、銀行の証券市場コントロールもしくは証券市場の銀行ネットワーク内部化に関して、オーソドクシーにつながる考え方が根強く存在している。ユニバーサル大銀行は、株式発行をプロモートし、株価の積極的な管理によって、安定した配当金と市場価値を保証するその顧客企業の魅力に関して、用心深い投資家を納得させることができた、という主張である。プリオンによれば、証券取引所で取引されるほとんど全ての有価証券が、概して大銀行からなる「守護聖人」を伴っており、銀行は、その価格決定に関して取引所ブローカーと日常的に相談していた（Fohlin 2007.262）。しかし、取引所内のブローカーを、「守護聖人」の「代理人」として、銀行が関わる企業の個別利害関係を追求させること（Prion 1910.53. 1929.63）は、証券取引所の本来的な価格形成機能に即して無理であり、事実上不可能であったといわなければならないであろう。

実際にはベルリンの大銀行は、銀行間の内部的（証券取引所外的）な株式証券取引の増大と併行して、ブローカーとして積極的に証券取引所の市場に参入し、ベルリン証券取引所の統一的な価格形成機能を実現させていた。19世紀終わりの規制強化と課税にもかかわらず、あるいはむしろそれゆえにこそ、ベルリン証券取引所と大銀行とは、互の共生関係を維持することによって、工業化の前半に限れば実際に見られたかもしれない、しかし今日でも依然として流布している「銀行対市場」という二項対立状況を、事実上克服していった。一次大戦後、特に20世紀の最後の数十年間を通じてドイツでは力強い証券市場がもはや存在していなかった。その現実を投影して、オーソドクシーに捕われた現代の研究者が、ユニバーサルバンキングをいくらかなりとも証券市場に代替するものとみなす誘惑に駆られることは大いにありうることであった。しかし実際には一次大戦前の30年間にわたり、ドイツの証券市場、とりわけベルリン証券取引所は、大銀行との協働において、株式と社債の取引を増強し、数千件の新株上場を果たした。地方および国際的な危機（たとえば、１８９１、１９００・１、１９０７年）の影響のなかで確実に立ち直り、魅力的な発展を実現していった（Fohlin 2007.276）。ベルリン証券取引所は、国際比較上、１９１３年の規模と流動性においてロンドン証券取引所だけには後れを取っていたが、十分に本来の機能を果たすことによって、繁栄していた（Fohlin 2007.261）。

四　イノベーションと金融システム

総資産利益率と株主資本利益率

総資産利益率（ＲＯＡ）または株主資本利益率（ＲＯＥ）は、それぞれ、一般的に総資産もしくは総株主資本に対する百分比として、利子および税引き前収益に対して計算される。

一次大戦以前のドイツの企業は、いわゆる暗黙積立金を蓄積する手段として有形固定資産の減価償却費を利用した。この場合には全ての企業がコストを誇張し、結果として好況年の外見上の利益性を押し下げる傾向があった。これらの業務慣行は収益における年々の変動を取り除き、企業が配当金支払いによる流出をより均等な流れのなかに維持し、株価を相対的に安定化することを可能にした（この限定的な自己金融は、配当の抑制でなくその安定性を維持するものであり、戦後の自己金融とは根本的に異なることに注意）。この減価償却問題に対する予防的な対策として、多くの場合に、リターン（利益）は少なくとも減価償却費を含めて計測される。この会計上のリターンによって計測すれば、ドイツの法人企業は、１８８０～１９１４年において、十分に成果を上げたといえる。総資産に対する平均リターン

（ROA）は、1895～1912年に、1%から5%の間で変動し、サンプル企業の範囲では、全期間にわたり平均3%を維持した。利益は、企業ごとにまた年ごとに大幅に変動したが、それらの年々にわたり、サンプル企業の少なくとも7～22%が不良なリターンを示したにすぎない（主要な株式市場の減退の年である1901年にその最高値が見られた）。

普通株（株価）に対する配当金調整年次リターンの割合として定義される株式リターン（ROE）は、株主資本に焦点を合わせていて、法人の利益性について完く別の評価を提供する。株式のリターンは、他の評価基準と同様に、企業実績の描写としては良い点と悪い点がある。企業（監査役）は株式の市場価格を操作しようと企てるかもしれないが、企業は、株式の実際の市場価格に基づいて算出される利益率を不正確に伝えることはできない。同時に、長期にわたり株を保有するものたちは、株価の好意的評価から説明される配当金調整株式リターンの取り分をけっして換金しようとはしないであろう。これらのリターン（ROE）はこの時代を通じて、平均で毎年13%以上（等しくウエイトをかけて）であったが、しかし株式市場の高値、底値は、株式投資を相当にリスキーなものにした。配当金を除外すれば、企業の半分においてほとんどの年に株式リターンは良くなかった。強気市場において（株価が上昇する場合には）は、配当金を計算に加えてさえも、企業の20%が悲観的な年次株式リターンをもたらした。それでもなお企業の中央値では、1902年を除くすべての年において素晴らしい配当金調整リターンが発生していた。（Fohlin 2007.208-10）。

この時代にわたりドイツの銀行の平均ROAは、ほとんどの年について、合衆国の銀行よりも高かった。全体の平均でドイツ2・4%、合衆国1・7%で、平均的な年間の相違は、0・7%余りだった。一方、ドイツのユニバーサル銀行のリターン（ROE）をイングランドの専門化商業銀行のリターンと比較することは、ドイツのユニバーサル銀行がよりリスキーかもしれない投資ポートフォリオの運用（つまり投資バンキング）から特別に大きなリターンを得ていたかどうかを明らかにするために有益である。(注) イギリスの銀行のROEは、1880年代末から1890年代初頭まで、相当に上下に変動したが、はっきりした傾向は全く示さなかった。ドイツの銀行のROEは、1882～1888年に8%未満から12%超に増大した。1888～1913年については、ドイツ（7・7%）は、イギリス（5・8%）よりもかなり高かった。

(注) ユニバーサル銀行の総収益に対する投資バンキングビジネスの平均寄与率は、この時代を通じて約25%であっ

た。この数値は、非政府証券の保有比率を低く抑える一方で、投資バンキングを充実させたことと当然関係している。このビジネスでは、購入する株式を売却することによって、支出現金が回収され、同時に手数料収入およびキャピタル・ゲインが生まれるからである。

ドイツのユニバーサル銀行のＲＯＡについては、そのＲＯＥの場合よりも、より安定しよりはっきりした傾向が結果として生じていた。この相違は主として、ドイツの銀行が、イギリスの預金指向銀行に比較して自己資本に大きく依存していた一方で、特に19世紀末以来より多額の預金獲得へと移行したことによるものであった。この後者の点は、支店化も預金獲得もそれほど大きくはすすまなかった合衆国の銀行と比較して、ＲＯＡ（リスクテイキングに対する効率性）がドイツの銀行の方で幾分高かったことによって説明される。

気前のよい配当政策と証券取引所上場

以上のようなドイツ法人企業の好ましいリターンは、ある程度は配当金の支払いから生じた。そして配当金支払い金額は、原則的に勘定操作もしくは帳簿の改ざんには影響を受けない。19世紀末葉から20世紀初頭にかけて、ドイツの法人は多くの場合に配当金を分配した。少なくともどの年でも、企業の半分が配当金を全く払わなかったが、しかしそれでもやはり、配当金はサンプルの全企業（ベルリン証券取引所で取引される50企業）そして１８９５～１９１３年の全年にわたって、平均で株価の約３・５％であった。配当金を支払った企業だけについて見ると、平均でその倍以上の８・４％であった。そして多少の企業が非常に高額の配当金を支払った。つまり配当金を支払ったサンプル企業のほとんど三分の一が少なくとも10％の大金を分配し、別の企業16社が20％以上の配当金を支払った。(注)

(注) たとえばアスファルト・ファブリック・Ｆ・シュレジング・ナッハホルガーは、１９００～12年の間に毎年22％と36％の間の配当金を報告している。オーバーシュレジッシェＡＧ・フュア・ファブリカーション・フォン・リィングノーゼは、サンプルの18年間のうち13年にわたる20％以上の支払いと１９０６年と１９０５年におけるそれぞれ60％と80％の支払いによって、配当金支払いでトップの地位を占めると主張していた。モダン・スタンダード・アンド・プール（Ｓ＆Ｐ）の５００社標準によれば、一次大戦前のドイツ企業は、配当金の支払いをためらう強い性癖があるにも関わらず、特により比較可能なベルリン上場企業の平均でみて、非常に気前の良い配当金を支払った(Fohlin 2007.210)。

所有権が高度に集中化している企業、特に家族所有権企業の場合は、家族の他に喜ばせる必要のある株主や、あるいは払うべき相当な税金がほとんどあるいはまったく存在しないから、そもそも利益を表示し、配当金を分配する動機は抑制される。それに対して特にベルリン証券取引所に上場する企業は、上場しない企業、あるいは地方市場に上場する企業よりも、明らかにより広範囲な株主に保有されていた。得られるすべての計測によれば、ベルリンに上場する企業は、それ以外の企業よりもよりよい実績をはたした。それらは、平均でより高いＲＯＡをしめし、不良な会計利益を示す傾向がより少なく、平均的にはるかに気前の良い配当金を分配し、そして、地方と比較して、はるかにより高い配当調整株式リターン（ＲＯＥ）を生み出していた（Fohlin 2007.211）。

ドイツの、特にベルリン証券取引所では、企業は株式上場にあたり投資家を引き付けるために、過去に満足のいく実績があったことを明示することを求められた。結果として過去のリターンや配当金が株式上場のための一つの与件をなしていた。配当金には、より大きなウエイトがかけられた。当時においては投資から利益を引き出す最も確実な方法は、配当金の受け取りだったからである。企業の規模（総資産）もまた、株式上場の一つの与件をなしていた。非上場に留まることを選択した企業と比較すれば、取引所に上場することを選択した企業は、大規模かつ若年の傾向が強く、また非上場企業の二倍以上の配当金を支払っていた（２・７％に対して５・95％）（Fohlin 2007.256-9）。大企業は、より多角化している（それゆえ、より低リスクである）傾向があるし、より多数の株式に上場上の登録固定費を分散させることができる。株式の上場を選択する企業は、当然により多数の外部投資家を求める傾向が強く、そのために所有権を相対的により多数に分散化させることになる。

以上のような推論と合致して、新株を発行する企業の意志決定は、特にベルリン取引所における株式市場上場にポジテイブに関連していた。逆に、長期負債、主に社債と抵当設定が高レベルにある企業は、ベルリンにおける上場の見込みを引き下げた。これらの事実によって、株式取引センターとしてのベルリン証券市場の重要性が明白になる。企業の規模は、ベルリンと地方との両方の上場にポジテイブに関連しており、多角化と安定性が株式上場のために重要な要因をなしたことをしめすが、一方で、企業がいかなる事業部門に属するかによって、ベルリンで上場されるか否かが決定された。同様に安定性または多角化の印である企業年齢も、証券市場上場に関連するが、それは特に地方市場の場合に強く現れた。地方上場の企業は、社債金融を利用する傾向があったが、上場する取引所の近隣に生まれた生来産業におけるより高齢の企業であった。これらの事実は、ベルリンと地方の証券取引所間におけるサービスまたは顧客の相補性を示している（Fohlin 2007.258-9）。

企業の成長率と生存率

　1890～1914年のドイツ企業は、概して上昇と下降、そして若干の上昇傾向を伴いながら、適度な成長率[注]を達成した。平均成長率は、1890年代の中・後の強い回復年においては6～7％の間で変動した。1899年および1900年までに、成長率は年当たり3～4％に弱まり、そして株式市場で暴落があった1901年には、成長率はほとんどマイナス4％にまで低下した。1903年までには新しい好転が実現し成長率を6％まで戻した。続く三ケ年においては、5～8％の成長率を維持したが、1907年の株価暴落と不況が法人企業経済の勢いを削いだ。1908年の落ち込み（平均成長率マイナス2％）は短期的であり、企業成長は、戦前年を通じて3～7％の平均率にまで回復した（Fohlin 2007.198-199）。

（注） 年々の固定資本形成は、労働生産力と同時に付加価値の創出を増進するので、企業は年々成長していくことになる。成長率＝（n＋1年の付加価値－n年の付加価値）÷n年の付加価値　である。年間付加価値＝年間売上価格pQ－年間消費中間財価格gHQ＝年間労賃（労働所得）wL＋年間地代（資本所得）rS.

　当時進行中の重工業化における最前線の産業部面である電気技術、ガス生産および（電気、ガス、水道などの）配給公益事業は、当然のことであるが、例によって最強の法人収益成長率、1895～1912年に年当たり9％を達成した。これらの高成長率は、それが好況年のみならず、いくつか深刻な景気後退年においても同様に達成されたものであり、しかも、最先端企業の成長に旧技術企業として分類される方がよい企業の成長を混ぜ合わせたものであることを前提にすれば、さらにいっそう印象深いものになる。これらの旧技術工業部門（繊維、砂糖精製、製粉）は、この全期間を通じて、年あたり2％未満で成長した。一次大戦前の概して好況の年々でさえ、多くの繊維企業、特に綿織物では収益を失った。以上の両極端の間にあって、醸造（特にビール）、石材および陶器産業、金属加工、機械、印刷、木工細工、蒸気機関輸送（主に内陸河川）、化学薬品における法人企業は、3～4％の平均率で成長し、一方軽量軌道会社（大部分が路面電車）、鉱山企業は6％ちょとで成長した。これらの平均値は、成長率の評価に関していろいろ限界を持っているが、概して、中小規模かつ若い企業は、大規模で古い企業よりもより早く成長した。そして、時代の最先端技術部門における企業は、時代の「古い経済」部門における企業よりもより高い成長率をもって成長した。その反面で倒産はたいてい、古い技術部門、特に著しい負債を負い、貧しい収益性を持つ部門の高齢の中小企業において現れた（Fohlin 2007.199.219）。

ドイツの産業経済は１８９０～１９１４年に極めて急速に拡大したが、それでもやはり、活動する個々の企業の成功の度合いという面では多様な展開が見られた。１９０2年に生存していた株式会社のうち、ほぼ13％がそれに続く十年間に精算された。倒産率は上下したが、１９０２・3、１９０５・6、１９０９・１０年に比較的高かった。１９０3年には、サンプル企業（１８９５～１９１3年にベルリン証券取引所で取引される50企業）のうちで破産したものは皆無であったが、最後の二年間では4件だけ（年当り2件）破綻があった。全体的に見ると、悪い年という場合でも、ひどすぎるというわけではなかった。どの悪い年でも、サンプル企業の2％未満が破産したにすぎない。従って、当時存在したドイツ株式会社の全人口約５５００社で換算してみれば、約１２０社が、１９０６年の最悪年に破産したが、ほとんどの年において破産会社数はそれよりはるかに少なかった。先の破産率13％という数値を利用すれば、一次大戦前の十年間の総計で、約５００～７００の株式企業が破産したことになる。法人企業人口は増えつつあり、明らかに法人誕生数がその死亡数を超えていた（Fohlin 2007.203）。

企業の破産は基本的にはあらゆる産業部門でみられたが、サンプル企業について、それぞれの産業部門における企業の対破産企業総数比率ａに対する対企業総数比率ｂの比率ｃ（＝ａ÷ｂ. この比率が高いほどその産業部門の企業破産の頻度は高い）をみると、かなりばらつきがあった。軽工業に属する企業（小機械類と金属加工、内陸蒸気運送、繊維、食品加工―水、製粉、砂糖精製―）が、非収益および慈善グループとならんで、最もよく破産した。重工業に属する企業（鉱業や精錬業、電気工学、化学薬品、そして醸造）は、企業の破産頻度が相対的に低く、特に成功したようである。企業の破産頻度において軽工業と重工業との間に属する企業は、軽量軌道と路面電車会社、ガスと石油会社、石材と陶器企業であった（Fohlin 2007.203-4）。

直感によって得られる洞察とはいくぶん異なるが、より若年の企業よりもより高齢の企業の方が破産する傾向が強かった。サンプル企業のなかで破産企業の個々の年齢を見ると、破産企業の半分がそれぞれの法人格付日から少なくとも15年経過しており、その四分の三が少なくとも10年を経過していた。株式企業としておよそ3年間未満しか存在しえない破産会社はなかった。三分の一をはるかに超える破産企業が、少なくとも20歳に達していたが、これらの企業のうち、より高齢であればあるほど、より長く生き残る企業は少数だが、確かに存在していた。従って高齢企業のうちの最高年齢企業は、破産しない傾向があった。それで年齢という側面からみると、「中年層」が最大の破産リスクに直面していたということになる。年齢と破産との間のポシテイブな連関にも関わらず、収益で測定される大企業の方が、中小企業よりも破産する傾向が弱かった。以上の分析は産業部門間について比較照合していないが、年齢と破産との関連から得られる特徴は、重工業化時代後半のハイテク部門について若干の独特な特性を明らかにする。すなわち第二次産業革命をもっともよく先導し、そして最も強く成長し、それゆえ破産が最も少なかったのは、比較的若い大企業であった、ということ（Fohlin 2007.205）。

資金状況もまた企業の成功機会に影響を与えた。マイナスあるいゼロのキャッシュフローに陥った企業はプラスのキャッシュフローを維持する企業に比べて、破産率が五倍近くに及ぶが、いとも簡単に破産した。しかしキャッシュフローを若干持つことと何も持たないこととの間の相違は、高度のキャッシュフローをもつことと低度（プラス）のそれを持つこととの相違よりも、破産を決定づける上でより重要である。最高度のキャッシュフローをもつ企業は生き残るが、しかしキャッシュフローのより一般的な増大は、企業破産の見込みをわずかに低下させる。低いレバレッジ（総負債に対する総資産の割合が低率）と高い流動性（短期満期負債に対する短期流動資産の割合が高率）は、破産に対する予防手段として役立つように見えるが、統計上の印象ではそうであるともいえない。データーは、会社精算の正確な理由を明らかにはしないが、リスク諸要因の総合的な数量的分析によれば、古い技術部門における高齢の中小企業は、かなりの債務を負った場合に、資金を他の部門のベンチャーに移動させることがより経済的であることを見出していた。19世紀末葉以来の重工業化の後半段階における破産パターンは、シュンペータリアンが予期する「創造的な破壊」過程（絶え間なく古い経済構造を破壊し、絶え間なく新しい経済構造を創造する）を示しているように見える（Fohlin 2007.205-6）。

以上、株式銀行を含めたドイツ株式会社のＲＯＡとＲＯＥの動向や配当性向と成長率などにみられるように、ユニバーサル・リレイションシップ・バンキングの重要な特徴は、特に工業化過程の後半（１８９５～２０１４年）においてあらわれた。ますます有望な影響を与えるそのインパクトは、ユニバーサル・バンキンググング・システムと証券市場との両方の拡大によるものであった。ユニバーサリテー（つまり投資バンキングと商業バンキングのシナジー効果）は、証券市場の積極的な利用においてあらわれたのであり、銀行の産業企業に対する一般的な支配（金融資本の支配うんぬん）により達成されたものでも、産業企業の行動（独占資本うんぬん）により達成されたものでもなかった。

一次大戦以前のドイツの重工業化は、ユニバーサル・バンキングの機関上のイノベーションに、あるいは金融セクターの全体的成長に依存しているというオーソドクシーの認識は、明らかに「ユニバーサル」の一面的役割を誇張している。ユニバーサル・バンキンググングは、急速な経済成長の主たる原因をなしたというよりも、世界的なレッセフェール金融システムと協働して発展した（その点ではイギリスやその他の金融システムと共通する）ひとつの独特な歴史的産物であった。「産業と金融の共進化」こそが、一次大戦前に起こったことの最良の特徴づけといえる（Fohlin 2007）。

取締役および監査役の離職率

ドイツ株式会社の二層役員会制度においては、経営者は、執行役員会つまり取締役会を構成し、明示的に監査役会からは除外される。株主総会が監査役会における新しい代理人を投票で決めると、続いてその監査役会メンバーは執行役員会（取締役会）の構成を変更する。経営者を雇用しまた解雇する代理人制度上の取り決めと正確に合致して、経営者離職者率は監査役の離職率と明確に対応しており、その関係は、ベルリン証券取引所上場企業によってより明確に示された。[注] これらの離職者率の変数によって、経営者あるいは監査役会メンバーは、企業の業績がみすぼらしい場合には離職する傾向があったという仮説に関して、徹底的な調査が可能になる。

（注） 役員会離職者率とは、ある年から次の年にかけて役員会を去った役員会メンバーの割合である。サンプル年について、集計表に一つの上場企業のすべての取締役員および監査役員の名前をそれぞれ記入し、ついで年々のそれらのリストにおける変化を明らかにして、計算する。こうして二つの役員会ではそれぞれ別々に、また異なった比率で役員が離職したことが明らかにされる。

経営者の離職率は、年々若干変動したが、サンプルの最初年に比較してかなり異なる割合を示した年が三年だけあった。これらの年、１９０１、１９０８、１９０９年には、離職者率は非常に低率であった。この結果は、１９００・１９０１年と１９０７年の株式市場危機は、本当は経営者離職率を高めるはずである、ということを考えれば意外である。しかし、国民経済と株式市場の状況が特に悪い年にあって、多数の企業が貧しい業績を示している場合には、株主とその代理人は、他企業の人も同様に悪い結果を出しているというわけで、彼らの企業の取締役に特にペナルテーを科したり経営チームを変更するような真似はしなかったというのが実際のところであった（Fohlin 2007.218）。これらのことは、特有なドイツ経営またはビジネス文化の機能、ある意味の国民的競争（イギリスとの）の中で全体に普及したものであったと言えるかもしれない（Fohlin 2007.338）。

経営者の離職率は、企業業績の動向とそれがもたらす監査役会の再編成に非常に強く反応していた。会計上の利益測定が最も有意に関係していたが、出資金所有者（株主総会）またはその代理人（監査役会）は、低配当や株式リターンに対してはあまり厳しくは対応しなかった。しかし彼らは、伝統的基準では計れないような貧しい業績が現れ、それが長期にわたる兆候をなすことを見抜いた時にはさっそく行動を起こし、取締役会を構成する経営チームを追い出した（Fohlin 2007.220）。

資本所有とコントロールの一体性

株式を発行し上場する大企業に対して、「世界のクルップ」のように継続的にごく少数の大出資者を有する家族所有企業は内部者コントロールを維持する方を選ぶ（Fohlin 2007.256）。このような企業の場合には、情報の非対称性によっていかなるタイプの外部資金の利用可能性も大幅に制限される。それゆえ企業の投資（固定資本形成）は、主に年々ベースで生まれるキャッシュフローから引き出される内部資金（自己金融）に依存せざるを得ない。

それに対して、19世紀末以来一次大戦前に発展した、大多数の投資家の出資に依存する株式会社大企業の場合には、投資バンキングと証券取引所上の取引が株価、株式リターンや配当金、役員離職率など、投資企業における情報の非対称性を市場を通じて現実的に克服するその程度によって、企業の固定資本形成は、基本的にそのプロジェクトの将来利益を期待する広範な株主の外部資金の提供によらざるをえないことになるし、またそのことが可能になる（Fohlin 2007.188）。

景気の変動を伴いながらではあるが、全体としては、ドイツの国民経済と金融部門は成功し、そして重工業化の時代を通して成長した。世界大のレッセフェール金融システムが、１８７０～１９１４年に急速に発展した。法人企業の形態、ユニバーサル・バンキング、ベルリンとその他の証券取引所は、世界で最も発展した、そしてもっとも効率的な国民経済の一部になることにおいて、重工業（そして農業）が必要とする資本を十分に提供した。いかなる意味においても、ドイツは20世紀初頭において、工業化の頂点に達していた。この一次大戦前におけるドイツの株式会社システムの三つの鍵とは、規制と自由化との間のバランス（国法の非直接的無意識的影響）、ユニバーサル・バンキング作用域と証券市場自律性との間のバランス、そして産業企業に対する銀行リレイションシップとその株主総会を通じる銀行の産業企業コントロールの間のバランスである。要するに法人企業の金融機能を共有する証券取引所とユニバーサル銀行の関係の複雑性。そこにおいては産業企業も銀行も証券取引所もいずれも互いに自治的に解放されている状況である（Fohlin 2007.346）。要するに、段階論上の資本主義的発展において、「資本所有とコントロールの一体性」が維持される状況。

第6章 「企業それ自体」論争

一 ラーテナウとヒットラー

土台の組み換え

ラーテナウ（1917年）『株式制度について―実務的考察』によれば、ドイツ流の大株式会社の発展は次のような特徴を持っていた。ドイツでは、1873年クラッシュの10年後以降、一つのバランスが、持続する貴重な体験と経済成長展望を生み出した。賃労働に依拠して外国産の原料を加工し精製するというドイツの経済使命のために、また最高能率をほこる外国技術との競争に堪えるために、さらに新時代の産業はどうしても迅速な成長をともなうために、ドイツの産業企業は、国民財産の全体に依拠し、株式会社の形態を選択し、株式または出資分を通じて資本家の財源を、債券を通じて貯蓄者の預金を、広範囲にわたり動員しなければならなかった。ドイツ流の「資本家の共同体」としての株式会社形態だけが、急速に増大する事業形態の資金を調達することができた。銀行と証券取引所がその資金調達を仲介した。大企業の株式の大部分が、取引所で取引され、毎日、価値を評価され、相場は絶え間なく変動した。ドイツ政治経済の飛躍的発展にとって、金融資本家の積極的な支援は深く印象に残るものであった。彼らは、自己の資金を生産経済に自由主義的に差し出し、自らの正当な権利において、だが勇敢かつ大胆に大企業のために資本主義的基盤を整備した。

もちろんドイツは、株式会社形態の大企業を自ら創り出したわけではない。その形態を発明することではなく、与えられた器を新しい独創的な実質で満たすことが、ドイツの歴史的使命であり業績であった。フランスやイギリスの銀行、鉄道、殖民会社、市営事業企業、少し遅れてアメリカの経済組織がドイツの模範であった。ドイツはそれらをまねして作り、それらを改造し、時としてそれらに勝るものを作り出した。19世紀の最後の四半世紀以来の飛躍的発展の時代を通じて、ドイツは、ヨーロッパを代表する大企業の国になり、貧相な土壌の上に国家的な強力な地位を粘り強く築きあげた。それゆえドイツは、おそらく一次大戦を強いられたのであるが、また今次の大戦争の遂行を可能にすることもできたのである（Rathenau 1918.123–128）。

ドイツの法人大企業は、他国に先んじた組織的拡大、技術的な革新、資本の増強によって急速成長を徹底的に求めたのであり、しばしばとつぜん姿を現すといった、緊急対応の決断を要する危機に直面した。ドイツでは、西ヨーロッパ流の株式会社形態を永続的に利用する余地などはありえなかった。にもかかわらず、「ゆったりとした成長をもとめる個人（株主）企業」という虚構となった一時代前の観念が、企業体制の発端から無意識的な支配力をもって生き続けており、立法上また裁判上そして公衆の考え方にとっても、決定的であり続けた。こうして、家族的ないし組合的企業から株式会社大企業への急速な発展と共に、株主総会の権限、訴訟と判決、営業報告のあり方などに関連して、企業内部の紛争が絶え間なく繰り返された。この内部紛争を通じてドイツの株式会社大企業では、管理運営の形態およびその主体に関連して、実質的な「土台の組み換え」が起った。ラーテナウは次のような取締役会への権力移行を指摘する。

設備投資の決定など本来的な戦略経営上の業務や、また帳簿・貸借対照表の監査など法定の監査業務義務に至るまで、企業の経営管理機関の責任が実質的に本来の株主の代理人である監査役会（狭義の経営管理機関）から取締役会へ移動した。相当に以前から、企業の責任を引き受けるものは、ドイツ法がその変化に対する曖昧な認識のなかで監査役会という名称を与えた経営管理機関の中で、惰眠をむさぼってなどいない。その監査役会にはいぜんとして、実現の可能性がなくなった旧来の多数の責務が課されたままであるが、大企業の全体の管理はむしろ取締役会の手のなかで行われている。取締役会はある程度形式上の理由で、監査役会に属する二、三名を含んでいるが、彼らは、共同作業のために特別に委任されて、監査役会代表として取締役会に派遣されているのである（Rathenau 1918.127–9）。

代理人制度の形骸化

ラーテナウによれば、大法人企業における経営管理機関の活動は、一次大戦前の代理人としての監査役会による本来的な取締役コントロールとは大きくかけ離れたものとなっている。大企業における経営管理機関は、その活動の広さ、職員構成、使命の迅速な転換という点において、今日の小国の政府、百年前の大国家の政府に勝っている。ドイツでは、大企業の指導部による独創的な職務命令と経営管理機関の活動のもとで、毎日同様の一日労働が、毎日毎日、毎年毎年、同じ程度の速度、確実性、責任感をもって遂行されるが、それと同じような時代と地球上の場所は、アメリカを含めてこれまでになかった。指導部の活動は、当該官庁のブレーキに対する抵抗ないし協働（つまり政治活動）、即断の必要性、そして責任の分担などの点で、重要な地位にある政治家の活動とは区別される。それは、より昔の営業活動とは、カバーされる地域の範囲、使命と課題の不断の変化、団体の経営管理機関のもとで手先となって働く人々によって区別される。これらの活動の仕方から生じる危機的な困難性は、政策と監督の一貫性の問題の中に横たわっている。指導的な首脳陣内における持続的な接触と交流が、首脳同士の日々の仕事の繁忙によって、ますます困難になる。定例会議では、本質的にもっとも必要なことに関してのみ、討議が行われ、それもたいていは一定期間が経過した後に軽く触れられるにすぎない。つまり、技術、生産、経営管理、金融、商業といった企業経済のすべての主要部門を見通すことができるような人物は、滅多にいないのである。

ラーテナウによれば、法人大企業が多数の枝分かれした部門や工場場所を個々の決算書によって、意のままに運営管理するためには、会計簿と貸借対照表の検査や監査を整える以外にはないが、海外の遠距離については考えないことにしても、地理的な懸隔があり、現実的に100の数の営業所が存在する場合に、良心的な年度監査を一年で終わらせることなど非常に困難になっている。主たる義務つまり、本来的な営業指導の使命のみならず、営業監督上の法的義務に関しても、もはや監査役会の手に負えないものとなっている。この場合に、はたしていかなる使命が監査役会に残されているのか。監査役会は「土台の組み換え」を通じて、そもそもその存在理由を失ってしまったのか。

実際に、監査役会に在籍する大株主なるものの概念も、その会社の資本金が1千万、いや1億単位で算定される大企業に対しては、その意義を失う。もはや大株主なるものは以前ほどには、その会社の監査役会に在籍してはいない。早期資本主義の悪習慣、つまり、「お気に入り」、家族ぐるみの友人、聖職禄付きの聖職者、退職年金資格者などは、ほとんど片づけられた。現今では大部分が、有価証券発行保証人としての金融資本家兼株主の受託人、事業の専門家としての元取締役、そして技術上あるいは法律上の専門家、隣接の発注先ならびに受注先地域にいる親密な大企業家などから、法人企業の監査役会グループは構成されている（Rathenau 1918.131-2）。企業の大規模化とともに、旧来の監査役会は、実質的に株主の代理人としての地位を奪われ、代表二、三名を取締役会に送り込む形で経営管理機関の一部局として再編成された。「土台の組み換え」による代理人制度の形骸化である。

新しい事業を生み出すということが今日の大企業のメルクマールである。諸国民の市場競争、生産過程の合理化は、原料から洗練された完成製品にいたるまで、生産は、可能な限り統一的な監視のもとで、遂行されるようになる。大量生産の法則は、組織化された分散販売を必要とする。発生する副産物には精製が必要である。技術の進歩は、低迷する需要をむりやり回復させる。これらいずれの使命も、地域の特性、地理的状況の相違、経営の特殊形態、そして集中化資金の調達に伴って、新しい事業の発生をもたらす。企業は、さらに第三、第四の系として繁殖していけば、グループ、コンツエルンへと大規模化する。

しかし経営管理機関の統一性は、同一人の職務兼務を通じて維持され続けるのでなければならない。かりに、取締役会にいる二、三名の監査役会代表に監査を任すことができるとしても、それでもまた彼らは、一定の統合のなかで監視されなければならない。こうして中央官庁に似た経営管理機関において多数の義務が生じる。一方でこの機関は、部局ならびに下位部門の区分増大や拡大に頼らざるをえない。またこの自らを組織化した関係からは、次の場合には一つの危険が生まれる。つまり、内的な連帯の検討なくして、組織力、人間についての知識、そして経済的な判断なくして、支離滅裂な構築物が生み出される場合であり、野放図な大衆の病的欲求によって、明確な判断と責任が無視されてしまう場合である。これらの危険は、人間、企業、国家について同様にあてはまる（Rathenau 1918.138-9）。

土台の組み換え、代理人制度の形骸化とともに、企業の支配的な主要部であり、最高の意思決定機関である株主総会の性格が変化し、特に投機的株主を通じて、株主総会と経営管理機関との間の利害衝突が誘発された。

私的経済から公共経済へ

株主総会と経営管理機関との利害衝突を克服するために、ラーテナウは、株主総会での（会社の定款などが規定する）株式所有による多数決原理を強調した。その理由として、「この前提と条件のもとでのみ、資本家に彼の資産を企業に委ねることを要求」できるような「資本主義的秩序が存在」しうるからである、と主張した（Rathenau 1918.147）。しかしけっきょくはラーテナウは、株主総会と経営管理機関との利害衝突に対して、総会株主による多数決原理うんうんを超えて、むしろ前者の「私的利害」を制限する一方で、後者の「共同体の福祉」の絶対的な擁護を主張する。ラーテナウにとっては、それは首尾一貫する態度であった。多数決原理は、「資本家的秩序」が「存在する限り」のものであったからである。すでに、大企業の経営管理機関の実質が、「資本家的秩序」あるいは「資本家の共同体」とは異なる（企業）「共同体の福祉」の実現へと「進化」していた。それゆえ、「大企業は、私的利害的断片主義や私的経済的自由裁量権による「切り刻みに」対して保護されるべきである」というのがラーテナウの主張であった。「ラーテナウによって確認された土台の組み換えは、守るべき価値のある新しい現存在利害関係者を生み出したのである」(Riechers 1996.8)。ラーテナウは次のようにいう。

今日の大企業はともかくもはや単なる私法上の利害構築物ではない。それはむしろ、個々においても全体においても、国民経済的な全体に属するファクターである。大法人企業はその出自からして、なお、純粋収益的企業という私的経済的傾向を担ってはいるが、一方では、合法であれ不法であれ、長きにわたり、ますます大きな程度で、喜んで公的な利害に仕えるようになっている。そしてこのファクターから新しい生存権が生みだされている。公共経済的意味における法人大企業の継続的自己形成は可能であり、純粋私的経済的拘束への退化あるいは私的断片への分割は、とうてい想像できない（Rathenau 1918.154-5)。

ラーテナウは、一次大戦以後の私的経済から公共経済への国民経済的転換を展望して、次のように、この著書『株式制度について』を結んでいる。

わが国民経済の本質と思想において、重要な根本的変化が目前に迫っている。…政治的事件であるよりも世界革命的事件である今次の大戦は、ヨーロッパの経済的社会的秩序の構造を、短期間のうちに平和な年々では久遠の時間を要するほどの廃墟に帰せしめた。この瓦礫の山からは、共産主義なる社会的国家あるいは経済的諸力を自由にこなす新しい国家が突然現われることはありえないであろう。企業の本質についてもまた、私的経済的思想の強化はかなわないことである。国民経済全体の意識的編入すなわち公共的責任および国家福祉の精神の浸透が実現するであろう（Rathenau1 918.177)。

以上、ラーテナウは、「土台の組み換え」を、総会での資本の多数決原理に基づく「資本家の共同体」、ないし「資本主義（資本家的）的秩序」としての株式会社形態（私的経済）から離脱し、社会主義的公共経済の起源をなすものと理解する点において、一応明確であった。ラーテナウにとっては、「土台の組み換え」とは、経営管理機関とその活動内容が従来の監査役会によるものから取締役によるものへと「組み換え」えられることを意味した。事態ははっきりと、「資本所有とコントロールの一体性」としての「資本主義（資本家的）秩序」から、取締役経営者によるコントロールつまり「所有と経営の分離」への脱資本家的転換を示していた。しかしラーテナウは、この脱資本主義的転換を次の二つの意味で曖昧にしていた。

第一に、ドイツにおける「資本家の共同体」としての株式会社企業形態の一般的な発展が一応認識されていたとしても、あるいは認識されていたにもかかわらず、ラーテナウは、その資本家的株式会社形態はいつ始まりいつ終わるのか、つまり脱資本家的株式会社はいつ始まるのかは、全く不明であった（一次大戦を画期とするものとしての含意は暗示されていたとしても）。そのこととも関連するが、第二に、ラーテナウはこの脱資本家的転換を、個人企業・資本家的株式会社から「土台組み換え」株式会社（公共経済の起源）、そしてさらにラーテナウ自身が真に求める国家社会主義的な「株主なき株式会社」（株主には何の補償もないとされた）に至るまでの過渡的モデルとして理解する傾向が、強く見られた。ハウスマンとネッターによるラーテナウ批判は、けっきょく、この脱資本家的転換の過渡期論的曖昧性に対して向けられることになる。

会社法と「生きた株式法」

ドイツは、1914年以来約20年間にわたって連続的に、戦争、インフレーション、復興、大恐慌にさらされた。これらのことは、主に1884年の議会制定法の修正に基づく1897年商法典の一部をなすドイツ会社法の観点に深い影響を及ぼし、その変換を余儀なくさせた。その商法典が編纂された時には、後の時代における一連の経済・法律現象などは、まったく予想されていなかった。1897年の商法典に編入されているドイツ会社法は、思想の特別な流派が有する社会イデオロギー的原則を代表したり具現したりするものではなかった。会社の内的生活と組織は、国家のそれとそれほど異なるものではない、とよく言われた。実際にこの使い古された比喩によって、その旧ドイツ会社法を、多かれ少なかれ完全に議会のルールやコントロールに忠実であった自由主義時代の創造物として特徴づけることが可能になる。たとえば、旧会社法では、広範囲な権力が株主総会に招集される株主に対して承認されていた。また株主総会は取締役がその決定とコントロールに服さなければならない「会社の最高の機関である」という適切な言い回しによって、会社法の根本原則が表現されていた（Mann 1937）。

しかし、一次大戦以降の幾つかの重要な機構上の変化は、実際の経済活動と古い法制的な枠組みとの間に絶えざる緊張を生みだすことになり、法廷と弁護士の活動に多大な困難をもたらすことになった。大多数の人々が、「生きた会社法」を実定法に（従属させるのでなく）格上げする権利があると痛感した。彼らはまた現存し依然として有効かもしれない法律の精神や条文と相入れない行動や手法を正統化するために、慣行、「生活」、そして「事実上の支配力」を見抜くことに積極的になった。制定法と「生きた」法律との「分離」に関する調査を行う委員会が、「ドイツ経済における生産と販売条件に関する現況」を検証する目的で設置された。その分科委員会の調査結果は１９３０年のレポートで次のようにまとめられた。「改革は、最近の経済発展に対して法律を一致させるという課題に応じるものである。時代遅れの条項を除去し、経済的な斬新さを規制する条項を、地域共同体、企業、株主の利害において必要とされる限りで、生かすものでなくてはならない」（Mann 1937）。

共和国株式法への影響

ラーテナウが、はっきり認識できるその生命体の存在を断言した『株式制度について―実務的考察―』から、「企業それ自体」の法学理論が発展した。「企業それ自体」の学説は、ワイマール共和国の株式法に対して根本的な影響を及ぼした（Riecher 1996）。１９３０年レポートのずっと以前から、会社法の包括的な改革要求は出されていた。ドイツ法律家協会は、その１９２６年第34回大会で会社法改革の問題に関する研究委員会を任命し、１９２８年に準官報上のレポートを公表した。その後、帝国法務省によって、多数の個人、法人、機関、団体に対してアンケート調査が実施され、そのうちの重要な解答が公表された。次いで１９３０年に一回目の会社法草案、１９３１年に二回目の会社法草案が法務省によって準備されたが、いずれも議会上程には至らなかった。その二回目の草案公表のちょっと前、１９３１年の9月と10月になされた二つの大審院（最高裁）判決によって、その7月の経済恐慌によって最先端に現れた極めて重要な問題が処理された（この二つの判決は、総括的に１９３７年会社法に編入された）。

１９３１年大審院の判決では、１８９８年商法条項を修正するものとして、次のような原則が明らかにされた。株主の過半数といえども、会社にふさわしくない、また会社に損失をもたらすような、株主としての排他的な利得を追求すること、つまり、その支配的な投票権行使によって、企業を破壊する、もしくはその幸運な将来を危険にさらすような利己的目的を採択することは、けっして許され得ない。いいかえれば、「会社における過半数得票による決定の権利、そしてそれによる少数株主の金融上の利害を処理する権利といえども、多数派は、少数派の正当な利害を考慮すべきであり、少数派を不当に収奪しないという義務を負っている」。

この原則は明らかに少数株主の保護を目的にしており、それ以外には決して適用しえないもの、とされたにもかかわらず、「企業それ自体」学説は、次のごとく主張し、株主権利の一般的制限へと強調点を移動させた。多数派株主の権利の行使は、企業の利害つまり取締役会の利害と一致しなければならず、それゆえ、たとえ全員一致の投票で承認されたものでさえ、企業の利害を犯すような決議は無効である、と。「企業それ自体」学説は、1931年の大審院判決直後の二回目の法律草案に伴う高度に暗示的な説明文において、承認された。その草案説明文の中で、帝国法務大臣は、ドイツ会社法の構造的変遷を以下のように、描き出した。

まず、単純に個人主義的な見解に対して次のような法律上のアイデアが取って代わった。つまり企業とは、個々の市民がその利害を追求するための外見上の組織を意味するだけではない。さらに企業はそれ自体として、特別な性格を持つ法律上の有用体であり、特別な目的をもつ組織（国家が、その緊急必要性において株主たちの個人主義的利害と矛盾する場合においてさえも、保護し奨励しなければならない組織）である。このことを別にしても、会社内におけるコントロール権力の転移がはっきり見られる。それは一部は、最近の（企業）集中傾向の結果であり、一部は取締役会内の活動的勢力に対してより大きな機動力を与える熱望によるものである。企業を浮動的な株主多数派から独立して発展させようとするならば、株主総会や個人株主の権限を制限する以外にないであろう。本法律草案は、これらのアイデアの強さにおいて、「企業それ自体」の利害は、個々の株主の個人的利害と同様に保護する価値があるという原則を承認するものである（Mann 1937.225）。

ナチス政権下の株式法

1933年にナチスが権力を掌握する以前では、会社法改革運動は、1．様々な関連における多かれ少なかれ細部の技術上の改善、2．制定法上今まで知られていなかった事態への対策、3．違法か適法かが係争中である取引や手法の規制、の三点に集中していた。しかし、ナチスの政権獲得の直後に、すぐ最高の重要性を持つことになる、そして全問題を全体的に別のラインに移動させる第四の課題が付け加わった。全体主義国家の一般的なアイデアとの一致において、有効な国家社会主義的原則を経済問題の領域内に特権的に導きいれることが必要と考えられた。このことは、特に次のようなより根本的な性格の問題設定に導いた。つまり有限会社は原則上、国民的社会主義国家の基礎と活動に内在するそのアイデアと合致するものとして許容されうるかどうか、もし許容されるとすればそれはいかなる諸条件においてか、と。新設されたドイツ法律アカデミーは、この問題を究明するために１９３４年、一つの委員会を任命した。

当委員会は１９３４年と１９３５年の二回のレポートにおいて、勧告を策定した。法律アカデミーによる二回目の勧告直後、ライヒスバンク総裁シャハト博士は、アカデミーのメンバーに対して、有限会社とそれらの本質的特徴のいくつかを擁護するために強い、嘆願をおこなった。最終的に１９３７年1月新ドイツ会社法が公表され、同年8月から施行された。その「新ドイツ会社法」の成立は、帝国長官フランクの評価によれば、「国家社会主義（ナチズム）の原則と安定したドイツ経済との豊かな統合にもとづくものであった」（Mann 1937:221-2）。

１９３７年株式法には、「生きた会社法」つまり戦中、戦後から１９３３年以前に発展した慣行や一次大戦以後のラーテナウの「企業それ自体」理論を前提にするという点からみて、慣行上とイデオロギー上、目新しいものはほとんどなかった。１９３７年の株式会社法は、１８９７年の商法典を修正し、「企業それ自体」の存在を認めた１９３１年の大審院判決を基本的に継承するものに他ならなかった。「企業それ自体」の法学説は、株主の個人主義的コントロールに対する制限を目的にしていた。この点では、その学説はある程度は、ドイツで戦時中に発展した、そして１９１８年８月のワイマール共和国憲法にその方向を見いだす多様な社会主義的アイデアによっていた。憲法は次の原則によって総括される精神に満たされていた。つまり「生産手段の所有は義務をうみだす。また生産手段の利用は、社会全体の幸福のためのサービスであるべきである。」この原則によって、一次大戦後の法廷や法律家たちは、個人の権利と共同体への義務との内的な結びつきを考察し、また強く意識するようになった。

ナチス政府は、指導者原理を１９３７年株式法にもちこんだ。「取締役は自己の責任において営業および従業者の福祉ならびに国民および国家の共同の利益の要求するところに従い、会社を指揮することを要す」。（第70条の1）。他方で株式法は、取締役の地位の強化とともに、その濫用を防ぐため任期の最高限を規定したばかりではない。取締役の収入に対して監督および制限が加えられ、またその任務に違反した場合には、「単なる経営者としてではなく、通常のかつ誠実なる営業指揮者として」注意を怠らなかったことについて、立証責任を負わせられた。１９３７年株式法は、シャハト博士の請願の有効性はともかくとして、当然にもラーテナウの「株主なき株式会社」は拒絶した。株式法は、ラーテナウの「土台の組み換え」を全面的に受容して、取締役の地位を強化し株式会社の寡頭政治的再編を主張すると同時に、株主総会および監査役の権限を縮小しつつ、「取締役を傀儡とする大株主の専制（株式会社の資本民主主義的構成）」すなわち株式会社本来の代理人制度を法制的に否認した。ヒットラーの政府は、１９３７年株式法によって、自らの政権の国家社会主義的実態を実証したことになる。

二　ハウスマンのラーテナウ批判

クライン・モデルと「土台の組み換え」

ハウスマンは、一次戦争中の１９１７年に執筆され１９１８年に公刊されたラーテナウの著作「株式制度について」と大戦前に公刊されたクラインの二著作（１９０４年の「株式会社の定款の法律におけるより新しい発展」および１９１４年の戦争勃発ちょっと前に著された「取得会社の法律の経済的社会的基礎」）とを対比して、次のように述べる。両者の著作から「株式会社の基本理念（本質）に関して、互いに根本的に異なる対照的な理解を識別することができる」（Haussman 1928.3）。最近の十年（１９１８～１９２８）間に、株式会社の本質において進んだ変化の根本的特質は、ラーテナウが信じていたように、確かに大企業株式会社の発展において見ることができる。しかしながら変化の根本的特質といっても、それは、クラインが「基礎における移り変わり」（Der Wechsel in der Grundlagen）という表題のもとに論じた現象以外の何ものでもない。ラーテナウの「土台の組み換え」（Substituton des Grundes）は、このクラインの「基礎の移り変わり」（Wechsel der Grundlagen）に対して、単に新しい呼び方をしたということにすぎない

(Haussmann 1928.17)。

ハウスマンによれば、ラーテナウが株式会社の本質の観察において新しく導入したと信じる「土台の組み換え」現象は、すでにクラインが、彼の総体的な観察において前提にするもの他ならない。クラインにとっても、「株式会社の内部的発展」は、ラーテナウと同様に、株式形態における諸利害関係の暗々裏の内部的対立・矛盾を動力とするものである。数十年来存在し、今日また根本問題とされている株式制度と株式法の分野では、永続的な改正運動はほとんど一種の自然現象である。株式会社の運動する諸力の全体に横たわっている内部的な対立・矛盾は、株式会社が一種の（エネルギーの補給なしで永久に動き続けると想定される）永久機関的活動として常にそうあり続けるその最重要要因の一つに他ならない」(Haussman 1928.3)。

ハウスマンによれば、クラインは、ラーテナウとは異なり、株式会社の内部対立に対する「打開策および改革提案」は、「一次的な緩和剤を提供しうるのみ」とみなす。クラインにとって、「株式会社形態の真実のために絶え間なく戦うことは、（1870年以来の）株式立法の運命である」。ともかくクラインは、法律と関連する経済的な出来事に対して明瞭な洞察力を持つ大法学者にとどまったとすれば、それに対して本来の財界人・経営者・経済学者であるラーテナウは、法律的なものを、いわば経済的実務家の、そして経済理論家的な、クラインとは異なる岸辺から、一方的に理解しようとした。クラインは、株式会社の観察と基本理解において、偉大なリアリストであるといえるが、ラーテナウは全く異なる。人は彼に対して、クラインとの対比において、「株式会社の大理想主義者・夢想家」として、レッテルを張ることができよう (Haussmann 1928.10-13)。

ドイツ最大企業の一つ、アルゲマイネ・エレクトリツィテート・ゲセルシャフト（ＡＥＧ）の経営管理機関の指導的構成員として、ラーテナウは、彼が総会や監査役会議においてなした実際的な経験を叙述し、彼が部分的に直接的に注意深く探りとった生活場面や状況を記述した。これらの観察のなかに、ことによると、彼の研究の最大重要部分、あるいはとにかくラーテナウの研究の大変興味深い部分を見いだすべきであるかもしれない。しかし彼の洞察力は、現実の、実際的な観察方法から向きを変えて、国民経済をもはや私的事柄としてでなく、（資本主義から社会主義への転換といった―引用者）一般的な問題として観察する時代の趨勢に迎合する。そして、これらの異なった観点から生まれる様々な内面的相克は、彼の非の打ちどころのない叙述の事実に即した構成において、一つの治癒不能の不協和音をもたらす (Haussmann 1928.13)。

1920年代のワイマール共和国期に発展した「企業それ自体」現象を、ラーテナウの主張する脱資本家的経営者支配の意味でなく、クラインの古典的株式会社形態モデルの延長線上で説明することが、ハウスマンの狙いであった。ハウスマンは、クライン・モデルを、「管理責任者の全能、会社事態において最大権限を留保する大株主の特権的地位、取締役会と大株主に対する総会の劣勢、そして個人株主の法的権利の無さ」(Haussmann 1928.21) うんぬんと要約する。取締役会および総会に対する、個人大株主からなる監査役会の「管理責任者」としての「全能」、要するに資本(株式)所有に基づく経営管理支配(資本所有とコントロールの一体性)であり、資本家的株式会社形態の再定義であった。

ここでは、相当数の企業家が、株式会社形態でもって連携する。彼らは、主要参加者・大株主として、その全体事業のために指令を与え責任を引き受ける。一方、他の不特定多数の個人株主は、主要参加者が一定秩序にもとづき事業運営する企業を信頼して、つましい資本出資を行う、いわば単なる同調者である。単なる同調者は、企業自身に対して、けっして決定的な影響力を行使しないし、行使することもできない(Haussmann 1928.20)。

新しい大株主としての「経営者株主」

ハウスマンによれば、一次大戦以前に現実に存在したといってよいクライン・モデルにおける「大株主」の企業コントロールおよび個人株主の「大株主」への同調者という二つの根本的特質は、一次大戦以降の株式会社形態の現代的発展にも受け継がれる。そこに個人「大株主」が銀行などの「経営者株主」(Unternehmeraktionar) に変わるなどの若干(に過ぎない)のバリエイションが生ずるとしても、資本家的株式会社形態における「資本所有とコントロールの一体性」の普遍性は貫かれる、とハウスマンは主張する。

ラーテナウの「土台の組み換え」においては、大企業と株主の関係は、企業に対するいわゆる個人的な機会株主(一部は、投資資本が適切な利子を生むことを希望し、他の一部は、相場利得を期待する投機的な個人株主)に対する対決の視角から規定される。ラーテナウは、私的利益のみを追求するこの種の機会株主タイプの混合から株主総会は構成されるとみなし、多数決原理においてのみその意志を決定しうる総会に対して、一般的社会的利害の観点から、「企業それ自体」の保護を強く要求した。ここでラーテナウの理解の難点は、ハウスマンにとっては、現代大企業の経営管理機関が、総会に対して個人株主とは異なる特別の大株主(当該企業の株式を所有する「経営者株主」)のグループと向き合っていることを無視する点にある。

現代の法人大企業では、確かに不特定多数の株主に対する経営管理機関の立場は、より強いものになる。しかしその一方で、新しいタイプの大株主（古いタイプの大株主に代わって監査役会に在籍する「経営者株主」）は、正当なやり方で、個人的機会株主とは異なるあるいは個人株主よりも大きな程度の影響力をもって、経営管理機関に対して、自分の権利を要求することができる。こうして、クライン・モデルと同様に、「大株主」が経営管理機関への「主要参加者」として介在し、また不特定多数の個人株主はその「大株主」の同調者として私的利益を追求できるから、株主総会と経営管理機関との利害衝突は大きく緩和される。それゆえ、ラーテナウのように個人的な機会株主と経営管理機関との利害衝突をことさら強調し、前者の私的権益の追求を制限し、後者の「企業それ自体」の権益などに対して特別な保護を要求することは誤りである。

現代株式法のもとにおける実際的な企業行動を追跡してみよう。ここでは、同様な目標と規模、同様な経済的利害を有する甲と乙の二つのタイプの株式会社大企業が比較される。甲タイプでは、不特定多数の個人機会株主だけが存在し、「大株主」のパッケージは存在しない。乙タイプでは、大株主（経営者株主）のパッケージ、たとえば銀行グループが存在しており、それが、株式の過半数所有を通じて、経営管理機関に決定的な影響力を行使する状況にある。ここで重要なことは、甲と乙タイプの間には、それらの経済的な活動において、そもそも実際的な相違は存在しえず、むしろ資本家的企業にとって当然の「共通なるもの」が見出される、という点にある（Haussmann 1928,24）。

甲と乙のどちらのタイプの企業でも、経済的な競争戦においては、自ら必死に持ちこたえなければならない。どちらのタイプも同様に、その存在のために世間に向けて戦わなければならず、できるだけ安く生産し、原価を引き下げ、そして最大可能な利益を得て販売する努力をしなければならない。不特定多数の個人株主だけが存在する甲タイプの会社の場合に、もしその経営管理機関が、「公共経済的理念」から株主の利益でなく「企業それ自体」の利害を守りたいと思い、これらの株主全体に対する配慮を怠るとすれば、どうなるか。その実際的結末は、その会社が、甲タイプの他の企業に対しても、多数派の「経営者株主」を有する乙タイプに対しても、不利な状態に陥り、最後はその競争戦に敗北してしまうということである。このように甲と乙の両タイプに「共通なるもの」とは、経済競争そしてその他の責務や株主への配慮を許容し得るほどの、可能な限り僅かなコストと大きな収益性を有する企業経済の経営管理であり、そうあり続けるということなのである。…配当を求める投資志向の機会株主であれ、相場利得を求める投機株主であれ、株主としての主要な利害関係は、「経営者株主」の場合と同じである。いずれも株主利害としては、投資に対して最大可能な収益性・利回りをもたらす理性的な分別のある企業経済の実現に関わっているからである（Haussmann 1928,25）

代理人制度の普遍主義的性格

ハウスマンにとって、「新形態の株式会社形成の根本要因」をなす「大株主」は、「古くから伝わる伝統的なまたラーテナウによっても受け継がれる投資株主と投機的株主の区別」によるグループとは、まったく異なっていた。ハウスマンは、この「大株主」の概念を明確にするために、それに「経営者株主」という名称を与えた。その意味するところは、「誰かが、会社の株式の50％以上を取得するという事実にあるのでなく、これらの大株主が、その過半数持ち株を手段にして、企業自身の経済的集中・合理化過程に対して決定的な影響力を獲得し、企業全体が彼に所属する場合と同様に、自ら経営者として業務執行に対して、直接的な影響力を行使するという事実にある」（Haussmann 1928. 19-20）。ハウスマンは次のように主張する。

過半数所有方法による株式会社ガバナンスは、最近の金融的産業的集中上の決定的な補助手段になった。人が最近十年の経済的発展、特にコンツエルンの発展を株式会社の観点から理解すべく試みるとすれば、次のことが明らかになる。つまり最近の、集中化および合理化努力が行われる際に見られる特徴的な株式グループ形態（経営者株主）は、新しい企業を自己資金によって建設することを意味するというよりも、むしろ、支配力を達成し拡張するためであれ、競争者をその活動分野で打ち負かすためであれ、合理化し、簡素化するためであれ、株式の過半数獲得を通じて、存在企業のガバナンス達成に努めることを意味する。後で売り払う意図をもってその不特定量を取得する株式により企業を創業することよりも、過半数取得の方法による既存の企業への侵入こそが、経済的考量の関心の的になる。この発展傾向に関連していることは、人が単に、投資を求めるかまたは投機をするかのいずれかのために株式を取得するということではなく、株式、特別に閉鎖的な株式パッケイジの取得が当該企業に対して決定的影響力をもたらすということなのである。このようにして新しい株式グループ化が発生した。つまり大株主・経営者株主が、株式取引所での株式取得の方法で、または他の形態で彼らの資本を投資または投機しようとする不特定多数の少数株主と向かい合うことになった（Haussmann 1928,19）。

しかしながらハウスマンによれば、以上のような株式会社形態の最近の変化形（バリエイション）において、単なるニュアンス以上のものを見て取ることは根本的に間違いである。また上で言及された二つのタイプ（クライン・モデルとそのバリエイション）のどちらか一方ではなく、その両方をいわば統一して、最近の株式会社の特徴的なメルクマールを明確にすることが、根本的に重要であった（Haussmann 1928.24）。

ハウスマンにとっては、企業の経営管理機関は、不特定多数の個人株主に対してであれ、経営管理機関への参加者としての「経営者株式・大株主」に対してであれ、どちらの場合でも、株主意志すなわち株主全体に従属する他人資産の管理人にとどまる。大株主が個人から銀行などの「経営者株」に変わる場合に、そこに特別な支配株としての相当なバリエイションが生まれることはあるにしても、経営管理機関と株主全体との基本関係は、依然として、経営管理機関は、彼に委託された他人資産を、株主の利益のために可能な限り有利に、そして儲かるように利用するという点（代理人制度）にあることに変わりはなかった（Haussmann 1928.26）。

以上ハウスマンは、一次大戦前に実在したクライン・モデル（資本家的株式会社形態）を相当のバリエイションを含ませて一次大戦以降にまで延長させて普遍化した。そのことによって、彼は、ラーテナウの「土台の組み換え」に対する自らの否認を正当化し、ラーテナウの「企業それ自体」からその脱資本家的性格を剥ぎとったのである。

三　ネッターのラーテナウ批判

多数決原理と経営管理機関株の増殖

ネッターによれば、株式会社に関して法律上の概念規定は存在しない。しかし株式会社とは、株式を所有するという条件において、株券に分割される団体の株式資本に参加する株主たちの結合である。会社の議決は、多数決原理にしたがって行われるが、この場合に、原則としてすべての株主に対する平等な待遇が重要である。このような株式会社の理解は、旧商法典（ＨＧＢ．１８８４年）の規定によるが、このことから株式会社に決定的な次の三つの法律上の要因が明らかになる。1．株式会社は一つの団体である。2．それは民主主義的な定款を持つ。3．資本家的に算定される多数決原理が団体の裁定を下す（Netter 1929.35）。要するに、帝国憲法の規定によって、国家権力が国民に由来すると同様に、株式会社の最高権力は、株主総会において統合される株主の全体である。ここにおいては、参加する資本がその投票の相対多数によって裁定を下すのである。

　一次大戦前では、その勃発のずっと以前の大審院の判定で、多数決原理からの演繹として、大株主に固有な経済的利害関係上の行動は基本的にいかなる制約も受けることはないとされていた。理論的には公序良俗に対する違反の境界線は重要性を持たないと理解された。現代の解釈によれば確実に公序良俗に違反する行動が、以前では許容されていた。個人株主が自分の利害関係を押し通す場合でも、法律上はすべて正当な行為とみなされた(注)。

(注) その点をよく示しているのは、ある資本金減額決議に関わったデュセルドルフ上級地方裁判所の１９１４年判決(大審院によって正当性が確認された)である。会社の株式資本に二人の株主が参加しており、そのうちの一人は4491.－Mk株、他の一人は9.－Mk株を所有していた。各45株を44株に縮小させるというやり方で、100000.－Mの資本金の減額が株主総会で決議された。その措置は、会社の何らかの経済的必要性からではなく、単に少数派株主を会社から排除するだけの目的で行われた。

　このような現代の理解からすれば高度に懸念すべき措置に対して、ドイツ大審院は、その行為は、大株主に固有な経済的利害を追求するものとして、是認されるものと見なした。他の株主に損害をもたらしその損害が気付かれたからといって公序良俗に反するものとなるわけでない、というのであった。ここでは、株主の内部的連帯感やドイツ法上の意味における共同体がいかなる意味でも欠落しているという点は曖昧にされたままであった。多数派株主だけが裁定を下さなければならず、そしてその場合にそれらの固有な利益だけを考えればよい、という原則が明確になっていた。株主総会の多数派こそが、経営管理機関・監査役会をこえて、会社の利害およびその株主の利害において重要なこと、重要たらしめることを決定するという原則が、法律において承認された。ここで特に注目すべきは、株主利害の会社利害からの分離であり、そして両利害の多数派株主の意思のもとへの無条件の従属であった(Netter 1929.38)。

　１８８４年以来の会社法および現実の株式会社の発展において、「資本所有とコントロールの一体性」(代理人制度)は文字どおり確立していたと言ってよい。しかしながらネッターによれば、１９１８～１９２８年の十年間に発展をみた「生きた株式法」による株式会社は、もはや１８８４年以来の会社法による古典的な株式会社と同じものとはいえない。戦中そして戦後のワイマール共和国期を通じて、経営管理機関(が保有する特別な)株が増殖するとともに、多数決原理つまり過半数株主による自由主義的な投票権に関する法律上の解釈が急速に変わった。最後には、経営管理機関の機関株保有（多数決原理）による実質的な株主総会支配が確立し、代理人制度は完全に逆転された。

一次大戦後、大審院の判定（最高裁 Bd.107）は、上述の「過半数株主による決定の原則」に厳格に反対して、次のように論じた。「共同出資者（社員・株主）は彼の権利を会社の定款から導き出すのであり、彼の権利は、共同出資者としての彼の資格において彼に付与されている。したがって株主は、これらの権利を行使する際には、会社外に横たわる私的な特殊利益によるのでなく、原則的に会社の利益により導かれるのでなければならない」。早くもこの判定によって、株式制度に関する法律上の判断においては、会社そのものおよびそ会社の利害に対する配慮が決定的に重要であることが明らかとなった。このような見解は、戦後1919年ころから、アニリンコンツエルン、火薬コンツエルン、船舶会社などの先例にならって、ますます強く採用されるようになり、「相対多数投票株」および優先株（投票権を持たない）を取り扱う際に、決定的な意味を持つようになった（Netter 1929.38）。

大審院の判定（Bd.107）ではさらに、とりわけ会社が利己的な目的で運営され、総会決議が意識的に会社の健康をなおざりにするような場合は、公序良俗に反することが明確にされた。ここからまた株主総会の決議の際に会社の健康を顧慮すべき株主の積極的な義務が明瞭になった。同じく、法人企業活動上の枠内では、利己的な利害を会社の健康に対する配慮のもとにおくことの必要性が強調された。続いて大審院の判定（Bd.108）では、経営管理機関もしくはそのメンバーが所有する機関株の問題に関する新たな展開にとって決定的になる次のような論述が見出される。「株主の過半数が経営管理機関に信頼をよせ、機関は機関株によって機関にもたらされる権力増大を、会社の健康のためにそして特に外資支配の防止のために使う、と信じることができる場合には、その過半数（機関株を含む）による総会決議は、株式法の精神に矛盾するとか、あるいは公序良俗に反するとかとは、みなされえない」（Netter 1929.39）。

経営管理機関株の種類

「企業それ自体」の利害に対する決定的な強調と関連して、さらに企業はその経営管理機関において当然の防衛機構を有するという基本的考え方が特別に際立つようになった。「防衛株」が経営管理機構にゆだねられることは、（経営管理機関に対する株主総会の）特別な信頼行動を意味すると見なされた。また「防衛株」の引き渡しを通じて、経営管理機関の受託者地位を作り出すことは、株式法の精神に合致するものとして説明された（Netter 1929,39）。それから さらに、同様な法律思考が、銀行に投票権を委託する預託株の創設の認可に関わる大審院の判定において、特に明らかにされた。「預託株」は、「相対多数投票株」と異なり、数倍の投票権を有するわけではないが、その所持者が、会社との間ではっきり表明される、または暗黙の取決めを通じて、株式法の執行に対して有利な結果になるように、株式の売却あるいはその他株式の自由な利用において結集する株式である。

大審院は、判定を下した二つの訴訟事件（イルセ鉱山業事件、ハンブルグ南アメリカ汽船会社事件）において、預託株の創設に際して、利己的な動機か、あるいは会社の健康に対する配慮か、どちらが決定的であったかを審理し、「預託株」の法的有効性の承認に関する根拠を示した。株主自身の利害でなく、企業の維持とその防御への配慮が、その承認にとって決定的に重要である、と。企業は、経営管理機関の構成員によって受託者的に、つまり企業の利害においてのみ管理される特別な種類株の創設をつうじて、自らの保全を見いだした。こうして独り立ちの企業を防御し保全するための経営管理機関株に対する法的容認は、企業はいかなる意味でも防御を要する自立的な法的財貨とはみなされなかった以前の判定からの意識的な離脱として、法律発展上明瞭な内容を形成することになった（Netter 1929,40）。

経営管理機関株には、すでに言及した「防衛株」および「預託株」に加えて、「相対多数投票株」、の三つがあるが、やや範囲を広げて、買い戻された自社株としての「自己株式」を付け加えることもできる（後述）。相対多数の投票権を持ち、主に過半数に達しない場合に用いられる「相対多数投票株」は、投票の相対多数が主要問題となった1919年以来、その機能が変化して、純粋な「支配株式」になった。この機能変化は通常、外国の株主や競争者からの望ましくない影響を阻止し会社を防衛する必要性によって正当化された。「相対多数投票株」は、資本増強を承認する（株主総会）決議によって、株主を除外して経営管理機関のメンバー、銀行あるいは系列（親）会社に対して、発行された。この株式の発行が頻発する場合の危険は、会社を資本によってでなく、単なる投票権によって支配することを可能にするという事実にあった。

なお「防衛株」について補足すると、総会における資本増強決議の場合の条件として、経営管理機関の「仲間」だけに発行される普通株が「防衛株」である。新株は額面金額で発行される。創業登記簿への資本増強の届け出以前に、額面金額の25％が払い込まれなければならない。残りの払込額は、監査役会の指令により履行される。取締役会は、次の1、2、の場合に、監査役会の同意のもとに、この新株発行の全権を与えられる。1．新株を引き受けるものは、資本増加により発生する費用（会社の税を含む）を引き受ける。2．新株を引き受けるものは、会社（取締役会）との相互理解においてのみ、会社によって指定される時点でのみ、その株式を活用する義務がある（Netter 1929.65–6）。こうして「防衛株」は、その保有者としての経営管理機関にとって使い勝ってのよい道具となるという意味において、この機関による支配権力の獲得を意味した。「防衛株」は、普通株と別個の株式種類を形成せず、「相対多数投票株」よりもより多く資本所有に基づいて、他株主の配当権や少数株主の権利を制限し、また四分の一（25％）の払込資本で、その四倍の投票権を与えられるので、資本所有権にとって極めて危険なものとみなされた。大審院は、「防衛株」が、過半数株主の権利乱用にならないかどうか、特別な注意を払って検証する必要があることを強調した。

形式的多数派による株主総会支配

産業企業とユニバーサル大銀行との関連は、一次大戦前とは全く異るものとなっていた。産業株式会社の集中拡大・資本増強に伴う自らいっそう集中化した大銀行間コンソウシアムによる証券保有（直接的な投票権）の増大あるいは銀行の委任投票権の保有の増大は、一次大戦前のような株式発行・流通という金融目的の実現というよりも、コンツエルン、トラスト、あるいはカルテルなど、産業株式会社企業間の組織化推進を主たる目的にするものに変容した。その時に、一次大戦前における一般株主の銀行預託株は、ネッターによれば、株主総会を支配するための経営管理機関株（ハウスマンの「経営者株主」に相当）として、独特な「預託株」に変貌した。ドイツの株式証券のほとんどが「預託株」であるといわれる。銀行は、「預託株」がもたらす投票権によって、少数株式所有者の投票権に対する制限規制を回避しつつ、大多数の少数株主の利害代表者として、また産業株式会社の監査役として、会社に大きな影響力を行使することができる。しかし銀行はたいてい、株主総会の議案に関して取締役会に好意的に投票するので、けっきょく「預託株」も、取締役にとって使い勝っての良い道具になるのである（Mann 1937.236–237）。この意味において、吸収・合併目的または金融目的で使用するために作り出される「預託株」を「経営管理機関株の種類に含めることは正しい」（Netter 1929.62）。

ネッターによれば、経営管理機関株については、法律上やや不明瞭であり奇妙なことではあるが、身体的人間（しかし自分自身の権利としてではなく、ただ受託者としての企業の利害において）すなわち経営管理機関にその自由な使用が任される。この意味において、経営管理機関構成員（特に取締役会）の地位が（株主総会に対して）強固になる。吸収・合併または資金調達のような、資本増強のための経営管理機関株の発行については、一般株主の購入権排除のもとに、そして経営管理機関（取締役会、監査役会）への権限および義務付与のもとに、株主総会決議において、乱用の可能性を残さないで、経営管理機関の同意によってのみ、また会社企業の利害のためにのみ、自由に活用する仕方で行われる必要がある、というのが通常の法律理解であった（Netter 1929.64-5）。

経営管理機関株の法律上の特質から、その取り扱いについては、コンソウシアム契約締結の必要が生じる。このコンソウシアム契約とは、経営管理機関が株主総会決議に適合する経営管理機関株の取り扱いを保障する上で、必要不可欠な説明措置を意味する。それゆえそれは、業務執行上の法的手続きであり、それにもとづいて、すべてのその他の業務執行上の措置と同様な仕方で、説明責任を課せられることになるのである（Netter 1929.66）

かくして、「生きた」株式会社はその実際的な重心を、株式法上の制度と並んで特にコンソウシアム契約において有するようになった。現代の株式会社ではほとんどの場合に、さまざまな種類の経営管理機関株が存在するが、株式会社の生命実態は、法律の観点から見れば最高の意思決定機関である株主総会においてではなくて、コンソウシアム契約のなかで維持されることになる（Netter 1929.55）。

コンソウシアム（コンツエルンと同義―引用者）には、「相対多数投票株」あるいは「防衛株」が集結しており、ここには、「預託株」および経営管理機関株の自由処分（裁量）権が宿っており、ここには、非公開の株式パッケージの「プール」が存在しており、ここには、その団体が自由に処理できる株式の受託者義務が作用しており、ここでは、個々の株主グループ間の契約上の取り決めが効力を有している。株主総会の決定はたいてい、とっくに総会が召集される前に行われている。コンソウシアムの決議、あるいは受託者（Treuhander）としての経営管理機関（監査役会、取締役会）による投票指令が、株主総会の決定を左右するのである。たしかに監査役会の選出は、株主総会を通じて行われる。しかし総会における過半数割合は、株式結集によって決定的に影響されるので、監査役選出の決定的要因は、形式的にのみ株主総会によるのであり、実際はコンソウシアムあるいは受託者（経営管理機関）にある。ふつうは監査役会をつうじて、あるいは散発的にのみ株主総会を通じて行われる取締役配役もまた、けっきょくはコンソウシアムあるいは受託者に帰せられる。株主総会は実際には、コンソウシアムに結集する大株主利害あるいは議決権株主利害の意思に反しては、ほとんどなにも決定しえない（Netter 1929.55）。

たしかに株式制度の運営の実務においては、経営管理機関株といった投票権結集の作用が観察できないケースも少なからず存在している。しかし、そのような投票権の結集が確認されないケースにおいても、ともかく投票権結集が法律上または実際上存在するが、単に部外者の目には見えないだけであるといったケースが考えられる。あるいは本来の経営管理機関株つまりコンソウシアム契約によって引き取られ、経営管理機関の自由処理のために保有される株式の領域外にもまた、意思形成のための投票権結集上の調整が存在していることが考えられる。このことは、コンソウシアムでなく受託者（銀行、信託会社など）が株式を保有するケースについて問題なく当てはまるし、会社の株式の管理が、コンツエルン企業つまり子会社を通じて行われる場合には、もっと強く当てはまる。

したがって、投票権集結の典型的主要特質はけっして、上述の狭い意味における経営管理機関株に限定されるものではない。それはまたさらに次の場合に優勢になる。つまり、（自社株を買い戻した場合に発生する）会社の「自己株式」は、株式会社の有利になるように合法的には結集せられないとしても、実際上は何らかの方法でまた何らかの場所で一つのものに統合されるので、結果的にこれらの株式の影響力が決定的に成長してまとまって自己主張することになる。そのことによってまた、実際上株式会社の意思形成がそれぞれの機関において決定的に影響を受けることになる（Netter 1929.56）。

１９２７年の官庁統計は、多数議決権株の割合を平均で34・9％としているが、この数値は、当時の株式会社の意思形成に関して実際の状態を正確に示すものとはいえない。多数議決権株の状況は統計的には十分に把握できない（注）。しかしともかくも統計を通じて求められるような現実的状況から出発し、専門ないし商業ジャーナリズムが伝えるレポートから「会社の一般的な実務経験」などの事象を追跡し、また法律上の文献や判決に注意を払うならば、「生きた株式会社（企業それ自体）の実際上の意志形成は、本来的な資本所有よるものではなく、根本的に経営管理機関に依存していることが、はっきりと確認される」（Netter 1929.57）。

（注）官庁統計は１４９９の上場会社に関するものに限定されている。また、額面金額の25％だけの払い込みによって、事実上その四倍の１００％の投票権が与えられる普通株に

関しては、あるいはまた交換優先株や預託株の投票権に関しては把握されていない。ともかく官庁統計では現存投票権の割当てが総資本額におけるその割当てよりも事実上大きいような株式の把握を欠落している。

ネッターによれば、広い意味で理解される経営管理機関株を実例として、株式会社の構造変化を決定する根本的特徴が証明される。資本ではなく重要人物が、株式会社機構の実際的な生存状態に対して、すなわち営業を指導する支配的な人物において組織化される経営管理機関に対して、裁定を下す。このことが、株式の配分とそれに結びつく投票（議決）権にもあてはまるとすれば、その作用はさらに他の法律要素についても証明される。株主総会の実際上の重要性は、経営管理機関の影響力のおかげで完全に後退した。経営管理機関は、投票（議決）権上で総会を支配するだけではない。その支配権力はさらに、デスクロジャー規制の非常に限定的な適用（このことは、この機関が部外者的な株主の情報要求に対して乗り越え難い障壁を築くことを意味する）をつうじて強化された。

以上を要するに、資本の影響力を限定づける経営管理機関支配（権力）の安定化は、経営管理機関株とコンソウシアム契約が形成する「会社統治のために十分な（しかし資本所有の裏付けのない）形式的多数派」を通じて保障されるということになる。ネッターは次のようにいう。

会社の重心はもはや、法律がなお最高の意思決定機関と見なす株主総会にではなく、経営管理機関との最大密接共同作業において活動する経営管理機関株主のグループの内によこたわっている。経営管理機構においては、「監査役会と取締役会はもはや、取引活動、営業管理および監視において、会社を代理する機能を果たすだけではない。いまや経営管理機構は、どんな嵐からも企業を保護し、その団体目的の実現を保障することによって、企業に体現される株主の共通利害を遵守するために、より広い任務を有することになる。（Netter 1929.59-60）

擬似三段階論の成立

「資本と株式の関係は完全に切断されている」（西山1961.1983）ことをネッターは十分に承知していた。にもかかわらず、「資本の共同利害」（資本）から「株主の共通利害」（人物）への大転換がもたらすラーテナウの国家社会主義的展望を、ネッターはすべて拒絶する。ネッターによれば、現存している思潮によって、何らかの社会主義的・計画経済的形態に導かれるかもしれないが、現在のドイツ経済の全体ならびにとくに株式制度に関する法律上の運用は、原則的に資本主義的原理によっている。それは、ともかくなお少し変更を加えられ変化していくであろうが、資本家的収益追求とその諸力の自由なゲームというその両基本要素は、いずれにせよ現行法によって除去されてはいない。それらは、カルテルや最強の団体においてもなお有効である。最強の団体は、個々の企業の活動をますます制限するが、しかしカルテル化された企業は、それらが独占に近づくか、または独占を達成する場合にさえも、依然として、その全体的対策を決定的に規定する企業間競争の思考によって、また同様に収益獲得の原則によって、運営される。したがって（ラーテナウのごとき）公共経済的イデーも、資本主義的経済構造の枠内における（自分の権利としての）要求としてのみ、法的な内実をもちうる。それはまた資本会社としての株式会社を一つの構造変化に導くが、しかし法律上、資本会社としての株式会社の法的性格を根本的に取り除くことはできない。また株式会社を法律上の根拠とする企業は、その資本会社としての法的性格を（企業がその法的性格に強く影響を及ぼすとしても）変えることはない（Netter 1929.34）。かくして、ラーテナウのいう「土台の組み換え」の「過渡期論的」曖昧性は、ネッターの「資本と株式の関係」を切断する「混合経済的」曖昧性によって置き換えられた。ネッターは次のように主張する。

株式会社は共同投入される資本を十全に利用するために形成される。株式会社が、その資本を会社によって選任された信頼できる人の手にゆだね、そしてこの人達に、単に事業の指導管理のみならず、また企業保全の受託者的機能を委託するとしても、会社はそれによって、企業の利害と一致する限り、その事業の指導管理およびその他のすべて措置に関する情報をその経営管理機構に対して要求する権利を放棄するわけではない。もし人が経営管理機関に対して、株主から完全に離れた、株主に対して無責任な地位を与えてしまうのであれば、それと同時に株主と経営管理機関とを結び付ける企業のきずなは、切り裂かれるであろう。というのは、会社が資本と労働を動員するその企業のために、株主と経営管理機関の両方がそろって仕えるからである。それゆえに一面で、経営管理機構の機能拡大が企業自身の利害において正統化されると同様に、他面では、株主と企業の間の結びつきは存続せられなければならない。情報の不都合により、企業と株主おのおのとの内部的連帯感が崩壊して、株主と企業との結びつきが切断されてしまうことがあってはならない。それは、偶然の過半数に対して企業を無防備にさらす場合と同様に、まったく企業の利害に反することである。企業とその指導管理は、その繁栄の利害において、企業のために何らかの方向で活動するすべての出資者グループとの信頼関係を必要としている（Netter 1929,61–2）。

ネッターによれば、株式法上議論の余地ある諸問題を、戦時やインフレーションなど特別な時事的事情に解消しないで、経済的発展が歴史に条件づけられた過程のうちに自発的に取り込む新しい形態として理解しようとする試みが「非常に強く開始したとは言えないまでも、すでにはっきり現れてきた」。特にハウスマン（1928年）は、完全に自覚しつつ、株式制度の分野における個々的な法律問題の議論を「株式会社の本質と基礎形態そして時代的状態のもとでのそのバリエイション」の研究を通じて深めなければならない、と主張した（Netter 1929,8）。ネッターはハウスマンに従い、ハイパーインフレイションを脱した後の新しい株式会社形態を、「株式会社の本質」（純粋資本主義原理）と大戦以前における、「株式会社の基礎形態」（株式会社の段階論、すなわちハウスマンの「クライン・モデル」、ネッターの「資本の民主主義」）に対する「時代的状態のもとでのそのバリエイション（ハウスマンの「経営者株」、ネッターの「経営管理機関株」）として説明し、ラーテナウの脱資本家的「企業それ自体」の存在を原理論的にも段階論的にも、さらにまた現状分析的にも否認した。

ネッターとハウスマンにとっては、経済学の原理論と段階論は、あらゆる社会形態に通じる経済の原則を資本家的企業形態をつうじて特殊歴史的に実現するものとして、資本主義社会の存在根拠を論証し実証する、という点は最初から問題にならなかった。そのために彼らにおいては、ラーテナウの脱資本家的「企業それ自体」も、労働生産力の増進などあらゆる社会形態に通じる経済原則を実現しうるものとしては、普遍的に存在する可能性を十分に持つことがあっさりと否認された。実際には、ハウスマンは後になってラーテナウの「企業それ自体」の普遍性を認めた（Riechers 1996）。ナチス政権が受容した脱資本主義的「企業それ自体」は、二次大戦以後、共同決定制度としてさらに進化を遂げたからである。

ハウスマンもネッターも資本主義的原理の歪曲的作用以外に、「企業それ自体」の存在根拠を見出すことはできなかった。彼らによる現状分析的世界の資本主義的発展段階論への封じ込めは、「資本主義原理のバリエイション」を伴っていた。いわく「現代株式会社の特質にとって決定的に重要な、AG（ドイツ法のいう株式会社）において具現される資本主義的原理の変化形ないしバリエイション」（Haussmann 1928,46–7）。ここで「原理のバリエイション」とは、純粋資本主義論理（循環資本と固定資本からなる資本家的企業による経済原則実現の論理）の自律性（「論理の自律性」の根拠を方法論上明らかにしたことは、宇野の最大の功績であった）の否認を意味している。

四　ケインズの問題提起

社会化傾向と経済学原理の否認

ケインズは、『平和の経済的帰結』（１９１９年）で、ドイツからの賠償金取り立てを決定したベルサイユ条約を厳しく批判していたため、ドイツでは特に有名な人物であった。彼は、１９２６年に行われたベルリン大学の講義『レッセフェールの終わり―私的経済と公共経済とを結びつける理念―』で、「大企業の自己社会化傾向」あるいは特に「所有と経営の分離」について論じた。ケインズは、ドイツにおいて、株式法の議論の枠内ではあるが、広範囲にわたり聴衆を獲得した。時代の「反資本主義的」感受性をうまく代弁することができたからである（Riechers 1996）。

ハウスマンによれば、決して侮ることのできない経済政策家であるケインズは、最近、株式会社の根本的な観察としての「企業それ自体」の意義を改めて際立たせた。ケインズは、ラーテナウとは異なる考えの筋道においてであるが、株式会社の発展をつうじて「レッセフェールの終わり」を最もはっきりした特徴において観察することができる、と考える。株式会社は、それが一定の年齢と一定の規模を達成した場合には、個々的私的企業の社会的地位というよりも、公共の団体（Korporation）の地位にますます近づいてくる（Haussmann 1928,29-30）。ハウスマンは、『レッセフェールの終わり』から次の部分を引用する。

この数十年間におけるもっとも興味深いしかもほとんど注目されていない発展の一つに、大企業自身の社会化傾向がある。大組織（a big institution）、とりわけ大鉄道会社とか大公益事業会社、さらにまた大銀行や大保険会社などが成長して一定点に達すると、資本の所有者すなわち株主が経営からほとんど完全に分離され、その結果、多額の利潤を上げることにたいする経営（者）の直接的な個人的関心は、全く副次的なものとなる。この段階になると、経営（者）は、株主のための極大利潤よりも、法人組織（the institution）の全般的安定と名声の方を重視する。株主は、慣例上妥当と見なされる配当に甘んぜざるを得なくなるが、ひとたびこのようなことが確実になれば、経営の直接的な関心は、社会からの批判や会社の顧客からの批判を回避することに向けられることがしばしばである。企業が大規模化するとか、半ば半独占的な地位を得て、一般の人々の目に付きやすくなり、社会的非難を受けやすくなった場合には、とりわけそうである。理論上は何らの制約も受けることのない私個人の財産である組織のうち、このような傾向を示している極端な実例としては、イングランド銀行があげられよう。イングランド銀行総裁が政策決定に際して、その株主たちにたいして払う考慮よりも軽い考慮しか払わないような階層は、わが国には存在しないと言ってもほとんど誤ってはいないだろう。株主の権利は、慣習的な配当を受け取る以外には、すでにほとんど皆無というところまで低落してしまった。しかしこれと同じことが、ある程度まで他の数多くの大組織（big institution）についても言える。これらの大組織は、時間の経過とともに自らを社会化しつつある。…われわれはこの半社会主義の諸形態について柔軟な考えを持ち続けなければならない。
(Haussmann 192.30. ケインズ1926)。

ケインズは、「所有と経営の分離」がいつ始まるか、あるいは「レッセフェール」がいつ終わるかについては、全く明確にしていない。以上の引用文からは、１８７０年代以来の株式会社の大規模発展は本来的に「レッセフェールの終焉」に対応し、いわば内生的に「所有と経営の分離」をともなう、という考え方しか伺うことができない。ケインズは、「政府の役割」についても、「私的経済」から「公共経済」への歴史的転換に伴うものとしてでなく、その両者をいわば構造的に「結び付ける理念」として、次のように論じる。「公的法人（public corporation）の段階に近づく傾向がある」「株式会社（Joint stock institution）」について、「その制限規定の範囲内で」「大体において自律的にことを処するが、究極的には、議会をつうじて表現される民主制の主権に従うもの」とする。「自ら社会化しつつある」「大組織」には、国務大臣が直接責任を負う」「中央政府の諸機関」形態よりも、「半自治的な法人」形態を「選ぶべきである」。

「近い将来に着手することが緊急であり、望ましい」「政府のなすべきこと」としては、ケインズによれば、第一に、労働者の失業、あるいは合理的な事業上の期待の破綻、効率性と精算などの原因」であり、「危険と不確実性と無知の所産である」「経済悪」に対する治療である。これは「中央機関による通貨および信用の慎重な管理に求められるべきである」。第二は、「貯蓄と投資に関するものである。…社会全体としての望ましい貯蓄規模や、対外投資の形で海外に流出していく部分の規模」、国家的見地から最も生産的な」貯蓄の投資への配分経路について、「何らかの調整された理性的判断行為が要求される」。第三に、人口に関して、「十分に考え抜かれた国家的政策を必要とする時代がすでに到来している」。

ケインズにおいては、「大企業自身の社会化傾向」および経済への国家介入の不可避性は、「自由放任の論拠」としての「純粋資本主義的原理」の否認によって、正当化された。ケインズは、ハウスマンが引用した文章の直前で、「世界と経済学原理」との関わりについて次のように述べている（強調傍線は引用者）。


折りにふれ、自由放任の論拠とされてきた形而上学的原理ないし一般的原理は、これをことごとく一掃してしまおう。個々人が各自の経済活動において、永年の慣行によって公認された「自然的自由」を所有しているというのは本当ではない。持てる者、あるいは取得せる者に永続的な権利を授与する「契約」など存在しない。世界は、私的利益と社会的利益とが常に一致するように、天上から統治されてはいない。世界は、実際問題として両者が一致するように、この地上で管理されているわけでもない。啓発された利己心が、つねに公益のために作用するというのは、経済学の諸原理から正しく演繹されたものではない。

また、利己心が一般的に啓発されているというのも正しくない。自分自身の目的を促進すべく個々別々に行動している個々人は、あまりにも無知であるか、あるいはあまりにも無力であるために、そのような目的すら達成できないというのが、頻繁にみうけられるところなのである。社会という一つの単位を形成しているときの個々人は、各自が別々に行動するときにくらべて、明敏さに欠けるのが常であるということは、経験的には、何らしめされていない。

（ケインズ1926）


現実に生じた「レッセフェールの終わり」においては、「自由放任（レッセフェール）の論拠とされる…一般的原理」は、当然に一掃されなければならないだろう。しかし逆に、「諸国家理念としての自由放任」（経済的自由主義）が事実として存在する限りは、その論拠としての「一般的原理」は生きている、と言わなければならない。一次大戦開始をもってレッセフェールの永遠の「終わり」を認めることができるとすれば、それ以前に限ってならば、前掲引用文の強調線部分について、その否定文を全部肯定文に変換することは、許されるはずである。

一次大戦以前には『経済学』がその論証を試みたように、「私的利益と社会的利益」を恒常的に「一致」させる一般的資本主義的原理の作用が明らかに見られた。そしてこのようにその作用が一次大戦前に限定される「経済学原理」は、大戦前における「株式会社の基本形態」の発展と経済への国家の不介入（レッセフェールとして国家に強制する資本の自由主義）を論拠づけることになる。それによってこそ一次大戦以後の「レッセフェールの終わり」と「一般的原理」の「一掃」の意味も明確にされるのである。経済学の原理論と段階論があらゆる社会形態に通じる経済原則の資本家社会的実現を明らかにするとすれば、ケインズが主張する経済問題解決のための国家介入と制度設計の方向は、この経済原則の脱資本主義的実現として正当化されることになる。しかしケインズは原理論とその原理の歴史的貫徹としての段階論を否定することによって、短絡的に国家の経済への介入（ケインズは国家の介入が事実上、経済原則の意識的計画的実現であることを相当に深く認識していると考えられるにもかかわらず）を主張した。そのために、かえって国家介入の論拠が曖昧にされることになったといえよう。

ケインズ「一般理論」の修正資本主義

ケインズ（1926年）によれば、「レッセフェール」（自由放任主義）とは、17世紀終わり、王権神授説と教権神授説に対する自然的自由論、契約説、そして宗教的寛容の原理（教会とは完全に自由で自発的な人々の集まりとする）として始まる。それは、ヒュームの「功利計算」を通じて、財産権と個々の財産所有者の行動の自由と所有物の処分に関する（個人の）自由に対して、満足に行く知的基礎付けを与えた。この個人主義は、私的利益と公共善の間には、神の摂理による調和（哲学者）か、科学的論証による調和（経済学者）が存在するという主張（これらの「先験的推論」を補強したものは、1750年から1850年にかけて、政府の腐敗と無能にもかかわらず物質的進歩が実現するという実際上の経験であった）とともに、自由放任を標榜した。「哲学者と経済学者は、深刻なさまざまな理由に基づいて、（国家に）拘束されない私企業こそ、社会全体の最大幸福を増進するであろうと、われわれに語った」（ケインズ1926）。自由放任主義における「私企業による社会全体の最大幸福の増進」が、一次大戦以前までは現実的に継続していたことを否定することは難しい。

しかしこのような「一般的原理」の作用を意識的に一次大戦前に限定することは、ケインズにとっては問題にならなかった。1930年代の大不況以前の1920年代には、世論は戦前の「黄金時代」への復帰（金本位制・自由貿易）を希求していたのであり、レッセフェールの永遠の「終わり」を認める新古典派経済学者は、おそらくケインズ以外にはいなかった。そもそも新古典派は、資本主義の「一般的原理」および「レッセフェール」の普遍性を信条とするものであり、そこには一次大戦とロシア革命などによる一時的な中断以外のその永久的消滅を想定する余地はまったくなかった（ただし、資本主義経済システムの普遍性を主張する新古典派普遍主義は、もし自覚的に―新古典派の一般均衡論は社会主義社会にも適用可能だ、と―経済学原理自身に対してでなく、原理による普遍的な経済原則実現の側面に対して言うとすれば、決して誤謬ではない点に注意）。だからこそケインズにとっては、「大企業自身の社会化傾向」および「政府の役割」（「レッセフェールの終わり」）を正当化するために、マーシャルなど新古典派の「経済学原理」を「一掃する」ことは、不可避的であった。

レッセフェールの論拠としての「一般的原理」は、ケインズによって一次大戦前、少なくとも株式会社形態が普及し始める19世紀末葉までさかのぼって否定された（とケインズの１９２６年の著作から読み取ることができよう）。それに対応してケインズは、資本主義的原理としての「株式会社の本質」、そして１９１４年まで実際に発展した「株式会社の基本形態」および「レッセフェール」の「終わり」に対する一次大戦の決定的役割を、全く曖昧にしてしまった。こうして１８８０年代以来、株式会社は、生まれながらにして、「所有と経営を分離」しており、同時に「政府の役割」を必然化させる、という一般的に信じられているような株式会社の発展に関する神話が生まれた。

しかしながらケインズは、１９１９年の『平和の経済的帰結』では、一次大「戦前のヨーロッパ」として、「１９１４年の８月に終わりを告げたこの時代は、人間の経済的進歩のなかでも、何という素晴らしいエピソードであったことか！」という。ケインズによれば、「戦前の半世紀のあいだに築きあげられ、人類に大きな利益をもたらした固定資本のあの膨大な蓄積は、富が平等に分配されている社会であったら、決して起こりえなかったに違いない」。「資本家階級は、ケーキの大部分を自分たちのものと呼ぶことが許され、理論上はそれを消費することも自由だったのだが、その背後には、実際にはその僅かな部分しか消費しないこと、という暗黙の条件がついていた。」すなわち「固定資本の蓄積」にまわすべき「貯蓄」の「義務が美徳の十分の九となり、ケーキの成長が真の宗教の目的になった」。「戦前のヨーロッパの蓄積習慣は、ヨーロッパの均衡を維持していた外的諸要因中の最大のものにとっての必要条件だった」（ケインズ1919）。

一次大戦前のヨーロッパに、戦後の「退廃的な国際的個人主義的資本主義」（Riecher 34）とは逆の節約を美徳とする資本主義的繁栄と一般的「均衡」をみていた１９１９年の著書に対して、１９２６年の『レッセフェールの終わり』こそが、いわゆるケインズ革命（１９３６年の『雇用、利子、貨幣の一般理論』）の先駆をなすとみることは正しいであろう。ケインズにとっては、１９２６年の著書におけるレッセフェールと一般的経済原理の全面的な否認は、１９３３年の『繁栄への道』を経て、１９３６年の著書において体系化される経済への国家介入正当化の試み（による一種の「歴史歪曲」）を意味していた。ただしその最初の著作で「一般的原理の一掃」を訴えたケインズは、その最後の著作では、「将来に関する変化しつつあるアイデアの影響のもとに現在の経済行動を分析する方法」として、「特殊なケースにのみ適用可能な新古典派の経済学原理」を含むより一般的な理論によって、自らの「価値の根本理論」を確立しようとした（ただしこの「価値の根本理論」が、むしろ「経済の根本理論」として直接的な市場理論からはなれ、また新旧古典派の普遍主義的一般均衡論と結びついて、国家の経済介入と「経営と所有を分離する」脱資本家的企業との協働による一般的経済原則実現としての、永続的な制度改革のための現状分析的展望に、要するに宇野三段階論に置き換えられる可能性は十分にあるであろう）。この「反資本主義」論からいわば「修正資本主義」としての資本主義擁護論への転換、「ケインズは資本主義をすくった」（佐和2016）は、ドイツ戦後復興を吹き飛ばした１９２９年末以来の世界大不況の影響によることはいうまでもない。しかし続いてみるように、ハウスマン（１９２８年）のケインズ批判も、その直接的影響はともかくとしても、ケインズのそのいわば一種の転向に深く関わる内容を含むものであったといえよう。

ハウスマンのケインズ批判

ハウスマンによれば、根本的に「レッセフェールの終わり」の視角、あるいはその副題が示すように「私的経済と公共経済を結び付ける理念」のもとにあるケインズの思考様式は、一見するところ現代株式会社の特質を詳細に示すことに成功しているかのように見える。しかしケインズの考察の場合には、企業自身の経済的な形態および動向を明瞭に示すことが関心の的になる。この場合には株式会社形態は、様々な大企業が株式会社の形態という鋳型で鋳造される習慣があるといったいわば偶然的といってよい役割を演じるにすぎない。しかし現代の大企業の概念からのみ株式会社の法的特質を規定することは、国家が株式会社自身に対して有する法律上の課題を根本的に見誤ることになる（Haussmann 1928,31）。

ハウスマンによれば、株式会社自身は同時に、大・中規模の、事情によってはまた小規模の企業の利害にも尽くすべく定められている、そのような社会的構築物である。いずれにせよ、株式会社の形態はさまざまな目的に適合すると思われるが、株式会社形態を可能な限り支障なく利用することを可能にさせるほかならぬその融通性・柔軟性に経済的発展の流れをゆだねることこそが、現代株式会社の使命というべきである。これに関連して同時にいわば警察の観点から、株式会社形態のさまざまな乱用を阻止することが国家の課題になるということもありえよう。だが株式会社形態自身は、おそらくケインズによる「ラーテナウ風の議論」が捕われているような、あれこれの「経済政策的思潮の道具」になってはいけない（Haussmann 1928.31-2）。

ハウスマンにとっては、『レッセフェールの終わり』におけるケインズの「所有と経営の分離」は、ラーテナウの国家社会主義的「企業それ自体」と同様に、「私法的秩序（つまり資本主義的秩序）を犯す」危険を伴っていた。ケインズによるラーテナウ風の、「株式会社の根本問題の討議から公共経済理念へと飛び移る、そして後者に現代株式会社の特質を組み入れる試み」には、憂慮以上のものがある（Haussmann 1928.7）。ケインズのラーテナウ風主張は、「資本主義的経済秩序のための収益追求の重要性を根本的に疑問視させるもの」である。「株主の利害と企業の利害」とを区別し、「収益追求に対して全く配慮しない経済団体」によって、「公共経済的利害が考慮される」。ここにハウスマンは、ケインズのラーテナウ風「理論の最も重大な危険をみた」（Riechers 1996）。

第7章 「企業それ自体」の現状分析

一 「企業それ自体」の社会的役割

現代株式会社とマクロ経済政策

ハウスマンによれば、株式会社形態は、資本と労働との大闘争といった（アメリカやドイツなど国民経済全体の視点に基づく）特殊事情を度外視して、個人企業・合名会社・有限責任会社および現代的企業統合上の結合形態と並ぶ、現代企業に生じる形態の一つにすぎないものとして理解されなければならない。「現代株式会社の特質」について論議する場合には、株式会社形態が、その適用において、企業とりわけ漸次的にますます客観化する大企業に対して及ぼすその影響力を確認すること、そしてそれらの相互の関係および種々な経済的事業に対するその実際上の適用において、様々の機構の機能を正当に評価し研究することが重要なのである。株式会社の法律上の判定にとって肝心かなめは、それらが、現代の国民経済要求に順応するために十分に柔軟であるかどうか、そして同時に十分に自己責任を負うかどうか、という問題のなかにあるのである。

ハウスマン（そしてネッター）にとっては、ラーテナウやケインズがいう現代株式会社の特質（適切なレントに甘んじる株主の存在、所有と経営の分離、資本とコントロールの分離、株主の社債人化、資本家・株主のみならず労働者や消費者の受託者としての経営陣など）については、あくまでも「資本主義的株式会社」の変容形態（バリエイション）として理解されなくてはならなかった。

現代株式会社の特質に関しては、特に不特定多数の個人株主の場合に、株主と経営管理機関との間の絆が、（株主の全体が会社の本来の支配者であるとされる）株式会社の根本原理を表面上ほとんど隠蔽してしまうほどに強く弛緩することがあるようである。しかしこのように、資本の自由裁量の権利が経営管理機関の有利になるようにずれて、両者の力関係が変化する結果として株主に対する経営管理機関の権利がより増大することがあるとしても、それによっては決して「企業それ自体」の特質をうまく説明することはできない。経営管理機関は本当に多種多様に手かせ足かせに繋がれていて、現代の国民経済においてその機能を妨害される。このことは、国民経済全体への企業の順応において、そしてこの順応があらゆる側面で必然的に伴う束縛において行われる。そして企業が大規模であればあるほど、この束縛や制約はまさしく国民経済のその全体性に対応してますます強くなる。

すべての企業が、しかし特に株式会社形態における大企業が、カルテル、シンジケート、通商政策的配慮、公法的な視点での拘束のなかに、そしてとりわけ被雇用者に対する束縛のなかに、巻き込まれている。特にこの最後の領域では、様々な利害関係者および支配諸力の間で利益をめぐる本来的な大闘争が行われる。資本家と経営管理機関は、いわば執行する企業家として、収益可能性の増大、製造原価の減少と合理化に取り組み、こうして企業に生じうる利益の維持に努力する。被雇用者は、この利益の基本的部分を、賃金引き上げと社会福祉事業に対する権利の形態で、自身の権利として要求する。しかし、企業におけるこのような大闘争は、本来の株式会社形態の領域外に横たわる国民経済全体の場面で行われる。

たしかに株式会社の形態をこの大闘争のなかに引きづり込む努力はまれにみられる。しかしこの方向でなされた労働株のアイデアと監査役会における（労働者・被雇用者側の）経営委員会代表は、持続的な成果をもたらさなかった。資本家的株式会社形態の性格は、その本質のなかに横たわっていないものが押し付けられることに対して、どうやら抵抗するようである（Haussmann 1928.32-3）。

しかし以上でハウスマンが、「資本家と経営管理機関は、いわば執行する企業家として、収益可能性の増大、製造原価の減少と合理化に取り組み、こうして企業に生じうる利益の維持に努力する」、という時、そのことは必ずしも、資本家的株式会社に本来的な私的「取得努力」の貫徹ないし復活（受け取り配当・資本所得の最大化としての資本主義的原理の作用）を意味しない。ハウスマンも指摘するように、「この利益の基本的部分」は、「賃金引き上げと社会福祉事業に対する権利の形態」で（おそらく累進性の高い課税による所得再配分など国家財政をつうじて）、「被雇用者」階級に支払われるのであって、直接配当金の形で株主に支払われるわけではないからである。「資本家と経営管理機関」は、会社企業の「私的利益」のためにではなく、一国の政治経済全体の安定化や国際競争力の強化（あるいは賠償金の支払

恐れ入りますが、切手をお張り下さい。

〒113−0033

東京都文京区本郷
2−3−10
お茶の水ビル内
（株）社会評論社　行

おなまえ　様

（　才）

ご住所

メールアドレス

購入をご希望の本がございましたらお知らせ下さい。
（送料小社負担。請求書同封）

書名

メールでも承ります。　book@shahyo.com

今回お読みになった感想、ご意見お寄せ下さい。

書名

メールでも承ります。 book@shahyo.com

い）といった世界政治およびドイツの「国民経済」（「原則」）的要請に応じて企業の「収益可能性の増大、製造原価の減少と合理化に取り組む」ことを余儀なくされるのである。

実際に、ハイパーインフレション克服後の力強い工業の集中とカルテル化は、とりわけ鉱業や鉄鋼業における力学的工学的な変化によって必要とされる合理化過程を象徴していた。合理化はほとんどの部門において、新しい失業者を生み出した。そのことはまた、重工業や織物業のような部門における過剰生産力の処理とともに、投資および労働の再編成を必要とさせ、またある程度、可能にさせた。これらの多くの困難な労働問題を解決する努力において、一次大戦後改めて大規模な国家介入がはじまったが、これらの努力は、政府の赤字を増大させ、新たな不安定化の種をまくことになった。ワイマール共和国は自らを公共雇用の創出、社会的住居の開発、公共教育、社会保障便益のために奮闘する社会福祉国家と定義づけしたが、国家介入のもとでのドイツ国民経済・世界経済の「相対的安定性」（1926年以降はすでに世界的農業不況を含む）は、実際には共和国の半ばの時期、1923年末から1929年末までに、見られたにすぎない（Fohlin 2007）。

ハウスマンは認めないが、要するに一次大戦中、戦後、ワイマール共和国期を通じて、ドイツの国民経済的要請のもとに、株主の私的取得最大化を目的にする資本家的株式会社形態（資本とコントロールの同一性）は存在する余地がなかった。ハウスマンが「株主の全体が会社の本来の支配者」であるという「株式会社の根本原理」を「隠蔽」するものとみなした「株主と経営管理機関との間の絆」の「弛緩」とは、国民経済上の「経済原則」的実現を、資本主義的原理（資本支配）に代わって実現するものとして、ネッタ一のいう国家介入・「生きた株式法」のもとでの現代株式会社のまさしく「所有と経営の分離」をしめすものに他ならなかった。その意味で、ラーテナウ、ケインズなどがいう現代株式会社の特質とは、資本主義的原理のまさしく「止揚」を示すものであったというべきであろう。

「株式会社の本質」としての資本主義的原理の作用はもともと、ハウスマンやネッターがいうように単なる「私的取得努力」などに還元できない。たしかに資本家的企業は、株式会社形態を採用しようとしまいと、資本所有にもとづく私的取得・レント（配当・地代、もしくはその資本還元としての資本利子）の最大化を目的にする。しかしその目的達成の根拠は、利潤あるいは地代・配当の私的取得（というのは利潤が地代・配当に向けられるからである）を最大化する資本家的企業間競争を通じて、歴史上のあらゆる形態の社会構成体の存在根拠となる「経済原則」をレッセフェール世界市場経済（私有制と価値法則）を通じて実現することにあるのである。

この意味において、株式会社形態における「私的取得努力」つまり資本の支配（資本所有とコントロールの一体性）は、直接的に「社会的利益」を実現する。一次大戦以前に限っていえば、企業形態を問わず、「世界は、私的利益と社会的利益とが常に一致する」ように、「啓発された利己心が、つねに公益のために作用する」ように、「経済学の諸原理から正しく演繹される」ものに他ならなかった。一次大戦以降、経済原則の資本家的実現の歴史的条件（レッセフェール世界市場）が失われる場合には、諸国家は、資本家的政治（レッセフェール・レッセパセ）にかえて、経済外強制による国民経済の経済原則的実現を追求せざるを得ないことになる。この国民運動に加担せざるを得ない現代永続企業（ゴーイング・コンサーン）は、経営者が国家との協働のもとに、資本所有（株主）のコントロールから自覚的に解放され、「固定資本（生産手段所有）と循環資本」・「貨幣」・「商品」（以上の「　」はすべての資本主義的概念がその原理的性格を喪失していることを意味している）の流れを政治的現実的に統制管理しつつ、全体として経済原則的一般的均衡を是々非々的に実現していくことにおいて、初めてその存在根拠を獲得することになる（ピケティのいわゆる「経営者社会」の成立）。

二　「公共機関主義的」株式会社

株式会社の「公共機関的」性格

ハウスマンによれば、現代株式会社は、A資本主義的原型とB「一般社会への奉仕における私的取得努力なき株式会社」との二つのタイプに分類できる（Hausmann 1928. 36）。Aタイプの現代株式会社は、「私的取得努力が軟調しない株式会社」である。Bタイプの現代株式会社は、受け取り配当・資本所得の最大化としての「私的取得努力」を行政上否認される、ハウスマンのいう「公共機関的性格 Institutscharakter」の強い公共機関主義的（institutionalisieren）株式会社（ノイマン［1942年］の邦訳では「制度主義」）である。Aタイプについては、すでに前章と本章の前節で検討した。ここでは、特にラーテナウがその公共性を強調するBタイプの株式会社もまたAタイプと同様に、資本家的「株式会社の基本形態」の「バリエイション」に過ぎないものとするハウスマンの主張を検討する。

ハウスマンによれば、「利潤原理を軟調化するもしくは廃止する」Bタイプの株式会社の現代的発展は、特に一次

「世界大戦とともに始まった」。一次大戦以降の「行政など公法上のあるいは混合経済的」性格を有する株式会社の発展は、法律上の取り扱いにおいて一定の抜本的な制限を伴っていた。大戦時、戦役会社の配当を受け取る権利に対する制限規定は、利潤原理を侵犯するとみなされたが、戦後期においては戦役会社を超えて、利潤原理を軟調化するさまざまな混合形態の株式会社が発展した（Hausmann 1928. 37）。

支配的意見としてではないが、行政など公法上の基礎の上に立つ混合経済的企業を、「純粋な資本主義的企業のために築かれた株式会社システムのなかに完全に押し込めることは難しい」とみなすことがしばしば行われた。しかしながらハウスマンによれば、株式会社という構築物が造りだされ、さらに発展せられるという場合に、その前提をなすのは、紛れもなくその資本主義的根拠である。このことはまた今にいたるまで、株式会社の法律上の基礎としてつねに妥当している。実際に法律上の根拠からすれば、株式会社という客体は、経済的な事業体においてのみ存在しうるのである。それゆえハウスマンによれば、本来的に株式会社企業システムを可能にする「純粋資本主義的原理」つまり「株式会社の本質」を根本的に変化（バリエイション）させる現代株式会社の特質は、「可能な限りより高いもしくはいわば国民経済的に〈気高い〉利潤獲得原理に従う労働」、同じく「経済管理」に対して、根本的な問題を突き付けるはずのものである（Hausmann 1928.36）。

ハウスマンによれば、株式会社の本質的な根本原理の一つは、商法典（213HGB）の次のような言い回しによって示される。「株主は、会社が存続するかぎり自分の出資金の返還を要求できず、法律または会社の定款により純利潤の分配が排除されない限りで、その純利潤の返還だけを要求できる」。このような言い回しを通じて、配当に対する請求権は（もちろん法律または特に会社の定款が純利潤の分配を排除しない限りにおいてのみ）、会社員としてのその地位に基づく株主の当然の権利であるということが表現されている。しかし定款の変更を通じて配当する権利を廃止または制限できる会社の権利は、けっきょく株主総会において少数派が多数派の無制限な搾取に立ち向かい得る一つの限界点を形成している（Hausmann 1928.38）。

法人企業自身の本来的目的以外の目的が企図され追求されるかたちで、あまりにも少ない配当金の支払いを通じて少数派に対する搾取が生じるという事例に関して、今まで最高裁判所の疑問の余地ない判定が下されるまでには至っていない。しかしこの領域における公序良俗違反の本質は、まさしく多数派が会社外的目的を追求するということの中にこそ横たわっている。上でみた商法典（213HGB）の言い回しによれば、配当請求は特権としての性格は認められてはいないけれども、株式会社設立の根本思想と個々の機関の責務は、企業自身の利益において活動するということのうちにある。このことは、株式会社形態において資本主義的根拠にもとづいて組織される企業の場合には、会社構成員としての株主の権利は、これらの資本主義的原理が意図的に見捨てられるようなことがあってはならない、という主張を根拠づけることを意味する（Hausmann 1928.38）。

ハウスマンは、戦役会社の創業の場合に頻繁におこなわれた一つの極端な事例を挙げる。多数派決議による決定によって、株主の配当金が４％に制限され、精算（解散）収益に対する権利が出資金に限定され、一方でその他のすべての利潤が行政など公法上の目的のために引き渡される。ハウスマンは、その決定が後で定款のなかに取り入れられるにしても、すべての株主がそれに同意するわけではない場合には、株式会社がそれによって築かれる根拠を自ら見捨てるゆえに、その決定は無効になると見なした。この無効ということは、ハウスマンによれば、資本主義的に築かれる企業の業務執行が、後になって利潤原理から公共的利害における経済管理の原理へと単純に移行する場合にも妥当する（Hausmann 1928.38–9）。

ハウスマンによれば、まさに現代の組織メカニズムにおける資本主義的利潤原理のバリエイションは、また戦役会社の場合とは別に、たとえばコンツェルンなど利害協同体契約の締結をつうじて一般に用いられている。しかしここでは、利害協同体の場合とは根本的に異なること、つまり利潤原理そのものが廃止されるかどうかが問題なのである。市自治体のような公共団体が株式会社に侵入し、たとえばベルリン市がベルリン高架鉄道に侵入し、多数派を獲得することになるとすれば、公法上の影響が過度にみられる事例が発生する。ここにまた少数派株主の凌辱が、多数派による公益の表向き確保が少数派からすべての収益可能性を奪いとる、という点において存在する可能性がある。この種の事例は、しばしば最近年において実際的に生じた。例をあげてみると、１９１９年10月のドイツ帝国とイルセーダー・フッテとの間の契約は、「イルセーダー・フッテは公共経済的利害に喜んで仕えるものとする」と決定した。他の事例、一方のプロイセン州立銀行と他方のリンケ・ホフマン・ラウフハマーＡＧおよびオーバーシュレジッシェ・アイゼンバーンベダルフＡＧとの間の契約においては、その文言で「公共体が業務執行に対して指導的影響力を保持することが前提である」とされていた（Hausmann 1928.39）。

の団体を通じて株式会社の多数派を獲得することは、簡単にこの特権に対する侵犯を意味するということにはならないかもしれない。だが、資本主義的な取得原理の上に築かれることのない、そして会社の本来的な目的に反するような明示的な公示やあるいは実用的だけの業務執行管理は、少数派株主のためには容認しえないことのように思われる(Hausmann 1928.40)。

それとともにまた、個々の株主はその必要が生じれば、後に行われる経済管理の変更に対して、上で説明された意味において抗議の声を上げることだけはできる。つまりこのことを通じて、株式会社形態の上に築かれる企業が初めから私的取得目的を度外視する場合には、そのことが株式会社の本質とは相いれないように見えることは配慮されているのである。またすでに言及した非営利株式会社(周知のごとく公法上の重要性により念入りに組織された戦役会社など)の認可も、その点に基づく。また同様に、数えきれないほどの公共体企業が、主としてあるいはもっぱら公法上の視点で運営されているにもかかわらず、株式会社形態を利用ないし借用できるということも、その点に基いている(Hausmann 1928.40)。

もちろん、そのようなやり方によって株主は彼の根本的な権限が強奪されること、それとともに実際に株主が、た

「公共機関主義」の脱資本家的性格

むろん個々の事例において、これらの決定がどのように理解されるかは重要な問題となる。上述の両方の事例においては、これらの決定が如何に理解されるべきかは、その契約条項自身のなかに、正確な注釈が与えられている。そしてこれらの個別の決定を手がかりにして、上で言及したような一般に広まった決定は、それにより私的取得経済の原理が根本的に廃止されるとみなされるべきであるという意味合いを実際に持つかどうか検証されなければならない。しかしこれらのことは、この種の決定の行間から、契約全体の内容との関連において読み取られるべきはずのものであるとすれば、株主には当然に異議申し立ての権限が与えられなければならない。なぜなら、それとともに概して、株式会社は、取得経済的根拠と正常な利潤獲得の可能性を奪われるからである(Hausmann 1928.39-40)。

以上の法律問題は、ハウスマンによれば、私的経済的な取得原理が現代株式会社の生存においていかなる基礎と限界を有するかを指し示すゆえに、決定的に重要である。取得原理は株主の意思に反しては廃止されえないということは、その原理に焦点を合わせる株式会社の標準的な株主がもつ特権であると、人は見なすことができる。また公法上

とえばケインズがイングランド銀行の株主について確認しているように、影響力喪失へとその地位を引き下げられることは、良く知られている。というのも、株主の最も根本的な諸権利は、イ．利潤配当に対する株主の権利、ロ．株主の投票権、そしてハ．精算分け前を含む資本持ち分に対する株主の権利、のなかに存在しているからである。イ．とロ．の株主の主たる権利は、公法上の性格が混在する株式会社の特徴をつうじて、完全に無意味になるまで低下してしまう。いったい、ロ．投票権は、その事業が株主総会の意向によってでなく公法上の利害によって運営されるという場合に、いかなる意味をもつというのか?。またイ．配当権は、企業運営において取得原理が封じられ、それとともに適切な配当獲得に対する株主の権利が、「企業それ自体」の利害を排他的に考慮して根底から変えられる場合に、いかなる実際的な意味を持つというのか?。そして、ハ．資本持ち分に対する株主の権利に関しては、たとえば精算（解散）の際の帰属権の場合やあるいは解散収益に対する優先権を特定する株式の権利確定の場合に、この権利を事実上幻想にしてしまう制限条件を考えることもできる(Hausmann1 928.40–41)。

ハウスマンによれば、ともかく現代では、国家であれ地方自治体であれ公法上の視点にもとづく経済活動が、株式会社の形態やその現代的発展においてますます大きな役割を演じるようになっているが、株式会社の発展の内に含まれるこのような可能性をひとつの時代において積極的に利用することは、現代株式会社における資本家的企業形態の「バリエイション」のもっとも注目すべき現象のひとつである。しかしながらその点は、そこに「公共機関的性格」が貫かれている限り、ラーテウ風の「企業それ自体」の脱資本主義的意味によって、株式会社の本質における決定的な「目的変化」として、識別されるべきものではない(Hausmann 1928.41–2)。以上、資本主義的原理を欠いても資本主義的であるという今日でもよくみられる強弁がハウスマンの主張であった。

ラーテナウの「公共機関主義」

ところでラーテナウは『株式制度について』において、かれの「公共機関主義」をドイチェバンクを事例にして、次のように主張していた。

今日、たとえばドイチェバンクの株主総会が、銀行の内的価値はその相場価値を著しく超えていることを認定し、また不確実な時代に直面して、たとえば帝国国債に出資するために資金を回収することを望ましいこととして認定するとしよう。それに応じて、その株主総会が、四分の三の多数を持って、銀行を整理解散することを決定するとしても、その決議は私法上、不可侵である。巨大な経済的組織を解体し、国内、国外の、また海外にある営業所を解散し、利潤分配権への参与権を売却し、職員と示談して解雇させ、建造物を競売にかける精算人が任命される。この決議は法律上、異議は認められない。このような決議は、その権限をもつ目的の達成において獲得される権利を行使するものであり、その遂行は法律上保障されている。また国民資産上、目に見える損失は起こらない。むしろ観念上の銀行資産の小片が、他の銀行がこれやあれやの組織部分を全部引き受けることによって救済されるかもしれない。しかしこのような場合には、プロイセン諸州または帝国政府には、その決議を取り消すか、またはその遂行を銀行が所有関係の変化を維持したまま規制する特別法をすばやく交付する以外の道は残されていない。

　同じことが、次の場合に起こる。つまり一万もの家族を養い、あるいは国民資産の顕著な部分を支配する、大軍備工場のあるもの、あるいは大会社のあるものが、解散決議や資産解体といった了見の狭い私的政策によって、経済本体の構成要素を死滅させるか、あるいは除去するような危機に陥る場合である（Rathenau 1918.155）。

　ラーテナウによれば、ドイチェバンクのような銀行、あるいは銀行以外の株式会社の場合でも、「その規模と国家的意義のゆえに、自分で勝手に解散することは許されるべきではない。なぜなら、公共の利益がその活動の継続を要求しているのだから、と」。このような公共機関主義の観点からすれば、個々の株主の権利は、単なる形式的なものにすぎない。その結果、この理論は企業と経営管理機関とを同一視する理論となる。後者は株主たちのいかなる統制からも解放される（ハイマン1942）。反対に、企業の存続のためには、政府の特別法によって、株主総会の解散決議を取り消し、または規制しなければならない。しかしながらハウスマンによれば、ラーテナウの挙げる「ドイチェバンクの事例」に関する解釈は、（社会主義的というような）「一般的経済理解」に関連する「純粋に理論的なもの」にすぎない。ハウスマンはラーテナウ議論の非現実性を次のように指摘する。

　いったい現実的にいかに、無規定的な株主から、ドイチェバンクを清算しようとする四分の三の多数派が形成されるというのか。様々な種類の株主グループからなる無規定的な多数派が確信を持って、けっきょく、企業はもはや生きる力はない、という結論に達するという（ほとんどありえない）場合を別にしてだが。株主の無規定的多数派による内部的経済的な理性によっては、「帝国国債に出資するために資金を回収する」といった「沈黙積立金」換金の近視眼的な視野のもとに、ドイチェバンクのような一般的な重要な企業を整理・解散させようようとする試みは、決して成功しない。企業は、長い間にわたり粗悪に経営されるか、もともと間違って創設されたか、あるいは、それ以外の状況を通じて内部的に大きく分裂する場合にのみ、崩壊する。スティンネ・コンツエルンの各構成企業への解散が、そのよい事例である。実際にこの場合に、政府は可能ならば財政上の犠牲のもとに、経済的な自然必然的な進展を邪魔するといった使命をほとんど知覚していなかった(Haussmann 1928.42-3)。

株式会社における株主の「私的取得努力」に、本来的な「資本主義的原型」をみるハウスマンは先にみたように、公法上ないし改正定款上の現代的な株主の「私的取得努力なき株式会社」の発展によって、「イ．利潤配当に対する株主の権利、ロ．株主の投票権、そしてハ．精算分け前を含む資本持ち分に対する株主の権利」が、「完全に無意味になるまで低下してしまう」ことを認めた。このような「(資本)所有とコントロールとの分離」において、「資本主義的な株式法は総じて廃止される」。しかし、ハウスマンは、株主の「私的取得努力」という資本主義的原理を欠く、そして「(資本)所有とコントロールの分離」を容認する(つまり資本の支配を否定する)現代株式会社も、「全株主の同意」により「私的取得努力」という資本家的原理的根拠が「維持される限りは」(ラーテナウの「株主なき株式会社」ではなく、機関的であれ個人的であれ、なお株主が存在する株式会社形態である限りは、と理解される)、「法律の意図」や「新しい慣習法」によって、なお資本主義的「株式会社」として存在し得る、と主張する(Hausmann 1928.41)。

ハウスマンによれば、ラーテナウが株式会社形態と「企業それ自体」との間に造り出そうとする結びつきは、AG(ドイツ法にいう株式会社)の「公共機関的性格」という「健全な思考を超える限り、作為的なものにならざるをえない」。ラーテナウの「公共機関主義」も「公共経済」も、ハウスマンのいう「公共機関的性格」を逸脱するものであってはならない。ここでは、私的経済的株式会社の根本原理の廃止でなく、ただその修正だけが問題になるからである(Haussmann 1928.42-3)。

ハウスマンにおいては、現代株式会社あるいは特に「株主の取得努力なき株式会社」は、「株主・資本家のコントロール」を欠いても、なお資本主義的株式会社として存在する、というに等しい。いづれにしても、「資本主義的」なる、ほんらい法学上経済学上明確にすべき概念が、主張者の主観的なイデオロギーにより曖昧にされていく。このようないわば自己欺瞞を回避するために、「他人資産の管理人としての経営管理の地位」を「廃止する」のでなく「修正する」にすぎないものとして、ハスマンはBタイプつまり株主の「私的取得努力なき」現代株式会社の「公共機関的性格」（「公共機関主義的性格」でなく）を主張するのである。

「企業それ自体」というキャッチフレーズで示されるBタイプの「私的取得努力なき株式会社」は、その「本来的な資本家的株式会社形態」の枠組みにおいては、何を意味するのか。ハウスマンの答えは、現代株式会社の「公共機関的性格」である。ここに問題の積極的要素が横たわっている。ハウスマンによれば、この「公共機関的性格」とは、よく言われるように、株式会社形態において営まれる私的経済的企業、特に大企業は、「全体的な（国民）経済生活との関連において自らの価値と地位に関して配慮しなければならず、そしてこの種企業の指導者の一般社会に対する責任は、企業の成長とともに高まる、ということである（Hausmann 1928.42）。

帝国法務省アンケート委員会は、株式会社形態で営まれる大企業の場合に、まさに一般社会における自らの価値と地位に関する配慮がどの範囲で確認されるか、という問題をアンケート調査の対象にしていた。ここでは、企業管理は、一般社会に対して健全な意味で責任を負う一方で、株主に対する責任については確実に軟調化する、ということが見られた。このことは、現代的国民経済的発展に対する大企業の対応として確認されるべきことである。しかし、これらの今日の経済諸状況において自然必然的に根拠づけられる、一般社会に対する配慮ということによっては、私的経済的取得企業としての根本原理、および他人資産の管理人としての経営管理の地位は、廃止されることにならない。…ここでは、私的経済的株式会社の根本原理の廃止ではなく、その修正だけが問題になるのである（Hausmann 1928.6–8）。

宇野三段階論の展望

ここで、ハウスマンのタイプB、つまり「一般社会への奉仕における私的取得努力なき株式会社」は「一般社会に対して健全な意味で責任を負う」ということを、一般的に現代株式会社は、「全体的な（国民）経済生活」の経済原則的実現に「責任を負う」というように、より正確な表現で、言いかえることができよう。現代株式会社は、Aタイプ（株主の私的取得努力あり）であれ、Bタイプ（株主の私的取得努力なし）であれ、いずれも「今日の経済諸状況」において、あらゆる社会形態（もちろんここでは事例は、国際的な安全保障体制として敗戦国ドイツに押しつけられたワイマール共和国である）の存在根拠としての一般社会的な経済原則的実現に「配慮」せざるをえず、不可避的に「資本所有とコントロール」を分離させる「公共機関主義」イデオロギーを伴うことになる。その意味で、AタイプとBタイプに共通する現代株式会社の「公共機関主義」については、一次大戦以前のレッセフェール世界市場の発展（段階論）に裏打ちされる、経済原則の資本主義的原理的実現（原理論）としての「私的経済的株式会社の根本原理」を「止揚」することこそが重要な問題になるのである。

資本主義的「根本原理」の止揚とは、繰り返しになるが、あらゆる社会形態の存在根拠をなす経済原則を資本主義的原理（私有制の絶対性と価値法則）の廃止によって実現していくことを意味する。ここでは、「経済原則」に対する一次大戦後の脱資本主義的世界政治経済的（あるいはしばしば軍事的）実現の分析（「現状分析」）が重要な課題になる。そのような封建社会に代わる現代的経済外的強制による経済原則の実現を、「資本主義的原理」の「修正」とか「バリエイション」とか、歴史主義的ないし普遍主義的変容論に還元することはできない。

ラーテナウの脱資本主義的「企業それ自体」を、現代株式会社の資本家的「公共機関的性格」によって「修正」し覆い隠すことが、ハウスマンの資本家的バリエイションとしての「企業それ自体」の最初からの目的であった。だがいったい資本主義的根本原理を「修正する」とはどういうことか。「修正」という言葉の曖昧性ゆえに、ハウスマンのラーテナウ批判の意図が成功したとはいえない。だがその失敗の本当の原因は、ハウスマンが、「株式会社の本質」としての資本主義の原理に関して、(その法学的解釈のゆえにか）、そしてその原理の歴史的貫徹としての株式会社形態に関して、少なくとも経済学上、完全に誤解していること、またもちろん無いものねだりであるが、マーシャルから宇野へと飛躍する経済学原理上の主要課題および原理論にもとづく段階論、そしてさらに現状分析の方法と課題が全く理解されていなかったことにある。まさしくハウスマンやネッターの擬似三段階論は、資本家的株式会社の永久的延命論を正当化している。逆に言えば、宇野三段階論だけが、資本主義的システムの「止揚」を「修正」とする社会科学上の錯誤を明らかにすることができるのである。

三　ハウスマンの法人所得税論議

見えなくなった資本所得

ハウスマンの論文「株式法と租税法の衝突」(Haussmann 1929) によれば、1929年1月の帝国財政局（RFH）裁判所Ⅵ部の裁定および1929年5月の同Ⅰ部の裁定は、次の如き事例に対して下されたものであった。

あるコンソウシアム（臨時的な企業合同、コンツエルンまたはシンジケート）に参加するA株式会社の取締役A′（彼は、すでに自分の会社の経営管理機関株いわゆるポスト株を所有し自由に使うことができる）は、同じコンソウシアムに参加しA社と競合の関係にあるB社の監査役員兼取締役員B′（かれは、A会社に対する影響力行使のためにもともとA社の株式を取得していた）からA社株を購入した。この場合にA社の取締役員A′は、そのA社株の相場価額α（額面価額に等しい）と一緒に、追加的にその50%にあたる「多数派（工作）手数料」（0・5α）をB社の役員B′に支払った。

こうして、A社の取締役員A′は、すでに所有するA社株（機関株）にB社の役員B′から新規に取得したA社株（機関株）をプラスして、A社株の過半数を（経営管理機関株として…引用者）所有しA社を意のままにしうるようになった。A社の取締役員A′がB社の役員B′に支払った「多数派（工作）手数料」（0・5α）は、A社の監査役会決議を通じて次の方法で、取締役員A′に払い戻されることになった。つまり、1924年1月1日から、取締役員A′の給与は、総計で37万5千RMの金額に達する「多数派（工作）手数料」（0・5α）が皆済されるまで、毎年3万5千RMづつ引き上げられる、と（Haussman 1929.705. Riechers 1996.115）。

ハウスマンによれば、以上のような事態の展開において、（RFH）裁判所Ⅵは、A社取締役員A′に支払われることの37万5千RMをA′に対する「隠された利益配当金」とする裁決を下した。もしA社の取締役A′がまた特別の理由から、その株式の現実相場価値額のたとえば10%に当たる過大な代価を支払っていたとすれば、取締役A′によって150%（1・5α）で取得された株式の現実の相場価値額は90%（0・9α）にすぎないことになる。だがA社による取締役A′への37万5千RMの払い戻しは、「覆い隠されて」はいるが、課税対象としての「株主への利益配当金」に相当する。なぜなら、A株式会社が自社株の買い取りといった会社のコントロール権をめぐる株主の闘争の費用を負担し、その結果、A会社の株主が資本所得をより多く得るどころか会社の資産減少（1・5αから0・9αへ）というような被害を被むることなど、所得税法上認められることではないからである（Haussman 1929.705）。

一方で（RFH）裁判所Ⅰ部は、同Ⅵ部のものとは異なる裁定を下した。A社は、困難に陥ったコンツエルンとの結びつきを解消するために、コンツエルンに参加する会社Bの役員B′から一包みの自社株を、相場価額を大きく超える価額150％（1・5α）で買い取ったのであり、ここには、株式の純粋な売買取引以外に何ら「覆い隠された利益配当金」はみられない。A社は、その従来の共同出資者B社を「隠された利益配当金」の形態において優遇するのでなく、可能な限りの僅かな犠牲によって、B社との「縁故関係」を解消しようとしたにすぎないのである（Riechers 1996.118）。

ハウスマンによれば、裁判所Ⅰ部の裁定は、次のような基本的見解により導かれた。つまり、この事例でA社がB社から自社株を買い戻す場合に重要な点は、次のことである。たとえばA社の意に反するB社を排除することがA社全体の利益になり、仮にB社を共同出資者としてそのまま放置すれば、A社の利害サークル全体に不利益を及ぼす可能性が大きいという場合には、A社がB社から自社株を買い戻すことは、A社の（B社を除く）共同出資者全員（機関株も含む会社全体）に最大可能な利益をもたらすことになる。つまり取締役A′は、「会社の存在目的」そのものを追求したことになる（Haussman 1929.710）。

裁判所Ⅰ部の裁定は、A社の取締役A′の行為を、それが株式会社Bの役員B′に特別な利益をもたらす（この場合には役員B′に何らかの所得上の納税義務が生じうるが）こととまったく無関係に、A社の株主全体の信託上（代理人制度上）の行為をなすものとして正当化し、そのことによって、取締役A′を資本所得上の納税義務者から免除した。それに対して、裁判所Ⅵ部の裁定は、取締役A′が個人として（その過程は隠されている）資本取引から資本所得を得たと演繹的に（もしくはやみくもに）みなして、法人所得税の納税義務を取締役A′に対して特定した。Ⅰ部もⅥ部も、株式会社に本来的な代理人制度の現存を想定していた。ハウスマンの指摘から分かるように、ラーテナウ風の「企業それ自体」の発展のうちに、課税対象となる資本所得が「隠れてしまうかもしれないことに、気が付くことはなかった。法人所得税の対象となる資本所得の発生（利益の配当）がはっきりしなくなったことが、裁定がⅠ部とⅥ部とに分裂する根本的な原因をなしていたといえよう。

法人所得税制の終わり

裁判所Ⅵ部の裁定に対する批評家たち（E・フレック、J・フレイヒトハイム）は、同Ⅰ部の裁定がいう「会社存在目的」云々によって、取締役A′は株式会社Aの株主全体の単なる代理人ではないとする理論を発展させ、Ⅵ部およびⅠ部の裁定が前提とする株式会社本来の代理人制度の存在を否定した。批評家たちは、いわば「現状分析」的に、次のように主張した。つまり、役員B′から取締役A′への株主グループ内部でのはっきりした「不正販売」を通じて、（表面上はたしかに）A社の「工場側」の利害が脅かされる。しかしラーテナウ以来、「工場側」が株主から切り離されて、有機的組織体として独立して活動することは高く評価されてきている。「古いタイプ」の取締役は、いまだに自分は単に株主の私的利害の代理人にすぎないと感じているが、その一方で、次のように考える新しいタイプの取締役も現に存在している。（直接的に）会社の資産や効率性が侵害されるといったこと以上に、会社が外資に乗っ取られるかもしれないといった危機的事態が存在する場合には、経営管理機関が（自社株を取得するなどの多数派工作によって）影響力を回復し、権力闘争に徹底的に関与しつつ、その危機の回避に向かうことは、（経営管理機関株を所有する）経営陣の権利であるのみならず、義務でもある、と（Riechers 1996. 117）。

これらの取締役に関する新しい考え方においては、取締役の人格よりも、その行為いかん、つまり機関株主としての永続的な経営管理機関上の義務と責任が優先される。一般的利害に取り組む取締役が、特別に過度な外資導入あるいは他会社の資本支配の排除に取り組むことは、まさしく会社の工場側にとって不可欠な生存条件になっている。にもかかわらず裁判所Ⅵ部は、問題の本質を私的資本家的なもの、本来的な代理人制度上のものとみなし、会社Aの取締役A′には、A社株保有者として資本所得上の納税義務があると認定した。しかし裁判所Ⅰ部も、経営管理機関株（特に取締役による自社株保有）は、代理人制度すなわち資本所得上の解体そのものであることを明確にしえなかったゆえに、事実上、文字どおり自社株だけからなる経営管理機関株による「多数派工作」によって、株式会社をその存続の危機から救う経営者の行動に力点を置いて、機関株式に対する納税義務を免じた。

批評家たち（E・フレック、J・フレイヒトハイム）は裁判所Ⅵ部の裁定に反対して、同Ⅰ部の裁定が明らかにする経営者の企業延命（ゴーイングコンサーン）行動を支持しつつ、新しいタイプの取締役は、事実上、株主の代理人としての立場を超えて、現場の工場運営の立場から、また集団主義的に、あるいは公務員のごとき立場にたって、適切に課題に取り組んでいる、と考えた。彼らはまた、このような取締役に関する理解は、「国法において、夜警国家説が有機体国家説に置き換えられる時代の思潮」に適合している、と見なした。「私的資本家的VS集団主義的」対照方法による、そして国法における有機体国家説による批評家たち（E・フレック、J・フレイヒトハイム）の立論は、ラーテナウ風の「企業それ自体」学説の表象世界から生まれたものであった。ここでは純粋な会社法的領域は見捨てられた。人は、神秘的に着色された企業概念によって、企業の株主からの別離を告げた。経営管理機関株の「経済性」に関する憚るところのない是認は、株主から離脱する「企業それ自体」の方向を示すものに他ならなかった。株主が会社に対立する場合には、いつも経営管理機関は、その株主に関して会社の「損害」を見いだし、それゆえその株主からその会社財源（一包みの自社株）を個人として買い戻すことは、正当とみなされた（Riechers 1996.117）。

「企業それ自体」の課税問題

ハウスマンは、批評家たち（E・フレック、J・フレイヒトハイム）が、B社役員B′からのA社取締役A′の自社株購入に関して、「現実離れした企業それ自体」の観点からでなく、裁判所I部の裁決と同様に、多数派、少数派を問わず、すべての株主の、あるいは株主全体の利害の立場から（つまり、はっきりと代理人制度の立場から）正しく理解しようとする限りにおいて、この批評家たちに同意する旨、以下のように主張した。その一方でハウスマンは、取締役A′への「隠された利益配当金」の問題に関して、取締役A′には、所得税上の納税義務があるとして、裁判所Ⅵ部の裁定を支持した。

取締役A′は、ともかく１００％（１・０α）の相場に投資したことによって、すでに特別な犠牲を払った。なぜなら重大な危機の状態にある工場の株式（自社株）に資本を長期にわたって投資するためには、特別な勇気が必要だからである。しかしながら取締役A′は、危険を冒しても会社を助けることができるならば、１５０％マイナス１００％、つまり50％（０・５α）の払い戻しを会社に要求できることを知っていたからこそ、１５０％（１・５α）の高金額を自社株購入に投資したのである。さもなければ、その高金額を支払うことなど思いもよらなかったであろう。取締役A′は、すべての株主の利害のために行われるならば、自分が法外な値段１５０％で自社株を買い戻し、内50％（０・５α）が自分に払い戻されることには、正当な根拠があることをよく認識していた。以上の取締役A′（経営管理機関）の行動は、ＲＦＨＩ部の１９２９年5月の裁決が示すように、（たとえばハイパーインフレイションといった）特別な事情のもとにあって、会社の損失や危機的境遇を回避しようとする場合には、（あるいは仮に取締役Ａ′が１・５αで購入した自己株式を１・０αないし０・９αの相場価額で売り、莫大な損失を出す場合にでさえ）租税法上の観点からは、いかなる会社に対しても決して禁じられていない（Hussmann 1929.712）

なおハウスマンによれば、この場合に取締役Ａ′は、競争企業Ｂ社を追いだすことによって、企業の利害のために、特別な業務を行った。彼はこのために、「多数派（工作）手数料」の返済の形で、37万5千ＲＭの報酬を受けとった。そして、彼のその地位との関連で、特別の活動に対する報酬が問題なのであるから、彼は、会社の利害におけるなんらかの特別な仕事のために受けとる他のいかなる報酬の取り扱いと同様に、その37万5千ＲＭの金額について所得納税義務を負うことになる（Hussmann1 929.716-7）。

上の事例で取締役Ａ′がＡ社から支払われるものとされた37万5千ＲＭの「多数派（工作）手数料」は、「自己金融」によって、取締役Ａ′がＡ社のために競争企業Ｂ社との密接な「縁故関係」から撤退するための企業組織上の経費として支払われたと考えられるのであり、最後は会社Ｂの役員Ｂ′の利益になるとしても、ともかく取締役Ａ′の所得をなすものとはなりえない。にもかかわらずハウスマンは、裁判所Ⅵ部の裁定に従って、この企業組織上の経費を株式所有に伴う取締役Ａ′の資本所得とみなし、課税対象たりうると主張したのである（Riechers 1996.11f）。

本来的に株主（固定資本所有者）の所得の原資は、その固定資本の利用が生み出す利益である。本来的に法人所得税は、株主の所得に対する課税であり、会社の利益から源泉徴収される。それゆえ法人所得税法は、原則的に、株式会社の資産を減少させるような経費の支出はありえないことを主張できるにしても、逆にすでに株式会社の原理としての代理人制度が否定されている現実があることを認める立場にたてば、そのような経費も資産減少も、「内部留保」と「自己金融」を通じてひんぱんに発生し得ることになり、その経費に対する課税の取り扱いもまったく別の問題になることが理解されるはずである。

たしかにこのような経費は、Ａ社の利益あるいはその内部留保から、Ａ社全体の資産を減少させる形で取締役Ａ′に支払われ、最後は会社Ｂの役員Ｂ′の利益ないし所得になる。しかし問題は、そもそも、Ａ社のそのような利益・内部留保が、もともと直接的に会社が所有する固定資本の利用を根拠として生まれ、それゆえに原理上、資本所得課税の対象となるような法人所得を形成しうるものかどうかである。株式会社Aがその取締役A′に支払った（＝自己金融した）「多数派（工作）手数料」も、資本利益つまり資本所得を原資とするというより、コンツェルンとかカルテルとかの寡占的利益によるものかもしれないのである。

法人所得税は、その会社の商品を購入する消費者に転嫁されうる、という所得税制上の転嫁理論があることに注意。財政当局は、これらの寡占的利益やキャピタルゲインを資本所得とみなして、「法人税」（＝法人所得税）から「所得」を抜くのがミソ）や「みなし法人税」を課するかもしれない。また「所得の再分配」を目標に掲げる財政が累進所得税率を大幅に引き上げる結果として、逆に内部留保と自己金融を肥大化させるかもしれない。いずれにしても、課税対象となる資本所得、固定資本所有に基づく所得を極めて曖昧化する機構を資本所有とコントロールを分離する現代株式会社は持たざるを得ないということこそが問題なのである。

ハウスマンは、そのバリエイションとはいえ信託制度・代理人制度（資本所有とコントロールの一体性）の現存を信じていた。それゆえに彼は、裁判所Ⅵ部およびⅠ部の裁決とともに、経営管理機関としての自社株の取引や自己金融の肥大化が代理人制度の事実上の解体であること、またそのことこそが、批評家たち（E・フレック、J・フレイヒトハイム）が主張するように、経営管理機関が資本所有（株主）のコントロールを脱してラーテナウ風の「企業それ自体」の発展を根拠づけることなどを理解できなかった（あるいは理解しようとはしなかった）（Haussmann 1929,709）。ハウスマンにとっては、法人所得税のいわば「企業それ自体」課税への転換とラーテナ風の「企業それ自体」との内的結びつきを容認することはとうてい不可能であった。

四　レッセフェール金融システムの終わり

ラーテナウと配当抑制・利益留保・自己金融

ラーテナウは一次大戦中に『株式制度について』で、利益の内部留保による自己金融が企業の生存にとっていかに重要かに関して、次のように論じている。商法の規定によれば、「業務の執行ならびに貸借対照表および計算書類の作成は、すべての積立金および慎重な財産評価をもって、いつでも各利害関係人（株主や社債所有者など）に企業の財産状態を知らさなければならない。それゆえ、（基本的に）緊要な控除をなした後の全利益は法律上当然株主に配当されなければならない…」（Rathenau 1918）。しかしラーテナウによれば、株式会社大企業を、このような「単に商業的利潤追求のための商人の営利的結合の側面」から、あるいは「私的利益に専念する短見な一時的投機的株主」の立場から把握することは、「企業の財産政策を総会の気分に依存させ、現実的にはより高い利益配当とより少ない積立金とを結果させるであろう」(Rathenau 1918.171-4)。

大企業は、外国との競争上、「同時代に存する最大のものに匹敵し、資力に富み、内部的に強靭で統一的に指揮され、自由な決断力を持たなければならない。そのためには、企業における損失補填、更新力、不断の向上、一定の生産数量の獲得、適正な利益配当、非公開の経営管理機関の義務的裁量にゆだねられる多額の積立金、などの原則が要求される」(Rathenau 1918.173)。

今次の大戦の経験から少なくとも、我が株式会社の技術的な内容を決定するものは、その沈黙積立金である、と言える。もし、我が国民経済の給付機能の高さに、(沈黙積立金というような)豊富かつ自由な資金の使用にもとづく(企業)行動の自由と決定力が加わらなかったならば、国を挙げて余すところなく軍需生産に転換し、戦時に数千の工場を作り、数カ月にして技術的根本問題を解決することなどは、決してできなかったであろう(Rathenau 1918.176)。

インフレーションと経営管理機関株

(イ)ますます強く支配力を拡大する大企業、(ロ)コンツェルンや合併などの経済集中の急速増大、そして(ハ)とどのつまりの株式会社における「資本から経営管理機関へのコントロール権の移譲」。以上(イ)(ロ)(ハ)の「三つの動向は、互いに密接に関係して」いたが、「19世紀の終わりの高度産業化の時代にその出発点をえた」(Riechers 1996.42)とはいえない。それら三つの動向に伴う「株式会社の内的構造の最大の変動は、一次大戦後のインフレーション時代に初めて生じた」(Riechers 1996.42)。

ドイツに巨額な戦争賠償金の支払いを強制するベルサイユ体制のもとに、１９１９年ワイマール共和国が誕生した。１９２１年、ドイツの中央銀行ライヒスバンクが、大量の紙幣発行とハイパーインフレイションによってドイツ・マルクの価値を破壊し始めた。(注1) ライヒスバンクは、ドイツ政府が財政赤字を埋め合わせ、支出をまかなうために発行する国債を大量に購入し、これが最大の原因となり、インフレ(物価上昇)が進行した。それは主要先進国では前例のない、極めて破壊的で大規模な通貨価値の低下だった。ドイツはベルサイユ条約で英仏から要求された巨額の賠償金負担から逃れるために自国通貨を破壊したのだという説が、以来ずっと唱えられた。しかしその賠償金は、「金マルク」（1914年の金本位制停止前の通貨で、一定量の金もしくはそれと等価の非ドイツ通貨と定義される）にリンクされていたし、条約本体に続く議定書では、紙券通貨の価値に関係なくドイツの輸出額の一定割合を賠償金に充てると定められていたので、インフレによって実質的な賠償負担を減らすのは不可能だった。だがライヒスバンクは、通貨価値を下落させて観光や外資投資を促進するとともに、ドイツの財を海外でより手ごろな価格にすることで輸出を拡大し、それによって賠償金の支払い必要な外貨の獲得をもたらすことを考えたのである（注2）（リカーズ2012.83）。最後にインフレを鎮めたのは1923年11月に発行された（土地など不動産を担保とする）レンテンマルク（不換紙幣）の出現であった。新しい発券銀行としてレンテン銀行がもうけられ、一レンテンマルクが一兆ライヒスマルクと交換された。

（注1）イギリスの所得税は、長い歴史をもっており、また戦前の改革が累進課税システムを通じて、より巨額の金を調達することを可能にした。それと対照的にドイツの所得税は当初、自らの収入に執着し帝国所得税に反感を抱く個々の州によって導入された。ドイツ帝国は、軍事支出を輸入と国内消費に対する間接税によって融通したが、このことが社会民主党が逆累進税制を課題として取り組むことを可能にした。社会民主党は1912年に選挙で勝利し、帝国所得税を導入して軍事支出の増大を支持する目的で、他の諸党と連合政権を築いた。しかし、諸州は、1913年の新帝国所得税による権力の喪失を恐れたために、大規模な帝国支出の増大は困難であることが証明された。かくて一次大戦直前にあってドイツは軍事上、産業上では強国であったが、財政上は弱体であった。そのために、帝国の防衛費は、重大な政治的社会的な緊張を伴っていた。一方イギリス政府は、財政上より強力であり、所得税収をベースにしてより有利な条件で借り入れすることができた（Daunton 2002.37）。ドイツでは、一次大戦勃発後、戦費が急激に増大し、戦争財政に深刻な問題をもたらすとともに、また国民生産の低下をもたらした。GDPは、最初の一年間で、1913年水準の85％まで下がり、その減少は戦時中を通じて衰えずに続いた。1919年までに、GDPは、1913年水準の72・3％にまで下がった。工業生産は、同時期を通じてさらに下がったが、1913年の産出高の42％であった。戦費は、約1500億ライヒスマルクまで増大したが、その大部分は国内債務によって金融された。残りの資金は、租税と通貨膨張・印刷貨幣によっていた。ライヒスバンク銀行券の流通は戦争開始年の29億マルクから終戦時の186億マルクに増大した。戦時中の貨幣供給の五倍増がけっきょくは大惨事を招くインフレ圧力を作り出した（Fohlin 2007.280）。

（注2）1921年末にインフレが徐々に本格化した時、ドイツの人々は物価上昇については理解したが、通貨が暴落しているとは思わなかった。ドイツの銀行は資産とほぼ同

額の負債を抱えており、したがってほぼ完全にリスクヘッジ（危険回避）されていた。多くの企業も、通貨が下落するにつれて名目価値が上昇する土地や工場、設備や在庫などの実物資産を所有しており、したがってリスクヘッジされていた。とりわけ実物資産だけでなく債務もあった企業は、債務の実質価値がゼロ同然になったので、債務負債から解放されて豊かになった。また、ドイツの大手企業は国外に事務所を持っており、これらの事業所が、ハードカレンシー（国際通貨）を稼いで、マルク暴落の最悪の影響から親会社を防護した。マルクをスイス・フランや金や他の価値貯蔵手段に交換する才覚があった人たちは、そうした上で貯蓄を国外に移転させた。ドイツの資本家階級は、マルクの減価が株価の上昇によって相殺されていたので、すぐには、株価が間もなく無価値になるマルク建てであることに気が付かなかった。労働組合に支えられていた労働者や公共部門の労働者も、インフレに見合う賃上げを政府がすんなり認めていたので、当初は影響を受けなかった。インフレによって、最も打撃を受けたのは、賃上げの恩恵を受けられない中産階級の年金生活者や、株式ではなく銀行預金の形で資産を保有していた預金者だった。これらの人々の経済状態は完全に破綻した。１９２２年、ライヒスバンクは状況の制御をあきらめて、労働組合の庇護がある労働者や公共部門の労働者の要求をみたすために紙幣を刷りまくった。その結果インフレはハイパーインフレになった。経済全体が混乱する中で、１９２３年、フランスとベルギーがドイツに賠償金の支払いを履行させるためにドイツの工業地帯、ルール地方を占領し、工業製品や石炭などの現物で賠償を得た。ライヒスバンクは、ストライキやサボタージュで両国の占領に抵抗したルール地方のドイツ人労働者の賃上げや失業給付のために、さらに紙幣を増刷した（リカーズ2012）。

株式制度における一次大戦後の法律改革は、ネッターによれば三つの要因つまりインフレーション、コンツエルン形成、外資支配の危機、に起因していた。特に経営管理機関株に関しては、「闇夜の泥棒のように」、不意にまた法律的に非の打ちどころがないわけではないやり方で、議論と実際が発展した（Netter 1929,8-9）。インフレに伴う通貨の下落のために、ドイツへの外国人投資の脅威が存在していた。戦後インフレーションの間中ずっと、ドイツ産業は特にハードカレンシー（交換可能通貨）を持つ会社による敵対的買収の標的になりやすかった。それに対するドイツ産業の対応は、グループをまとめ、かってないほどにより緊密に協同することであった。経営管理機関株は、外資のコントロールに対する拒絶の手段として利用された。生産、雇用、資本の集中が株式の交換、相対多数投票株の創設、そして他の防衛措置によって、継続的に進められた。会社間の合併がもうひとつの対応をなしていた。１９２５年のＩＧファルベンの形成は、以上の意味においてもっとも際立った事例であった（Schroter 1996.42. Riechers 1996.44）。

もう一つの曖昧な経営管理機関株として買い戻される自社株つまり「自己株式」が加わり、それによって経営管理機関は、株主総会において容易に50％以上の絶対多数票を獲得することができた。会社による自社株の取得を禁じる商法（226HGB）が、戦後のインフレ時代以来、判決により無視され顧みられなくなった（Riechers 1996.45）。１９３１年の恐慌以前には、これらの市場操作の非常に危険な性格については正しく認識されていなかったが、その恐慌のすぐ後で、多数の会社が前代未聞の規模で自社株を購入するということが起こった。[注]

（注） １９３１年９月の修正法令によって、自社株購入は原則として禁止されたが、多くの取締役会がすでに自ら益していたものについては、重大な例外や抜け道が認められた。１９３６年５月には、自社株購入を禁じる条項に会社が従うことを特免する権限を帝国法務大臣に与える法律が通過した。しかし、その後でも、自社株購入は許可なくなされていた。１９３７年の法律は、状況を明確に改善することを目的にしていたが、その杓子定規の規定によっては、うまくいくことはなかった（Mann 1937）。要するに、ハウスマンが資本家的株式会社の根本原理の一つとしていた会社の自社株購入禁止は、ハウスマンもネッターも明確には認識していなかったが、特に戦後のインフレ以来、いわばその骨髄をぬかれたまま永久に回復することはなかったのである。

ワイマール期のハイパーインフレは、いくつもの重要な政治的目的を達成し、それによって１９２０年代、30年代を通じて事態の進展に影響を及ぼした。ハイパーインフレは、ドイツ国民をアメリカをはじめ「外国の投機家」に対する反感によって団結させた。また、ルール地方でフランスの本性をあらわにさせて、ドイツの再軍備を唱える理由を生み出した。またドイツは、ハイパーインフレによって経済が崩壊したと主張することができ、イギリスとアメリカから同情を引き出して、ベルサイユ条約にもとづく賠償要求の最も過酷な部分を緩和させた。マルクの暴落は、金融資産だけに頼っていた資本家・株主に対して、実物資産を握っているドイツの産業資本家（実際には企業の経営管理機関―引用者）の力を強化する働きもした。これらの企業経営者は、国外でハードカレンシーを貯め込んで、国内の倒産した企業の資産を安く買い取ったので、ハイパーインフレの後、以前より強力になって立ちあらわれることになった[注]（リカーズ2012）。

（注） もちろん、ハイパーインフレのコストは途方もなく大きかった。ドイツの政府機関に対する信頼は消え失せ、生活は文字通り破壊された。だがその後のドイツ経済の進展

は、天然資源、労働力、実物資産、それに富みを保存するための金貨幣を持つ主要国は、さほど深手を負わずにハイパーインフレを克服できることを実証した。ハイパーインフレのすぐ後の1924～1929年に、ドイツの工業生産は、アメリカを含む他のどの主要経済国よりもハイペースで拡大した。1920年代初めにドイツは（ベルサイユ条約による厳しい平和のもとに）平時に金とのつながりを断ち切っていた。ライヒスバンクは、現代の経済では金とのつながりがない紙券通貨を減価させることで、純然たる政治目的を達成できることを実証したのである。この教訓は他の主要工業国の記憶に深く刻み込まれた（ニカーズ 2012）。

配当政策そして内部留保および自己金融

ドイツ企業の配当政策は、インフレ終息そして通貨安定の後、はじめて世間の活発な討議の対象となった。配当政策は、1924～1925年と1926～1928年の二つに時期区分できる。前者においては、ほんの僅かな配当金が支払われるか、あるいはまったく配当金が支払われなかった。全会社のうち、最大部分がまさしくほとんど配当金を支払わなかった。いくつかのケースにおいて、株主総会で提案された配当金が再三否決された。まもなく無配当ないし僅少配当の理由が明らかになった。ほとんどすべての産業分野で、利益がほんの僅かしか存在していなかったのである。多くの場合に、配当は「威信にかかわる問題」としてのみ、支払われた。例のラーテナウ（外務大臣在任中の1922年に暗殺された）の会社、アルゲマイネ・エレクトリツィテート・ゲゼルシャフト（AEG）は、このことを適切にも次のように表現した。6％配当の提案を決定したのは、「手持ちの純利益の分配によって、有価証券市場の荒廃を防がなければならないと信じたからである」と（Prion 1931）。

第二の時期については、事態は逆転した。これらの年々におけるイギリス鉱山労働者のストライキ、ベルサイユ体制下におけるアメリカからの短期資金の莫大な流入ならびに産業合理化による好景気が、まさしく多大な利益をもたらすことになった。しかし、株式会社の経営管理機関は、配当金の支払いを増大させることに躊躇した。ここにおいて、ドイツでは、利益を配当せずに留保する極めて風変わりな技法が発展した。いわゆる暗黙積立金の引き上げである。ドイツの企業は、増大する暗黙積立金によって、ますます株主との利害対立を深めながら、多額の利益を配当せずに留保した。まさにここにおいて自己金融のスローガンが生まれた[注]。

（注） なお、1926～1928年を通じて、業種や規模を問わず、すべての企業が等しく自己金融を増大させたわ

けではない。これらの年々にわたる特別な好況期に高い利潤をえることのできた企業は、常にいくつかの有利な業種に限られていた。それ以外の多くの業務部門や大多数の企業にとって、自己金融を利用することは、ほとんど不可能であった（Prion 1931）。

暗黙積立金の増大ないし自己金融の肥大化の釈明としては、次のことが挙げられた。株式会社は、万一の場合に備えて金融上の豊かな蓄えに付け加えて、簡単には破たんしないように、ますますより多くの積立金（準備金）を持たなければならない。特に準備金によって、高すぎるコストで借り入れた他人資本が返済されなければならない。次の見解が最も強く強調された。企業は、世界経済上の市場競争において存続しようと思う場合に経験するはずの技術的な進歩を準備し続けなくてはならないということ（Prion 1931）。さらに自己金融の理由として、自己金融は、多くの産業部面にとって、最高度の経済効率性を獲得するために必要な企業合併を容易にすることが挙げられた。大企業、とくにトラスト（企業合同）は、その恒常的な経済管理をめぐっては、第一に大多数の労働者や従業員の雇用を配慮しなければならず、株主への配当だけを考慮するわけにはいかない点に注意が促された。（Prion 1931）

（注） 上に挙げられた「理由」は、自己金融という手段の正しさを証明する上では、正当であるとみなされた。ただしすべての場合において、自己金融の必要についての慎重な評価（最適規模、収益性）が、はっきりと見とどけられるかどうか、そしてさらに、他面ではまた、資本市場の、取引所の、あるいは株主の利害が十分に考慮されているかどうかについては、明確にされなかった。

一方で、自己金融の理由として大戦後の公開資本市場での資金調達の困難性と貸付利子率が高いという外部的な状況があった。コンツエルン形成や利益共同体契約の締結のために必要な資金を自己金融により集めることができるように、企業利益の内部留保が強化された[注1]。コンツエルンにおいては、親会社の株主は、子会社の暗黙積立金の形成を間接的な干渉を通じて阻止する可能性をなんら持なかった。同様にまた、利益共同体契約の場合も、多くの場合に企業会計上、償却控除額や積立金の金額を決定する株主総会の権利を、監査役会もしくは取締役会に転用する定款規定が生まれた。株主から暗黙積立金の管理権を奪うことによって、経営管理機関を利益共同体契約の共同出資者に対して団結させた。以上のように経営管理機関は、暗黙積立金の形成を通じて、全体経済にとって危険なしとはしない公開性の毀損のみならず、国民経済および世界経済上、重大な結果に至るその自由裁量権上の行動を容易に無制限に拡大することができた[注2]（Prion 1931. Riechers 1996.47-8）。

（注1） 戦争とインフレーションは、金融市場に対する重大な損傷の原因をなした。ユニバーサル銀行の証券ビジネスは、戦争とインフレーションを通じて、その根拠づけと高潔さを失った。多くの新しい株式会社が創設され、既存の株式会社がその資本を増大させた一方で、工業は、その証券の仲介者としてのユニバーサル銀行にますます依存しなくなった。発行ビジネスから手を引いたことが、銀行のバランスシートにおいて明白になった。つまり、大銀行のコンソウシアム証券保有は1918～1921年に倍増したが、しかし、総銀行資産は、同時期に五倍になった。1913年に大銀行は、8120百万マルク（内3733百万マルクはコンソウシアム参加）の価値をもつ株式と債券を保有していた。通貨改革の後、141・1万RMだけが残された。1929年までに、証券保有は、379・1万RMに増大したに過ぎないが、それは、1913年保有の半分以下であった。ユニバーサルバンキングは、証券ビジネスを減少させる一方で、保険サービスに移行しはじめた（Fohlin 2007）。

（注2） ドイツ大審院は、会社の配当政策上、好き勝手な過小見積もりを原則として認めなかったが、にもかかわらず、まもなくこの原則から離脱し、利潤を配当せずより大規模に内部留保する積立金の形成を容認するようになった。ドイツ大審院はまた同時に、特に利潤に関して、その全部もしくは一定割合を自由に利用することができる権利を株主総会で認める定款規定を通じて、大抵は少数派の犠牲においてではあるが、配当金の過小見積もりは許容されるとみなした。その最終的な転換はまもなく起こった。暗黙積立金の形成は定款上の権限付与がなくてもまた、次の限りにおいて、容認されるものとされたのである。「そのことが、すべての関わりについての誠実で注意深い商業上の考慮によって、その企業が近い将来、ほぼ二年間にわたり生存しえ再生しうるためには必要である、と見なされる場合である」。1913年以来の判決で根本的に変更された株主の情報上の権利を含めて、要するに、株式会社の権力状況における構造変化、特にコンツエルン形成は、利潤の配当金抑制・内部留保による自己金融の肥大化という点において、経営管理機関の地位を非常に強化した。法律上の規定は、文言は維持されたままであったとしても、中身が掘り崩されたわけであり、一次大戦後、法律はその「現実価値」を失ったのである（Riechers 1996.48）。

自己金融の肥大化がもたらす金融市場の崩壊

一次大戦前では、各企業において獲得される純益、余剰の大部分が権利者（株主）の広範な層の手に配当金として移され、そして株主の手において収入・所得を形成した。株主はその所得の多くを、証券取引所を通じて、再び株式投資に向けた。要するに一次大戦前では、株式会社の固定資本形成・資本蓄積は、世界的な規模の証券市場における配当金支払いと株価形成（一般的利了率に近い配当利回り）

によって、世界中の資金の最適配分いかんが客観的に尺度されていた。しかし、一次大戦以後の自己金融の肥大化は、国民経済における資本不足の場合において、企業にとって一種の自己救済を意味した。いまや企業は自己金融する資金を無制限にそして大部分直ちに自社ないし自社周辺の資本投資に向ける（つまり証券市場からの評価を免れる）という限りで、その資本蓄積形態が（一次大戦前に対して）決定的に変化した。戦前でも、自己金融は、製造方法の根本的かつ画期的な改善（合理化）、または新生産部門の併合、他の企業の吸収・合併を通じて、企業の発展・拡充のために行われた。しかしこれらの場合も、証券取引所での株式発行など他の資金調達方法と必ず結びつけられていた。自己金融はそれをあくまで補足的に行うものに過ぎなかった。一次大戦後の自己金融の肥大化は、外国貨幣・資本の高金利・高利回りの壁に囲まれた企業組織内上の狭隘な金融市場を発展させたのであって、国民経済上ひいては世界経済上に重大な難問題をもたらすことになった（Prion 1931）。

収益を上げている企業の自己金融は、その企業またはその好調な業界全体が、資本不足が一般的に存在しているにもかかわらず、なお強力に発展しうることを予知させる。この場合には、自己金融は、既に製品価格が下がり始めるまでに、生産が過大に拡大していても、売れ行きが持続し、本来的に想定される収益性が保証される限りは、けっきょくは容認される。しかしここにまさに危機が発生する。すなわち過剰生産、販売不足、価格暴落（恐慌）、利益および収益の減少、あるいはいわゆる「資本赤字経営」の危機である。このような「資本赤字経営」は、個々の企業または業界（たとえば自動車産業）全体において、相当な量に達した。この危機に関連して、大量に他人資本が利用されそして空費されてしまう場合には、自己金融は、過小評価すべきでない悪役を演じることになる。まさに人は、既に資金を所有している場合には、先ず他人から資金を調達し、おりをみてその与信者に報告しなければならない場合に比べて、不確実な将来発展のリスクをより安易に取り込むことになるのである。

「資本赤字経営」の危機を通じて、拡大しすぎる企業や業界に修正が生じる場合には、このことは、単に、資本が失われたことを意味するだけではない。それはむしろ、これらの（失われた）資本が収益性はより低いが同様に重要な他の企業には、不当にも渡されなかったことを意味する。これらの企業はことによると、まさしく、それらに必要な資本が欠けていたがゆえに収益性が低いということであったかもしれない。このような資本欠乏は、どっちみち、すでに信用機関によって無慈悲に取り扱われる（中小産業企業の大多数がそうであるが）企業にとって、特に強く苦痛に感じられるものとなる（Prion 1931）。

貨幣市場と資本市場との相補関係の崩壊

この場合に利子率の高さに関して、好ましくない反作用が生じる。自己金融のために使われる資金が、私的経済上（収益性）そして国民経済（生産性）上、好ましくない結果をもたらすかぎり、この「資本赤字経営」は、資本に対する需要を不必要な仕方で増大させるか、あるいはむしろ、「資本赤字経営」以外の資本需要に対して資本調達を困難にさせる。このことにより、利子率のより強い上昇あるいはむしろ利子率の高値のままの放置が生じる。このことに続き、自己金融する企業は、多かれ少なかれ信用取引から排除されるということが起こる。しかし、このような企業は、同時に、それ自身で金融できるのであるから、信用度の高い企業に属する企業であるということになりる。その結果、あまり良好でない信用度のより低い企業が、より多くの信用取引に巻き込まれるようになり、そのために、信用危機が拡大するということがおこる。このような仕方で、現行の利子率においては、良好な受信者が自己金融によって撤退しない場合と比べて、より高いリスクプレミアムが浸透していく（Prion 1931）。

企業は資金を積み立て、そしてそれを投資する。貯金者と投資家がもはや分離されないで、自己金融においてひとつの統一体になるという事実から、さらに国民経済に一定の改造がもたらされる。先ず貨幣市場と資本市場においては、資本不足、貨幣と資本市場の緊張状態、高い利子率、さらに自己金融の強化、という一連の事象が発展する。企業の共同出資者特に株式会社の株主は、より僅かな所得しか得ないから、より僅かな預金もしくは投資しかしないという事態が根強く広がっていく。銀行における預金および貯蓄銀行における貯金の減少が起こるか、もしくは、より僅かな貨幣資本が抵当権として貸し出され、株式または社債が獲得されるということがおこる。つまり貨幣市場と資本市場が同時に収縮するのである。企業によって貯蓄され、配当金として支払われない利益は、当然に国民経済から失われてしまうわけではない。ただしそれは、自己金融者側の貨幣および資本市場に対する需要を減少させる。その限りでは、自己金融による事態の変化は、全体としてまたその結果として、利子率に関して反作用を引き起こすことには必ずしもならない。しかし、自己金融を行う企業が、彼らは必要な資金をともかくも自由に使えるというだけの理由で、その企業の拡大をもくろむ場合には、もしその資本が資本市場で調達されねばならないとしたらおそらくそうにはならないような新しい追加的な資本需要の発展が阻害されることになるであろう。このような貨幣市場と資本市場の両方における流動性切断は、大トラストの金融管理において、明瞭に読み取ることができる。

利益が、配当金として分配される場合には、それは、それを受け取る人の資本所得を形成する。資本所得を、生計費、ぜいたく品への支出、外国での支出または投資、もしくは国内への資本投資に費やすなど、いかに使うかは、所得を受け取った人にとって、重要である。これらの人々によって、利益は、消費財および使用財または奢侈財の市場に流入し、あるいは外国に流出する。それはまた、また私的企業の資本として、または公共市場で株式、社債、貸付金の形態で、自由に処理される。これらの可能性は、利益が配当金として支払われないで、自己金融に利用される場合には、なくなる。国民経済のなかで、自己金融がどの程度なされるかその程度によって、単に貨幣および資本市場の状態のみならず中間財市場や最終財市場の状態もまた変化するということがおこる。また片寄ったそして過多の自己金融は、景気循環の国民経済的な進行を妨げる。それゆえ自己金融を評価する場合には、その程度や国民経済のそのときどきの全状態に注意を向けることが、不可避的である。こうして1930年に突然始まった危機は、少なからずの部分において、自己金融の度を越した肥大化の結果に起因するものであった、といえよう（Prion 1931）。

以上のように一次大戦前のような貨幣市場と資本市場が相互補完的に機能し流動性リスクを最小化するレッセフェール金融システムは、利益の内部留保による自己金融肥大化のもとに完全に否定され形骸化した。これを前提にして、ベルサイユ体制のもと、インフレ終息、（通貨）安定化の後に、ドイツは、利子率が高いゆえに、アメリカ人など外国人の投資に特別に魅力あるものとなった。しかしドイツ側から見れば、信用市場における外国投資への依存は、その外部資金の突然の引き上げが大惨事をもたらすのであるから、重大な危険を象徴し内包することになる。そのシナリオは、帝国銀行総裁H・シャハトが帝国議会での演説中に市場における利子率上昇について警告を発した1927年5月に現実化した。外国資本は、市場から撤退することにより対応し、外国の為替保有は、半分までに下落した。5月13日に、株式市場は、急激に下落した。それは、それに続く一連の大惨事の最初の一歩であった（Caroline Fohlin 2007）。

1920年代の相対的安定期において、長期貸しと短期借り、そして長期貸しを証券化すべく証券市場の不振の中で、ドイツの金融システムはきわめて不安定な状況におかれていた。特に賠償（トランスファー）問題は、この不安定さにさらに拍車をかけた。賠償問題とは、アメリカがフランス・イギリスに強要する一次大戦時の債務返済（国際資本移動）が、英・仏に向けられるドイツからの賠償年次金支払いにより保証されているというものであった。トランスファー問題は、高金利、アメリカからの短期借款のさらなる増大、ドイツの銀行の短期借りと政府・企業への長期貸し、という形でドイツの金融ポジションをさらに悪化させる要因になった（チブラ1984）。

第8章　ドイツ甜菜糖業の危機

一　レッセフェール世界砂糖市場の発展

19世紀末葉の農業・糖業危機

19世紀後半のヨーロッパ大陸における甜菜糖業の発展は、いずれの国においても種々なる形態の国家的保護に支えられて急激であった。とりわけ砂糖の生産と輸出に対する間接・直接のプレミアム交付は、国家介入の典型的なあり方であったが、これらの諸国で糖業をまず輸出産業として確立する上で大きな力を持つことになった。他方ではまたヨーロッパ外における甘蔗糖業のいっそうの発展が、甜菜からの製出において開発されてきた技術を適用することなどによって可能となり、もともとの世界市場むけ生産を増大させつつあった。こうして特に90年代には世界砂糖市場の状態は過剰生産によって圧迫されていたが、激しい対立的関係は甘蔗糖と甜菜糖の間にのみ生じていたわけではない。

いわば人為的に過剰生産を促進することになるといってよいプレミアムの交付は、その引上げ競争によって、ドイツ、フランス、オーストリア・ハンガリー、ロシアなどの甜菜糖輸出国同士の対立をいっそう激化させた。このことはいずれの国においても結果的に、プレミアムの増大→国庫負担の増大→砂糖消費税の引上げ→国内砂糖消費の制限という悪循環を生み出すことになったが、それはまたけっきょく世界市場における砂糖過剰問題の激化に帰結した。他方でこの場合に、イギリス植民地からくる甘蔗糖の本国における販売が、ヨーロッパ大陸諸国からのプレミアムに裏付けされた安価な甜菜糖の流入によって、ひどく脅かされるという事態が発展してきた。こうした事態は、合衆国がプレミアム付砂糖に対して相殺関税をかけた後は、イギリスが輸出される甜菜糖のほとんど全部を吸収すべき国になったので、いっそう深刻な問題となった。かくして特に

90年代の後半になって、イギリスが砂糖輸入に対していかなる政策をなすかということが、世界砂糖市場の発展にとって決定的な意義を持つようになった。

イギリスは1850年代までは、輸入した甘蔗糖を国内の精糖所で加工することによって、比較的巨額な粗糖および製糖の輸出を行った。しかしその後のヨーロッパ大陸諸国の甜菜糖業の発展に対しては、イギリスの製糖業はまったく対抗しえず、甘蔗糖の輸入の減少と製糖の輸入の増大が生じた。世紀末までには、イギリスはその輸入の大きさや近距離ということからいって、大陸諸国の甜菜糖業にとっては、最も好ましい販売市場を意味していた。しかしプレミアムによる甜菜糖のダンピング輸出によって危機に直面したイギリス植民地の甘蔗糖生産を、本国にとってもそのまま放置しえないような状勢が生み出されてきた。砂糖価格の下落は、一般の消費者には歓迎されるべきことである。だが他面では、このような甘蔗糖価格の暴落は、植民地甘蔗プランテーションから可能なかぎりの高配当を引き出そうとしていたイギリスの海外投資家や金融資本の利害とは対立することになる。特に19世紀末の西インドなどの植民地甘蔗糖業の深まり行く危機とともに、他方ではイギリスにおける金融資本の勢力が、一般消費者の直接的利害に対して政治的優位性をもつようになってきた。

イギリスでは、従来消費者は、砂糖を正常な費用価格以下で得ることができ、従ってまた特別に大量の砂糖消費に慣れ親しんできた。さらに、発展したビスケット工場やジャム工場（これはまた果樹栽培者や漿果栽培者に関係する）のような工業部門は根本的には安価な砂糖の輸入によって存続している。他方ではにもかかわらず、イギリスでは植民地利害関係者が同様にひとつの支配的な勢力である。彼らは、今日、帝国主義の時代思潮とともに以前よりいっそう大きな支配力をもつようにさえなってきたのである。(Ritter1 945)。

こうして、ロンドン市場をめぐる甘蔗糖と甜菜糖との対立的関係は、実際には、金融資本の利害を代表するイギリスと大陸の甜菜糖輸出国との政治的対立となって表面化してきた。イギリス政府は、隠然たるまたは公然たる輸出プレミアムを放棄しない限り、対抗として相殺関税の設定を余儀なきものとして（自由貿易というよりも公正貿易の主張）、大陸の甜菜糖輸出国を脅迫した。国庫負担の増大にみられるように、既に自己の力に余る以上の国家的保護をなしていた甜菜糖輸出諸国は、ここで、イギリスからのいわば外的強制のもとに、砂糖輸出に関する国際的協定の締結を不可避なものとするに至ったのである。

ブラッセル砂糖協定1902〜1912

1902年に成立したこの協定は、1898年のブラッセル国際会議での既定の方針によるものであった。協定に参加した国は、甘蔗糖に対する主だった利害者として、イギリス、オランダ、甜菜糖輸出国として、ドイツ、オーストリア・ハンガリー、フランス、ベルギー、イタリア、スウェーデン、ノルウェー、(後に、ペルー、スイス、ルクセンブルク)であった。この時には、ロシアとは合意が得られなかった。アメリカ合衆国は、プレミアム付き甜菜糖に対する相殺関税と甘蔗糖市場への国家的介入によって、このヨーロッパの協定成立のいわば外部的条件をなしたが、直接的には協定に終始無関係であった。

参加国の義務とされた、協定の最も重要な規定は次のとおり。①すべての直接、間接の砂糖輸出および生産へのプレミアム交付の中止。条約の継続中は、それらの新たな導入をしないこと。②さらに国庫によるコントロールのもとでの砂糖生産の停止。③砂糖輸入関税の制限(“Uberzoll”つまり関税と国内の消費税との差を、消費用砂糖ドッペル・ツェントナーすなわち9キロ当り6フランすなわち4・80マルクに制限すること)。④プレミアム付き砂糖には、輸入の際に罰則関税ないし相殺関税が、プレミアムと同一の高さで課されなければならないこと、またいかなる国も、一般的にプレミアム付砂糖の輸入を差し止める権利を留保すること。⑤輸出の際条約国を通過することによって、いずれかの国のプレミアム付砂糖が利益を受けることがないように配慮すること、などであった。

ここで注目されるのは③である。この僅少な保護によって、いかなる国の糖業も自国市場を保護するためには十分であるとみなされた。また、この輸入関税の制限は、甜菜糖の販売カルテル形成によって再び以前のプレミアム付輸出制度と同様な関係が生じることを阻止するためであった。さらにこれらの条件の規定は、協定に参加した国の植民地および海外領地にも適用された。この場合に、イギリスとオランダの植民地は例外とされたが、しかし重要なことは、両政府が、協定の終局議定書において、協定の有効期限中は、自国植民地からの甘蔗糖の輸入に対して、条約国から輸入される甜菜糖に比較してどんな特恵も与えない旨保証し、この意味で「中立的な立場を堅持したことが、最も重要であった」(May 1925)。さらに、ロンドン市場における甘蔗糖に対する甜菜糖の一般的な有利性は、すぐ後でみるように、イギリスがプレミアム付甜菜糖に対して無条件に罰則税を課するという立場を一貫しなかったことによっても増大した。

1902年の協定成立以来、ヨーロッパ市場に現れた砂糖の過剰問題は処理されることになった。ヨーロッパ大陸諸国ではいずれの国でも、甜菜糖の輸出減少と生産力の急速な上昇を国内消費の著しい増大によって吸収する傾向を強化したし、またイギリス政府は、協定第4条に基づいて、協定発効の1903年9月からは、ロンドン市場へのロシア甜菜糖の輸入を全面的に禁止した。その後の5年間は、ロシアから西ヨーロッパへの砂糖輸出は、最低限にまで落込み、多少の輸出量があったとしても、それは、ヨーロッパを通じて非協定国へ再輸出されるものに限定されていた。国家的保護制度を撤廃することのなかったロシアの甜菜糖業は、他の国を凌駕するほどの急速な生産力の発展を実現したが、それは国内消費の増大とフィンランドとトルコおよびアジアでの市場を保持することによって可能とされていた。

五か年が経過して、1908年に第一次の期間が終了し、さらにブラッセル協定が五か年延期されることになった時、かつてプレミアムに対して先頭にたって戦ったイギリスが、一定量のプレミアム付砂糖の輸入に対しては、相殺関税を課さないという特別な条件を出して認められた（協定への補足決議書）。イギリスの協定に対する態度のこうした変化は、その植民地における甘蔗糖業が砂糖の高価格によって危機を脱し、そこから得られる利益がより確実になったこと、植民地での砂糖生産がそれほど拡大され得ず、母国の需要を充足するには不足を来す傾向をもったこと、こうしてイギリスでは、むしろ、安価な粗糖の輸入によって利益を得る製糖業者や、一般消費者の利害関心が、政府の砂糖政策に直接的に大きな影響を与えるようになったことなどによる。

この協定改定は、1902年に成立した協定の理念を、決して廃棄するものではなかった。むしろ、イギリス金融資本とヨーロッパ大陸の甜菜糖輸出国との利害調節という協定の基本的な枠組みには、何らの変更もなかった。最初から参加していた大陸諸国はプレミアム付き輸出を復活することはなかったし、イギリスは植民地の甘蔗糖に些かも特典を与えるものではないという路線を変更しなかった。またこの時初めて協定に加入することになったロシアも、その租税および関税立法の保持とそれに基く プレミアム付甜菜糖のイギリスへの輸出を承認されたが、その量は極めて制限されていた。制限量に達した1910・1年と1911・2年という時期は、加工されるべき甜菜の収穫が、ロシアでは大豊作である一方で、ドイツ、オーストリアなどでは、非常な凶作に見舞われるという異常な年々であった。ロシアは強力な要請に基ずくものであったがゆえに、ドイツの必死の抵抗に対して、ほぼ完全な勝利を得ることができた。このようにイギリスによるプレミアム付砂糖の輸入許可とロシアの協定参加という1908年の協定改訂は、砂糖のロンドン市場における限界的な需給調整機能の実現にその目的があったとみることができる（Sewering 1933）。

ブラッセル砂糖協定を通じて、甜菜糖国の輸出奨励金制度は撤廃され、関税率も大きく制限された。また、植民地甘蔗糖業に対するイギリスの特恵制度の導入も厳しく禁止されたので、砂糖世界市場においても、自由競争による需要と供給の一致の自己調整的機構が現実化した。イギリスは、主要な自由市場としていっそう発展し、世界の砂糖輸入の四分の一、全ヨーロッパの砂糖輸入の四分の三をしめるようになる。これにより、またアメリカ合衆国の輸入増大も加わり、植民地甘蔗糖の生産は、新しく資本と技術を導入して、1913年までには、砂糖の世界総生産（182万トン）の50%をしめるまでに回復した。この成功した協定は、一次大戦前における唯一の国際的な経済政策協定といわれる（Ritter 1945）。

以上、ブラッセル砂糖協定を通じて、特に19世紀70年代以降の世界砂糖市場に生じた複雑な甘蔗糖および甜菜糖の交易諸関係と両者の激しい競合関係は「合理的な程度」にまで後退し、甜菜糖業も甘蔗糖業も大いに繁栄する時を迎えた。①イギリス、②合衆国、③インド・中国・日本という三つの大砂糖輸入地域の発展（これら全部で、1909～13年の全輸入75百万トンのうち70百万トンを占めた）があり、それぞれに対応する独自な甜菜糖ないし甘蔗糖の供給地域が形成された（May 1925）。

ドイツ農業・糖業危機の克服

甜菜糖を生産するヨーロッパ大陸諸国の協定参加国の中で、協定締結以前と同様に、ロンドン市場で支配的地位を占めたのは、ドイツに他ならなかった。植民地から輸出される甘蔗糖は、協定発効の結果、ロンドン市場で競争力を回復し、その輸出量も著しく増加した（その大部分をジャワ、中・南アメリカ、英領西インドが占めた）。だがこのことによって打撃を受けてイギリスから排除されたのは、特にフランスであった。フランスのイギリスへの甜菜糖輸出の後退は既に協定成立前から始まっていたが、全てのプレミアム付輸出の廃止がその劣勢な競争力を明白にした。フランス糖業は、世界市場であれ、ヨーロッパの市場であれ、その輸出市場をほとんど全く失って、協定下の国内における砂糖消費の増大によってのみ、ある程度発展の余地を残されたにすぎなかった。

ドイツ経済史学の先駆者W・ゾンバルトは、「甜菜糖業と火酒醸造業は、ドイツが資本主義的大国に発展するその基礎的な工業部門である、綿工業と鉄工業がイギリスの偉大さの基礎をなすように」、と述べている（Perkins 1990）。これは、ドイツ19世紀後半の法人企業の発展において、鉄鋼業・石炭業・鉄道運送業などとともに、いかに甜菜糖業が重要な位置を占めるかを示唆するものである。

実際に、1830年代末に始まるドイツ甜菜糖業は、1860年代央までに、急速に需要が増大した国内市場から輸入甘蔗糖を完全に駆逐したうえで、1870年代央までに、世界で最大の砂糖生産国になり、甜菜糖を大量に外国に輸出するようになった。ブラッセル砂糖協定のもとに、キューバとジャワにおける甘蔗糖の生産が急速に回復し発展する一方で、ヨーロッパ全域が世界小麦市場の好転と相まって、世紀末の農業（糖業）危機を脱し、繁栄していく。特にドイツは、世界第三位の砂糖輸出国として、大戦直前までにイギリスによって輸入される砂糖をほぼ独占的に（約80％）提供し（これはドイツの総輸出額の八分の一を占める）、また世界最大の砂糖産出国（1913・4年で世界産出高のすくなくとも14％）に成長したのである。この時代に、約390の砂糖工場が稼働しており、内173が株式会社、101が有限会社であった（1906年）（Perkins 1990）。甜菜の栽培とその加工に雇われる季節移動労働者の数は、約50万人、ポーランドなど外国からの女性出稼ぎ労働者も多かった。ドイツ甜菜糖業の発展は、中・東欧に自由な国際的労働市場を発展させるとともに、小麦と甜菜を輪作し、また甜菜糖工場の株主として、大農場経営兼所有者（ユンカー階級）の発達に強固な保証を与えることになる。

ドイツ甜菜糖業は、従来は、中部ドイツに主に発展してきたが、80年代以降は、ポーゼン州をふくむ東北部ドイツで典型的な躍進がみられた。アメリカとロシアから小麦輸出が増大し、世界市場価格が低下したために危機に陥った東北部穀作農業は、脱出策を甜菜栽培の導入による近代的な輪作体系の発展に求めたのである。一方で、ユンカー貴族は、ラントシャフト信用制度のもとに、農場所有者として抵当証券の発行により得る資金を、農場改良や農場に近接する大規模な甜菜糖工場の創設とイノベイションに出資し、同時に農場経営者として、一定量の甜菜をその工場に供給する義務（義務甜菜）を負う大株主になった。このように特に東北部における甜菜糖工場の最適規模化による生産力発展は、不動産抵当金融にもとずく農場経営の徹底的な高度集約化によって保証されていた（河西1992）。

ブラッセル協定下の世界的自由競争におけるドイツの農業危機の克服と輸出産業としての甜菜糖業の繁栄は、このような農・工業一体の資本主義的発展によって、はじめて可能になったのである。それは、論文「フランスとドイツの農民問題」におけるエンゲルスの以下のような社会主義革命展望（これは、最晩年の１８９４年に公にされたが、その頃ユンカーの糖業・農業・土地所有の危機は終息し、好況へと転じる）を明らかに裏切るものであった。

> 東エルベの農業労働者の事実上の半体僕制は、プロイセンのユンカー支配の主たる基礎であり、したがってドイツにおける特殊プロイセン的な最高支配の主たる基礎でもある。官僚ならびに陸軍の将校団の特殊プロイセン的な性格をつくりだし、維持してきたのは、借金、窮乏、そして国や個人の費用への寄生性にますます深く落ちこみ、それだけますます強引にその支配権にしがみつくようになっている東エルベのユンカーである。
>
> こういうユンカーの権力は、かれらが旧プロイセン七州というまとまった地域、すなわち帝国の全地域の3分の1で、そこにおいては社会的・政治的権力をともなっている土地所有を意のままにしていること、および土地所有だけでなく、甜菜糖工場および火酒醸造所をつうじて、この地域の最も重要な工業をも意のままにしていることにもとづくものである。
>
> 大土地所有者にかんしては事態はまったく簡単である。ここにはまがうことのない資本主義的経営があるのだし、いかなる種類の躊躇も必要ではない。ここではわれわれのまえに大量の農業プロレタリアがおり、そしてわれわれの課題は明瞭である。わが党は国家権力を掌握するや否や、党は工業の工場主と同様に大土地所有者を端的に収奪しなければならない（エンゲルス1894）。

しかしながらエンゲルスの死後、一次大戦前の約20年間のドイツ糖業の発展と農業・大土地所有の繁栄は、「大土地所有者に関しては事態はまったく簡単である」、というような単純な社会主義的革命仮説を許すものではなかった。世紀末の農業・砂糖危機は、同時に大土地所有の危機（過大負債など）でもあり、その国有化や社会化がマルクス主義者や国家社会主義者によって主張されたのである（大月1978）が、この危機は現実的には、土地有有の社会主義的所有への転化などによってでなく、まさに、小麦・砂糖などの世界市場上の自由競争のもとにおける資本家的私有制の発展によって、克服された。ブラッセル砂糖協定の成立は、各国の砂糖・農業危機を国際協調の努力により、資本主義的・自由主義的に解決するものに他ならなかったのである。

当時のドイツ甜菜糖業においては20の工場のうち、12が株式会社であった。この場合に、甜菜を栽培する農業家が、多数株主を構成しており、株主として毎年一定量の甜菜を工場に引き渡す義務、あるいはさらに一定の大きさの土地区画に工場に渡す甜菜を栽培する義務を負った。その株式証券は、その都度、取締役会の承認を得て甜菜を栽培する農業家の間だけに転売できたが、この種の工場は本質的に、むしろ甜菜栽培協同組合の経営であった。それに対して、株式を自由に流通させることができ、証券取引所で相場をつけ売却できる糖業株式会社も存在した。そこでは、甜菜栽培者としての、また株主としての二様の利害関係が生じた。甜菜栽培者としては、とくに可能なかぎり高い甜菜価格、良質の飼料として役立つ甜菜切片、安価な糖密、あるいは甜菜栽培の改良のための工場側の寄与を望んだ。それに対して株主は、その自分の資本家的企業が自分に可能な限り大きな配当金をもたらすことを望んだ。

ドイツ社会民主党の農民問題

社会主義者鎮圧法（1878～1890年）は、ドイツ社会民主党（SPD）に対してイデオロギー的にはマルクス主義の受け入れを促進し急進化させた反面、戦術的には慎重さと自制を余儀なくさせ、議会主義的アジテイション（合法的）活動を強化させた。一方、この農村アジテイションの組織化を決議させ活発化させた直接的な動機は、農村において社会民主党支持票の増大をはかるということであった。その緊急の必要性は、社会民主党が、都市の工業プロレタリアートの支持により国会選挙に勝利し、帝国最強の党へと地位を高め農村進出の足場を確保したこと、大都市に対して農村には社会民主党のために巨大な「選挙人貯水タンク」が存在していると思われたこと、さらに「小麦作・糖業危機」が激化したことによって、強められた。とりわけ、「農業危機」がますます深まっていったことが、社会民主党に対して、農村住民への関心を喚起した。

社会民主党は農業の苦境とその結果に対決することを状況に強いられ、19世紀末の「農業の大波」の渦中に入りこんだ。この小麦作・糖業事情は、マルクスが分析した資本主義における貧困化傾向が実際に進展し、彼によって予言された農民階級の没落が目前にせまっていることを確信させた。小麦作・糖業危機は、それゆえに触媒のごとく作用した。つまり農業危機は、農村での成功の見込みあるアジテイションに有利な条件をはじめて生みだしたと考えられたのである。

エルフルト党大会（1891年）は、その前の大会が農村アジテイションに関する戦術上の新方針を樹立したのに対して、その新方針のために理論上ないし綱領上の基礎固めをする意味をもった。「エルフルト綱領」の採択こそは、その成果であった。カウツキー執筆によるこの綱領の原則ないし理論部分は、資本主義的発展が、大経営と小経営との競争の結果として不可避的に中産階級（小ブルジョア、農民）を絶滅しプロレタリア化するというものであり、資本主義社会でのプロレタリア大衆の増大と貧困化、階級闘争の激化、さらに経済過程における危機と不安定増大を「予言」した。従ってこの原則ないし理論に特徴的なことは、農民階級を極めて近い将来にプロレタリアートになるべきものと規定することにより、農業問題が、本質的にはむしろ労働者問題に還元されてしまったことである。

かくて綱領に基づく熱心にして活気ある農村アジテイションが組織的に実行されることになり、激化した農業危機（たとえば1893年の特に南・中部ドイツの農民を襲った春と夏の旱魃）の影響下で若干の成功が見出された。この場合に、党の立場からは理論と実践の一致は貫徹していた。というのは農民的所有者は、自然必然的に没落するゆえに、すでにプロレタリアたるものとして啓蒙することは、妥当であるとみなされたからである。しかしこの農村アジテイションはクライマックスとともに危機を迎えた。ケルン大会（1893年）は、同年実施された帝国議会選挙の結果が設定目標にはるかに及ばなかったために、農村での中央党・保守党の「反動」に対する戦いが完全に敗北に終わったことを認めざるを得なかった（Lehmann 1970）。

敗北の根本的な原因は何であったか。綱領は、理論的にも実践的にも、困窮した農村住民が一般的にプロレタリアート（あるいは近い将来のそれ）であることを暗黙の前提にしていた。それに対して、現実には、当時工業が著しく農村へ移動した結果、そこには農民・工業プロレタリアート・農業労働者・手工業者・家内労働従事者などの「混合形態」といった新しい労働者層が形成されてきていた点にある。しかもこのような「混合形態」は南西部ドイツに広範にみられたのであり、東北部ドイツに発展した小麦作・糖業を担うユンカー経営（資本・賃労働関係）が直面した農業危機とは異なった農業問題を抱えていた。一面では土地もちの農業労働者、工場で片手間稼ぎをする小農、農場所有者の兄弟である日雇、家屋と耕地を所有する工業労働者などで構成される農村の複雑な社会構造は、社会民主党に、農業プロレタリアートに対するプロパガンダと農民層に対するそれとをことさら区別する必要性を感じさせなかった。ところが、党が労働者階級の利害をあくまで代表することは、農村住民の私的所有者としての農民的側面に対する利益擁護とは、しばしば全く相容れ得ないことであった。

たとえば社会民主党は、そのプロレタリア的性格から当然のこととして、1879年に導入され、1887年に引上げられた農業関税に対して、関税による食料騰貴によってプロレタリアートを中心とする一般的利益が農村の特権的小数のために犠牲にされるという理由で、撤廃を要求した。しかしこのことが、農民としての農村住民を怒らせ、農村アジテイションに逆効果をもたらした。実際に、社会民主党は、現実に苦境に立つ農民を救出する手段を政府に対して要求することなどしなかった。その一方で、その労働者党としての要求が現実的には反農民的であったために、保守党や中央党は、反社会民主党プロパガンダを一層有利に展開することができたのである。

中央党ならびに保守党は、社会民主党の農村アジテイションに対して極めて鋭敏に反応し、ただちに予防手段をこうじた。中央党による「農民同盟」の創設もそれである。またユンカー階級をリーダーとする「農業者同盟」（1893年創立）は、反社会主義的および反ユダヤ的プロパガンダによって、農業的利益が国民的利益と同一であることを主張し、農村住民の大部分に、彼らが大土地所有者と共通の利害を有し、農業関税は全農業に利益をもたらすことを納得させることにおいて驚くべき成功をおさめた。このことによって、「農業者同盟」は保守党を近代的大衆政党に脱皮させ、自ら労働組合と並ぶ帝国における最も勢力のある利益同盟に発展した。またそのプレッシャーは、「農業関税の撤去」により農業と工業の利益共同を決定的に崩壊させたカプリヴィー首相のいわゆる「工業びいき」に対する反撃を成功させることになった。

農村アジテイションの失敗をもたらした以上のような原因が、社会民主党においてはっきり意識されていたのではないし、またアジテイションも、実際には完全に綱領の規定に従ったものというより、おうおうにプラグマチックで不明瞭さを免れてはいなかった。しかしその危機によって今や問題の複雑性を改めて検討すべく、党内の気運は醸成されつつあった。この際にまず注目を浴びたのは、G・V・フォルマールが典型的な農民州であるバイエルンを舞台に展開した農村アジテイションの目ざましい成功であった。フォルマールの人気は敵対者も静めることができず、実際に彼が個人的にアジテイトした選挙区における1893年帝国議会選挙の結果には目を見張らせるものがあった。また同年のバイエルン議会選挙では、社会民主党は彼を含む5人の議席を獲得し、始めて州議会に登場した。

社会主義労農同盟論の破綻

フォルマールは、既に1891年の「エルドラド演説」、

1892年の「国家社会主義」に関する論文によって、その改良主義的ないし国家社会主義的傾向を党内でも問題にされていたが、彼の農業政策はこの傾向をさらにはっきりと示すものであった。彼を中心とするバイエルン指導部は、たとえばエルフルト綱領に穀物貿易の国有化を掲げることを要求した。また彼らは綱領における八時間標準労働日の提案を、バイエルンの農業家の場合には、日に15〜16時間も働かねばならないとの理由で拒否した。フォルマールの農村アジテイションの特徴は、農業労働者ないしプロレタリアートに対するアジテイションと農民層に対するそれとを混同するという普通の誤りを犯すことなく、対象を明確に「反動的」な私的所有者としての農民に限定し、彼らのメンタリティーと直接的要求を自らのものとしたことにある（Lehmann 1970）。

彼にあっては、農民を怒らせないために、むしろ労働者階級の利害がおろそかにされたのであり、この場合には、先の社会民主党における一般的アジテイションとは逆に、親農民的であることは反労働者的性格をもつことになった。彼の農業政策は、資本主義の発展が農業小経営を破産に瀕しさせることを（農業危機のもとで）認めつつ、同時に農民保護によってこの私的所有者を庇護し、現存する国家に社会的な秩序機能を担なわせることを意図した。それは、もはやエルフルト綱領の規定を大きく逸脱するものであった。にもかかわらずその点を曖昧にしたまま、フランクフルト党大会（1894年）は、このフォルマール農政の改良主義的路線をほとんど全員一致で承認し、それに基づく農業綱領草案作成のために農業委員会を選出した。しかしそれに至る迄にはさらに次のごとき背景が存在していた。

「古典的な小農経済の国」（エンゲルス）であるフランスのマルクス主義政党POFは、特にジョレスの指導のもとに、マルセイユ大会（1892年）、ナント大会（1894年）によって、既に農業綱領を有していた。それは国会選挙における農村支持票の獲得を意図し農民的私的所有者の利害をほとんど無条件に代弁しようとするものであり、際立った改良主義的性格と労働者党における一種のプルードン主義の復活がその特徴であった。ドイツの社会民主党指導部にとっては、このフランスの党の農政は、たとえばジョレスが穀物輸入の国有化を提案したすぐ後に、保守党のカニッツ伯が「農業者同盟」の支持を得て、帝国議会にそれとほとんど同様な提案をした場合におけると同様に、はなはだ都合の悪いものであった。それは他面ではフォルマールの農民保護政策と酷似していたから、いやがうえにもフォルマールのドイツ社会民主党内における影響力を増大させることになった（Lehmann 1970）。

さらに重要なことは1893年帝国議会選挙後始めて開始された国家による中間層政策の展開（それはとりわけ農村住民の経済的状態を改善しようとした）が、社会民主党に対してその勢力増強のためには、農民の具体的欲求をますます真剣に考慮せざるを得なくさせたことであった。こうしてフランクフルト大会の農業決議は、社会民主主党の政策に新たな一章を切り開いた。「帝国議会選挙後の農村アジテイションの危機以来、SPDは何をなすべきかを自らに問うた。今やそれに解答が与えられた。その歴史において始めて、ドイツの党は労働者と消費者のみならず、また生産者としての私的所有者の階層つまり農民のためにも改革を要求することになったのである」（Lehmann 1970）。

ところがこの改良主義的な農業決議は、前述した綱領に基づく「プロレタリア的」農村アジテイションが社会民主主義的イデオロギー（理論）と調和していたのに対し、明らかに綱領と矛盾していた。なぜなら、その理論によれば、資本主義における農民の貧困化、プロレタリア化は何人も阻止し得ない必然性であるにもかかわらず、この農業決議による実践は、土地の社会化を要求するのではなく、逆に農民の私的経営およびその所有を保護することに目的を有していたからである。しかしマルクス主義政党における農業問題をめぐるこのような理論と実践との矛盾については、当初はドイツでもフランスでもなかなか「自覚」されるには到らなかった。

その「自覚形成」の契機をあたえたものは、他ならぬ1894年に公刊されたF・エンゲルスの論文「フランスとドイツの農民問題」であった。エンゲルスは従来の組織的農村アジテイションの推進においても軽視しえない影響力を及ぼしていた。従ってフォルマールは、党大会では自説を補強するためにフランスの農業綱領運動を引き合いに出したが、それにとどまらず、そのナント大会決議はエンゲルスも承認したという「消息」を流布させた程であった。エンゲルスはこの論文で主に、マルセイユおよびナントの農業綱領を問題として取上げたが、勿論フランクフルト大会で承認されたフォルマール路線に対する論難を企図していたことは明白であった。エンゲルスは、フォルマール路線が理論的には農民層の没落の必然性を予告しながら、同時に実践的にはその農民所有の保護を約束するという矛盾に陥っていることを指摘した。このことは、ベーベルおよびカウツキーに対するフォルマールおよびその支持者、あるいは農業問題をめぐるマルクス主義対改良主義（「日和見主義」と呼ばれた）の権力闘争の起爆力となった。フォルマールは、バイエルンにおいてさえ党内で激しく攻撃され、そのポジョンは著しく弱まった（Lehmann 1970）。

しかしこの間にも、フォルマール支持者で構成される農業委員会は、改良主義的農業綱領の草案作成の活動を継続していた。１９８５年新綱領草案が公表される前に、委員会の一員であるＥ・ダヴィットは、資本主義の発展に関するマルクスの理論は工業とは異なって農業には通用し得ぬことを主張する論文（「工業と農業の経済的相違」）を発表した。この論文は、改良主義的農政が党内で勝利しうる理論的条件を確立することを目差したものである。それはマルクス理論の部分的修正によって、エンゲルスの指摘するごとき改良主義的農政が有する理論と実践の「矛盾」を実証的に解決する試みに他ならなかった。この意味で、農業問題をめぐる論争は、後の特にベルンシュタインに発する「修正主義」のいわば助産婦となったのである。カウツキーは、マルクス主義・エルフルト綱領の立場から、このダヴィット論文にただちに反論し（「農業における小経営の競争力」）、ここに『ノイエ・ツァイト』誌上において、大経営と小経営の競争力いかんというかたちで、農民層分解に関する一連の論争が展開されることになる（Lehmann 1970）。

ブレスラウ党大会（１８９５年）は、予想に違わず、党綱領への農業委員会の提案を拒絶した。この過程の「チーフ・イデオローグ」である（というのはエンゲルスが既に死んでいたからであるが）カウツキーは、修正主義の発生に驚愕して、資本主義時代においては根本的にはいかなる農業綱領をも認められないと主張した。彼は、エルフルト綱領のイデオロギー（理論）に対する修正あるいはそれに代る他の理論的実践的方向を一切拒否し、その反面で綱領に基づく農村アジテイションの失敗の責任を、時期早尚論ないし農民の遅れた意識によるものとみなした。

かくてカウツキーのイニィシァティブのもとに、この党大会においてマルクス主義は絶対視されドグマティズムにまで高められることになった。しかしここで無視してはならないことは、改良主義的農業委員会の提案に対して激しく抵抗し、カウツキーに勝利をもたらした最大の要因が党構成員の動向にあったという点である。従来から「指導者としての寡頭政治家」や「大物」ではなく、これら無名の「小物」党構成員によって、党政策の方向はしばしば決定的な影響を受けた。ブレスラウ党大会では、親農民的党政策家たちが農民的私的所有を容認し、その保護をあれこれ要求する党綱領の作成を目論んだ。しかしこの時、彼らは、プロレタリアートとしてのこの「小物」党構成員の階級的感情すなわち社会民主党労働者の反農民的階級的エゴイズムと衝突し、それに破れ去ったのである（Lehmann 1970）。逆に言えばエンゲルスとカウツキーの戦略路線は、中小農民の存在を見失うことになった。19世紀末国家社会主義を1930年代の大不況期に大規模に継承したヒットラーに惨敗するゆえんである。

二　ドイツ糖業危機と世界政治経済

レッセフェール砂糖世界市場の終わり

甘蔗糖と甜菜糖の競争を自由主義的に調整し、砂糖世界市場の発展を促進したブラッセル砂糖協定は、1914年の世界戦争勃発とともに、まったくその意義を失った。交戦国は、いち早く糖業の完全統制に踏み切ったが、終戦になっても、戦前のごとき統一的な砂糖世界市場の回復は、ついにみることがなかった。この点で重要な鍵を握ったのは、まず植民地甘蔗糖生産に対するイギリスとアメリカ合衆国の保護政策である。

一次大戦後、イギリスは、経済問題の発生や国際経済における地位の弱化によって、その自由貿易の立場を修正し、レッセフェールを放棄することを余儀なくされた。甘蔗糖に関して戦時関税がそのまま継続されるとともに、1919年から帝国の甘蔗糖生産者に特恵が供与された。最も重要なのは、1928年に、精製糖の輸入関税が引き上げられたことである。これによりドイツなどヨーロッパ大陸の甜菜糖業者が、イギリス市場から閉め出された。1930年代までには、イギリスの輸入は、ほとんどすべて甘蔗栽培地域からのものとなり、そのうち帝国生産者のシェアは、1913年の3・7%から、1930年の28・3%、1940年の50%に増大した。イギリスの砂糖政策は、あきらかに帝国内の多くの甘蔗糖業者に有利に作用していた。

他の主要な甘蔗糖輸入国であるアメリカ合衆国でも、甘蔗糖業に対する保護がいつも経済政策の中心的課題をなした。関税は1921年に約60%、さらにその一年後に、非常に高いレベルにひきあげられたが、その便益を得たのは本土の砂糖生産者ではない。ハワイ、プエルトリコ、フィリッピンの低コストの甘蔗糖は、域外保護領における免税により競争力をもったので、合衆国への輸出を1919～1927年に、80%（104～188万トン）以上も増大させることができた。キューバの甘蔗糖業は、1930年のスムート・ホーリー関税法により深刻な打撃をうけたが、1934年のジョーン・コスティガン法により輸入割当制度が導入され、関税も引き下げられたために、その輸出上の困難は相当に軽減された（Albert and Graves 1988）。

世界の甜菜糖総生産は、一次大戦のために、1913・

4年の約900万トンから1919・20年の330万トンまで約570万トンも減少した。それに対して、この期間に甘蔗糖生産は、約1・00百万トンから約1・24百万トンに増大した。そのため世界の砂糖消費は、1919・20年には、1913・4年に対して、330万トンも減少した。この非常な砂糖不足の結果、政府の保護による甜菜糖業の復興と合理化・拡大・自給自足化がいたるところでみられるようになった。ドイツなど旧来の甜菜糖国が以前の地位を取り戻そうとしたばかりではない。全く新しく甜菜糖を生産する国として、まず第一にイギリスがあげられる。イギリスは、世界大戦の経験からヨーロッパ大陸経済からの食料上の独立を強く望み、1929・30年には、国内消費の五分の一が、自国産の甜菜糖により供給されるようになった。甜菜糖業を保護・育成するため、最初は戦時関税が継続され、また内国消費税・税割戻し制度がつかわれた。さらに1924年には、ヨーロッパ大陸モデルにならい、補助金制度が採用された。それは、また1936年の糖業法とイギリス砂糖会社の創設によって拡大され、甜菜糖の生産は、戦前の事実上のゼロから、1930・1年の約45万トンにまで増大した。この時期までに、ドイツなどの甜菜糖は、イギリス市場から文字どうり排除されることになる（Albert and Graves 1988)。

こうして世界の甜菜栽培と甜菜糖生産は、戦前水準を急速に回復し、早くも1927・8年には戦前水準を超えた。甘蔗糖と甜菜糖の両方で生産の急上昇があったにも関わらず、消費がまたこの時期を通じて増大し、また備蓄も絶え間なく増加したので、世界の砂糖市場価格は1925年までは、上向き傾向にあった。しかし、すでに生産は消費に対して過剰であり、その年に40％ほどの実質的な価格下落があった。この市場価格の崩壊にもかかわらず、次の四年間に、生産コストの低下、国内市場における保護、1920年央代から年々約12％も増大した世界砂糖ストック、または将来についてのバラ色の見通しゆえに、砂糖の世界生産の増大は、成長率を相当に低下させながらも、止むことがなかった。

世界砂糖危機と世界政治

1923〜1925年の価格と貯蔵を100とすると、1925〜1929年にそれぞれ30と175を示した他の一次産品と同様に、砂糖においても、自由世界に本来的な市場価格変動による需要・供給の均衡メカニズムは、すでに、諸国家のさまざまな介入によって崩壊していた。世界中で自給自足や通貨・雇用政策など国家目的のために増産される砂糖の大半が、それぞれ高率関税や特恵供与によって保護される多くの国家的「部分市場」で取引された。自由な世界市場の取引に向けられる砂糖の割合は激減した。1920年代末までに、非特恵のまたは非保護的な自由世界市場で売られる砂糖の割合は25％にまでに縮小した、と推定される。この割合は、1940年代の終わりまでには、さらに10％まで低下したのである。

このように縮小し制限を受けた世界自由市場は、それ自身、単に一つの国際的な「部分市場」に過ぎなかった。それは、もはや需要と供給を世界的にバランスさせる価格メカニズム作用の場ではなくて、世界経済全体に生じた生産と消費のアンバランスの拡大を最も鋭く示す「市場」にすぎなかった。1924～1929年において、「世界」の砂糖の価格下落の年平均は、約20％であった。1930年に砂糖価格がさらに27％下落したとき、世界砂糖経済の状態がすこぶる悪化したことは歴然としていた。引き続き、砂糖価格は1936年までゆっくり下がっていき、1939年、二次大戦開始の三年後にして、ようやく持続的な改善がみられるようになるのである（Albert and Graves 1988）。

一次大戦以降、価格の動向をみながら、個々の生産者が自分の意志で生産を拡大したり縮小することにより、全体として世界の需要と供給のバランスが回復されるという、レッセフェール世界市場システムは崩壊した。国際市場の価格の動向に関わりなく、それぞれの国家がそれぞれの目的のために生産を保護し拡大したために、砂糖の世界的な過剰生産の拡大が市場をつうじて訂正される余地は全くなかった。それゆえ砂糖の世界的な生産と消費をバランスさせ、世界砂糖経済の健全さを回復するためには、小麦などと同様に、諸国（またはその生産者団体）間の交渉と妥協によって、国際的な生産規制（世界的計画経済）が導入される以外にはなかった、であろう。

事実、砂糖の生産と輸出を減らすための国際的協定の企てが、国際連盟のもとで何回も試みられた。たとえばキューバは、すでに1927年と1929年に、ドイツ、ポーランド、チェコスロバキャと交渉し、砂糖の産出高を削減することで一致をみた。しかし他の生産国、特にジャワを加えることに失敗したために、この協定からはなんの成果もえられなかった。ジャワは、中国市場において日本との競争が激化するなど、アジア市場で確固たる地位を失いつつあったのである（Albert and Graves 1988）。

1930年代の大不況のもとで、広範囲な国際間の合意についての関心がさらに高まった。世界砂糖危機の原因を除去する政策に関して、国際連盟の研究は、なんら具体的な方針を提起しえなかったが、1931年5月にアメリカの弁護士トーマス・チャドボーンの仲介によって、七つの主要な砂糖生産国（キューバ、ジャワ、ドイツ、チェコスロバキヤ、ポーランド、ハンガリー、ベルギーは、全部で１９２９～３０年において世界生産の約50％をしめた）の間で、砂糖の生産を制限するために、１９３５年８月までを期限とする国際協定が締結された。これにより、全世界で砂糖の生産と消費の不均衡が除去されるはずであった。ペルーとユーゴスラビアも後から協定に加わった。協定参加国の生産制限は実現され、世界砂糖生産にしめるそのシェアは、１９３３～１９３４年の一年間に25％に低下した。

しかしながらこの国際砂糖協定は、それ以前の国際協定と同様、決して成功したものとは言えない。イギリスや合衆国などの主たる砂糖輸入国が参加せず、また非参加のいくつかの国において逆に砂糖生産を増進させることになったからである。続いて１９３７年にイギリス、合衆国をふくむ砂糖生産国21ヶ国により締結された国際協定（いわゆるロンドン協定）は、その参加国の多数（全体で世界砂糖生産高の90％、世界砂糖消費高の80％を占めた）からみても、成功する可能性を十分もっていた。しかし、１９３９年９月、ドイツ軍がポーランドに侵入、二次大戦がはじまった。ロンドン協定は、その提案された砂糖の輸出割り当て制度を十分にテストする時間的余裕を持たないうちに崩壊してしまった。

世界の砂糖の生産とストックは、１９３０・１年のそのピークから、価格暴落やチャドボーン協定の影響もくわわり、減少し始めた。しかしこの動きは短命であった。というのは、国際砂糖市場の価格にはなんらの改善もみられないのに、甜菜糖と甘蔗糖の両方で、１９３５年から生産が再び増大し始めたからである。キューバ、ドイツ、インドなどほとんどのすべての国が、その保護・統制政策によって、世界的な生産の増大と過剰生産危機の拡大に大きく貢献したのである（Albert and Graves 1938）。

要するに、１９２０年代、１９３０年代に砂糖世界経済が直面した一般的な過剰生産の危機は、一次世界大戦前のような砂糖世界市場の需要と供給の自己調整メカニズム（市場は失敗せず）の崩壊の上に発生したものであった。多くの政府が、自国や植民地の砂糖生産者を、過剰生産危機の価格作用から切断し、彼らをさらに雇用、貿易収支・為替、負債の返済など国民経済上の必要から保護することを追求した結果、生産と消費のアンバランスが構造化し、世界的に砂糖経済はいっそう不健全なものになったのである。

いくつかの砂糖協定は、その国家主義的行き過ぎ・行き詰まりを、国際的統制によって打開しようと企てたのである。それらは、幾度かの国際的小麦協定の試みとともに、世界市場生産における自由競争の崩壊から発生した世界農業問題に対して、世界的計画経済の導入による解決を計るものであった。現実にはほとんど失敗したに等しかったが、すでに、一次大戦前のブラッセル砂糖協定のような、自由な砂糖世界市場の発展を実現する国際協定とは、その性格を全く異にしていた、と言わなければならない。

ドイツ甜菜糖業の戦後復興

一次大戦は、ドイツの甜菜糖業に決定的な衝撃を与えた。マグデブルグとハンブルグの先物取引市場が閉鎖され（1914年8月）、砂糖の卸売り価格が行政指令により固定化された。同時に砂糖の輸出が禁止された。こうして、戦時下、砂糖自由市場は、帝国砂糖局のもとに国家規制経済に置き換えられ（1920年代初頭までつづく）、砂糖生産も、約150万トンに制限されたが、これは戦前の生産量（1913～4年に270万トン）の国内消費分にすぎなかった（Perkins 1990）。

戦後1919・20年には、砂糖生産は70万トンに激減した。これは、一部はベルサイユ条約により、29の大規模砂糖工場（全国工場数の約10％）を有するポーゼン州が、ポーランド領に併合された結果である。また、アルザス・ロートレイン市場が失われたことは、特に南西ドイツの甜菜糖工場と砂糖精製所に強い影響を及ぼした。しかしその砂糖生産の激減は、主に、1919年の農業労働者のストライキ、外国季節労働者の消滅、人造肥料（甜菜栽培には、そのインプットが特に多く必要とされた）の不足によるものであった。

しかし1919・20年以後、そして特に1923・4年から、ドイツ甜菜糖業は急速に回復した。1926・7年には、ドイツ産の砂糖がふたたび国際市場に現れた。1930・1年までには、砂糖生産は、1913・4年の生産量を7％下回るにすぎないほどまでに回復した。しかしながら、先にみたように、世界的な砂糖経済の環境（それによってドイツ糖業の発展は左右される）は、戦前と比べてすでに劇的な変化を遂げていた。

1920年代初頭におけるドイツ甜菜糖業の発展の重要な特徴は、まず、工場の垂直的および水平的な統合過程をつうじて、コンバイン（コンツェルン）が創設されたことである。1920年代中頃、ドイツ甜菜糖業には、戦前は分業体制にあった粗糖生産工場と砂糖精製所とを地域毎的に統合する12のコンバインが存在しており、それらが、砂糖生産の約90％を独占した（Perkins 1990）。

中部および東部ドイツおいては、コンバインの形成は、粗糖生産工場が精製所を買収・合併するかたちで進行した。戦後、粗糖生産工場は過剰設備を抱えており、また帝国砂糖局による精製糖（白糖）の買い上げおよび支払条件が特にインフレ期に生産者にきわめて有利に行われたので、砂糖精製部門を自らのものとして所有する動機は十分にあった。他方では、砂糖精製所の方では、粗糖生産会社によって乗っ取られることには抵抗があったが、ほとんどは、自ら過剰設備をかかえていたので買収・合併を受け入れざるをえなかったのである（注）（Perkins 1990）。

（注） 一例。１９２１年12月に設立された中部ドイツ粗糖工場連合会は、ハーレ地区の31工場からなる巨大コンバインである。連合会は、砂糖精製ハーレ株式会社に対して、連合会自ら砂糖精製所を建設する意図があるので、コンバインに買収されるか、さもなくば原料としての粗糖が得られなくなるか、いずれか一つを選択しなければならない旨、通知した。ハーレ社は、前者を選択せざるを得ず、その株式を売却してコンバインに買収・合併された。１９２３年10月までに、このコンバインに、九つの個人甜菜工場が参加し、さらに九つの工場および一つの精製所からなる他のコンバインが加わった。結果として、このコンバインの精製可能容量が粗糖供給に対して相対的に不足してきたので、続いて、精製所ロッツ株式会社が、株式の売却によって買収・合併された。

一方、西・南部ドイツでは、中部・東部と異なり、コンバイン形成の主導権は精製糖業者の側にあった。戦時期と戦後初期の年における粗糖産出の減少、東部に存在した甜菜加工（粗糖生産）工場のポーランドへの喪失によって、砂糖精製部門には、相当な過剰設備状態（資本過剰）が生じていた。たとえば１９２０・１年においては、２２０万トンの粗糖精製可能容量があったにもかかわらず、わずかに１０５万トンの粗糖が得られたにすぎない。生産費の上昇につながるこのような過剰容量設備は、特に西・南部ドイツの砂糖精製所に集中していた。砂糖精製業は、粗糖生産工場を買収・合併するなどして、粗糖の供給を自ら確保しなければならなかったのである（Perkins 1990）。

しかし、このように西・南部ドイツにおいて進んだ粗糖生産と精製との垂直的統合の発展は、この地域の農民経営に非常に大きな影響を及ぼすことになった。一次大戦前には、粗糖生産工場への甜菜の供給は、おもに、中部ドイツそして東部ドイツに支配的な大農場（１００ヘクタール以上）のいわゆる「義務甜菜」によって安定的に行われていた。ところが戦後ポーランド人の出稼ぎ労働制度は廃止された。そのため従来その低賃金に依存して発展した東部大農場経営の甜菜栽培は、シュレジエンとライプチッヒなどの僅かな例外をのぞいて、特に労働関係に関して非常に不利なものになった。かくてにわかに、農民経営の支配的な地域である西・南部ドイツが、甜菜栽培発展地域として注目を集めることになるのである。

農民問題の激化

戦後の特に困難な経済状態、労働力過剰、相対的に有利な甜菜の価格などによって、あるいは飼料栽培や耕作集約化の促進のために、農民経営は、甜菜栽培の導入を半ば強制された。他方では、「義務甜菜」による安定的な原料供給が保証されなくなった砂糖工場は、代わりに、農民的経営による大量の安価な原料の供給に期待を寄せた。実際に、南ドイツの砂糖工場は、インフレ収束後、農民に甜菜を栽培するように、激しい宣伝活動を繰り返していたのである。かくて1920年代の砂糖生産の回復期においては、甜菜栽培の発展は、ある程度主産地の地域的な変動をともなった。従来の主産地である圧倒的な大農場経営を有する東部・中部ドイツでは減退がみられた一方、圧倒的に農民的な経営体を有する西・南ドイツにおいては、その増大がみられた。これは、一次大戦前に対して「甜菜栽培の第二の強化時代」と呼ぶにふさわしい変動であったとされている（Korn 1936）。

砂糖生産工場におけるコンビネーションの成立（垂直的統合）とは対照的に、大戦前にみられた工場利害と農業利害との一体的結合が急速に崩れ始めた。大農場所有者でもある砂糖工場株主によって供給される甜菜（義務甜菜）の総供給に対する割合は、1920年代央に約50％のピークに達したあと、1920代の終わりには約36％にまで減退した。他方で、砂糖工場の所有とは無関係な主に農民所有経営者によって耕作され工場に売却される甜菜（購入甜菜）の割合は、同時期に45～60％以上に増大した（Perkins 1990）。このような工場への総供給に占める購入甜菜の割合の増大は、糖業と甜菜栽培の発展の重心が東部から西・南部へいくぶん移動したこと、ベルサイユ条約により「義務甜菜」の支配的な東部において砂糖工場と甜菜栽培地が相当に失われたこと、砂糖工場が原料を確保する便宜さが相当に農民層に求められるようになったことなど、戦後のドイツ経済の大変動に伴うものであった。

1920年代央から工場の甜菜加工容量を十分に利用する動きがはじまった。この場合に原料としてより大量に必要とされる甜菜は、いわゆる義務甜菜として、甜菜供給の義務を負う株式を新しく発行したり、あるいは、1株式当たりの甜菜供給義務を増やすことを株主と交渉したりするよりも、いわゆる購入甜菜として、直接市場で不特定の多数の農業経営者（農民）から甜菜を購入することによって、より便利にあるいはより低コストで、確保することができた。この点は、特に、農業経営者が、経営資本に不足したり、穀物価格の下落に対して甜菜を増産したりする結果として、甜菜の市場価格が相対的にさらに低下するような場合には、特にそうであった。

こうして義務甜菜システムを通じる農業における甜菜の栽培と砂糖工場におけるその加工との一体的統合が崩れたことは、砂糖の輸出が1920年代央以降、国際市場でもたらした損失と結びついて、農業と甜菜糖業の間における利害衝突を非常に明白なものにした。問題状況は、砂糖工場の地域毎のコンバインの形成によってさらに激化した。地域生産を独占するコンバインに対しては、甜菜栽培者の大多数（農民）はもはや、以前は原料甜菜の確保をめぐり互いに競争する工場から引出すことができたようなバーニング・パワーを発揮することができなかった。

1920年代央以来、甜菜の購入者と販売者との間における公然たる取引利害の衝突は、戦前にはみられなかったような規模で解決困難な政治的な問題を発展させた。ヒットラーは、農民など甜菜栽培者の支持を得るために特別な努力をした。「砂糖戦争」を戦う甜菜栽培農民の好戦的な組織「ドイツ購入甜菜栽培者連盟」は、戦前には西・南ドイツに限られていたが、いまや、糖業が特に集中している中部・東部ドイツにまで拡大し全国化した（Perkins 1990）。

三　ドイツ糖業の危機管理

公益は私利に優先する

1925年から、帝国砂糖局による国家統制が廃止されるとともに、ふたたび砂糖の輸出が始まった。1929・30年において、輸出は、生産量の15％（1913・4年では、五分の二）に達したが、戦前の量の十分の一を回復したにすぎない。このようにドイツ産砂糖をわずかしか輸出しえなかったのは、この時期の国際自由市場競争において、製造原価の低いキューバやジャワにとうてい太刀打ちできなかったからである。

製造原価の大きな相違にも関わらず、世界市場における自由な競争を通じて甘蔗糖が甜菜糖を壊滅させるというような状態は起こりえなかった。自律的な世界的競争市場はすでに崩壊していた。甘蔗糖の場合は、国内市場はわずかな役割しかもたず、輸出が中心となる。それと異なり、甜菜糖は、関税やその他の国家的支持により甘蔗糖の競争に対して保護される場合には、大きな国内市場に相当に十分な販路を見いだすことができた。実際に、甜菜糖生産国では、戦後、糖業企業への保護は、単に私的な企業利益の保護というよりも、自給自足、農工業での雇用、貿易収支、地域経済の振興というような国民経済全体（国家目的）から必須のものとみなされたのである。ドイツでは、高率の砂糖関税が導入され、国際市場価格の低下に照応して、ますます大幅に引き上げられた。1930年3月において、「世界自由市場」で、トンあたり約100RMで売られていた時に、ドイツの関税は、1トンあたり320RM（従量税）の絶対的な輸入禁止レベルにまで引き上げられた。

このような輸入禁止関税の結果、外国産の甘蔗糖がドイツ関税領域へ進入することはできなくなった。しかしながら、それによって新しい問題が発生した。なぜなら国内生産が不断に拡大し、国内市場で消費との間に不均衡が発生し拡大したからである。この不均衡の除去には、生産の制限、価格引下げと広告などによる消費の増大、そして余剰砂糖の輸出の三つの方法が考えられるが、国内消費の拡大のために、宣伝活動が展開される一方で、1926年3月ドイツ甜菜糖工場輸出連合会が創設され、ともかく余剰砂糖の輸出増大が企てられることになった。輸出同盟のすべてのメンバー（粗糖生産業者のみ）は、その生産の一定割合を各年の8月31日までに輸出することが義務づけられた（輸出義務）。この方法で、国内の需要を上回る余剰砂糖を輸出し、その国内相場への圧迫を除去することが意図された。

国内の最高限度価格が消費者の保護のために設定された。1929年9月には工場から市場へ、砂糖を販売する量とタイミングを決定するために、精製糖配給連合会（精製糖工場および白糖工場による）が設立された。これにより、季節的な価格変動は最小化され、マグデブルグ取引所の価格は、決められる最高価格の近くに維持された。しかし関税引き上げによって保護される国内価格と「世界自由市場」価格の相違が拡大したために、義務輸出による損失はますます大きくなり、けっきょくまさに我慢のならないものとなった。

実際に、1927年初頭、50kg当たり18・80RMであった砂糖「世界自由市場」価格は、1930年12月には6・50RMに下がったが、一方この年の生産増大は国内消費の増大よりも急激であった。そのために、ますます大きな量がますます低い価格で輸出されなければならず、義務輸出の損失の増大を負担する甜菜加工工場の利益率は、国内価格が1929年以来最高価格を維持していたにもかかわらず、非常に悪化した。個々の企業は、砂糖の輸出と国内市場への強制売却にともなう損失を分担することを嫌がるようになった。こうして最初は期待された義務輸出制度は1930年までにその失敗が明らかになった。甜菜栽培者の方では、生産の制限と甜菜価格引下げを要求する工場からの圧力に対して、ますます強く反感を抱くようになった。ここにおいて、戦時期のような強力な政府介入の必要性が一般的な世論になるのである（Sewering 1933）。

「輸出義務」による損失が大きくなればなるほど、ドイツ国内市場における供給と需要の均衡は、余剰砂糖量の輸出ではなく、生産の減少によって追求されるべきであるとする提案がより多くの賛同者を見いだすようになった。この目的のために、1931年3月農務大臣の布告により、ドイツの全砂糖業者が、強制的にドイツ糖業連合会に統合されることになった。この連合会の法的強制力に基づき、まず年間の砂糖生産量（基本割当量）が決定され、それが九つの地域にその基本割当量の一定割合（ただし各地域で異なる）によって配分され、各地域は与えられた割当量を各工場に再割当した。各工場はさらに個々の甜菜栽培農家に栽培割当を行った。ただし、割当の最終決定権は、農務大臣にあるものとされた。

砂糖の生産制限は、当然にまた甜菜を栽培する農業家に打撃を与えた。しかしその影響は、株主が甜菜を供給する「義務甜菜」の場合と、その会社の所有権とは無関係な農家が甜菜を供給する「購入甜菜」の場合とでは大きく異なっていた。前者については、その一定量の甜菜の供給「義務」がいまや供給の「権利」となった。しかし後者の場合にはは甜菜供給者は、特別な権利を持たないので、「義務甜菜」との間に甜菜の栽培制限の配分を取り決める特別な規則が発令されなければならなかった。これにより、「義務甜菜」と「購入甜菜」との間で、砂糖生産の基本割当量において、一定の割合が取り決められ、後者にも、間接的ながら、甜菜供給の「権利」が認められるようになった（Sewering 1933）。

先に戦後1930年までに、農業保護のもとで特に西・南部ドイツの農民経営において甜菜栽培が発展したことをみたが、これは1931・2年からの栽培割当によって、停滞を余儀なくされることになる。砂糖と甜菜の生産割当の必要性については、一般に意見はすぐ一致したが、しかしその実施方法については、全国的に考え方が非常に分かれた。中・東部ドイツは、砂糖生産については成長が停滞的であったが、砂糖工場においては固定された過大資本の維持が問題であったので、割当がより少なくなることにより、砂糖・甜菜生産が縮小することを非常に恐れた。他方では、西・南部ドイツでも、より多くの生産割当が望まれた。ここでも工場資本の維持が問題であったが、それ以上に、特に砂糖工場で雇用が維持されること、また甜菜栽培によって、多数の農民経営が何とかやっていくことを保証されることが重要な課題になっていた。しかし、この地域では、戦後の甜菜栽培の普及が、工場から遠距離に住む農民や甜菜栽培が経営上無理な小農民にまで広がるなど、コスト上の問題があった。工場が農民経営の近くに設立されれば問題はないが、一次大戦前と異なり、戦後は資本欠乏が普通であり、それは決して容易なことではなかった。けっきょく、全国的に実際に行われた甜菜の強制的栽培割当は、西・南ドイツと中・東ドイツ両方の利害の妥協的な産物に他ならなかった（Korn 1936）。そのため以後、砂糖工場に伴う資本過剰並びに資本不足の両問題が、全ドイツで深刻な課題として残されることになる。

砂糖生産の強制割当によって、ドイツからの砂糖の輸出圧力は軽減された。そこでドイツが主導権をとって他の国にも十分な生産制限を強制することができるならば、需給アンバランスに対して世界砂糖経済に健全さが取り戻され、ドイツからの輸出義務にともなう損失も回避できるであろう。ドイツ糖業連合会は、当然にも、国内の生産割当とともに「他の砂糖生産国との協定による世界市場に対する砂糖供給の規制」（Sewring 1933）をその重要な課題としていた。ここに１９３１年5月のいわゆるチャドボーン協定成立のドイツ問題的背景があった。特にドイツ糖業に関しては、国内政策と対外政策とは不可分離の問題になっていた。しかしドイツは、この国際協定のもとで割当されたた輸出量を実際には達成できなかった。１９３０・1年は83%（割当50万トン）、１９３１・2年は、9万9千トン（割当35万トン）、１９３２・３年20万トン（割当30万トン）、１９３３・4年7万5千トン（当初の割当30万トン）、１９３４・5年は0トン（当初の割当１２０万トン）が輸出されたにすぎない（Perkins 1988）。けっきょくこの協定によっても、「世界自由市場」価格は上昇せず、そのためにドイツからの輸出義務にともなう各企業の損失も解消されなかった。「チャドボーン計画の助けをもって、ドイツは、近い将来に再び戦前のような大砂糖輸出国になりうるというような幻想は、すべてはっきりと打ち砕かれなければならない」（Sewring 1933）のであった。

砂糖の強制生産割当制の行づまり

国内市場では、１９３１年以来、ドイツ糖業連合会のもとで、強制的な生産割当制の「詳細にわたる計画経済」が導入され、市場の景気の直接的な影響を緩和する経済政策が準備された。甜菜栽培者は、その甜菜の供給権限に見合う一定量については、有利な価格が保証され、粗糖工場と精製所は、互いに競争を中止した。糖業連合会は法的規制により、その傘下のすべてにわたりその保護的な翼を広げ、あらゆる困難を克服しようとした。連合会は先に見たようにさらに進んで、他の国の砂糖工業と協定が結び、世界砂糖経済の健全化の条件を生み出そうとした。これらの措置はすべて一般的に公衆に支持され、世界中から熱烈に歓迎された。しかしながら、ドイツでかなり徹底されたこの強制生産割当制には、他面で大きな欠陥があることも、また明白な事実であった。

第一に、生産が制限され、工場の砂糖製造能力が経営上部分的にしか利用されないために、製造原価が上昇せざるを得ないという問題である。生産の削減は、必然的に工場の生産力の過剰をひきおこすが、特に固定費の存在が、製造原価の上昇につながった。生産制限により稼働期が短縮されるので、賃金、石炭、電気のようなインプットは過剰になされることはないし、また不景気には上昇する販売費も、一部はコンバインの形成により、一部は連合会の組織によって累進的な性格を持たなくなる。生産制限が製造原価を上昇させる要因は、シユウマレンバッハがやや一般的に指摘したように、減価償却と保守費など経営の最適規模にかかわる固定費用である。ともかく粗糖工場では、生産制限の結果として固定費は甜菜50kg当たり、平均0・20RMの上昇がみられた。国際市場で競争力を強めるために、コスト引き下げが熱望される時に、砂糖の生産費は、甜菜の生産割当制度によって、逆に上昇することになるのである。

砂糖の強制生産割当制の第二の欠陥は、甜菜を栽培する農業の側でもまた、耕作制限によって不利な打撃をうけることである。農業家は望むだけ多くの甜菜を栽培できるが、砂糖工場の方では、砂糖の国内消費に見合う価格で、甜菜供給権限として規定される量だけをうけとるにすぎない。そのために、多くの場合に、甜菜栽培が非常に強く抑制されることになり、その損傷は全ての農業家に現れるほどになるのである。甜菜栽培の制限に対応し、馬鈴薯、ライ麦や小麦が増産される場合にも、今度は、これらに生産過剰が生じ、その販売市場を混乱させることになる（Sewering 1933）。

これらの欠陥のために、ドイツ糖業連合会による生産統制は、むしろ一時的な措置とみなされ、砂糖生産制限の縮小あるいは廃止の要求と、国内消費を超える生産量を「輸出義務」に服させる要求が大きく叫ばれるようになってきた。その要求は、直接企業や個人の損得の問題というよりも、国民経済全体の存亡にかかわる問題として主張された。国民経済は、生産制限によって封鎖的な自給自足主義に向かうのではなく、生産を拡大するために輸出市場を獲得することによって、広域経済的な発展を保証されなければならない。糖業連合会による単なる甜菜栽培の制限にかわって、農業統制は、穀物・家畜など農業全般に拡大され、そして負債や土地問題などの解決にまで及ぶかたちで徹底されなければならないのである（宇野1944. 降旗1982）。1933年5月15日ドイツ糖業連合会の総会で、ハーネー総裁は、自ら、次のようにヒットラー政権を歓迎する挨拶をのべた。

新しい国民政府が経済の再建と再活性化に関して、まず第一に、マルクス主義的に調合された従来の権力者たち（ワイマール共和国）によって常に敵視しされ、破滅の縁に追いやられてきたわが祖国ドイツ農業を再建することから始めなければならない、とただちに認めたことに対して、ドイツ糖業者と甜菜栽培農業者は、希望と自信に満たされている（Sewering 1933）。

ドイツの甜菜糖業が1929～1933年の大不況を通じて経験した困難は、一次大戦勃発以来の危機の15年間に続くものであった。1925～1928年における生産の回復も、輸出による損失の増大や生産費の増大の結果、甜菜糖企業の利益の改善にはつながらなかった。「世界自由市場」における価格の激的な低下によって、不可避的に、全面的に国内市場に依存する傾向が強要された。このこと と、また一部はブリュウニング首相による大不況に対する厳格なデイフレイション政策のために、砂糖の割当生産制度によって混乱した国内市場は、まさしく崩壊点に近づいていた。それゆえ、全体としてみれば、ドイツの甜菜糖業のリーダーたちは、熱心に1933年の「国民革命」を歓迎した。彼らは、それによって階級闘争や甜菜糖工場と甜菜栽培農家との紛争あるいは地域間の利害対立などが克服され、国内の政治的秩序が安定化し、経済状態が一歩ずつ改善されることを熱烈に期待したのである。

四　ヒルファーデングの三段階論

糖業の公共機関主義とナチズム

ドイツの甜菜糖業は、19世紀初頭のその開始から、甘蔗糖の競争に対抗する関税政策やその他税制など国家保護に深く依存する企業として、自由貿易の擁護者には、つねに嫌悪されてきた。逆にヒットラーのナチス（国家社会主義ドイツ労働者党、NSDAP）にとっては、はじめから自由貿易主義は憎むべき政治イデオロギーに他ならなかった。資本主義とともに階級闘争を発展させ、最終的に社会主義を実現する手段として自由貿易政策をとなえるエンゲルス・マルクス主義は、ナチズムと甜菜業にとっては、特別な敵でさえあった。
　ワイマール時代を通じて、マルクス主義という用語は、ナチスと甜菜糖業リーダーによって、単にドイツ共産党（ＫＰＤ）に対してだけではなく、ドイツ社会民主党（ＳＰＤ）の出自を誇張するためにも使われた。一次大戦中ＳＰＤから分離してできたＫＰＤは、その反資本家的および反国民的イデオロギーが特別に攻撃目標とされたが、一般的にドイツ社会民主党は、ベルサイユ条約を「履行する」政策を代表する政党とみなされていた。甜菜糖業界は、業界がワイマール時代に経験した非常な困難な責任のすべてをＳＰＤの政策に帰した。ちょうどナチスが、国家全体の非常な困難の責任をワイマール体制に帰していたと同様である。

　ナチスと甜菜糖業の両方が、土地所有権はドイツ国家と深く結びついていることを強調した。ナチスは、ドイツの民族的職業的な理想を体現する「血と土」の農民イデオロギーを信奉した。一方、甜菜糖業は、ほかの農産加工産業と比べても、一番深く農業部門の内部に結びついていると主張した。工場に原料甜菜の大部分を供給する大農業家は、同時にその工場の株主（所有者）でもあった。甜菜の栽培は労働集約的であり、砂糖工場は、運搬費の軽減や迅速な加工の必要性から、当然にも、甜菜を栽培する農村近隣に設置されていた。糖業の発展はそれゆえ、工業化と都市化による農村の過疎化（保守主義者はこれを国家生命力の衰退とみた）の対抗軸をなすとみなされた。

　糖業と農業が協働して生産する砂糖は、１９２０年代までには、大衆の日常食品として欠かせないものとなっていた。砂糖は、工場と農家の発展のおかげで、以前の医薬、金持ちの贅沢品から安価な大衆の必需品にかわったのである。かつては全面的に輸入された商品が、いまでは完全に国内の資源からつくり出された。甜菜糖業が、穏和な気候条件において劣等民族（とナチスが理解したもの）によって生産される甘蔗糖に対抗しつつ発展したことは、ナチズムと密接に結びついていたオータルキー（広域的な自給自足体制）の理念の好例になった。同じ原理が、合成ゴム、燃料、人工繊維などの生産の広域経済的な発展に適用されうるとみなされた。

　このように、ヒットラーの国家社会主義（ナチズム．これは明らかに19世紀末農業・砂糖危機に源流を持つ）にとっては、危機に立つ糖業・農業に対する国家的保護は、そのイデオロギー上、政策上の重要な課題であった。それに対して、エンゲルスの「労農同盟論」（無産労働者は、社会主義革命のために農民と同盟するという、論文「ドイツとフランスの農民問題」における中心的テーゼ）にしたがうドイツ社会民主党にとっては、いかなる農民・農業保護の要求も、まさしく「国家社会主義」による反革命的悪業に他ならなかった（原田1987）。ＳＰＤは自ら、本来的に階級政党であり、なによりもまず労働者および消費者大衆の利害を主張しなければならない、と真に考えていたのである。

　ワイマール後期、ＳＰＤは一般消費者のために、ますます高くなっていた関税を引き下げ、砂糖の国内最高価格（これは当然原料としての甜菜の価格に連動する）を、下落を続ける「世界自由市場」価格にもっと近づける政策を要求した。これに対して、ナチスは、農業・糖業の利害を直接代表して猛然と反対し、一方で甜菜を栽培する農民・農業家は、ＳＰＤをますます憎悪するようになった。この憎悪はけっきょく、ワイマール・デモクラシー全体に対して向けられることになる（Perkins 1990）。

　糖業企業コンバインは、砂糖価格の下落とともに、義務輸出にともなう損失を、原料甜菜の価格引き下げによって、カバーしようとした。これに対して、ナチスは、砂糖工場の株主でもある「義務甜菜」栽培農業家（この場合には、甜菜価格の引き下げは、株式配当の増額によってカバーされる可能性がある）の保護もさることながら、「購入甜菜」を栽培する農民の利益保護を特に強く要求した。これは、議会選挙で農民票を引きつけるための巧妙な戦略の一部であったが（豊永1984）、これによって、１９３０年以後の農村におけるナチスの選挙活動は成功したのである。１９３３年までに、「ドイツ帝国購入甜菜栽培者連盟」は、ヒットラーのドイツ農業に対する指導を「完全に一致して、そして断固として」受け入れるようになった。指導的な糖業ジャーナルの編集者は、主要な農民組織「帝国土地同盟」の「国民的砂糖政策」に対する呼びかけを支持して、１９３３年4月に次の如く述べた。

> わが国内政治状況の転換すなわち〈国民革命〉は、糖業界全体にとって、またそれと直接に結びついている農業者にとって、特別に歓迎すべき事態である。マルクス主義者は、真に国民的なドイツの糖業を、常に敵としてみてきた。そして国体の転覆（１９１９年のワイマール憲法の採択）以来、糖業に対して、その強力なまた有害なマルクス主義者が、純粋に消費志向政策の代表者としてふるまい、糖業の擁護者を徹底的に抑圧する、というようなことがなかったとすれば、甜菜生産者と砂糖業は、世界砂糖危機の破壊的な影響に対して、これほど多くの犠牲を払うことなく、耐え抜くことができたであろう。このことは、否定しようがないことである。しかしながら、いまやドイツ糖業は、マルクス主義者の楔から解放されたのである。今後は、根本的な転換が実現されることになるであろう（Perkins

1990)。

ナチスのモダニズムは、科学技術者を惹きつけたが、その理由はひとつには、ナチスが生産者として、あるいは生産のより効率的な方法の考案者として、彼らに高い評価を与えたからである。ナチスは他方で、生産によって利益を生み出すのでなく、投機的利益を求める金融資本的活動について非難を怠らなかった。ナチスは、砂糖工場の科学技術者に対して、生産過程の監督者としての彼らの能力によって、賃労働と資本との対立を永久に終わらせるよう要請した。従来、賃金闘争がこの産業においても明らかに支配的であり、技術者の監督による生産過程の順調な進行が、機能麻痺に陥ることも希ではなかったとみなされていたのである。

甜菜糖業の関係者はだれでもが、「国民革命」によって、一次大戦以来のこの産業の危機が解決されること、あるいは少なくとも、その産業が長く誇りにしていた利害の調和が破壊されないように資本対労働の紛争や甜菜栽培者と砂糖工場との摩擦が除去されることを期待した。大戦以後の危機の連続の中で、一般に他の産業企業と同様に、糖業企業においても、株主利害を抑えながら、経営・監督者、労働者、地域などの間の利害対立を、国家目的にそって調整する（公益は私利に優先する）ラーテナウのいわゆる「公共機関主義」の考え方が広く普及していたのである。糖業企業の経営者、科学技術者、そして甜菜栽培を輪作に組み込む大小の農業家・農民は、全体的に、1933年1月におけるナチスの権力掌握を受け入れるその熱意において、ほとんど完全に一致していた。このことは、ナチスによって強要されたいわゆる当事者間利害の調整過程（経営者支配）においても、その産業組織のリーダーシップにはなんら変更が加えられなかったという事実にも反映されている。

しかし、甜菜糖業の指導者たちは、必ずしもナチスと思想と行動を同じにするものではなかった。彼らの政治的な傾向は、ナチス党員になることよりも、むしろ、1933年1月に創立されヒットラーのパートナーとなったドイツ国民人民党（DNVP）に向けられていた。彼らは、多くがユンカー土地所有貴族の出であり、反動主義者でないとすれば、君主主義者、民族主義者、保守主義者の傾向をもっており、私有財産権の擁護については断固とした態度をとるとともに、高率保護関税や他の援助手段など国家的規制の必要性を認めながらも、自由企業を信奉者する者たちであった（Perkins 1990）。

1933年にナチスが権力を掌握する前後において、甜菜糖業の指導者たちは、ナチスの社会主義的な主張やプログラム、そして特に、G・フェダー（党の経済エキスパート）、ストラッサー兄弟、そしてゲッペルスなど党指導部の考え方について、深刻な不安を抱いていた。ナチスは、砂糖工場のような（脱）資本家的企業経済に対して、国家の介入を強化する見通しを述べていた。1933年3月1日のドイツ糖業連合会の特別総会において、議長は、ドイツ糖業界が、新しい国民政府に完全に信頼を寄せていることを強調し、そして政府が強力であり続け、その政策が中途半端に行き詰まることのないよう強い願望を表明した。しかし彼は一方で、断固として、「契約と財産」の本源的な自由、市民の権利は干渉されるべきではない、と主張したのである（Perkins 1990）。ヒットラー政権はこの原則的な要求を受け入れたが、その代わりに、私有財産を否定し、市民の権利をはく奪する国家社会主義的実践は、集中してユダヤ人に対して向けられることになる。自らの存在を証明するものとして。

マルクス主義国家論の克服

ドイツ社会民主党（SPD）の公式的な基本路線は、市場メカニズムに対して、常に非常に冷淡であった。1925年以後SPDの指導的な経済理論家であったルドルフ・ヒルファーデングは、「組織資本主義」概念によって、資本主義制度は、それ自身で、自由競争をやめ、そして共同計画に向かって進む、という主張を繰り返した。彼は、キールで開催された1927年SPD大会で、計画された社会主義的原則の勝利において頂点に達する資本主義的発展を促進することが社会民主主義者の目的である、と述べたのである。

しかしながら、1929年末以後、大不況は、ドイツの「組織資本主義」がいかに組織されていないか（まさに混沌としている）かを暴露した。SPDは、ブリュウニングの信奉するデフレ政策に対して、信頼にたる代替策を提案しなければならなかった。状況は、「組織資本主義」的経済がさらに社会主義的組織化に発展することを待つよりも、むしろ逆に市場経済的に活性化しなければならないことを示していた。SPDは、党内に、市場に対してもっと積極的な態度をとることを要求する声が上がったにもかかわらず、実際になんら首尾一貫した政策の提案もなしえず、無力をさらけだしたのである。

1933年ワイマール体制崩壊の後は、再び階級闘争・社会主義革命論が前面にでてきた。ナチス政権の最初の二、三年間、さまざまな体制派（エスタブリッシュメント）がほとんど、ナチスの第三帝国を、SPDのような「民主的な」政治党派に対するその熾烈な弾圧にもかかわらず歓迎した。ヒットラー政権を助けた保守的社会サークルに対する憤慨によって、穏健な社会民主主義者さえもが過激化した。亡命SPD指導部の「プラハ宣言」において、ヒルファーデングは、資本主義のもとでの利益獲得を根こそぎにするような、階級闘争による社会主義的計画経済化の革命を主張し、エンゲルス・エルフルト綱領の立脚点を改めて鮮明にした。重工業、銀行、大土地所有の国有化の実現は、完全な社会主義体制に結果する移行過程の始まりであろう、と（Nicholls 1994）。ただしこれは負け犬の遠吠えにすぎなかった。

しかし、ヒルファーデングは三たび現れる。彼は、ビッシー（フランス中部にある二次大戦時の臨時首都）政府によってナチスに引き渡されたと新聞に報じられる一年前の1940年、自死の前年に、謄写版刷りの「プロレタリアン・アウトルック」に注目すべき論文を投稿していた（後の1940年5月、亡命ロシア社会民主主義機関紙「ソシアリスト・クリア」に掲載）。

ロシアとドイツの全体主義的な政府の本質的な特徴は、それが経済をそれ自身の目的に従わせるという事実である。経済は、いまや上からの指揮に従うのであって、もはやそれ独自の法則を持たない。この経済の政治への従属が、生産物需要の性質と高さに対する政府の決定により達成されるその程度にしたがって、市場経済は、使用のための経済に変換される。経済はそれがブルジョアシステムにおいて有していた優先権をうしなう。

このことはもちろん、ドイツでもロシアでも、経済領域が相当な影響力を政府に及ぼさないことを意味するのではない。しかし経済の影響力は、政治の内容を決定するものではない。一般的な政策は、権力を持つ小さなサークルによって決定されるのである。

信仰者は、天国と地獄しかしらない。マルクス主義学派は、資本主義と社会主義しかしらない。彼らは決定力を持つ勢力として、ブルジョアとプロレタリアしかしらない。彼らは、現代の国家権力が、それ自身の規範に従い、社会的勢力を強制的に従属させ、自ら独立して、巨大な権力を発展させることを企てるというような見解を理解することができない（Macdonald 1941）。

ヒルファーデングは、この論文において、一次大戦以後の「国家主義的」経済社会の脱資本主義的性格を証明しようとしただけではない、それから引き出される一般的結論、一次大戦前とは反対に、「今日決定的な支配力は政治であり、経済ではない」をも示したのである。1918年以後の時代においてマルクス主義者の致命的な誤りは、資本主義の経済決定論に拘束されて、経済的危機を管理するために現実に使われる政治的コントロールの新しい方法（河西は本章において、ドイツ糖業の危機に関連してやや具体的に、この点を研究したのであるが）にほとんど関心を寄せることができなかったことにある（注）（Macdonald 1941）。

（注）河野（1993年）によれば、ヒルファーデングは、1902年に成立したブラッセル砂糖協定のオーストリアの甜菜糖業に対する影響に関する論文（Hilferding 1904）を書いて、ブラッセル協定による砂糖関税の大幅引き下げも、協定違反の砂糖カルテルを現実的に完全に解消するものではないとして、砂糖カルテルと保護関税政策の関連を明らかにし、甜菜糖業資本による国家権力利用の根拠を理論づけている。このような支配的資本と国家の関係の段階論上の解明がなされていたからこそ、けっきょくは一次大戦以後において両者の関係が逆転して、資本ではなく強大化した国家権力こそが経済に対する決定的な支配力になる点を、宇野と同様に、ヒルファーデングは明確にしえたといえよう。

エンゲルスとマルクスによる資本主義から社会主義への移行における歴史主義的決定論は、大戦間期における世界的な政治経済的危機が生まれたナチスとソ連の全体主義国家に対するヒルファーデングの自己批判的総括によって、ようやく克服されることになった。彼は、遺稿「歴史の問題」において次のように主張する。

1914年以前においては、「経済は国家に服従させられたのではない。その反対である。」（先にブリュッセル砂糖協定下の関税政策と公正貿易の主張においてみたように）「国家は、経済あるいは経済を支配する集団のための手段になり、一定の経済的利害や経済的傾向を促進するか実行するために用いられ、同時にそのことによって国家みずからの要求を満足させたのである」。18世紀以来の資本主義的発展における重商主義、自由主義、帝国主義のそれぞれの時代を通じて、「国家は、経済発展の自立性を廃止するどころか、この自立性の展開する諸条件を助成する」（ヒルファーデング1954）。以上は段階論をなすといえよう。

「商品生産に基づく社会には、中央の意識的経済規制がない。何をどれだけ、どこで、どんな手段で生産するかは、自律的に現れる市場の経済法則が決定するのである。この経済法則は、たとえすべての経済行為自体が個々の生産担当者の意志によって実現されようと、個々人ならびに全体の意志から独立して、自動的規制として作用する。社会意識は、国家指導部の意識という形で、政治形態の中だけにある」（ヒルファーデング1954）。以上は原理論をなすといえよう。

ところが、一次大戦以後の「政治問題」は、（これも先に世界市場崩壊のもとにおける甜菜糖業の危機的発展の事例でみたように)、「国家権力と社会との関係が変化したことにある。変化の仕方は、国家の支配権力に経済を服従させることである。」これによって、国家の干渉から免れ、商品経済の自己規制としての「自律的な法則に支配されていた社会領域」(これを資本主義社会と呼ぶことにしよう—引用者)は除去される。今やソ連邦やナチズムのような全体国家においては、明らかに、あらゆる経済目的が国家目的ととりかえられ、経済のあらゆる構成員は、その個人の自由・諸権利を奪われて、直接その命令に服すことを強制される(ヒルファーデング1954)。

しかし、すでにドイツが、経済の自律性が国家権力の作用を決定する資本主義的システムとして存在するのではなく、その経済が国家権力に従属しているとすれば、近い将来において、国家権力を、総力戦を戦う全体主義的国家ではなく、国際協調にむかう民主主義的な社会主義国家に置き換えて、それに生産力の発展と生産関係のありようを従属させることもまた可能性のないことではない(Macdonald 1941)。以上は現状分析にもとづく実践論といえよう。なおヒルファーデングは次のようにエンゲルスの国家論に疑問を投げかける。

フリードリッヒ・エンゲルスは、その先史研究に基づき、国家の概念を階級社会における組織的政治権力に限定している(『家族、私有財産および国家の起源』)。確かに階級社会と無階級社会を区別することは重要であろう。だが階級社会でのみでなく、どんな社会でも必然的に存在する至高の組織的政治権力を国家権力とみなさないのは、どうだろうか。エンゲルスのこのような見解は、法律に規制されず、社会的執行機関なくして作用する生産関係という、歴史的に正しくない考えを抱くのでもなければ生じないだろう。エンゲルスの考えは、しかし、長い間とくにドイツで、社会主義用語法にとって決定的であり続けた。「社会主義国家」や「人民国家」について語ることは邪道のように思われた。というのは、階級の止揚後には「国家」も消滅するというのであるから。人は、社会主義社会や共同体について語り、敵が投げつける国家の敵という非難にある種の誇りをもって耐えた(ヒルファーデング1954)。

以上のように、ヒルファーデングは、エンゲルス史観を修正し、非資本主義経済において生産関係を意識的に規制するものとしての国家権力の性格を明確にすることにより、ソ連やナチズムのような全体主義的国家社会主義に代わる非階級的な民主主義的社会主義国家(一つの脱資本主義的市場・財産体制)への道、つまり二次大戦後の「契約と財産」の公正を追及するドイツ「社会市場経済」への道が、左翼からも切り開かれることになった（ロ゙トジさルヒ 1973）。資本の働きを強力に制約する公共機関主義的「企業それ自体」はナチズムの遺産となり、二次大戦後は、欧州鉄鋼共同体をへて、１９７０年代に（監査役会に従業員代表が参加する）「共同決定制度」へと発展していく。

第9章　イギリス産業資本家の安楽死

一　福祉国家への道

政治家・経営者・労働組合の結合体

自由党政府（1909～1915）は、老齢年金、失業給付金、そして虚弱者に対する国家財政支援の導入によって、イギリスの現代的福祉国家の基礎を据えた。それに伴う財政支出の増大は、ひとつには、論争の的になった1909年の「国民の予算」を通じて金融された。この予算は、遺産課税（相続税）を引上げさせ、また5千ポンド以上の所得に対して「累進付加税」の導入をもたらした。それ以後、所得税は慣例上、課税対象金額の増大と共にその税率が上昇するという意味において、初めて「累進的」なものになった（Cheffins 2008.47）。それとともに、課税政策は再分配的要素を持つべきであるという観念が政権に就く政治家の間に根を下ろし始めた（Cheffins 2008.82）。しかしながら所得の再分配を目的とする累進付加税がより強い現実的な意味を持ち、株式ブロック保有者のイクジットのインセンテイブとなり、所有と経営の分離を生じるのは、資本所得税率が大幅に引き上げられる一次大戦以降である。

1914年以前に、ブロック株保有者（社外取締役・産業資本家階級）がコントロール（会社の管理運営権）を保持するインテンシブを持ったのは、もとよりレッセフェールにビジネスを展開するためであって、政治上の利害関係とは何のかかわりもなかった。ブロック株保有者が有する政治的強み、あるいはその必要性は、資本の自由に対する財産権保障などの「国家の非直接的無意識的影響」を度外視すれば、取るに足りないものであった。一次大戦前のレッセフェール時代には、政治への関与が狭義のビジネス利益を促進する上で特別に有力な手段にはならなかった。イギリスでは、相当な割合を占める議会メンバーが製造業、貿易、商業など資本家階級のバックグランドを有しており、ビジネスと政治（自由主義）の間に明らかな重複が存在していたが、政治と経済では、交わることのない並行関係が確実に維持されていた。資本家階級はたいていはまず最初に財産を築き上げ、その後に自分の社会的成功を確固たるものにするために、議会選挙に打って出た。一方で、ビジネスマン（経営者・社内取締役）が会社の金儲けの手段として政治にかかわることはなく、ビジネスに専念した（Cheffins 2008.84）。

一次大戦以後のレッセフェールの終わりと政治的・経済的窮状の中では、ブロック株保有者（産業資本家階級）が資本所有権を楯に取って自分たちの会社に特別な優位性をもたらすようにロビング活動し政治を利用する可能性はほとんど存在しなかった。一方で、行政府権限が議会権力を犠牲にして漸進的に成長した。政府の政策の「実質的な決定」は閉鎖されたドアの背後で、官僚と閣僚との終日協議を通じて行われた。国家官僚は、ビジネス団体の代表者（経営者、社内取締役）との会合や聞き取りが、国家ガバナンス上の過程をより容易にすることは意識していた。にもかかわらず、公務員は中立性を維持することを切望していたので、概して特定の企業に有利になるような直接的な嘆願を受容することはしなかった。しかしすでに政治的上のレント・シーキングが会社コントロール上、決定的な選択肢の一つになっていた。いずれにしても配当政策を始めとして、会社内および会社外の会社経営者（社内取締役）の政治的な手腕が企業存続と成長にとって不可欠なものとみなされるようになった。政治的なネットワーク作りの能力は、株式ブロック保有者（社外取締役）にとっては偶然的なものであるとしても、トップ経営者に対する評価としては重要な判断基準となった。イギリスの最大会社の本店がロンドンに惹きつけられるようになり、企業の上級経営者は主要な官僚と交流して仕事上の関係を築くために、極めて多くの機会を持つようになった（Cheffins 2008.84–5）。こうして政治とのかかわりにおいて法人企業における所有者に対する経営者の優位として、所有と経営の分離が進んだ。

１９２０年代初頭、雇用者連盟と労働組合の両方が強さを獲得するとともに、政治家たちはビジネスリーダーと労働組合を、一次大戦とそれに続く社会的政治的な混乱が引き起こした課題に立ち向かう政策形成に引きずり込むことによって、重要な便益が得られることを認識していた。他の産業国家に先んじて、イギリス政府は、社会的政治的紛争状態を解消するために、政府・経営者・労働組合の三者参加型の政治的構造をつくりだした。大戦間期を通じて政府は、特定産業におけるビジネスリーダーと労働組合との協議によって、基本的に個々の「当面の緊急課題のみ」に取り組む三者参加型による「政策立案」を推し進めていった（Cheffins 2008.51）。

二次大戦後、イギリス政府は絶えず労働組合と連携しながら、ビジネス団体の代表者に対して、国家官僚ならび政治家と協議するために有り余る機会を提供した。１９６０年代を通じて、保守党と労働党の両政府のもとで、国家、ビジネス、組織労働者の間における三者参加関係が特に大きく発展した。国家官僚が雇用者と労働組合を奨励してちょくせつ国民経済計画に参加させることに成功した。１９７４～１９７９年の労働党政府は労働組合との関係を「社会契約」（そのもとでは、労働組合リーダーは、政策立案パートナーシップたる地位を国家に認めさせる代償に、賃金要求に関しては強いコントロール権を行使し、ビジネスリーダーとは継続的に協議し続けるべきものとされた）よって裏づけされる最優先事項として取り扱った。しかしながら、続くサッチャーの保守党政府は、二次大戦後政府によって一般的に受け入れられてきた正統性を突然投げ捨ててしまい、野心的な経済計画アジェンダの一部として、労働組合と協議する余地を全く残さないことになった（Cheffins 2008.50）。

福祉国家の均衡財政と増税

一次大戦中とそして二次大戦中に、会社は、一定の規定された一次大戦前基準を超える利益として定義される超過利益に対して、より高い税金を支払わなければならないものとされた。法人利益に対するこの戦時課税（ＥＰＤ）は、多くのブロック株保有者が所有する株を売り払ってイクジットする上で大きな契機を作り出した。一方で大戦間期においては、保守党と労働党の政治的リーダーたちの間に、均衡予算・健全財政こそ賢明な公共政策であるという大まかなコンセンサスが存在していた。１９１４年以前は考えられなかったような規模で、国家は福祉の提供に関与するようになり、産業とのかかわりを課税を含め全面的に、相対的に低い（レッセフェール）レベルから高いレベルに移動させていった。「忍びよる集産主義」の時代と呼ばれるゆえんである。

保守党または保守党に支配される国民政府が、大戦間期のほとんどを通じて政権を握っていた。動揺する投票者を労働党の側に逃亡させないようにするために、保守党の政治家は、労働党が提起する左翼的政策を十分に取り入れることによって、イギリス政治の中道路線を占拠していた。保守党は、もはや完全に伝統的なレッセフェール姿勢を投げ捨てていた。政府の支出がその傾向をよく物語っている。一次大戦中に１９１０～１９１３年の年次国民総生産の12～13％から50％以上と劇的に増加した政府支出（中央と地方）は、大戦間期の年々に24％以下まで低下したが、1930年代末には1929～1932年のレベルを超えて再び上昇した（Cheffins 2008.47-8）。追加的支出のほとんどは、社会的サービスの提供のためであった。

支配的諸政党の間に、ビジネスがなしえない場合には、かわって国家が仕事と生活費を支給すべきであるというコンセンサスが存在していた。1945～1951年の労働党政府によって導入された社会改革立法に関する野心的な包括提案の基礎をなした有名な1942年レポートにおいて、ウイリアム・ベバリッジは、イギリスの貧困者に対する給付は、「その規模において他国の追随を許さないものがある」と宣言した。支出の増大は、大部分が所得税および累進付加税に由来する歳入増大によって支払われた。一次大戦中に導入された劇的な増税がトップ所得階層における所得税については有効であり続けた（Cheffins 2008.48）。そして一次大戦以来のこの所得税増税が、証券市場における無謀な株式の高配当性向とともに、ブロック株保有者のイクジットのためにインセンテイブを提供した。

一次大戦中に主に高額所得を有する人々に課された所得税の増税は、戦後もそのまま実質的に維持された。1920年代の大蔵大臣ウインストン・チャーチルの表現によれば、「政府は、課税の頂点で立往生する大金持ちたちがその洪水に押し流されるままにしておくことを、意識的に選択した」。課税政策は、1945～1951年の労働党政権時代にはさらにいっそう体系的なものとなった。大蔵大臣ヒュウー・ダルトンは、1946年に議会で次のように述べた。戦争で傷つき目覚めた世代は、「わずかな少数特権階級の生活水準とわれわれ大多数の同胞の生活水準とを分かつギャップを両端から終わらせること」を政府に要求している、と。労働党は、高額所得、「不労所得」（すなわち資本所得）を主たる標的にして、「社会的に無機能な富」に対して課税攻撃の追い打ちをかけたのである（Cheffins 2008.82）。

かくして、一次大戦以後、所有と経営の分離のもとに、ブロック株保有者は、大戦以前のはっきりした資本所有に基づくコントロールの立場から実質的にイクジッとした。ドイツやフランスと同様に、イギリスでもまたピケティ（2014年）のいうような、労働組合を体制内化した「経営者社会」が成立したといえよう。

二　大戦間期のロンドン証券取引所

海外投資の衰退

19世紀中頃から１９１４年までは、海外投資に対する偏愛が、ある程度はイギリス国内の会社株式に対する需要を弱めた。１９１４〜１９３９年までに、事態は資本輸出にとってより好都合ではなくなったが、このことがイギリス国内の会社の普通株に対する需要を助長した。投資家は、証券取引所で取引される証券のうち国内産業株に対して積極的な関心を向けるようになり、結果的に海外投資は衰退した。外国投資へ向かう水道のバブルを閉めることは、イギリスの普通株をふくめて証券の価格を一次大戦前の体制で得られたよりも、より高いレベルまで引き上げる上で助けになった。１９１５〜１９１８年には、ロンドン証券取引所における海外証券発行の年平均は、１９１３年のそれの17％に過ぎなかった。年次海外投資は、１９１１〜１９１３年では国民所得の８％に等しかったが、１９２５〜１９３１年では２・５％に過ぎなかった。ロンドン証券取引所でなされる海外証券発行高は、１９１８〜１９３１年の年当たり平均93百万ドルから１９３２〜１９３８年の32百万ポンドまで低下した（Cheffins 2008:272）。

外国資産に対する投資の減少は、一次大戦中は不可避的であった。イギリス政府は、戦争遂行のために財政的な手当てを探し求めたが、その際に、「クラウデング・アウト」を生じさせないために、ロンドン証券取引所における外国人の資本調達と外国証券の購入に対して厳しい制限を課した。国家介入は、大戦間期の年々を通じて海外投資を不利な立場に置き続けた。大蔵省とイングランド銀行は、１９１９〜１９３１年に断続的にロンドン証券取引所での外国債券のマーケッティングに対して、非公式ではあるが効果的な禁輸措置を画策することによってポンドを守った。１９３０年代には、大蔵省は、「スターリング領域」（イギリスとの交易上、金融上および政治上のつながりによって、自国の通貨をスターリングに良識的にペッグさせる諸国のグループ）の一部をなさない国からの資本調達に対して、非公式に差別した。このような無理強いは、二次大戦勃発とともに、イギリス政府が株式ブローカーと銀行家から外国証券の取引をしない約束を取り付けたので、著しく圧力の度を増した（Cheffins 2008:273）。

市場要因がまた海外投資を妨げた。世界中に広まった経済大不況と貿易制限の強化の真っ最中に、外国の政府、鉄道、公益事業における利子あるいは配当金の支払い割愛は、１９３０年代を通じて当たり前のことになった。それでも資本投資上比較的にはイギリスは有望な国に見えた。「投資家は最近の25年間にわたり、世界の他の場所よりもイギリスにおいて、政策がたびたびオポチュニスト的であるとはいえ、極端な措置を避ける政府の安定したシステムのもとで、全体として健闘した」、と１９３５年に『エコノミスト誌』は述べた。さらに１８８４～１９１４年と比較してさえも、イギリスの経済的実績は、大戦間期を通じてかなりよく達成された。それに応じて、一次大戦前時代においては、他国の優れた経済的実績から利益を得るためにイギリスの会社の株を買うことを控えた投資家も、大戦間期には、そうする傾向は余りみられないようになった（Cheffins 2008.273）。

大戦間期を通じて、ビジネス企業の法人格取得はますます日常的にみられるようになった。ある程度は多数の会社所有者のうちの一部に独立性を優先する傾向があるために、大きな部分が依然として完全に非公開会社のままであり続けたとはいえ、証券取引所での株式上場は、ますます人気のある選択肢になった。『エコノミスト誌』は、１９３７年に次のように述べた。「大戦前は、中小規模の産業企業が、公衆にひろくアピールすることなく資金調達をする企業のうち非常に大きな割合を占めた。今日の実業家たちは、選択肢においてであれ不可避的においてであれで、家族事業を広く分散された株式保有を有する公開会社に転換するために、ほんのわずかな時間を使うことに意義を見出している」。ロンドン証券取引所で値付けされる証券を有する会社の数は、１９０７年の５７１社から１９３７年の１７１２社に増加した（Cheffins 2008.252）。

固定資本形成のための株式発行市場の衰退

一次大戦以前にはブロック株保有者（社外取締役・産業資本家）の地位を維持する、あるいはむしろ強化する産業株式会社の発展が普通であった。一方で運河、鉄道など公益事業ベンチュアは、一八世紀末葉以来、直接的に公衆一般に株式の購入を奨めて、ブロック株保有者なしに固定資本形成のための資金調達をおこなった。大戦間期においては、このアプローチ（株式のブロック所有者を欠き、直接的に株式公募を実行する）を適用する企業は、たいてい大失敗に終わった。１９２８年の株式市場ブームの際に、ロンドン証券取引所における２７７件の新規公募のうち１０９件が、新しい、もしくは事実上新しい事業によるものであった。それらの集計市場価値は１９３１年までに83％も下落したのであって、実績は惨憺たるものであった。その最も重要な単一グループである蓄音機およびラジオ会社の市場価値は、99％も暴落した（Cheffins 2008.253）。

一方で大戦間期においては、一次大戦前からのブロック株保有者、あるいは新しいブロック株保有者にとっては、少なくとも持ち株の一部分を売却するか、さもなければ彼らの出資金（持ち株比率）の希釈化を受け入れる様々な誘因が作用していた。その一つは、（リスク分散のための所有資産の）多様化の願望であったが、所有資産の多様化のための資金が自分のビジネスの売却・現金化（利益の資本化）によって調達された。１９３５年の公募に関するある入念な調査によれば、「新株発行はしばしば、単なる金銭上の操作に過ぎない。それは、新しい資本を必要とする実業家によってではなく、ビジネスを現金化（資本化）するように実業家を唆す投資金融業者によって行われる。一般的にベンダー（発行株式の売り手、法人創業者）は、株式保有と取締役地位を通じて資本のコントロールを保持し続けようとするが、同時にビジネスを現金化し、その貨幣を銀行に持ち込む」。１９２８年に新規公募を行った29件の工業企業サンプルの中では、９・９百万ポンドの新規発行済み資本のうち、７・５百万ポンドが現金でベンダーに支払われた。それに関連する手数料および諸経費を除けば、ベンダーには、新投資のためには、ほとんどまったく何も残されていなかった（Cheffins 2008,253）。

以上のサンプル企業の数は少ないが、その結論は、大戦間期のイギリス資本市場（１９１６～１９３６年）に関するグラントの研究結果と一致している。彼は言った、「証券取引所は主に、証券のために市場性を与える機関である。企業のために新しい資金を提供する機関としては、単に二次的にそうであるに過ぎない」、と（Cheffins 2008,253）。

一次大戦以後は、伝統的な発起市場つまり固定資本形成のための資金調達市場が衰退したことは、国内の生地企業投資および海外投資が衰退したこととも密接に関係していた。ロンドン証券取引所は、一次大戦以前はまずは海外証券の発行市場であったからである。この点も大戦以後の証券市場の根本的な転換を意味する。さらに二次大戦以後は、ロンドン証券取引所は発行市場としては、ますます重要な意味を持たなくなったことは注意されてよい。

新しい金融仲介機関

１８８０～１９１４年には、株式公募を組織する金融仲介機関によって提供される株式の適格審査の質は、完全なものとは決して言えなかったが、普通株がしばしば非公式かつ地方ベースで流通したという事実は、それらの金融仲介機関の介在によって、株式市場における潜在的な情報の非対称性が著しく緩和されていたことを示すものであった。マクミラン委員会も１９３１年の報告書(注)においてこの点を認め、次のように述べた。「地方には長年にわたり、何に投資すべきかを自主的に判断する大きな投資家の階級が存在しているので、イギリスの産業企業は伝統的に金融上の必要性を満たすためにロンドン市場に視線を向けることを控えてきた。多くの場合に少額の株式発行を取り決める上でもっとも望ましい方法は、いぜんとして、そのビジネスが所在する地方の投資家の間で、ブローカーあるいはいくつかの非公開チャンネルを通じて行われる方法である」(Cheffins 2008,281)。

(注) 1929年11月、イギリスの第2次労働党内閣(首相J・R・マクドナルド)の蔵相P・スノーデンの提唱により設けられた委員会。正式名称は「金融および産業に関する調査委員会」で、学会、金融界、産業界、労働者の代表から構成され、委員長がH・Pマクミランであった。設立当初の目的は1920年代から続いていた不況の調査であったが、発足後間もなくニューヨーク株式市場の崩壊に始まる世界大恐慌が起こり大不況が続いたために、実際にはそれらの研究が主たる課題になった。31年7月に進行中の金融問題を広範に論議する報告書(通称マクミラン報告、1985年邦訳)が発表された。J・M・ケインズは委員として活躍し、『雇用、利子および貨幣の一般理論』が生まれる一つの契機になった。

たしかに大戦間期の年々を通じて地方の資本市場にはかなりの活力が維持されていた。特に1919・20年と1920年代末に起きた新株発行ブームの最中には、多数の公募が地方の株式取引所で行われた。またバーミンガムやブリストルのようないくつかの主要な地方センターには、有効な実績の見込みのある中小企業に融資しうる十二分の資本が存在していた。にもかかわらず、資本市場の地域指向は、一次大戦以降その重要性において衰えつつあった。1930年代には純粋に地方関連の少額株式発行はまれになり、リバプールでは、中小の個人産業資本家はほとんど完全に排除された(Cheffins 2008,281)。

新しい金融仲介業のパターンは、一部は、大戦間期における地理的分布上の産業移動のせいで生まれた。産業の地理的移動は法人企業をロンドン市場により接近させたが、同じくロンドン市場は国内会社による公募のためにますます効率的な施設を提供した。また地方の産業企業への投資は、1914年以前には産業企業の支援をひんぱんに提供した金持ち投資家の間で、大きくは課税のせいで株式に対する需要が減少する場合には、かなり惨憺たるものになった。個人ビジネスは、それらのビジネスを承知しているが課税によって資金を奪われた人々からはもはや金融を受けることを期待することはできなかった。もし裕福な投資家の貨幣が生地企業によって求められるにしても、実際には貨幣は非常に大きな法人企業だけにむかった。大戦間期では、従来の金持ち個人資本家による産業金融は高率課税の出現によって妨げられることになったのである（Cheffins 2008.282）。

大戦間期には、産業金融の地域指向は弱まった一方で、株式の潜在的投資家は、株式公募を組織化する金融仲介機関の「品質管理」の改善によって、よりいっそう安心を得ることができた。だが多くの欠陥が残っていた。大戦間期では、一次大戦前にみられた個人的な会社プロモーターの「黄金時代」は、すでに過去のものとなっていた。にもかかわらずそれと同様な仕方で、少なくとも株価が上昇傾向にある市場で活動するために、自ら設立した金融会社を利用する大胆な個人は存在し続けた(注)。

(注)この類の発起人として最もよく知られたクラレンス・ハットリーは、1927年に自分でオーステイン・フライアートラストを設立し、それを要として、野心的ではあるが不運に終わった一連の会社発起をおこなった。一方でオイゲン・スピアーは、自社のロスバリー・トラストを通じて、いくつかのパルプおよびペイパー事業を買収するために、1927年にコンバインド・パルプ・アンド・ペイパー・ミルズ有限責任の株式発行を組織した。スピアーは当初、公募が成功して、ロスバリー・トラストがコンバインド・パルプ・アンド・ペイパー社に保有する株式の大部分を有利な価格で売却した時には、見事に利益を上げた。しかしながら、コンバインド・パルプ・アンド・ペイパーは、間もなく破産した。スピアーは、他の多数の被告人とともに、株式の公募追及を支援して会社の初年度利益を不正にも、わざと不正確に述べた廉で責任を問われた（Cheffins 2008.282）。

肯定的な側面をみれば、大戦間期をつうじて、信頼できる金融仲介機関がますます多く、イギリスをベースとする会社の証券発行のために参加するようになった。一つの重要な発展は、一種の証券引受け会社の出現であった。これらの会社は、主要なビジネスとして、新株発行のために準備および資金の援助を行い、そして意義のある品質管理を実行する傾向があった。これらの証券引受け会社のビジネスモデルは、信頼性に対する世評こそが主要な資産であるというという点を、重視するものであった。証券引受け会社の標準的な活動は、銀行、保険会社、信託会社、そして金持ちの個人に、発行した株式の引受けを依頼することであった。証券引受け会社の影響と評判は、潜在的な証券引受人を多数つくり出しかつ維持する上で、極めて重要であった。潜在的な証券引受け人は通常は、株式が流通しているその会社に関する何らかの調査に基づいてというよりも、証券引受け会社について彼らが知っている事柄に基づいて、証券引き受けに同意した。「シテーが尊重するものは、株式の発行が仕込まれる際の安定性という性格である」と言われたが、それは、証券引受け会社の強さは、その会社に対する投資する公衆の評判いかんによって決定されることを意味していた（Cheffins 2008.283）。

自社に対する評判を貴重な資産として扱う証券引受け会社は、品質管理を実行する上で強いインセンティブを持っていた。公開会社投資に関する１９３０年のあるテキストによれば、「一流の証券引受け会社は、投資家に対する責任に関して高度な観念を持っており、自社の名前が健全で尊敬すべき株式発行の引受け事業のみと結び付けられること、そしてこの事業において投資家が関心を寄せる誘因となるその諸条件がフェアーであることを、できる限り保証することを切望している」。評判の良い証券引受け会社は、株式発行会社を入念に検査する過程の一部として、そのビジネスに関する完全な説明を要求し、得られる利益に関する過去の記録を研究し、その企業の市場上の地位を究明し、そして企業の負債の可能性を突き止めようと努力した[注]。

(注) このような方法で、活動した証券引受け会社の主要な事例として、20万ポンド以上の産業株発行に対する資金援助に特化していたチャーターハウス・インベストメント・トラストおよびヒリップヒル＆パアートナー、そしてより小規模の株式発行に取り組むために１９３０年代に入って設立されたリーデンホール・セキュリテー・コーポレーションがある（Cheffins 2008.283）。

大戦間期ではまた、株式仲買会社が株式公募の開始に際して積極的な役割を演じた。株式仲買会社はたいてい、株式を発行する上で顧客の利益になるように活動することに特殊化しており、発行市場で株式の売りと買いを差配した。しかしながら、株式の公募を組織する好機はたいていは、まず顧客の製造業者が新株発行を意図して株式仲買会社にアプローチし、一方で担当するその株式仲買会社が、事態を周到に効果的に準備するために、国内経済に精通しかつまた広範囲にわたる専門家的な付き合いを活用できるという場合に、生まれた。株式仲買会社は、株式仲買としてのコアービジネスで築き上げた、誠実で信頼できるという評判を傷つけたくなかったので、評判のよい新しい証券引受け会社と同等の品質管理を行うインセンティブを持っていた。ほとんどの株式仲買会社が、少数の公募を担当したに過ぎないが、カサノバなど最も有名な少数の会社がそれぞれ相当な数量の新株発行を引き受けた。（Cheffins 2008.283-4）。

大戦間期にはロンドンの有数なマーチャントバンク（ベアリング、ロスチャイルドそしてラザード）の新株発行市場への関与が成長したために、株式発行市場の信頼性が強まった。大戦間期のマーチャントバンクは、自社の「評判資本」を意識して、公募を組織化する際に発行株式の品質管理を強調した。ラザードの一人の取締役は、マクミラン委員会に対して次のように語った。「株式発行の際に、もしわれわれの名前を付す場合には、公衆に対して〈われわれはこの発行について詳しく調査を重ねてきた、われわれはこの発行を徹底的に信頼しているので、それを推奨することができる〉と本当に言います」。一次大戦以前、そして1920年代さえも、エリートのマーチャントバンクは、イギリスの会社の公募を大部分避けてきた。しかしながら大戦間期における海外投資の急激な衰退によって、見直しを強いられた。一級のマーチャントバンクが、少なくとも大規模な株式発行が伴う場合には、国内ビジネスにますます強く目を向けるようになった。マーチャントバンクの関与は、それらが担当する株式公募に対して重大な暗黙の支援を与えた。そして開始した新株発行に関して注意深く見守ったので、大戦間期の国内資本市場におけるマーチャントバンクの参入増大は、株式の購入者が頼りにする市場指向の「品質管理」を増強することになった（Cheffins 2008.284）。

機関投資家の株式投資参入

大戦間期の時代を通じて、買いサイドの株式需要における潜在的源泉はなんであったか。機関投資家の資本金は1914年までは極めて副次的なものであり、二次大戦後にようやく支配的になった。大戦間期において、それは重要性において成長したが、にもかかわらず、個人による株式投資に比較すると、脇役を演じたに過ぎない。1930年代初頭では個人投資家はロンドン証券取引所で取引される証券の80％を超えて所有し、証券の売買活動でもほぼ同じ割合を占めた。『フィナンシャルニューズ紙』によれば、「投資家は全体としては、保険会社、投資信託、もしくは住宅金融組合に自分の貯金をゆだねるよりも、むしろ決まった株式仲買人を通じて、自分自身で投資を運営して楽しむ方を好んでいるように見える」（Cheffins 2008.267-8）。

二次大戦後に買いサイドで決定的な要因となる年金基金は、大戦間期では株式における重要な機関投資家にはならなかった。大企業の経営者はしだいに、受取り年金が被雇用者給料の必須要素をなすと考えるようになった。1921年には、受取り年金の租税上の関連に関する関心によって最終的に年金基金の成長を発展させる上で多くのことがなされるであろう、と立法上の譲歩がもたらされた。しかしながら大戦間期の年金基金を運営する信託証書は株式の購入を排除したし、大きな自由裁量権を授与されたこれらの被信託人は、一般的に「リスキーな」株式投資を回避した。保険会社は株式への機関投資家としては、年金基金よりも幾分早く一歩を踏み出したが、大戦間期では、依然として重要なプレイヤーにはならなかった。一次大戦に先立って保険会社が投資可能なものとして保有していた資産のうちほんの一部だけが、普通株に割り当てられた。大戦間期では、さまざまな助言者が保険会社が株式の購入を増大させるようにロビー活動をした。たとえば有名な経済学者のメイナード・ケインズは、次のように述べた。「公開株式会社は、極めて大きな跳躍を遂げて、今や実に20年前には全く存在していなかった投資領域を提供している。それらの株式を無視するか、ないし取り扱う準備のできていない投資機関は、後退しつつある[注]」と（Cheffins 2008.268）。

(注) ケインズが忠言したナショナル・ムーチュアル・アシュアランス・ソサイアテイとプロビンシャル・インシュランス・カンパニーなどほんの少数の保険会社が、「積極的な投資政策を採用し、それらの投資ポートホリオを普通株に有利なように再割当てした。しかしながら大多数の保険業者は警戒しがちで、株式には大きくは投資しなかった。その総資産のうち普通株の形態で保有される割合は、１９２４年の４％、１９２９年の６％、１９３７年の10％と増大した。しかしこの数値は、株式投資の規模を誇張している。というのは、多数の保険会社の株式ポートフォリオには、鉄道普通株のブロックおよび系列会社の出資金、もしくはそれらのいずれか以外のものはほとんど含まれていなかったからである。

投資信託もまた、大戦間期を通じて、普通株に投資する考え方を暖め、１９３０年代までに、投資信託の約30～40％を普通株に投資した。他方で、投資信託は、保険会社によって保有される投資可能資産の約三分の一を保有するに過ぎなかった。海外バイアスがさらに、買いサイドにおける投資信託の重要性を低下させた。１９３０年には、投資信託は全体としてイギリス企業を避けた。１９３０年代には、投資信託資金の40～50％だけが、イギリスの資産に投資された。それゆえ、大戦間期では、投資信託は、年金基金や保険会社と同様に、公的に取引されるイギリスの会社の株式所有者としては、二次的な存在であった（Cheffins 2008.268）。

新しい個人投資家にとっての有利性

19世紀末葉と20世紀初頭を通じて、イギリスの会社の株式を所有する個人の数は相当に増大したが、大戦間期でもその傾向は続いた。ただし本当の意味で大衆投資に向かうということでは決してなく、１９３６年には国民の四分の一だけが１００ポンド以上の資産価値をもつにすぎなかった。にもかかわらず当時の人々は、個人投資家がますます多数になり、投資が拡大し民主化されていき、さらに二次大戦後には証券取引所の状況に対する公衆の関心が大きく拡張がしたことには、気が付いていていた。

大戦間期では、株を所有する個人総数の推定値はないが、会社の株式登録の集計により、50万人ほどの名前を含む株式所有者のリストが得られる。また１９４９年には、『フィナンシャル・タイムズ紙』が１・25百万人が、ロンドン証券取引所で値付けされる会社の株を所有していると報じた。この数値は大戦間期の終わりでも同じであったといえる。というのは二次大戦中とその直後の数年にわたり、資本に対するコントロールと高率課税が、個人による株式投資を思い止まらせたからである。このことが正しいとすれば、イギリスの会社の株式を所有する個人の数は、１９３９年までに20世紀初頭の約50万人から二倍以上に増えたことになる（Cheffins 2008.269-70）。

加えて、株を所有する個人のカテゴリーの構成が変わった。20世紀の初頭では、地方のビジネス上の結びつきを通じて、あるいは株式仲買人の顧客として、裕福な産業家が株式に対する需要のための不可欠な源泉を構成しており、また金持ちの土地所有者が重要性を増していた。事態は一次大戦以後変わった。１９３０年には次の如くいわれた。「われわれみんなが知っているように、いまや高率の直接税（所得税、累進付加税、遺産税）が、旧来の投資階級が得る剰余所得のうちの大きな部分に食らいついている」。まさしく一次大戦以後、金持ちたちは、しばしばかれらのライフスタイルに資金手当てをするために株式証券の純売却者になっており、得られる余剰資本をその目的のために、安全に投資する傾向があった。このことは、イギリスにおける財産配分に関して範囲がより広がる傾向を反映していた。一次大戦以前の標準に比べて非常に高い所得税も加わり、人口のトップ１％によって保有される財産の割合は、１９１１・３年～１９３６・８年の間に70～55％に下がった。最も劇的には、インフレーション、地代の低下ならびに増税に見舞われた、多くの大土地所有者が彼らの私有地を分割処分した。その結果、１９１８～１９２１年の間に、おそらくノルマン・コンクエスト（ノルマンディ公ギョーム二世は１０６６年征服したイングランドにウイリアム一世としてノルマン朝を開いた）以来匹敵するものがないほどの土地の譲渡移転がおこった（Cheffins 2008.270）。

富裕層が株式に対する需要の源泉としては後退すると同時に、中産階級または少なくとも上流の中産階級が一歩前に進み出た。イギリスでは、一次大戦中と続く二、三十年間に、最大金持ちは、他の階層に比較してあまり株を買わなくなった。一方で人口のトップ2～10%によって保有される財産の割合は1911・3年と1936・8年との間に23～32%に上昇したので、ほどほどの富裕層が力強く成長したことになる。一般的にいえば、最大金持ちの排他的領域であったものが、株式の所有権を含んで、より広い範囲に拡散するようになった。その傾向は、イギリス政府が一次大戦に資金手当てするために発行する国債に投資する多数の人々に関して議論する委員会に対して1918年に寄せられた次のような証言においても、正しく予測されていた（Cheffins 2008.270–1）。

> われわれは戦争中に、際立って広い範囲に広がった財産の拡散そして投資の慣習の驚くべき成長を、財産も投資も目新しいものである人口階層のなかに見てきた。13百万人を下らない人々が様々な形態の政府の戦争証券に直接関心を寄せた。戦後は、以前は投資家とは決していえなかった多数の人々が、彼らの貯蓄を営利会社に委ねようとしている（Cheffins 2008.270–1）。

1914～1939年には、インフレ調整して平均30%、所得が増大した。一人当たりGDPの相当な増加にともなって、中産階級の上流は著しく相対的な繁栄を享受した。課税がまた一つの役割を演じた。というのは、最大金持ちを高率税の前にそのまま立ち往生させる選択をした1920年代の保守党政府は、その一方で「自由職業人（様々な専門家）、中小商人やビジネスマン（あらゆる類の優れた頭脳労働者）」を救済しようとした。1920年代終わりには、5千ポンドの所得に適用される最高限界税率は相当に控えめといえる31%であったし、5千ポンドを労働によって得る一人の人間は、1・2千ポンド以下の所得税を支払った。このことは、中産階級の上流にとっては、課税は株式投資に対する著しい障害にはならないことを意味した。1930年の投資ガイドがいうように、「不労所得に対する課税は、5百ポンド以上の所得レベルについては深刻に考えなければならないが、累進付加税が一定のレベルに達するまでは、配当金を目的とする投資を魅力的でないものにさせることはない。」（Cheffins 2008.271）。

中産階級の上流によって支払われる所得税は、1930年代に増加した。しかしながら、5千ポンドを労働によって得る一人の人間についてみれば、税引給与は1937年になって、所得の70%以上になった。労働所得が増大したことを前提にすれば、この種のレベルの課税は、繁栄する中産階級に属するものに対して、投資のための余分のファンドを十分に残した。こうして1930年代でさえも、それほど高くはない、しっくりした課税環境が、株式証券に投資するためのひとつの踏み台を中産階級の上流に提供することになった（Cheffins 2008.271）。

三　配当政策にみる代理人制度の崩壊

大戦間期を通じて、株式の運用実績は、他の投資選択肢と関連して投資家が株式を所有することに関してなす意思決定に影響を及ぼした。1928～1937年の株式市場に関するある学術論文によれば、普通株は、保険会社が好んで投資する法人企業の社債と比べても、安全であると同時に利益の上る投資であり、高い資本評価増に加えて、より高い所得をもたらした。1930年代央における会社の新株発行の急増は、一部はギルドエッジ証券（イギリス国債）のリターンの低下に関連していたが、そのリターン低下は、投資家が大きなリターンをもたらす新規開業を求めて新分野に向きを変える原因をなしていた。ロンドンの金融街では、相対的な運用実績が投資需要に影響を及ぼした。固定利子付き証券や株式の場合に、投資家の主たる関心は、それらがあらゆる環境の下で可能な限り同じ所得を保証することであり、投資家が価格関連の変動とともに、投資をあるものから他のものへと変更することは当然のことであった（Cheffins 2008.285-6）。

大戦間期を通じて、普通株は収益上、他の主要な投資選択肢に十分に匹敵していた。すでにみたように海外投資は相当に困難になっていた。1937年のある論文によれば、1912～1936年において普通株の投資から生まれる所得は、法人企業の社債による所得のほぼ倍であった。株式はまた国債よりもより有利な賭けであった。1919～1939年において主要株式から成る広範囲にわたるポートフォリオにおける所得税納税申告書の年次平均純額は、ギルドエッジ証券の場合の6・5パーセントと比較して12％であった。投資家は国債など明白な代替手段との対比において、普通株がもたらすリターンを評価した。そのことを前提にすれば、株式が相対的な意味で十分に利益を生んだという事実が、大戦間期を通じて、株の購入サイドに対して支援を提供したことは明らかである（Cheffins 2008.286）。

「配当金の平滑化」と持株会社

一次大戦前には、二次的取引（二次証券市場）でどの株を買いそして売るかを決定する場合に、投資家は、利用できる金融上のデータ不足を埋め合わせるために、著しく配当金の動向に依存していた。大戦間期の二次的取引でも、一見して同様なことが行われた。確かに大戦間期において会社のために自ら配当政策を決定する者たちが行ったやり方は、配当金が投資家のために影響力のあるシグナルとして機能したことの強い状況証拠を提供する。それは特に「配当金の平滑化」と呼ばれるものであるが、しかし一次大戦後は、戦前のように純粋に年ごとの財務成績に対応するというよりは、収益における重大かつ永続的な変化に応えて、配当金の支払いを調整することを意味した（Cheffins 2008.286）。大戦以後、多額の暗黙準備金を使う「配当金の平滑化」政策こそ、経営者の裁量権の著しい膨張であり、所有と経営の分離の現実的進展を意味しうるものに他ならなかった。

ローヤル・メイル・スキャンダルの事例でみられるように、一次大戦後には実際に会社の取締役は、収益の一時的な低下に対応して配当金をカットし、そしてより高配当の支払い維持に自信を持つ場合にのみ、株主に対する分配金を増加する傾向があった。取締役は、状況に応じて配当金を増減させる場合に、否定的な投資家が実際にどのように反応するか懸念したゆえに、暗黙準備金を使ってまで、配当金を平滑化する傾向があった。株主は、もし取締役が配当金の増額を維持できる自信がないとすれば、その増額が実際に実現されるはずがないと信じたゆえに、逆に不断に増大していく配当金に関して高い評価を与えたのである（Cheffins 2008.287）。

1915～1921年は一般に景気が例外的によかった。同様に景気がよかったロード・キルサントが支配する海運グループの中心をなすローヤル・メイル社は、法外な金額に達する戦時ＥＰＤ（超過利益税）の支払を準備する際に、会社が公表する決算書には現れない20百万ポンド超を暗黙準備金基金のかたちで取り除けておいた。会社は１９２０年代のほとんどを通じて営業損失をこうむったが、その準備金を利用して純利益の存在を公表した。キルサントは特に１９２６・７年の景気後退期を通じて、株主あるいは社債の保有者の信頼をつなぎとめることを不可避的なこととみなした。というのは、会社は、主要ライバルの一つであるホワイト・スターの買収に取り組んでおり、悪戦苦闘の最中にあったからである。キルサントが選んだ技巧は、財務上の清廉さの印象を与えるために、会計上、ローヤル・メイルの金融資産価値の適度な減額に結びつけて、会社が普通株に対する配当金の支払いを保証することであった。この結びつけは、少なくとも短期的にはうまく機能した。株主は、ローヤル・メイル社がその巨大な海運事業を健全かつ前進的に発展させるその能力に信頼を寄せて、会社の前途を見守ることができた。

ローヤル・メイル社は、自ら準備金を使って分配を行う関連会社（ほとんどが営業損失の状態にあったが）からの配当金に依存して、また遡及的なＥＰＤ割引効果として支払われる政府からの支払金に依拠して、未払い負債の返済や社債利子の支払を行い、また配当金を分配した。しかしキルサントが期待していた海運事業の好転は実現しなかった。１９２９年末には、著名な投資金融業者であり会社プロモターであるクラレンス・ハットリーのビジネス帝国が崩壊し、株券のでっち上げと過剰発行に関してハットリーの有罪判決が確定した。１９２９年には約10千万ポンドの時価総額を有し、ハトリーの会社と連結していたローヤル・メイルのパケット社が１９３０年に破綻した。結果として会社の立役者であるキルサントが誤った決算書を公表した廉で起訴され（無罪）、また債務証書の発行を支持する誤った新株発行目論見書を公刊した廉で有罪判決を受けた（Cheffins 2008.274）。

ローヤル・メイル社は、頻繁に発生する営業損失にもかかわらず、部分的に関連会社から受け取る配当金に依存して営業を続けた。それゆえこの会社のスキャンダルは、持ち株会社の会計上の取り扱いに関する論争を焚きつけるきっかけになった。大戦間期の持ち株会社はしばしば、合併の産物であった。この場合には、買収する側の会社がけっきょくその標的会社の株を所有することになるが、買収された会社はそれまでと同様に名称、のれん、その他の無形固定資産を保持し、別個の法的実在として営業を続けた。『エコノミスト誌』によれば、１９３０年代初頭までに、持ち株会社は、「すべての産業部門に浸透しており、持ち株会社ではないような単一大企業は今日ではめったに存在していない」。『エコノミスト誌』によれば、１９３１年には、持ち株会社として営業をする14の大産業企業のうち９社について、持ち株会社の総資産に対する子会社および関連会社への投資プラス子会社への貸付け純額の割合は、三分の二を超えていた（Cheffins 2008.277）。

１９２９年会社法の新条項は、イギリス会社立法における持ち株会社パターンに関して最初の明確な認識を示している。会社法は、「子会社」を持ち株会社がその株式の50％以上を所有する場合の会社として定義し、持ち株会社のバランスシートによって、子会社の損益が持ち株会社の会計上の目的のためにいかに取り扱かわれるかを説明すべきであると規定し、そして持ち株会社に対して子会社への総投資額を明確にするように要求した。大部分の持ち株会社は、さらに一歩ディスクロジャーに踏み込むことをほとんどしなかった。このことは、子会社の公開ファイリング（それは普通、完全な「非公開」会社に要求される大まかな情報以上のものではなかったが）について精査する場合にのみ、株主は個々の子会社に何が起こっているかを理解できることを意味した（Cheffins 2008.277）。

この国の大多数の投資家に関する限り、彼らはおそらく暗黙準備金がなんであるかについて、ローヤル・メイル社が「鞭打って馬を殺す」までは、ほんのわずかな観念さえ持っていなかった、といわれる。会社の会計のなかに暗黙の準備金を作り出す場合にはたいてい、潜在的な将来利益に対する過小評価、あるいは不良債権、課税そして減価償却などによって生まれる損失可能性に対する過大評価を伴った。会社はまた、公開されるバランスシートでは「貸方」として扱われる準備金勘定を、会社の内部帳簿のなかに設定することができた。会社の経営管理者にとっては、暗黙準備金の魅力は、それが収益の変動を「平滑化」させ、こうして予見し得ない状況に対する保険政策として機能するように配置しうるという点にあった。株主を暗闇に置き去りにするようなことを正当化する言い訳は、もし株主が繁栄する年々に生まれる大きな利益について知れば、会社の将来の福祉や繁栄を危険にさらしてまでも、より大きな配当金の支払いを要求するだろう、というものであった。暗黙準備金の創出は、必ずしも世の中で広く行われる慣行ではなかったが、しかし公的に取引される多くの会社のうち、相当な部分が少なくともいくらかはこの会計技術を利用していたもようである（Cheffins 2008.276）。

実際に得られる統計上の証拠によれば、イギリスで大戦間期に配当政策を行った取締役は、しばしば「平滑化」戦略を適用した。１９２５～１９３４年において、広範囲な産業部門にわたり営業を行ったサンプル５１０社についていえば、取締役たちは、１９２９・３０年の株式市場暴落の後には、やや収益に従って変動する配当金の支払いを行なうようになったが、それでも一般的には、配当金の支払いを安定的に保つ傾向は強くあった。このことは、大戦間期に会社を経営する者たちは、配当金が強いシグナリング・イメージを持つことを認識していたことを意味する。合衆国では１９２０年代央までに、投資家は株式を評価する上で、ますます注意を配当金から収益に変更していた。しかし大戦間期のイギリス投資家は、一般的には、株式価値を評価する測定基準として収益を選択することにおいて、アメリカの投資家ほどには、あまり配当金を見放すことはしなかった（Cheffins 2008.287）。

配当金は重要であるという投資家の思惑を想定する点で、イギリスの取締役は正しかった。1926年夏をつうじて産業会社の株価は、レイヨンの指導的製造業者であるコータウルドが中間配当を前年比16・7%カットするまでは、順調に上昇していた。『エコノミスト誌』は、そのカット分を「とるにたりない」と呼んだが、配当金カットが他の人気ある産業会社の株式保有者のなかに、不安や困惑を巻き起こし始めたことを認めた。産業株を追いかけ、健全な理由というよりも値上り期待にウキウキして株を買っていた人々は、とつぜん恐怖を感じるようになった。証券取引所は、1930年代末に株価に対する配当金の影響を認め、取引所のガイドラインに従って、他の重要事項とともに、配当金の発表を行うように取引所のすべてのメンバーに要求し、同時に配当金ニュースを伝達するために「トランス・ルクス」(大きなスクリーン)を設けた(Cheffins 2008.287-8)。

企業の配当政策におけるイギリスと合衆国の相違

1920年代央までに、合衆国の投資家は、ますます彼らの注意の方向を配当金から収益による株価評価に変えつつあった。イギリスのいろいろのオブザーバーが、イギリスの投資家も同じことをすべきだと主張した。投資に関するあるテキストによれば、「過去になされた配当金は確かに非常に関心の的にはなるが、しかし会社の価値の理解をより容易にし、より信頼できるものにする評価基準は、現実的な利益の記録によって提供されるし、そして株価がベースとする、またすべきであるものは、主として現実的な利益の記録である」。1920年代末において一連の問題産業を合理化するために企画され実行された企業合併の場合には、投資家は実際には、配当政策やあるいは合併構成会社の利益性を基礎にするというよりも、むしろ予測される将来収益を反映する価格で公募株式を買った。しかし一般的には、大戦間期のイギリス投資家には、合衆国の投資家に比べて、株式を再評価するための基準の選択としては、収益を選好し配当金を見放す傾向はあまり見られなかった(Cheffins 2008.288)。

イギリスと合衆国の会社が適用した配当政策の相違は、投資家が配当金と収益のどちらを重視するかという相違の一つの理由をなしていた。大戦間期のイギリスでは、公的に取引される産業および商業会社は、収益のほとんど、つまり平均で約75%を配当金として分配した。それに対して合衆国の会社の場合には、収益を内部留保する傾向がより強くあり、配当性向は1915~1929年の平均で61%であった。したがって、イギリスでは会社の収益力についての大まかな評価は配当性向に終始する一方で、合衆国では、投資家は、同等の投資決定をする上で利益データを研究することにより大きな意義を見出していた（Cheffins 2008.288）。

配当金か収益かのどちらを重視するかという点におけるイギリスと合衆国の投資家の相違のもう一つの要因は、会計上の慣行の相違をおけば、課税であった。イギリスの所得税制のもとでは、会社は、株主の代理として、税金を「源泉」で控除した。その後に株主はたいてい、（所得税の「標準」率で会社が代理して支払う税額を控除されるので）もし付加税の納税者であれば、追加的な所得税を支払う義務があった。株主の課税状況は多種多様であり、会社には知られていなかったので、会社が法人所得税のための純収益を報告することは不可能であった。対照的に、合衆国では、会社と個人が分離して事実上別々に課税されること（分離法人課税）が1917年に始まったが、このことは、会社が法人税引き後の収益を簡単に報告しうるし、またそのことが今度は利益データに関する投資家の分析を促進しうることを意味した。

大戦間期を通じて会社法の変更は、ブロック株保有者のイクジットを駆り立てるようにはほとんど作用しなかったが、利益を配当金として分配する圧力は、たしかにブロック株保有者のイクジットを促した。大戦間期に公開会社を管理運営する者たちは、株式の流動性を維持し、そして合併や内部的拡張の資金手当てをするために、資本市場に戻る選択肢を確保しよう努力していたが、投資家をつなぎとめておく主要な手段として、配当金を利用した。この現金支払いは、株式のブロック保有者が会社の管理運営からすくい取ることのできる私的利益を減少させ、それゆえに彼らのイクジットのインセンティブを作り出した（Cheffins 2008.254）。

『エコノミスト誌』（1934年6月）におけるロンドンの人気株の価格リストは、銀行業、保険、海運業、電気供給、「種々雑多」部門（ほとんど製造業）に属する会社を含んでいたが、これらの会社が配当金の支払いを義務とみなしていたことを明らかにする。リスト上の183社のうち、141社がそれらの普通株に対して配当金を支払っていた。配当金不払いの会社は大きく、鉄および鉄鋼、繊維、海運業など、大戦間期をつうじて相当に経済的不況のもとにあったすべての部門と、そして指導的な会社でも利益を生み出すためにつねに苦闘していた自動車製造業に限られていた（Cheffins 2008.255）。

配当金を支払うこと自体に加えて、イギリスの会社が支払う配当金額は、少なくとも生み出された利益に比較して、概して気前のよいものであった。銀行と保険会社は、保守的な配当政策のために高い評価を得た。しかしながら公開で取引されるほとんどの会社が、その報道される利益のうちの大部分を株主に支払った。１９１９〜１９３８年の『エコノミスト誌』から編集されたデータによれば、値付けされる会社（銀行と鉄道を除く）は、社債利子と優先株配当金控除後の「純利益」の平均75％を配当金として分配した。この数値は、58％以下に下がることはなかったし、１９２１年には１００％を超えてさえいた。これらの数値は、大戦間期の会社が一般に会計上、利益を「雨天」に対する保険として、「暗黙準備金」などに移したので、株主に分配される収益の割合をある程度は誇張している。にもかかわらず、配当金の支払いは、さもなければブロック株保有者がそこから管理運営上の私的利益を搾り取る「フリー・キャッシュ・フロー」を著しく侵食するに十分なほどに寛大なものであり、それゆえにそれは、ブロック株保有者に対して、イクジットのインセンティブを提供したのである（Cheffins 2008.255）。

四　ブロック株保有者の「安楽死」

法人利益税とブロック株保有者のイクジット

一次大戦中、軍備会社や船会社など軍隊に物品とサービスを提供する会社は、戦時状況から相当な利益を得る立場にあった。イギリス政府は、「不当利得」を排除し、戦争遂行の財政的支援を確保するために、１９１５〜１９２１年に、戦前の規定水準以上の利益をもたらす全ての商取引企業に対して、１９１７・８年の80％から１９１８・９年の40％の範囲で超過利益税（ＥＰＤ）を課した。税収の25％にも達したこの身入りの良い税は、ビジネス団体から相当な批判を呼び起こしたが、ビジネスの「最終的収益」に対して相当なインパクトを及ぼした。ビジネスとそのブロック株保有者が直面した苦難は一次大戦直後まで続いた。超過利益税の廃止とともに、法人利益総額に対して一律５％を課す法人利益税（ＣＰＴ）が導入された。法人利益税は、イギリスが厳しい不況を経験した１９２１年に始まった。相当に減少した法人利益、納税請求書に異議を唱えるおびただしい数の会社、そして未払い金徴収の困難性ゆえに、その税は予測どうりの歳入を生み出すことができなかった。法人利益税は１９２４年に廃止されたが、しかしそれ以前の十年間にわたる課税は、ビジネスの赤字状態と結びついて、多数のブロック株保有者がイクジットを真剣に考えることを余儀なくさせた（Cheffins 2008:257）。

法人利益税が廃止された後、特に法人利益を標的にする課税は二次大戦前夜までは存在しなかった。イギリスは、1921年に国中を悩ました底深い経済活動の低迷から脱出し、代わりに1926年には穏やかな経済成長減速、1929〜1932年の物価暴落（これは、他の主要な工業国家を苦しめた大不況と比較して軽度であった）、そして1937・8年のわずかな景気後退を経験した。大不況も他国に比較すれば軽度であったにもかかわらず、国家経済、特に工業の全域にわたる実績上の大きなバラツキのせいで、企業ひいてはブロック株保有者にとっては深刻な苦難が存在していた。化学薬品、機械工学、製鋼は、「低成長」部門であり、この部門では、輸出の減退と外国との競争が脆弱な会社に対して、潜在的に重大な問題をもたらした。繊維、石炭、造船は、もっと深く困難に陥っていた。それぞれの産業が余りにも細かく断片化されていて、生産者は需要が低下する場合にも、過剰生産能力を適切に縮小することができなかったからである。綿織物でもその他の産業部門でも同様に、多数の比較的に中小規模で独立した生産単位が、注文をめぐる混戦において内輪もめといった非経済的競争に陥ることを余儀なくされた。この非経済的競争は、多くの場合に価格を利益をもたらすレベルのはるか下に強引に引き下げる一方で、中小生産単位を高い効率をもつ生産単位に集中する代わりに生産を広範に分散させることになり、生産コストを非常に増大させた。

過剰生産能力に対する共通の対応は反競争的調整であり、「紳士協定」から販売代理人や形式的な貿易協会に及ぶ活動調整によって、特定産業内の困難性の克服のために関連付けがなされた。イギリスの貿易政策は1930年代初頭を通じて公然と保護貿易主義的になったが、経済体制が保護されたことによって、産業企業が共謀協定を成立させることがより容易になった。このような活動は、大戦間期中、法律上の規制によって拘束されるものではなかったが、競争上の困難に直面する会社をある程度安心させた。しかしながら貿易制限における提携は、参加者に対して、つねに彼ら自身の利益を最大化するようにごまかすか、あるいは協定から離脱する誘惑があるので、しばしばうまくいく時もそうでない時もあるという具合であった。結果として競争上の困難は大戦間期の多数の製造業において、ブロック保有者が退出するために少なくとも若干の機運をもたらした（Cheffins 2008:258）。

法人所得税とブロック株保有者のイクジット

課税最前線では、先にみた利益課税と結びついて、所得税と遺産税の状況が大戦間期のブロック株保有者にイクジットのインセンティブを提供した。１９０９～１９７３年まで、イギリスの所得税は、二つの要素を持っていた。「標準率」で設定される所得への課税と一般的に「付加税」として知られる「累進付加税」である。累進付加税は、一定の規定レベルをこえる所得を有する納税者に対して、そのレベルをこえる所得に累進的に課税された。一次大戦の財政上の必要性によって、政府は、標準率と累進付加税を急激に引き上げた。税の最高率は、１９１３年の５千ポンド以上の所得に対する８・３％から、１９１８年の10千ポンド以上の所得に対する52・５％へと急上昇した（Cheffins 2008.258）。

　一次大戦が終わっても、富裕層の租税負担はそれほど軽減しなかった。それよりむしろ当時の保守党政府は、非常な金持ちを高率課税の前に「立ち往生」させたまま見捨てることの方を選んだ。労働党は、１９２９～１９３１年の短期間の政権において、手綱をさらに引きしめて、15千ポンドと20千ポンドの間の所得に52・５％の率で、そして50千ポンド以上の所得に60％の率で課税することになった。所得税率は、１９３０年代末に再軍備財政のためにさらに引き上げられたが、その結果、１９３８年における６千ポンド以上の所得に対する支払税率は50％であり、また、50千ポンド以上の所得に適用される最高限界税率は72・５％に達した（Cheffins 2008.259）。

　大戦間期の年々を通じて、株主に配当金の形で分配される法人利益は、非分配利益が標準率で株主の代理としての社外取締役の管理下で課税される一方で、標準率と付加税要素との両方を課された。このことは、利益留保にとって有利になるという点で課税上の不公平が存在することを意味した。政府はこの不公平に対処するために矯正措置を導入したが、これによって、所有権分散の足がかりとして、非公開会社が株式取引所上場を獲得するインセンティブが生み出された。１９２２年に始まるが、税務所は、「適切な」配当金を分配することをしない会社に、もしこのような配当金が支払われたならば、株主が付加税ないし所得税として支払わなければならなかったであろう税を支払うことを指令する（「命令する」ほど強くない）権限を与えられた。もしその株式が定期的に証券取引所で取引され、公衆が株を相当に所有する場合には（１９２７年以降は投票株の25％以上であり、１９６５年には35％に増大した）会社は、課税法によってそのような指令を適用されないものとされた（注）（Cheffins 2008.259）。

（注）大戦間期の主要な自動車製造業者モリスモーターの創立者であるウイリアム・モリスに関連する事態の展開は、この租税体制がブロック株保有者の管理運営権をほどくべく誘発したことを示す。モリスモーターは1926年に公的に取引される会社になったが、モリスは普通株を全て自分で持ち続けていた。彼にとってビジネスの目標は何よりも、自分の好きのことをし、自分の金だけをリスクにかける自由であったからである。モリスは、ビジネスを成長させるために、徹底的に利益を留保する経営政策を行い、そのため1920年代央を通じて、留保利益に対する分配利益の割合を、0・06％まで制限していた。税務所は、モリスモーターに対して、1922・3年の、そして再び1927・8年の税制年度に、「不適切な」留保利益に対する「付加税指令」の発令を試みた。モリスモーターの顧問団は、これらの試みを妨害することに成功したが、モリスは、もしモリスモーターの全ての株式を所有し続けるとすれば、すぐに利益留保の政策を続けることは不可能になることを確信するようになり、保有する普通株を市場に出す決心をした。彼はその計画を1936年に実行し始めたが、その時点でも普通株の四分の三を保有していた。ブリティッシュ・モーター・コーポレーションの創立に結果したオースティン・モーター社との合併直前である1951年までに、モリスは、個人の出資金を19・8％にまで段階的に縮小させた（Cheffins 2008.260）。

所得税率が高い場合には、個々人は、彼らの余暇の消費を増加させる傾向があるが、このことは、ブロック株保有者にとっては、彼らが支配する企業に対して直接の関与を「解く」ことを意味する。またもし税金が自分の会社から受け取る税引き後の配当金を著しく減らすとすれば、ブロック株保有者はリスク分散の便益をうるために、イクジットする方に気持ちを傾けるかもしれない。イクジットのインセンティブは、もし株式の直接的な所有権と比較して、他の資産類への投資や、あるいは死亡に先立つ資産の他者への譲渡により税の優遇措置を引き出すことができる場合には、強化されよう（Cheffins 2008.81）。

一次大戦後の20世紀のほとんどを通じて、イギリスの租税政策は、以上の要因のそれぞれを作用させる方法で構成されていた。ブロック株保有者が獲得する高所得に対する課税は、実質上、一次大戦中に引き上げられ、大戦間期の年々にほどほどに減らされただけで、二次大戦中にふたたび劇的に増大し、マーガレット・サッチャーの保守党政府が1980年代にその傾向を逆転するまで高率のままであった。配当金は「労働の対価としてえられる」雇用所得と同じ高率で課税されるか、またはしばしばより高い率で課税された。「課税にフレンドリーな」代替投資を追及するブロック株保有者にとっては、より穏やかな課税領域への「亡命」など、そしてイギリスに住み続ける者たちにとっては、生命保険ベースの貯蓄スキーム、年金計画積立、土地や美術作品への投資など、様々な選択肢が存在していた。また遺産税（死亡時ないしその直前に譲渡される資産に対して課される税金）に直面するブロック株保有者は、少なくとも部分的であれ、持ち株を「解く」ことによって、そして、家族メンバーが受益者になるトラストにその利益を投資することによって、それらの税金を大きく回避することができた。租税制度についてはまた、株式のブロックを売却することから生じるキャピタル・ゲインは1960年代半ばまでは非課税であり、続いてサッチャー以前の最高限界税率よりもかなり低い率で課税されたという点において、ブロック株保有者のイクジットにとって友好的であった（Cheffins 2008.82）。

遺産税のシステムがまた、家族事業の所有者を株式市場に向けさせるインセンティブを提供した。1930～1975年においては、租税制度上もし会社が、公認される株式市場で取引される普通株を有し、その株の定期的な取引が存在する場合には、その株式は遺産税目的のために、死亡に先立つ一年間の株式価格を参考にして、その価値が評価されるものとされていた。さもなければ遺産税の対象となる株式は、会社の推定純資産総額の一部分を百分比に従い、故人が死亡時に所有していた株式遺産に配分することによって、その価値が評価されるものとされた。その一方で支配的な株主が存在している会社の場合には、株式市場による価値の査定は、ほとんどの場合にその遺産にとって有利であった。資産ベースの価値査定は、すべての株式が同等であり、そして株価は概して、主要なブロック株所有に影響されないで少額の値引きを組み込んで行われるので、他のすべてが等しいとすれば株価は下がることになる。また、公開で取引される会社の株価は、需要と供給の情報源に従い無作為な仕方で決定される一方で、純資産の価値査定は税務署によってなされる。税務署はたいてい、株式の市場価値を評価する経験を積んでいないし、また遺産税目的で株価を割り高に評価するなど、政府のために「うまくやる」誘惑に駆られる。かくて1930年以来、成功を収めた非公開大企業のブロック株所有者たちは、株式上場を確実なものにし、続いて、たいていは明らかにけっこう高い配当金政策を採用することによって、その会社への株式投資が、株式の定期的な売買活動の存在を確実にする点で、十分に魅力的であることを保証するといったインセンティブをもつことになる（Cheffins 2008.260）。

企業合併と株式所有の分散化

ブロック株保有者が存在する会社が、広範囲にわたって保有される会社によって買収される場合か、あるいはその合併商取引を組み立てるそのやり方が、参加会社の所有権構造を「解」かせる原因になる場合か、いづれの場合にも企業の合併は、所有権およびコントロールの分散化を促進する可能性がある。(注) 大戦間期において後者の事例となるのは、20世紀初頭以来の指導的な化学製造業者ブルンナー・モンド社である。ブルンナー家、モンド家、ソルベイー家のそれぞれがこの会社における主要なプレイヤーであった。アルフレッド・モンドは、彼の会社（ブルンナー・モンド社）、ノーベル・インダストリ、ユナイテッド・アルカリ社、そしてブリテイシュ・ダイスタッフ・コーポレーションとの合併（１９２６年）を画策する上で大活躍し、結果的にイムペリアル・ケミカル・インダストリー（ＩＣＩ）の創立を実現した。その売買取引は株式交換の方法で行われ、構成会社のそれぞれの株主がその普通株をＩＣＩの株式と交換したので、ブルンナー家、モンド家、ソルベイー家は、彼らがブルンナー・モンド社で持っていたよりもはるかに少ない出資金をＩＣＩでは所有することになった。ブルンナー・モンド社の取締役会は、他の会社の役員と一緒に、株主に対して次のように述べて、その合併取引を受け入れるように要請した。「われわれは次のことを確信している。今回の株式交換による合同は、株主にとって有益である。合同は、新会社の広範囲な運営により確実に、それぞれの個々の会社においては、不快の気持ちで受けとめられている株式の売買価格変動に対して、より効果的な保険を提供することになるであろう。そしてこの合同は化学工業の成長に参画することによってその将来発展の恩恵をうることを可能にさせるだろう（Cheffins 2008.265）」。

(注) 合併取引においては、株を売却する株主に支払われる対価は、現金か、取得者が発行する証券か、または両者の混合である。もし買収の標的となる会社の株主が現金で支払われ、そして、そのファンドが留保利益もしくは借り入れから引き出されるならば、株式取得会社の所有権構造は影響を受けない。それと同じケースは、もし取得する会社が自ら発行する株式を使って支払い、しかもその株式はいかなる投票権をも有しない場合である（優先株、非投票権普通株、無担保社債などの債務証書）。以上の場合と異なり、株式取得会社が新しい普通株を発行し、標的会社の株主との間で株式交換を行う場合には、合併の遂行は不可避的にある程度ブロック株保有者の出資金を希釈化する。もし標的株主が、株式取得者（彼は、その株主が現行保有と一致する割合の株式を購入しないと仮定する）によって、普通株の公募から調達される現金で支払われる場合も、結果は同じである（Cheffins 2008.71）。

紙の卸売りおよび製造ビジネスを行うボワターに関する事情も、合併がいかに、少なくとも部分的にせよ株式ブロックの「解き」を誘発することになるかを示している。1927年に、ビジネス創立者の孫にあたるエリック・ボワターは、W・V・ボワター&サンズが公的に取引される会社になった際に、その取締役会長を兼ねて業務執行取締役（社内取締役）に就任した。ボワターは買収を行う際にたいてい社債を使ってベンダー（株式発行人）に補償したが、このやり方は、株式の所有権が希釈化しないことを意味する。しかしボワターは1936年、当時イギリスで最大の新聞印刷用紙ビジネスを誇るエドワード・リロイド株式会社を買収するために、かなりの量の優先株提供と結び付けて大量の普通株発行を行った。ボワター家の方にはその分に相当するコントロールの部分的な「解け」が生じたが、新生のボワター・リロイドグループ社は、イギリスの新聞印刷用紙市場の60%を支配し、またボワターの株式所有権は支配的なまま残された（Cheffins 2008.265–6）。

内部的拡張と株式所有の分散化

会社は、合併を実行する場合と同様に「内部的」に投資するために資本を調達する。イギリスでは、それほど多額の資金を必要としない有機的に成長する拡張や既存の生産過程の改装（機械体系の取り換えといった抜本的な改革でなく）については、たいてい利益留保によって資金の手当てがなされてきた。この点は大戦間期でも同様で、1932年のある研究は、産業に使用される新資本の五分の四は非分配利益から賄われると評価している。しかし実際には資金の内部調達か外部調達かに関して、金融バランス上の論議があった。というのは競争に勝ちのこる上で生産過程を最新式にしつつ拡張するために現金を必要とする中小企業は、地方ベースのベンチュア・キャピタルが縮小し、それと同時に保守的に運営される預金受入れ銀行が望まれる資金の提供を躊躇したせいで、きびしい打撃を受けたからである。一方で、それほど規模の大きくない新株公募の場合には、広告費用、アドバイザーへの手数料支払い、発行引き受け手数料が比較的に高くついた。にもかかわらず、少なくない企業が内部的拡張のための資金調達のために株式発行市場にむかった。株式発行市場は、製造能力の拡張および短期負債資金の供給のために必要な多額の資本を提供する上で助けとなった。この点は大会社に限られない。大戦間期を通じて、公開会社になる以外に発展し得ないことを自覚した中小企業の数は増加した（Cheffins 2008.266）。

リチャード・トーマス社は、株式市場に依存しただけでなく、このプロセスでコントロールを「解く」経験をした企業の一事例である。同社は、1917年合併によって、イギリスにおける単独で最大のブリキ生産者になった。社長フランク・トーマスとその近親が、合併時には普通株の73%を所有した。トーマスは、会社を独裁的に管理運営したが、1920年代初頭に製鉄工場の拡張に資金手当てをし、また炭鉱を買収するために株式発行を実行した。彼の支配的な株式ブロックは希釈化した。トーマスは、社長から身を引いた後、持ち株に頼って自分の株式所有権を守る企てをしたが、新しい経営管理者チームは彼の裏をかいて、管理運営上の完全な自由裁量権を確実なものにした。

20世紀初頭にイギリスの指導的な電気工学会社の一つとして出現したジェネラル・エレクトリック社（GEC）は、内部的拡張の資金手当てをするために実行した株式発行がコントロールの「解け」の一因となった会社のもう一つの事例である。GECは公募を1900年に実行したが、創業者のグスタフ・バイングとユーゴ・ヒルストは株式登録簿上、権勢を振るい続けた。一次大戦における資本コントロールの導入直前に、GECはエンジニアリング工場を拡張するために、普通株および優先株の大公募を実行し、新しい企業本部を築いた。結果的に生じた株式所有権の分散化と一次大戦中における利益の急上昇は、GECが戦争の終わる時までに、より広いレベルで個人ビジネスから大規模法人企業の陣営へと移行したことを意味した。1918～1922年の間に追加的な公募がGECの発行済み資本金（普通株、優先株、社債）を1・5百万ポンドから8・9百ポンドに膨張させた。そのファンドは、会社のほとんどすべての部門（電気に関してはあらゆる部門が存在し、イギリスのいずれのライバルにも匹敵する規模で運営された）を拡張するために使われた（Cheffins 2008.267）。

産業規制、国有化およびプリバタイゼイション

イギリスにおける「社会主義的」行動のための計画および先例の多くは、大戦間期における保守党政府および保守党支配の政府によって作り出されたものであった。ロンドン旅客運送理事会の設立（ロンドンの路面軌道、バス、地下鉄サービスを管理する）と中央電気理事会の設立（地方官庁と私的会社により生産される電力の全てを買取り、個々の小売業者に転売する）などがその事例である。さらに1921年鉄道法（鉄道会社によって課される料金は会社が「標準的」収入だけを得ることができるように規制されるべきである、と規定した）および1930年の炭鉱法（割り当て計画のもとで価格を決定し算出高を管理する機構を成立させた）が注目に値する（Cheffins 2008.48-9）。

左翼政治は、一対の経路（国有化および所得税引上げ）を通じて、ブロック株保有者が退出する触媒の役割をはたした。国有化は、それを通じて左翼政治が、工業のうち制限

された範囲においてであるが、所有権の分散化を助長する一つのチャンネルを構成していた。1918年に労働党は産業を国家所有のもとにおく目標を含む新規約を採択していた。大戦間期を通じて産業の規制はますます左翼政治的方向性を示した。労働党は、1945年に圧勝して政権についた後、炭鉱（1946年）、民間航空（1946年）、運輸（鉄道および道路運送、1947年）、電気（1948年）、ガス（1948年）を国有化した。国有化はもっぱらイデオロギー上の課題というわけではなかったが、労働党のプログラムは独特な左翼上のアジェンダを持っていた。主要産業資産の国家買収は、経済力の再分配と政府の経済計画促進を発展させた。国有化の影響を受ける産業で会社を運営していた人々は、資産の強制買収（鉄道および道路運送）によるか、または株式を国債と交換することにより（鉄道、電気、ガス、鉄鋼、ともに1951年および1967年再国有化）イクジットを余儀なくされた（Cheffins 2008.80）。

1951年に政権に復帰した保守党は、鉄鋼と道路運送のみ国有化を廃棄する一方で、ほとんどすべての国有化企業が存続された。それでも、保守党は1980年代および1990年代を通じて、野心的なプリバタイゼイション・プログラム（1491～1547年におけるヘンリー八世治下の男子修道院解体以来、権力と財産の最大移転というレッテルを張られた）を実行したので、それ以前の国有化の展開は、けっきょくのところ、影響を受けたさまざまな工業における所有権分散化への先駆けとしての役目を果たすことになった（Cheffins 2008.81）。つまり保守党のプリバタイゼイションプログラムのもとでは、国有化された資産を売却する場合の主たる手法は、一般公衆に株式を提供することであった。プリバタイゼイションは事実上、より広範な個人株式所有を促進するという目標と密接に関連付けされていた。

最初のプリバタイゼイション（たとえば、ブリテッシュ・エアロスペイス、ケイブル＆ワイヤレス、そしてブリテッシュ・テレコム）は、はじめの段階で株式の半分以下が売りに出されたので、一時的にではあるが、国家を主要株主として、そのまま残した。しかしながらたいていの場合に、政府は一般的に15％超の投票出資金の集中を拒否する権利を持ち続けたので、ブロック株保有は阻止された。一般的にはプリバタイゼイションされた会社は、高度に分散化した所有権構造を有することになった。ブロック株所有権の上限が廃止されると、買収活動によって分散的な株式所有が幾つかのプリバタイゼイション会社において取り除かれた。にもかかわらず全体としては、左翼的な労働党政府によって実行された国有化プログラムは、皮肉なことであるが、1980年代と1990年代を通じてなされた株式所有権の分散化すなわちブロック株保有者のイクジットのために、あらかじめ態勢を整えるものに他ならなかったのである（Cheffins 2008:81）。

所有と経営の分離そして産業資本家の安楽死

大戦間期の投資家は、個人も機関（一般の法人を含む）も、自ら株を所有する会社に対してアクティビスト（モノいう株主）になることはなく、消極的な姿勢を堅持していた。法人のブロック株保有者が知られていなかったわけではないが、それは例外的であった。62件の大工業・商業会社サンプルのうち、六つの事例において最大の株主は、会社（機関投資家以外の法人）であり、20%以上の出資金を所有していた（1936年）。またイギリスをベースとする合衆国の子会社は、親会社に完全に所有されていたが、一方で、合衆国の親会社がイギリスの証券市場で売買される会社の大株主もしくは実質的な少数株主である事例は61件あった（1935年）。

イギリスの大会社の投資ポートフォリオは「非常に注目に値するもの」であり、「驚くほど巨額のもの」であり、「成熟した会社に投資し、それを保有する潜在的重要性は非常に大きい」とみられていた。1930年代央では、イギリスの四大鉄道会社はその四者間で、40百万ポンドに値する投資（出資）有価証券を所有していたし、イギリスの最大工業会社のうち11件が85百万ポンド、名目発行済み資本の約35%の集合的投資保有を有していた。この規模で配備することが可能な資本は、公的に取引される会社の株式に対する相当多額な法人投資のための理論的な可能性を生み出した。しかしこの可能性は実現しなかった。というのは、大戦間期の大会社は、彼らの資本を株式にではなく、国債や他の高度に流動的な証券に固定したからである。こうして大戦間期においては法人がブロック株保有者として、自ら株を保有する会社のガバナンスに向かうことは、一般的にはなかったといえる（Cheffins 2008:293）。

保険会社と投資信託などの機関投資家は、株式証券の所有者として1914〜1939年に目立って成長したが、彼らは株を所有する会社に実質的な影響力を行使する投資家としては、あまりにもいわば付け足しのままであった。さらに、機関投資家の側には、アクティビスとして活動する性向はほとんどなかった。保険会社は二次大戦以後機関投資家として最前線に移動したが、彼らは株を所有する会社の業務に介入する欲求をほとんど持っていなかった。大戦間期の投資信託に関しても、彼らのビジネスモデルは、多角的な「非干渉」投資をベースにしていて、ガバナンス戦略としての干渉を意味するような特定会社における相当な出資金の蓄積を意味するものではなかった。また大戦間期では私的個人が、集合的に、あるいはしばしば個人としても、機関株主以上の高い百分比で株を所有する場合があったが、彼らもまたたいていは、機関投資家と同様に、自ら株を所有するその会社に影響力を行使するかまえなどなく、消極的姿勢に終始していた（Cheffins 2008:293）。

会社に対する株主の消極性（それによる経営と所有の分離）に関して大戦間期の観察者が提供したその理由の説明には、委任投票権のコントロールにより現役取締役に生じる戦略的優位性、時間・専門性・企業限定情報の不足から生まれる株主の「合理的無関心」、そしてさもなければ株主に会社に介入する気を起させる集団行動を行う難しさという問題などがある（Cheffins 2008:296）。しかし以上の説明は、一般的に経営と所有との同一性を貫徹させていた一次大戦以前の株式会社とも共通するものであり、明らかに正確なものとは言えない。一次大戦以後の経営と所有の分離をもたらすほどの会社に対する株主の消極性は、いかなる原因によるものか。

本章では、この問題に対する解答を、経営と所有の分離にもとづく株式ブロック保有者の実質的形式的イクジットに求めてきた。一次大戦以後のロンドン証券取引所の大変貌、株主に迎合する会社の無謀な配当政策、増税、企業合併などに対応して、経営と所有の分離が発展した。それとともに株式ブロック保有者はブロックを「解い」て、株式を分散化させる傾向が強くあった。ここで強調したい点は、一次大戦以後、株主総会の代理人・戦略経営者としての伝統的な社外取締役の支配的地位が実質的に大きく後退したことである。「合併などで大規模化した企業における経営管理の決定は、しばしば会計士としての資格をもつマネージャー、エンジニアー、または科学者というような新しい知的職業家の責任によるものになった。新しいマネージャーは、典型的には、財産のある家族の出ではなく、またランチェ（不労）所得よりむしろサラリーに依存していた」（Dimsdale and Prevezer 1994）。さらに一次大戦以後における管理運営には、政府の規制を潜り抜けたり規制改革の運動をすすめるなど政治的活動が不可避的に伴うようになったが、それは工場の現場を知っている専門家的経営者以外にはよくなしえなかったであろう。

一方で、一次大戦前では企業内における特権的社会階級であり、より高位の経営者（社外取締役）として、経営管理権を正当に継承してきた産業資本家・ブロック株保有者たちは、大戦間期を通じて、特にその経営管理能力の欠乏のゆえに、事実上技術的なスペシアリストやより低いレベルのライン管理者から切り離されていて、実質的な意味で管理運営権を行使することはできなかった。一次大戦以後状況（レッセフェールの終わり）のもとに、（ドイツ企業における土台の組み換え同様の）社外取締役と社内取締役との間に会社コントロールをめぐって、形式的にはともかく実質的な力関係の逆転が起こったのである（Dimsdale and Prevezer 1994.15-6）。

以上のような会社内権力の実質的転換をブロック株所有者のイクジット過程に含めて考えることができるとすれば、株式所有の分散化が不徹底であったり、あるいはブロック株保有者の残存がなお色濃くみられるとしても、それをもって、「所有と経営との完全分離は、大戦間期では明らかに例外的事態のままであり、二次大戦後に初めて一般化する」（Cheffins 2008.300）とはいえないであろう。一次大戦以前の完全な代理人制度のもとにある鉄道株式会社について、「株式所有の相当な分散化により、例外的に所有と経営の完全分離が起こった」（Cheffins 2008.300.157）とは言えない。それと同様に、一次大戦以後の代理人制度の事実上の崩壊のもとでは、なお形式的に社外取締役の地位にとどまるブロック株保有者がいたとしても、彼らもまた産業資本家の安楽死の運命をたどったといえるのである。

第10章　分離法人課税と経営者支配

一　「剣から楯へ」

アメリカにおける代理法人所得税の時代

個々の株主に課される、受取り配当金（地代・資本所得）に対する課税は、代理人制度としての株式会社のもとでは、法人所得税として、個々の株主（株主総会）に代理する法人つまり具体的には取締役会により、源泉徴収される。株式会社の取締役会（社外、戦略経営者）は、株主個人の受け取り配当金に課される資本所得税を、法人所得税として株主に代理して納税する。アメリカ合衆国の1894年法人所得税法は、その三十年まえから機能していた配当税の拡張であり、株主中心的法人課税の漸進的な進化の頂点を示している。当初は、法人所得（受取配当・地代）に対する課税は、特定の産業をベースにするものであったが、一般的な法人格付与法（法人の特別設立認可の制度は20世紀初頭までにほとんどの州で廃止された）により、あらゆる産業分野に普及した公開株式会社に対する、一般的に適用されるようになった（Bank 2000.50）。では、なぜ特定産業ベースにおける配当課税が、パートナーシップを含む全てのビジネスへの課税としてでなく、法人所得税として一般化したのか。

法人所得とは言うまでもなく個々の株主が受け取る配当金のことである。法人の配当所得は、パートナーシップの利益分配と異なり、所得の帰属者を追跡することが容易である。パートナーシップでは、その利益がパートナーの間に不規則的なベースで、また正式な通告によらないで配当される。さらにパートナーはしばしば、利益の分割といったものに先んじてパートナーシップ利益を利用する権利がある。それと対照的に、各州の法人法のもとでは、配当金は法人の取締役会により正式に公表されなければならない。取締役会は、配当金の公表を、取締役会の議事録などに記録するし、そしてその公示書がしばしば金融紙誌上や商業ジャーナルで公開される。こうして法人所得税としての配当金課税は、法人の配当金に課税することによって、パートナーシップ利益に対する場合よりも、より容易に徴収されるし、通常は、所得税上のもっとも糾問主義的観点が回避されることになる。また、株主個人の代理人として法人取締役に課税することは、理解と適用がともにより単純かつ容易である。それは、株主個人のプライバシーを侵さない一方で、租税回避の機会といったものを与えないし、多くの特別な例外条項や但し書きを必要とさせない。こうして、法人（公開株式会社）は、パートナーシップや他の何らかの非法人事業体よりも、源泉課税原則を強制するための独特にして適切な標的をなすということになる（Bank 2010.38-9）。こうしてイギリスなどと同様に、アメリカでも法人取締役を経て株主個人に課税する、つまり個人の資本所得税を法人レベルで源泉徴収する代理法人課税の方式が、パートナーシップ企業の利益に対する課税としてのパススルー課税方式と別個に発展した。

一次大戦以前は、株主の受取り配当金（地代）に対する源泉徴収としての代理法人所得税も、税率が低く、本来的に利益はほとんど満額が配当に向けられるべきものとされていた（配当性向は、１８７０～１８９５年では、平均して約80％、１９００～１９１０年では約65％）。税制上、利益の内部留保を過大に促進するような要因はなにもなかった。自己金融も見られたが、それは、だいたい不況・好況を通じて一定の配当・株価を維持するための配当政策か、または外部市場からの資金調達の限られた一部を補足するものとして、基本的に代理法人金融に従属しており、代理法人課税自体を侵食するものではなかった。固定資本形成のために資金を調達する法人金融は、基本的に証券市場での株式や社債の発行と流通、あるいはそれらに伴う企業同士の買収や合併を通じて行われた（Bank 2000）。

１８９４年以来、法人所得税は、法人の代理人たる取締役会が株主の配当所得から源泉徴収すべきものとして、明確に企画されていた。受取り配当金については、個人所得税は免除され、そして法人と個人の所得税率は、全く同一のものとされた。１９１３年歳入法では、従来どおり基礎控除額以上のすべての法人所得、同じくすべての個人配当所得に１％の標準税が課されたが、新たに一定額以上の個人配当所得には、標準税の上に最高６％に達する累進付加税が課せられることになった。このことによっても、１９１３年歳入法は、１８９４年版がなしたとほとんど同様な方法で、個人に対する源泉徴収税として作用することに変わりはなかった。法人は、株主の手において累進付加税に服する配当と共に、個人と同じ標準率で課税されたからである（Bank 2000）。

しかしながら、１９１３年歳入法における標準税と累進付加税との二分割構成は、事態を複雑にした。「累進付加税率」とは、利益が配当金として分配されないで留保される限り、追加的な最高６％の付加税を課されないことを意味した。そのため１９１３年の歳入法に対して、企業の法人形態は、租税回避のための媒体として利用される可能性があるという疑念が生まれた。とはいえ、付加税率が安定しており、標準率と付加税率との間のギャップが、１９１３年に実際にそうであったように、小さいうちは、付加税を回避するために儲けを留保する誘引は、相対的に小さいとみなされていた。ところが、１９１４年の大戦勃発とともに、法人企業課税の性格は完全に変わってしまった。付加税率は安定しているどころではなく、また標準税率とのギャップも止めどもなく拡がった。法人形態が「租税回避の手段」となることがまさに現実になった（Bank 2010.85-6）。連邦議会での大論争をつうじて、けっきょく、法人所得税と個人所得税とを分離する分離法人所得税が成立することになる。

アメリカの株式会社は、19世紀と20世紀初頭において、それらの事業収益の大部分を年々配当金として株主に分配した。そして法人レベルでの課税は、南北戦争（１８６１～１８６５年）時代において、そしてさらに19世紀の終わりにむかって、個人所得に対する徴税を促進する方法として十分に機能していた。株主個人の脱税に対する「剣」として国家に効果的に奉仕する法人所得税によって、株主レベルの課税が法人レベルの課税に統合された。代理人制度としての株式会社において、代理法人所得課税の一角はその他の二つの角、社外取締役による代理法人コントロールおよび代理法人金融とともに、鉄の正三角形を形成していた。ところが一次大戦中、法人所得税は資本家的株式会社に対する「剣」から巨大株式会社の利益の内部留保を防衛する「楯」へと劇的に形質転換した（Bank 2010.XXV）。こうしてこの頑強な鉄の正三角形は破壊され、その溶解のなかから、株式所有を分散化し、所有と経営を大きく分離するアメリカ現代の脱資本家的株式会社が生まれた。

分離法人税

ヨーロッパの戦争に対するアメリカの関与が深まるとともに、政府の支出はＧＮＰ比でみて、１９１３～１９１７年に３～21％に増大し、防衛費は31～58％に急上昇した。これらの歳出増大に対応するために、連邦議会は、個人に適用される段階的な限界付加税率を大幅に引き上げた。個人に対する最高付加税率は、１９１３年には６％にすぎなかったが、１９１６年に13％と二倍以上引き上げられた。それはさらに１９１７年には50％と、１９１６年の13％のほとんど四倍にまで増大した（Bank 2010.89）。

議会は、１９１７年の戦争歳入法において、法人所得税率を個人の標準率４％よりも２％高い６％に引き上げた（それ以前は当然ながら法人所得税は標準率として個人と法人でほぼ同率であった）。これは、合衆国の一次大戦への参戦によって必要とされる一般的な税率引上げの一部をなしたが、個人の標準率に対する法人税率のより大きい割合の引上げは、本来は法人事業体レベルでは存在しえない累進付加税を埋め合わせするために設計されたものであった。こうして議会は初めて公式に法人と個人の所得税を分離し、それぞれに異なった税率を適用することになった。戦費は増加し続け、１９１８年には歳入と累進付加税の両方に関してますます過不足の懸念が深まった。この場合に戦時超過利益税率の引上げは法人事業体に対してのみ適用された。

個人所得に対する累進付加税の最高率は、政府の歳出増大に対する資金手当の企てにおいて、１９１７年の50％から１９１８年の65％へと引上げられた。法人税率（標準税率）と個人の最高付加税率とのギャップは、戦時課税の累積的増大の結果として、１９１３年の単なる４％から１９１８年の55％へと、とてつもなく大きく拡大した（Bank 2010.95-8）（図表４参照）。それとともに法人企業形態は明らかに租税回避のための媒体として利用されるようになった。１９１７年には、利益を分配しない会社の決定によって、４・５億ドルの付加税が回避され、法人企業利益のうち50億ドルが株主に分配されないで、内部に留保されたと推定される（Bank 2010.92）。

１９１８年の終戦以降、連邦議会は、「非分配利益」に課税することはせず、その代わりに、個人の累進付加税を一部代替して法人所得に課すものとして、個人の標準率を上回る法人の標準率のさらにいっそうの引き上げに焦点をしぼった。１９２１年の歳入法のもとに、次年度の（戦時）超過利益税廃止による減収を埋め合わせするために、１９１９年以来の個人標準率（８％）と法人標準率（10％）との間の２％の税率差異（税率差異は、１９１７年に２％で初めて導入されたが、１９１８年にはその相違は消え、１９１９年再導入された２％の税率差異が、１９２０、１９２１年と継続していた）を、１９２２年には４・５％（個人標準率８％、法人標準率12・5％）に引き上げる予定で、再導入した。続く年々において、個人と法人との標準税率の開きは、両者の統合措置として、個人配当に対する標準税率を下げ、法人

図表４　個人および法人所得税の標準率の動向（1913–1935）

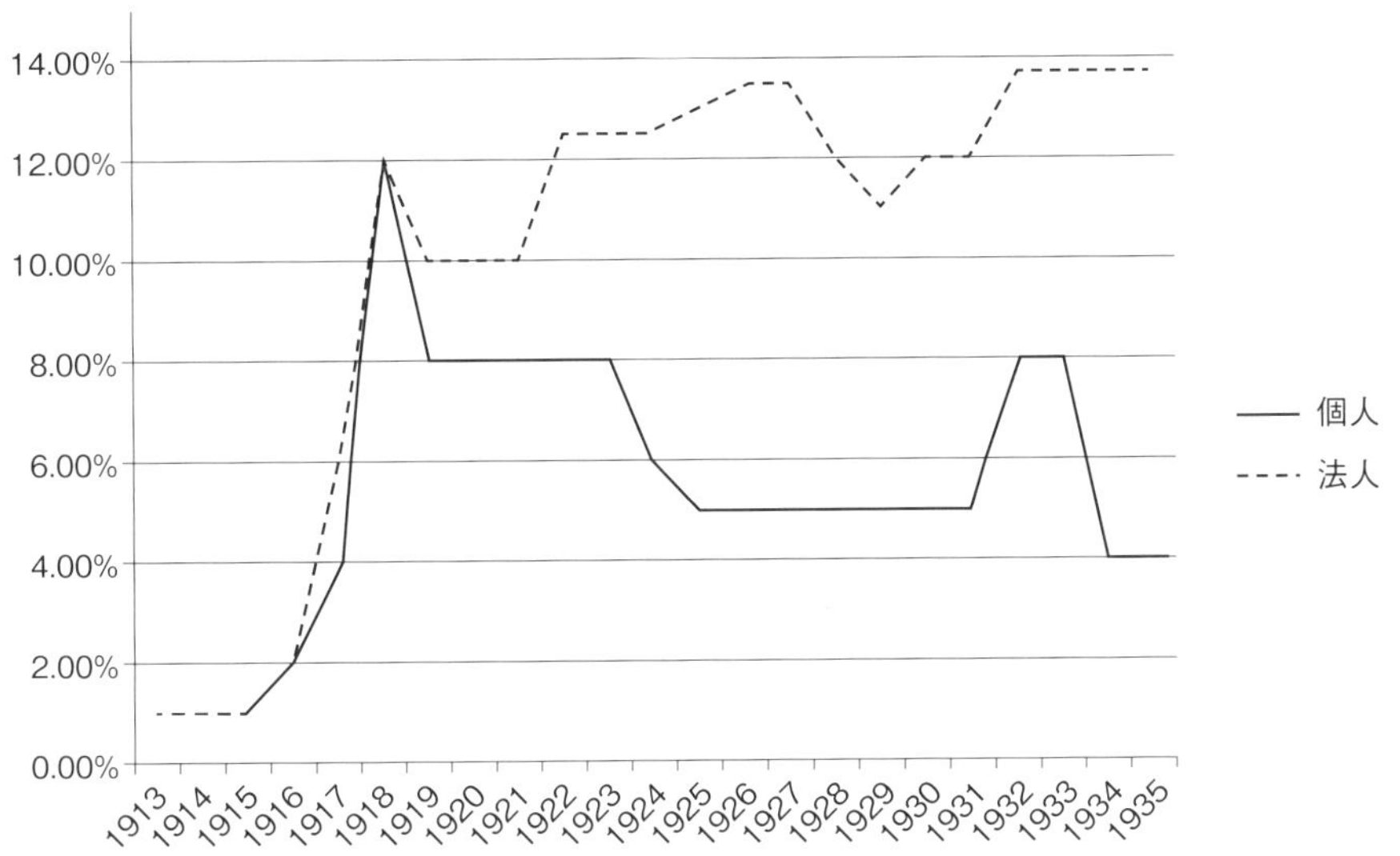

（Bank 2010）

標準率を引き上げる形で、さらに拡大していった（Bank 2010.103–110）（図表4参照）。

ある者は、個人標準率から法人標準率を切断する以上のような動きに対して、次のように抗議した。

> 法人によって支払われる標準税は、法人に課せられるのでは全くない。それは株主に対する課税である。法人は、税を株主から徴収する目的においてのみその代理人となる。だからこそ、直接株主に支払われる配当金は個々の株主の手においては標準税から免除されるのである。そうであるとすれば、法人における標準率は、個人の標準率と同じであるべきである。だから標準税について、たとえば8％の率で個人に、10％の率で法人に課税することに同意するものは誰でも、健康な課税原則に対する侵害を容認することになるのである。その税率は両者において同じであるべきである（Bank 2010.108–9）。

しかしながら、他の多くのものは、法人所得税を株主に対する課税の代理としてみる時代は過ぎ去ったことを認めた。「法人事業体に課税することは、彼らの自由な裁量権にもとづく留保利益を直接、削減するが、それは他方では、「非留保利益」税といったより急進的な税収追求的な課税の影響から法人事業体を守ることになる。けっきょく議会は、個人の高率累進付加税に対して法人事業体の利益留保を防御するために、法人所得税を、本来的な個人所得税システムから分離し、事業体レベルで独立する、そして少なくとも部分的には追徴的な課税システムへと転換させることになった（Bank 2010.109–110）。

以上のように戦時中に法人税率はますます高まり、そして標準率と累進付加税率とのギャップはますます拡大した。このことによって、会社の取締役会が利益を配当せずに社内に留保し、単に留保期間のみならずむしろ永続的に、高い累進付加税率から身を守ろうとする誘因は非常に大きく成長した。世論は、会社が法人所得を累進付加税負担の大きな重荷から回避させているという事実に注意を集中し、議会は法人企業利益（所得）の累進付加税回避の問題を幾たびも執拗に議論した。それとともに、「非分配利益」に課税する様々な提案が戦中、戦後とともに幾度となくなされたが、何れも最終的に議会で承認を得るまでには至らなかった（Bank 2010.107）。

非分配利益税の否認

１９１７年には、上院金融委員会が「非分配利益税」案を上院に上程した。実業界は、その年の早期に制定された（戦時）超過利益税の衝撃で敏感になっていたが、この提案に対して広範囲にわたる批判を展開した。その原則的主張は、留保される儲けは、正常な環境においても重要であるが、戦争中であればもっと重要になる、というものであった。「非分配利益税」提案は、特に戦争需要のゆえにますます必要になるプラントの拡大を著しく妨害する。「過去の状態から大きく異なっている現在の状態のもとでは、剰余の一部を留保することは、絶対的に必要であるだけでなく、またもしそれを通常の状態のもとでよりも非常に大きな程度でなしえないとすれば、実業界が、現在の戦争や緊急状況の必要条件に対処することは、絶対にできないであろう。」一方では、ビジネスリーダーたちは、利益を留保する必要性に対する責任の一部を政府に向けた。戦争に金融するためやわが同盟国を助けるために公債や証券を発行することは、大きな程度でこの国の投資市場にクラウディング・アウトをもたらしている」、と（Bank 2010.94–5）。

「非分配利益」に対する課税、すなわちパートナーシップ課税方式を、事業収益を留保する力と意志との両方を有する法人に適用することは、次のような重大問題を抱えることになる。一方では、少数株主に対して、彼らがその分配動機に対して無力である事業収益に対して税の支払いを強制されるといった不利益をもたらす可能性がある。他方では、そのようなパススルー的課税方式は、特に戦後不況の最中など、事業収益をそれらのビジネスの成長に投資する法人を国家が必要としているまさにその時に、法人に対してそれらの事業収益を積極的に株主に分配すべく誘導する。実際に、戦争中の個人に対する累進付加税率の劇的な上昇は、この潜在的な懸念をより目立ったものにした(注)。同時に、法人利益が配当金として分配されるまでは、株主をして法人利益上の個人所得税に服従させることができないということは、課税を無期限に先送りする危険にさらすことになった。分離法人所得税の展開は、法人所得を現行課税に従わせることによって、その無期限的な先送りを阻止したが、しかし法人を分離税率構成に従わせることによって、個人レベルにしばしば適用されるより高い累進課税から、法人を保護することになった（Bank 2010.XXV）。

(注) 法人の大株主は、取締役会に対して、その受領額に重い累進付加税が発生するような配当金を支払う代わりに、所得を社内に蓄積すべく説得することが予期されるかもしれない。金持ちの株式保有者が会社を支配している場合には、このような行動は、少額所得を得る個人の配当金を減少させる以上に、大株式保有者もしくは大きな所得を得る個人によって受け取られる配当金を、減少させる傾向がある。とはいえ実際には、全法人財産の約20%を代表する108の巨大法人の所得と配当金に関する研究によれば、1910~1927年において、そのように重い付加税を回避するために大株主の配当金を減少させるといった配当政策の変更は全く見られなかった。鉄道の場合においてのみ、何らかの変更が認められた。鉄道会社が、大戦に続いて私的経営に戻った後、各年の所得のうちのより大きな割合がビジネスに再投資され、より小さな割合が配当金として支払われた。この変化は、鉄道の信用度の困難性とその深刻な資本需要によって簡単に説明できるのであり、所有者が所得税の節約のためにする努力といった解釈はできない。さらに鉄道の所有権は非常に分散していたので、利益の一部の社内留保が所有権の移動の明らかな原因となることはありそうもないことであった（Means, august 1930.577–8）。

なお「非分配利益」に対する世論の課税要求が強い場合などに、それを回避するために、累進付加税率が引上げられることがあるとしても、法人において従来どおりの配当政策が継続されることは十分考えられる。以下で見るように、配当政策に変更がないまま、配当金に課される累進付加税率が引き上げられたゆえに、その巨大法人の株式所有において非常な分散化（所有権の移動）が生じた。それらのことは、一般的に公開株式会社について、むしろ自己金融のために利益を社内に留保し、結果的に高い累進付加税率から身を守る誘因が非常に成長する場合があるということと、なんら矛盾するわけではない。

要するに、利益の内部留保を阻害する可能性を持つ「非分配利益」に対する課税、すなわちパススルー課税方式を採用せずに、「分離法人課税」方式をさらに発展させたことは、法人利益の内部留保による自己金融をますます促進するという意味で、「企業のそれ自体」の拡大発展を保護することになった。こうして、「剣から楯へ」の法人所得税の転換は結果的に、国税による法人に対する過度の外部的収奪と同時に、法人利益の株主への配当抑制という内部的収奪との二重の問題をもたらした。この問題を克服することが現代法人所得税の中心的課題になった。

累進付加税と株式所有の分散化

『現代株式会社と私有財産』（1932年）の共著者の一人である経済学者ミーンズは、1930年の論文で、1917～1920年に起こった異常なまでの所有権分散化は、主として戦時期の重い累進付加税の結果であると結論づけた。彼は、この再現はありえないような歴史的現象について、唯一無比のフランス革命による大地主と破壊と小土地保有者の増大になぞらえて、次のように指摘した。

累進付加税の主たる影響は、金持ちの法人証券に対する需要を激減させてしまったことである。1919年までに、10万ドルの課税所得を有する人は、6万1千ドルの納税を要求された。単に3万5千ドルの課税所得を有するに過ぎない個人でさえ、政府に6千ドル以上を支払わなければならなかった。明らかに納税後は、金持ちや特に富豪は、以前にはそれでもって法人証券を買うことができるような大きな金額の所得をもはや持つことができなかった。彼らの生活費を所得減少に比例して引き下げる理由は何もないから、新しい投資への支出をより大きな割合で減らさなければならないのは、明白であった。さらに投資に向ける所得の一部分は、少なくとも税金の一部を回避できる形態、つまり租税免除債券、不動産、保険の形態で投資される傾向があった（Means 1930.586-591）。

それと同時に、ほどほどの資力をもつ人々があらゆる種類の証券に対する潜在的な需要者になった。彼らの一人当たりの現金所得は、1916～1919年ではその三年前よりも平均で5％高かった。この巨額の所得増大は、金持ちの所得が納税によって削減されたので、それほど金持ちでない人々にその一部を投資しうる追加の所得をもたらした。金持ちの間での証券需要の縮小、そしてほどほどの、またはそれ以下の資力をもつ人々の証券需要の増大は、両グループ間の証券所有の割合を劇的に変えた。さらに累進付加税は、金持ちを免税ないし一部免税の投資に移動させる重圧のもとに置いた。もし金持ち階級が株を売るとすれば、銀行や生命保険会社はそれほど大量の株を買うことはできないし、外国人の需要は無視し得るほどのものであったので、その売られる株は、それほど金持ちでない人々によって購入されなければならなかった。両グループ間の証券所有の割合の変化は明らかであった（Means 1930.587）。

金持ちの株式に対する需要を低下させるだけでなく、金持ちを株式の実際的な売り手に換え、そしてそれほど金持ちでもない人を相当量の株式の買い手に変える累進付加税の影響によって、１９１６～１９２１年に、次のような株式所有の著しい分散化がうまれた。二つの際だった事実が明らかであった。第一に、法人株式の所有権においてものすごい変化が、１９１６～１９２１年の五年間に起こったように見えるということ。第二に、１９２１～１９２７年までの六年間においては、評価に値する変化はなんら起こらなかったように見えるということ。１９１６年に、２万5千人の最大所得を報告する個人は、すべての法人株式の57・2％を所有していた。１９２１年までに、このグループは単に36・8％を所有していたにすぎない。同じ時期に、最大所得を報告するもの以外の10万人の個人によって所有される割合は、すべての法人株式の22・0～44・0％に増大した。中間グループ（5万7千人の個人）が受け取る割合には、ほとんど変化がなかった。

しかし、１９１６～１９２１年にみられた株式所有の著しい分散化は、それ以後は続かなかった。累進付加税は、１９２１年よりも低率になっていたが依然として重かった。そしてそれほど金持ちでない人は、相当に増大する実質所得を絶えず受け取っていた。累進付加税は、１９２１～１９２７年において、漸進的な低下を示したことは事実であり、そのような税率低下の期待が、金持ちの株式保有者をして株式保有を増加させるように導いた。この後半の時期において、数字が誤解を招くことを信じる理由は何もない。その数値は、個人の報告だけでなく、法人によって支払われる配当金の報告書にも基づいているからである（Means 1930.586-591）。

なおミーンズの同論文はまた、一次大戦以後の累進付加税は、株式所有の広範な分散化を通じて、あるいはさまざまな合法的な工夫（たとえば投票権なしの普通株、投票権を持つトラスト、ピラミッド型の持ち株会社など、強力な家族が彼らの所有権に不釣り合いなほどの権力を行使する、他の国とそれほど違わないような策略）を通じて、重大な影響を持つ所有権なしにコントロールを保持する（所有と経営の分離の）可能性に関して、世論の注目を集めたことを指摘している（Bradford and DeLong 2005）。

二　経営者の支配

一次大戦以後のM＆A運動と法人課税

一次大戦を画期とする代理法人所得税から分離法人課税への形質転換は、大戦以降のビジネス風景における一時代の大変化の最中に起こった。20世紀における最初の二つの十年間においては、合併と買収（M＆A）は、合衆国の最大産業の多くにおいて支配力を確保しようとする巨大法人企業にとっては、ごく普通のことになった。世紀の交替期に起こった最初の大きな合併運動の後を、一次大戦中に始まる（分離法人課税とともに、株式所有の著しい分散化という重大な結果を引き起こす）合併と買収（M＆A）が引き継いだ。1917～1920年までの間に、年々195ほどの企業が合併によって誕生する一方で、1915～1920年に、合併の結果として年々平均139の企業が消滅した。この合併活動の急増は、1916年におけるジェネラル・モーターズ・コオポレーションの創業（これは合衆国における「第二番目の最大製造業結合」といわれた）、そして1917年におけるユニオン・カーバイト・アンド・カーボンの創業、1920年におけるアライド・ケミカル・アンド・ダイコーポレイション同盟（この二つは第一番目の最大企業結合である1901年のU・S・ステールの創業以来、何れかの産業において起こった合併のうちの最大のものであった）など、いくつかの重大な巨額取引によってさらに強まった。一次大戦の休戦協定（1918年）と大不況の始まり（1930年）との間の期間に、8千5百以上の会社が買収されたが、その半分は1926～1930年の五年間に買収されたものであった。

合併運動の激発は、新規の個人および法人所得税下にある法人（事業体レベル）とその株主に対して、重大な不安定要因をもたらした。合併や合同は、一法人の、その価値を正当に評価される株式または有価証券に対する、買収の標的となる法人の株式と有価証券の交換を伴っていた。このような交換は（現在では、交換から生じる利益はそれを免除するかまたは繰り延べる条項がない場合には課税しうると理解されているが）、当時は、評価資産の交換や売却から生まれるキャピタルゲインに対する、あるいは株式の配当金または同種財産の交換といった類似取引に対する課税措置に関しては、法律はまだ流動的な状態にあった。このような取引に関して完全に課税を免除することは、課税ベースを骨抜きにする可能性があった。しかしながらそれらに課税することは、生産的な企業間取引を妨げる可能性があり、あるいは潜在的に個人税システムに対して留保利益を守るはずの法人課税の能力を混乱させる可能性があった。この板ばさみ状態をいかに最善に解決するかについての懸念や不確実性が、けっきょくは、法人税システム内に一つのより詳細かつ複雑な法律上のスキームをもたらすことになった。このスキームは、1920年代を通じて法人の継続的な再調整を可能にする一方で、法人所得税の個人と事業体へ分離的性格を維持する助けになった（Bank 2010.111-2)。

外部的収奪に対する経営者の抵抗

法人所得課税における株主に対する剣から、法人（事業体レベル）利益のための楯への形質転換は、立法者に対して根本的問題を提起した。この問題は、租税研究者よりも法人企業研究者の間でより多くの注目を集めてきたが、議会や財務省が、外部的あるいは内部的な過度の収奪に関して、伝統的なコーポレート・ガバナンス上の懸念を解消する際に直面する難しさであった。過大な外部的収奪についての懸念とは、政府は、課税を通じて法人から過大に取立てようとし、そのことによって成長のエンジンとして尽くすはずの法人の能力を破損する、というものである。このことはしばしば、「金の卵を産むガチョウを殺す」ことについての重大事として表現されてきたが、しかしそれは、高税率と露骨な収奪の問題を超えていた。高い税率を課すことは、如何なるビジネスに対しても、そのビジネスの経営を思いとどまらせることになりうるが、一方で法人は、さもなければ資金調達が困難な大規模投資のために利益を留保し蓄積することが可能なようにもともと独自に設計されている。それゆえ、配当金に対する取締役会のコントロールと結びついた資本留保の機能を妨げることは、国民経済に対して大きなマイナスの影響を及ぼすことになると考えられた（Bank 2010.XXVI)。

一次大戦の後期と1920年代全体を通じて、議会は、法人企業を過度の外部的収奪から保護するという考えに取りつかれていた。法人のM&A（買収・合併）のための再組織化非課税条項の策定は、この問題に関して十分に考慮していた。一方で、このM&Aのような経済活動は、課税対象たりうる資産の現金化事象であったが、連邦議会は、納税者が現金以外の報酬またはキャピタルゲインは課税対象にならないと主張する際には、慎重に見て見ないふりをした。他方では、合併などの経済活動は、戦後復興と国民経済成長にとって必要かつ有益なこととみなされた。それらに課税することは、このような経済活動を窒息させる可能性があった。こうして連邦議会は、合併や買収が課税対象としての資産現金化事象であることを再確認する決定を下したが、しかし所有権の充分な継続性が合併企業の中で生き残る、そのような経済活動がもたらす何れの利得についても、正しい評価を保留した（Bank 2010.XXV）。

内部的（株主）収奪

過度の内部的収奪についてのコーポレート・ガバナンス上の懸念とは、マネージャーが、法人からあまりにも過大に利益を自らの報酬として持ち去る意志をもったり、あるいは、その利益を非生産的利用に向ける意志をもつことである。もし法人企業のマネージャーが、外部的収奪に対する懸念のゆえに、過大な課税から保護されるとすれば、彼らは同様に、株主または他の法人監視人からも保護されることになる。たとえば、事業体レベルで、分離かつ低率の課税構成が存在し追加的な税控除や免税を受けられる可能性があるという場合には、配当されないで法人内部に置き去りにされる資金額は増大しうる。株主に課される累進付加税のうち法人が代理して支払う標準税を差し引いた残りの部分に対する税率がより高い場合には（図表5参照）、株主は、より高額の配当金を要求したり、あるいは利益をそのビジネスに再投資すべきかどうか取締役の決定を徹底的に調べ上げる上で、意欲を損なわせることになる。さらに、課税や会計の目的上、一定の項目に対して標準とは異なる取扱いをすることは、透明性に制限を課することになる。

また課税に対してより多くの法人利益を守るために法人税上の節税商取引を利用することは、この透明性の欠落をさらに悪化させる。これらすべてが、マネージャー自身による内部的な収奪を容易にする助けとなる。まさしくマネージャーは、内部的収奪の諸条件を強化するために、税率上の大きな相異つまり二重課税および透明性の減退を好んでロビイング活動をすべく影響を受けることになる（Bank 2010.XXVI）。

１９３０年代には、連邦議会の懸念は、法人企業の利益を株主への配当に向けない過度の内部的収奪に関する問題に移行した。１９２０年代の終わりに向って、そして特に１９２９年の株式市場クラッシュと大不況の始まりの後に、法人企業において利益の留保（事業体レベルに）を可能にするこのシステムには邪悪な側面が存在することが明らかになった。法人の利益留保は、非生産的投資、度を越えた経営者報酬、そして「ビックビジネスへのコース」と冷笑される傾向を助長するものであるとの疑惑のゆえに、激しく非難された。１９３３年に、銀行業および通貨に関する上院委員会の弁護士であるフェルデナント・ペコラは、以上のまたその他の問題に関して広く公開される一連の委員会の公聴会を指揮したが、これが経営者の法人乱用に対する公衆の憤怒を掻き立てた。ペコラ公聴会における驚く

図表５　法人と個人の最高限界税率の動向（1913-2009）

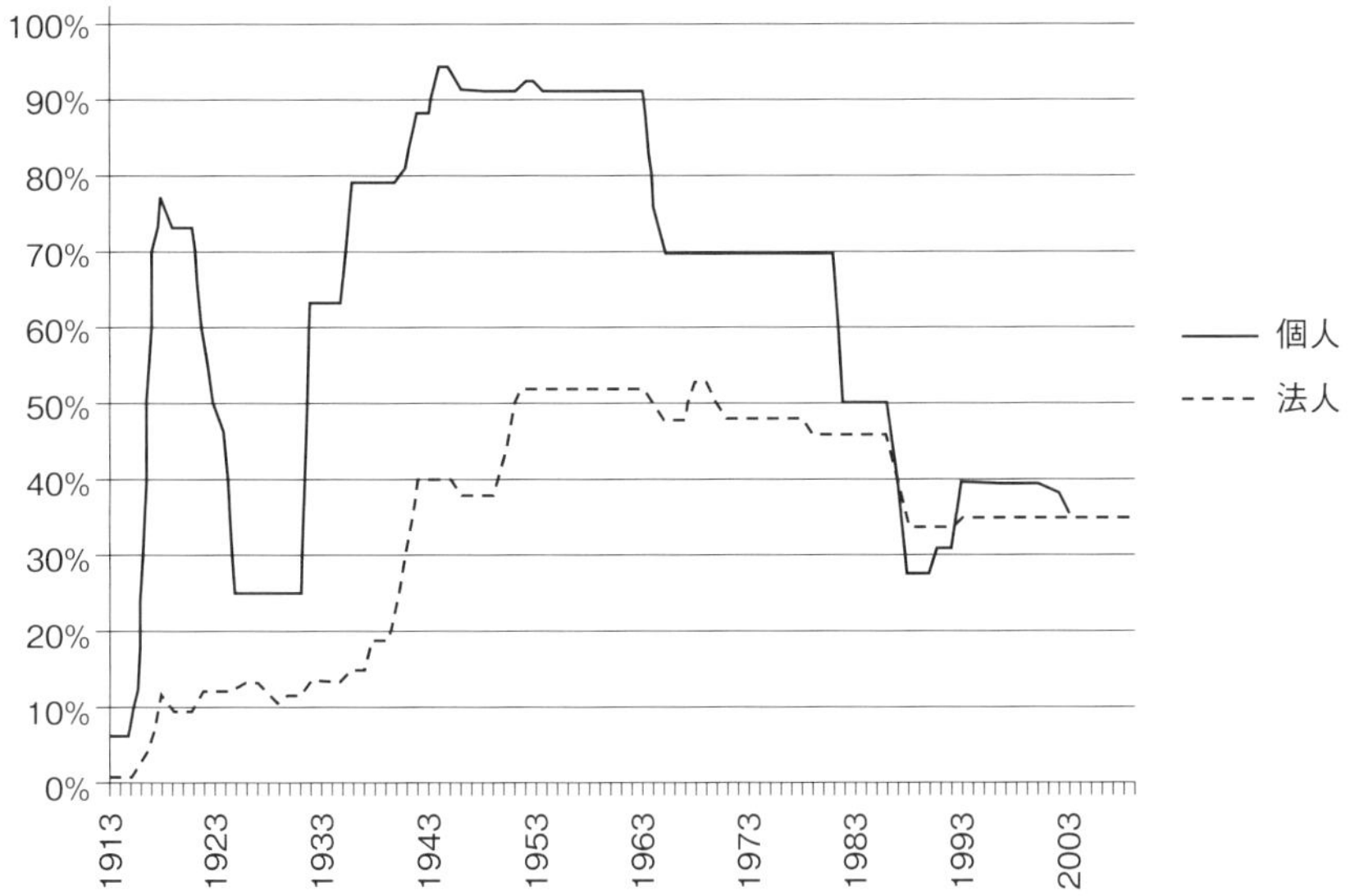

（Bank 2010）

べき新事実の暴露を背景にして、議会は、租税システムは法人の行き過ぎた行為に寄与すると同時にその被害者でもあるという理論に関して、国内歳入システムに関する徹底的な研究を承認した（Bank 2010.145）。

その研究と大不況の開始において法人が果たした役割に関する関心の増大の結果として、F・ルーズベルト大統領は、経営者による利益閉じ込めに関連する困難な問題に取り組むことを企図する多くの法人税改革に着手した。１９３２～１９３５年を通じて、国会議員は、役員報酬の額を引き下げ、合併や買収、その他の事業結合を最小化し、巨大法人の成長を制限し、そして持ち株会社構造を除去することを企図する保税条項を制定し、または制定すべく企てた。しかしながらけっきょくは、これらの改革のほとんどは、不成功におわった。それらは、経営者の強力なロビー活動によって、数年のうちに破棄されるか、または実質的に修正されるかした（Bank 2010.145-6）。

法人事業体レベルへの利益の閉じ込めの問題に向けられた、最後のそしておそらくもっとも議論の余地ある立法は、１９３６年における「非分配利益税」の制定であった。この税制は短命に終わったが、この課税に対して、法人企業のマネージャーと彼らの利益を代表する代議士は、留保利益に対する懲罰的な課税を防ぐ策略として、二重課税を容認した。二重課税は、法人形態に対する攻撃の一部であると想定することは、理屈に適なっているようにみえたが、この場合にはそうではなかった。１９３６年の配当に対する分離課税についてのビジネス側の背後にある理論は、もし分配される利益が留保利益と同じ追加的な課税の引き上げに服するということになるとすれば、株主とマネージャーは、利益留保のために連携することになる、というものであった。

「非分配利益税」の終わりによって、利益留保に対する懲罰的な課税を防ぐ法人側の策略の必要性はなくなったが、しかし二重課税はそのまま続いた。それゆえ、皮肉にも、留保利益を取除くための最も決定的な措置が、結果的に利益閉じ込めの強化のためにサービスするというように、二重課税の機能を作動させることになった。法人企業の利益留保システムの課税ベース化に対する攻撃に始まった十年間は、留保利益システムの課税ベース化に対する防衛をもって閉じた（Bank 2010.146-7）。以後、利益と内部留保と二重課税との順調な対応関係が成立したゆえに、二重課税はその問題的性格を失うことになった。

以上のような過度の内部的外部的収奪をめぐるジレンマを悪化させた主要な要因は、一次大戦以来の分離法人税制下における個人と法人に対する別々の課税率であった（図表5参照）。個人と法人の二つの税の最高限界率は、この時代を通じて何度も50％ほど大きく異なったが、個人の最高限界率は、二次大戦中に90％にまで急騰し、１９６０年代初頭を通じて91％に高止まりしていた。個人の最高限界税率は、一般的に法人の最高限界率を超えていたが、二つの最高限界税率は１９８６年に逆転した。このことが以後、ビジネス行動に対する法人税の影響に関する伝統的な見識を変えることになる（Bank 2010.XXⅦ）。

三　バーナムの三段階論

経営者革命

バーナム（１９４１年）『経営者革命』によれば、経営者支配の社会とは、資本主義社会でもなく社会主義社会でもない。経営者革命による社会的移行は、資本主義的、ブルジョア的とよばれる型の社会から、経営者的と呼ばれる型の社会への移行である。その移行期間は、一次大戦とともに始まり、新しい型の社会が固まるにつれて、おそらく爾後だいたい50年、ないしはそれ以前に完了すると予期される。この移行において起こりつつあることは、経営者という社会グループないし階層が、一次大戦以前の資本家階級に代わり、社会的支配、権力と特権、支配階級としての地位を求める一つの運動である。この運動は成功するだろう。

この移行期が終わる時には、経営者は、国家を支配することによって、間接的に国有化された生産手段を支配し、生産物の配分に当たって、特恵的な処遇をかちとるとともに、事実上、社会支配を達成し、社会における支配階級になっているだろう。ソ連邦ロシアは、このような経営者社会にほぼ完全に到達し、ナチスドイツは、ますますこれに近付きつつあり、他の多くの国々でもこのような展開がかなり進んでいる。またニューディールのアメリカにおいても、他国におけると同様、国営企業においてこれらの展開が相当にみられる。

バーナムの「経営者革命の理論」は株式会社企業の国有化によって完成する一つの過渡期社会論である。この過渡期社会は、生産手段が資本（利子うみ固定資本）であり、それを資本家が所有して（あるいは資本ブロックを所有する者を資本家という）生産過程を支配するというものではない限りで、もはや経済的に「資本主義的」であるとは言えない。一方で、この過渡期社会は、資本とは言えない生産手段を私人として（ただし私的利益でなく公共のために）経営者が支配するというのであるから、一般の労働者階級が生産手段をコントロールするといった意味での社会主義的経済でもない。ソ連邦ではそのような意味で現実的に特権的な経営者支配が相当に進んでいる。元トロツキストのバーナムにとっては、ソ連邦が労働者国家であり社会主義国家であるというのは欺瞞以外の何物でもない。

バーナムの議論で問題になる点は、この経営者支配の社会、すなわち資本所有者を除いて経営者による生産手段の特権的利用が認められる社会は、最終的に生産手段の国有化によってのみ保証されるとしている点である。バーナムのいう経営者支配の社会が、旧ソ連邦型の生産手段国有化そして社会化事例を前提にしている限りにおいて、その誤りははっきりしている。いうまでもないが、二次大戦の敗戦国としてナチズムのドイツはソ連邦モデルを（目指すものでは最初からなかったが、バーナムの想定に反して）完成する前に崩壊し、戦勝国として続く冷戦の一翼を担ったソ連邦は、1980年代以降世界中で国有企業をプリバタイゼイションさせる新自由主義の流れの中で崩壊した。東ドイツも、1989年の東西再統一においてまず工場など生産手段の「私的所有」をみとめ、続いて、その私的に所有される生産手段を一般に売却した。中国も自らを「改革開放」し、少なくとも形の上では（生産手段について「所有」そのものを認めない）社会主義的人民所有とは方向違いの巨大な国有株式会社が発展してきた。これらの国有企業は、大部分の株式が目的意識的に国家に所有されるだけで、事実上の経営者（および共産党）支配である点や銀行ベースの資金調達などの点で、先進国の現代株式会社と概略、何ら違いはない。国有株式会社の株式でも、少なくとも過半数以下において、多数の人民や外国人に私的に所有され売買される可能性はある。

それゆえに、バーナムの誤りを糺すためには、「経営者支配社会」成立の根拠づけにおいて、バーナムのいうように主要生産手段の国有化・社会化を必須条件とする必要性は全くないこと、あるいは所有と経営の分離問題は一次大戦以後つねに、現状分析の主要課題になることさえ明確にすれば良い。このことは、バーナムの「経営者支配社会」論は、一次大戦以後現在に至るまで、イギリス、アメリカ、ドイツ、フランス、日本の、あるいはロシアや中国などの経営者支配社会に対しても、適用可能になることを意味する。国有化論を描く限りで、バーナムの「経営者支配の社会」はピケティの『21世紀の資本』における一次大戦以降の「不労所得者社会から経営者社会への移行」（資本の安楽死）と完全に符丁している。

では、大戦間期におけるソ連邦の強大化という時代的環境のもとで、なぜ、バーナムは、「経営者支配社会」の根拠付けを、主要生産手段の国有化の完成に求めることになったのか、そしてその国有化・過渡期論を捨て去る場合に明確になる脱資本家的「経営者支配社会」とはいかなるものか、以下それらの点について、明らかにしていく。

資本家支配とブルジョア国家

バーナムによれば、近代産業の発展とともに、大規模な「公的会社形態」（公開株式会社）が成長する。アメリカでは、高度な訓練と技能・資格を要し、現実的に生産手段を管理する独立した「経営・経営者」のグループが現われる。「経営・経営者」とは、「生産過程の技術的方向づけと総合調整（「経営」）を「遂行する人」（経営者）である。生産過程では、多岐な仕事が組織され、総合調整されることによって、始めていろいろな資材、機械、工場、労働者が、適当な場所と時間で、そして適当な数量で、すべて利用可能になる。経営者は、生産担当マネージャー、業務担当重役、工場管理者、本部付き技師など（あるいは政府事業では長官、委員長、局長など）とよばれ、それぞれ上から下まで何十人、何百人というヒエラルキー（官僚制度）を構成している。バーナムは、以上の経営者グループ（以下のイ．経営者グループと同じ）を含め、（アメリカの自動車会社を事例にして）株式会社の人事構成に関して、次の四つのグループを区別する。

イ．経営者グループ。現実に生産手段を直接占有・管理する純然たる経営者のグループ。彼らは、個人としては自分が勤める会社の株券（会社に対する法律上の所有権）をほとんど持たない。バーナムは「経営」「経営者」という言葉を、以下のロ．グループと明確に区別するために、このグループに限って用いる。

ロ．財務担当執行役ないし執行役のグループ。アメリカでは、最高の地位の、最高級の会社役員職員がこのグループに属する。彼らは、収益を上げる価格で最適な数の製品を売る機能、原材料と労働に対する支払い価格を交渉する機能、会社の金融条件を調整する機能など、会社が収益を上げるように指揮する、いわば「利益創出」機能を担う。このグループに属する人々は、大株主、少数株主として、会社に対する所有権について実質的な法律上の利害関係をもつが、株主としてのその地位は会社全体においては、以下の二つのグループと同じく、受動的なものである。

ハ．金融資本家グループ。会社の取締役の多くと現実にこの取締役を任命する銀行家および大金融家などから成るグループ。彼らは、会社および会社資産に含まれる生産手段に対する所有権をもつ法律的地位にあり、流動資金やその他の財源を自由にできる。このグループは、とにかく株主であり、法律的な意味では過半数株を所有しないが、法律上の意味をもちうるかなりの株数を所有するとともに、必要とあれば、少数株主から、十分な数の「委任状」を取得し、過半数投票権を獲得できる。彼らの直接の関心事は、生産の技術的プロセスではないし、会社の利益でさえない。彼らは、持株会社、他会社との取締役兼任、銀行などとの関係を通じて、自社の金融的側面のみでなく、その他多くの会社や多くの市場操作（M＆Aなどのための株や社債の発行）に関心をもつ。彼らは、税金上自分の会社の利益を引き下げるために、あるいは投機上、利害関係を有する原材料供給会社の利益を引き上げるために、その原料の納入価格を引き上げるなどのことをするかもしれない。

ニ、最後に、大多数の株主のグループ。会社に対する自己名義の株式証券をもち、公式上かつ法律上、同社の「所有者」である特定の人々。その大多数は全体として同社株の事実上過半数をこえる法律上の「所有者」であるが、会社に対する関係は、まったく受動的なものであり、彼らの権利といえば、取締役会で決められる配当を受け取るだけである。

バーナムの株式会社論を（曖昧な点を補足する意味で）ややふえんしながら整理すると、一次大戦以前にみられた「資本所有とコントロールの一体性」を維持する株式会社については、次のような一般的な（代理法人コントロールの）理論モデルが可能になる。上記の四グループのうち本来的に、イ．経営者とロ．財務担当重役は、社内取締役（執行役員）をなし、ハ．取締役と金融資本家は、株主総会の代理人としての社外取締役をなす。ニ．大多数の株主グループを形成する株主は、株主総会を成立させる。社外取締役は株主総会の代理人として、株主が所有する資本・生産手段の利用を社内取締役会に対して提供する。社内取締役は、資本・生産手段を占有・管理しつつ、実際にそれを利用し、得られる利益によりその利用の対価としての配当金（貨幣地代）を、株主の代理人としての社内取締役に支払う。地代は資本還元して、利子生み固定資本所有（株式所有）がうむ利子となる。

ここにおいては、「法律上は（固定資本としての）生産手段の主要所有者であるハ．のグループ、大資本家・大株主は、社会的優越性の最終的な源泉であり基礎でもある生産手段（固定資本の利用）からは、現実の生活では、ますます遠ざか」っている。しかし「大資本家が産業生産から金融へと撤退」し「生産過程の直接的な監督は他人に任」すようになるとしても、そのことは、生産手段・固定資本に対する支配がいささかなりとも減ずることを意味しない。むしろ反対に、金融資本家的な方法によって、今だかつてないほど広範に経済分野が大資本家（上記のハ．金融資本家のグループ）の支配下に、これまで以上に厳格に服することになる。この意味で、株式会社においても、資本家的企業に一般的な「所有はコントロールを意味する」という関係が成り立っている。つまり、「資本・生産手段の所有者は、現実にこれらの資本・生産手段への接近に対して支配権をもち」（所有権に基づいて、生産手段の一定期間の利用を売るという支配権―契約上の権利と義務―を有し）、「その生産物の配分にあたって特恵的処遇」（つまり企業利益を配当金として）を「受けとる人間である」。

一方で、このような株式会社（資本家的企業）の存在は、バーナムによれば、「契約ないし債務の履行を励行させたり、すわり込みストライキ（これは生産手段への接近に対する資本家的支配を否定する）を停止させるように行動」し、「生産手段とその運営に対する大資本家の支配、つまり資本主義的私有財産権に基礎をおいた支配」を「法律、裁判所、警察などをつうじて」支持する国家（ブルジョア国家）の存在を前提にしている。それゆえ、ブルジョア国家は、政府がその活動を比較的狭い政治的分野（軍隊、警察、裁判所、外交）に限定しているように、「必然的に制限された国家」であり、部分的にせよ、自ら資本家的企業経済に代替して、経済活動を行うことなど原則的にあり得ない。以上のようにバーナムは、「資本所有とコントロールの一体性」の最終的な保証をブルジョア国家の存在に求める。ブルジョア国家による株式会社の所有とコントロールの一体性の保証、である。以上のバーナムによるブルジョア国家と株式会社（所有とコントロールの一体性）との段階論上の関連付けは完全に正しい。しかもバーナムは、この国家と公開会社との関連づけの根拠を価値法則や金本位制など資本主義の原理論（資本主義社会は資本所有に基づくその法則的展開のうちに経済原則を実現するものとして、自らの自律性を獲得する）に求めている。

企業の国有化の幻想

さて、バーナムによれば、バーリ＆ミーンズ・モデルは、「経営者革命の理論の正当性を間接に強力に裏付ける」ものであるが、「所有とコントロールの分離」や「経営者層支配の概念」に関しては、「ひとつの基本的な欠陥がある」。「所有というのは本来コントロールを意味する」。つまり「所有とコントロール」とは本来的に相互の一体性を意味しており、バーリ＆ミーンズのいう「コントロールから分離された所有」ということは、どんな社会形態に関しても一般的に、「無意味なフィクションである」。従って、経営者支配社会における生産手段に対する経営者（社内取締役）の占有・管理（つまり経営者による労働生産支配）とは、その完璧な意味では、社内取締役（経営者）が、今や社外取締役（資本家の代理人）ではなく、企業を所有する国家の代理人たる官僚・政治家との関連において、経営者の経営と所有との真実の一体性を貫徹することである。企業の国有化は、バーナムにとっては、バーリ＆ミーンズのいう「所有とコントロールの分離」の「フィクション」を回避する不可避的な要因をなしていた。

資本家的企業としての株式会社の私的資本「所有とコントロールの一体性」は、あらゆる社会形態に通じる経済原則の「私有制と価値法則」による実現に根拠を有すること、ブルジョア国家はこの私有制を保証するものであることをバーナムは十分に理解していた。そして実際には、経営者支配と国家との関連では、まさに主権国家をこえる世界政治と世界経済の展開として、現状分析としての豊かな議論を提供している。にもかかわらず、国家と「所有とコントロールの一体性」との関係を、封建社会など非資本主義社会にも当然のことと類推して、「経営者支配社会」に直接的図式的に適用したのである。つまり資本主義社会では、国家が保証する私的所有（資本家による資本・生産手段所有）は、資本家がその代理人としての経営者を通じて労働生産過程をコントロールすることを意味する。同様にバーナムにとっては、完成した経営者支配社会では、国家がその代理人としての経営者を通じて労働生産過程をコントロールすることは、生産手段の国有化によってのみ保証される。このように、資本としての生産手段所有から非資本としての生産手段所有への移行、同時に資本家による労働生産支配から経営者による労働生産支配への移行、要するに資本主義社会から経営者支配社会の移行は、バーナムにとっては、封建社会から資本主義社会への移行ほど長期的なものではないにしても、しかしその移行と同様に完全国有化のための過渡期間を有する、ということになった。

このような形式論理的な短絡革命理論は、もちろんバーナムだけのものではない。それは、経営者を労働者に置き換えれば、国有化・私的所有の廃絶によって資本と資本家を殲滅したロシア革命を世界史的に正当化する、マルクス主義の一般理論に他ならない。その意味では、過渡期社会論としてのバーナムの「経営者革命」論も、大戦間期のロシア革命の時代がもたらすドグマティズムに深く囚われていたのであり、ソ連邦などの崩壊とともに、その失敗は明々白々のものにならざるえなかった。しかし、バーナムの「経営者革命」論の豊かな内容を原理論・段階論に対する現状分析、つまり「経営者支配の社会」を過渡期論としてでなく、三段階論上の現状分析の位置に明確に据えなおすことは、なお可能であり必要でもある。

バーリ&ミーンズの提起した「所有とコントロールの分離」の問題は、単に株式所有の分散化による所有権力の喪失と経営者支配の確立に還元できない「資本主義の運命」にかかわる重大問題を含んでいた。一次大戦以後、財政膨張（法人所得税と補助金）を通じて、国家の企業経済への介入は広く深く進んだ。ブルジョア国家のレッセフェールのもとでこそ作用した「私有制と価値法則」による経済原則の実現（資本主義社会の成立）は、もはや不可能になった。所有とコントロールの分離は、あらゆる社会形態の存続の根拠をなすこの経済原則の実現が、ブルジョア国家を超える国家（超主権国家）と、資本の代理人としての経営者を超える（資本所有をも犯し得る大幅な自由裁量権を有する）経営者との協働（ベルサイユ&ワシントン体制といった世界政治経済への大転換）によるものでなければならないことを示している。

バーナムの現状分析

バーナムは、国有化による生産手段のコントロールといった誤った短絡論理にはまり込む一方で、バーリ&ミーンズのいう「所有とコントロールの分離」について、それは、一次大戦以後に進行中の現実的な事態としてみるならば、

「接近に対する支配と配分にあたっての特恵的処遇に対する支配との分離」を意味する、と「再解釈」する。つまり、接近に対する支配（つまり生産手段に対する所有・支配権）をもつはずのものが、国民所得の配分において特恵的処遇を受けておらず、「財産の二つの基本的権利」（財産権とそれに基づく支配・契約関係、すなわち所有とコントロール）の「関連性」（一体性）が、すでに「失われている」。「本来株主のものである会社」に対する「経営者支配」の結果として、上記ハ．金融資本家のグループと一般の普通株所有者は、「配当や株価の保障」において、イノベーションなど「産業上の最高の効率」の恩恵に浴せないばかりか、むしろ非常に多くの困難な状態におかれている。

バーナムによれば、バーリ&ミーンズ・モデルの「経営者支配」とは、次のことを意味する。上記ハ．グループ（金融資本家）から成る社外取締役によって事実上（法形式上）支配されるロ．グループ（財務担当執行役）が、ごく少ない比率の自社株しか持たない一方で、「実際のところ自己永続的に、会社の政策や取締役会を支配し、委任状を通じて、名目的な所有者つまり株主の過半数の票を意のままに操縦できるような状態」を作り出している、(注)と。アメリカの電話電信会社AT&Tは「経営者支配」の「典型」である。

(注) バーリ&ミーンズの「経営者支配」は、ロ．グループ（財務担当執行役）によるものであり、バーナムのいうイ．グループ（経営者）による「経営者支配」とは意味が異なる。しかし、この相違は、イ．グループもロ．グループも同じ社内取締役・執行役員を構成するものとみなすことができるとすれば、根本的な相違にはならない。ドイツやイギリスと同様にアメリカでも、経営者革命は、企業利益を創出すべき執行役員による資本所有コントロール（株主総会）に対する対抗として起こったからである。

以上、バーナムにとっては、経営者支配とは、かなり正確に、企業を資本家的企業たらしめる資本所有に基づくコントロールの終わりを意味した。一次大戦以後、明らかに経営者支配の始まりは、資本家的企業の終わりであり脱資本家的経営者支配の始まりをもたらした。それはもともとバーナムの言うように、生産手段の国有化によって最終的に裏打ちされなければ始まらないというような性格のものではない。実際にバーナムも、経営者支配の実体的な根拠を次のように、国有化というよりも宇野のいう意味での経済原則の実現に求めている。

バーナムによれば（おそらく自己金融の肥大化を暗黙ないし無意識の前提にした上でのことだろうが）、純然たる技術的観点からいえば、次の関係が成り立つ。イ．グループ（経営者）が担う生産過程にとっては、ハ．グループ（金融資本家）も、ニ．グループ（大多数の株主）も必要ではないし、ロ．グループ（財務担当重役）についても、その本来の利潤追求機能の多くは剥奪することができ、イ．グループ（経営者）の経営技術過程の内に統合されうるものである。ところでバーナムによれば、「生産手段は社会的優越の座である。これを名目的でなく、事実として支配するものは、社会を支配する。なぜなら生産手段は社会がそれによって生活する手段だからである。」以上のように、経営者は、経営者社会では、生産手段の占有・管理を通じて、あらゆる社会に通じる経済原則を実現することによって、はじめて社会の支配階級となる、と事実上バーナムは主張していることになる。

イ．グループ（経営者）は、生産手段を事実として支配し、「たとえば、生産の技術的プロセスの組織化とともに、最も重要な雇用、解雇の大権―これこそ生産手段への接近に対する支配の確信である―も、このグループに任される」。純粋に「技術的地位」に依存するイ．グループにとって、たとえば、ナチスドイツの「経営者的方法」が実際に示すように「失業問題の解決は、ごく簡単なことである」。しかし、ロ．グループ（財務担当執行役）、ハ．グループ（金融資本家）、ニ．グループ（大多数の株主）は、国家により保全される「資本主義的な財産関係と経済関係」（財産と契約「に依存している」）。「資本主義的諸関係に依存する」ロ、ハ、ニのグループの「地位」は「大量失業の持続にも依存している」のであるから、国家とともにたとえば失業問題に取り組むかもしれない経営者支配の発展に対して根本的に対抗せざるをえない。

こうしてバーナムは、事実上、経営者支配による（宇野が明確にした意味での）直接的な経済原則の実現（労働と生産手段による労働生産力の実現）によって、すでに不要・腐朽している資本主義的諸関係の「廃止」つまり経営者の国家支配による生産手段の国有化を根拠づけるのである。しかし、（法人企業に本来的な代理法人コントロールの下での資本家・株主支配とは、資本家の代理人としての社外取締役と経営者としての社内取締役との間の平等な契約関係に他ならないことを想起せよ）、「所有とコントロールの分離」による経営者支配の創出と資本家支配の喪失は、私有財産権の絶対性の否認など国法上の変容を伴うとしても、最終的に生産手段の国有化によって根拠づけされなければならない論理必然性はどこにもない。全く逆である。ソ連邦や中国の共産主義の場合に、その経営者支配は、生産手段の国有化（所有の全否定としての人民所有という曖昧さ）ゆえに、けっきょくは崩壊した。西側の自由主義・民主主義諸国では、経営者支配は、国家の様々な介入に媒介されながら、「所有とコントロールの分離」という精妙なバランスにおいて失業や貧困の問題を解決し経済原則関係を是々非々的に実現したゆえに、その根本的な崩壊を免れたのである。

この意味において、バーリ&ミーンズモデルにおいても、資本主義の高度な発展段階としてでなく、脱資本主義社会としての「所有とコントロールの分離」に対する「経営者支配」の事実は、「現状分析的」に多様に存在するものとして明らかにされている。バーナムは、「バーリ&ミーンズの分析の背後に横たわっている」、脱資本主義社会のもとでの、社会と経済に対する「経営者支配」の現象とその意義について、『経営者革命』なかで、（バーナムにとっては、それらの現象は短期的なもので、けっきょくはソ連邦型の生産手段の国有化に収斂していくことが決定的に重要であるが、それはともかく措いて、つまり過渡期社会の特徴付けとしてでなく、脱資本主義社会の経営者支配の現状分析的特徴を示すものとして読み替えるとすれば）社会・経済・国家の現況と世界政策に関する豊富にして興味深い現状分析的提案をしていることになる。

四　協働型コモンズへ

リフキンの『限界費用ゼロ社会』によれば、資本主義は今、跡継ぎを生み出しつつある。それは協働型コモンズで展開される、共有型経済だ。共有型経済は19世紀初期に資本主義と社会主義が出現して以来、初めてこの世に登場する新しい経済体制であり、したがって、これは瞠目すべき歴史上の出来事と言える。協働型コモンズは、所得格差を大幅に縮める可能性を提供し、グローバル経済を民主化し、より生態系に優しい形で持続可能な社会をうみだし、すでに私たちの経済生活のあり方を変え始めている（リフキン2015）。

リフキンの資本主義から協働型コモンズへの移行の歴史理論を二つの命題に整理してみよう。第一に、資本主義の稼働ロジックは、成功することによって失敗するようにできている。資本主義経済の最終段階において、熾烈な競争によって無駄を極限まで削ぎ落とすテクノロジーの導入が強いられ、生産性を最適状態にまで押し上げ、「限界費用」、すなわち財を一単位追加で生産したりサービスを一ユニット増やしたりするのにかかる費用が（固定費を別にすれば）ほぼゼロに近づくことを意味する。その製品やサービスがほとんど無料になるということである。仮にそんな事態に至れば、資本主義の命脈ともいえる利益が枯渇する（リフキン2015、013）。

第二に現実的に、強力で新しいテクノロジーのプラットホーム（基盤）が、第二次産業革命（１８７０〜１９３０年）の深奥から現れつつあり、資本主義の中心的矛盾は急速に終局を迎えつつある。既存のコミニケーションのインターネットが、デジタル化された再生可能エネルーギーのインターネットや自動化された輸送とロジステック（物流）のインターネットと一体化して、すべてを漏れなく結びつける21世紀の知的インフラである「ＩｏＴ」が形成されつつあり、それが第三次産業革命を起こしている。ＩｏＴは早くも生産性を押し上げ、多くの財やサービスを生産する限界費用をほぼゼロに近づけ、それらの財やサービスを実質的に無料にし、出現しつつある協働型コモンズでシェアを可能にしている。その結果、企業の利益が枯渇したり、財産権の効力が弱まったり、稀少性にもとづく経済が潤沢さに基づく経済に徐々に道を譲ったりしている（リフキン2015、025）。

以上の第一と第二の命題との間には、明らかに論理矛盾が含まれている。第二でいう「ＩｏＴ」すなわち「モノのインターネット」が、もし本来的にリフキンのいうように「協働型コモンズ」の産業・文化社会インフラとしての「社会関係資本」を意味するとすれば、このテクノロジーは、資本主義（固定資本形成）的本質は持ちえない。とすれば、リフキンのいう「資本主義的経済の最終段階」において行われ限界費用をゼロに導くとされる「熾烈な競争」は、「資本主義の稼働ロジック」によるものでも「資本主義の中心的矛盾」によるものでもないことになる。このような論理矛盾を回避することは簡単である。資本主義の原理論と段階論によって、リフキンのいう「資本主義の中心的矛盾」の論理を克服すること、それによってさらに、「資本主義的経済の最終段階」を一次大戦（第二次産業革命の真ん中で起こった）以後のバーナムの言う「経営者支配」（脱資本家的株式会社）あるいはピケティのいう「経営者社会」の時代に置き換えてみることである。そうすると、従来のトップダウン型の経営者支配社会と今後の「社会関係資本」による「協働型コモンズ」とは、特に１９８０年代以降経済のグローバル化のもとで（経営者支配は、株式会社企業からパートナーシップ企業への転換のもとで分散的水平的形態をとりながら継承され発展するとみることもできる）互いに競合あるいはハイブリッドの形をとりなら、第三次産業革命を推し進める主体的勢力をなすものとして、現状分析の対象になることがはっきりとする。

この場合には、リフキンが第三次産業革命の到達点として「限界費用ゼロ社会」あるいは「協働型コモンズ」の完成（それ以前を過渡期とする）を主張するとすれば、それは、バーナムが企業の国有化をもって経営者革命の完成（それ以前を過渡期とする）を主張したことと同様に正しくない。実際にリフキンの豊かな例証にもかかわらず、これらの命題をいささかの一般理論として論証したり実証したりすることは難しい（まさしく課題は現状分析的であるがゆえに）、したがってこの点でリフキンのユートピアをわらうことはやさしいかもしれない。しかしリフキンは実際には、バーナムが「経営者革命」を現状分析的に（経済原則を是々非々的に実現するものとして）論じているように、「協働型コモンズ」の出現を現状分析的に（経済や社会の存在を資本主義的方法に代わって実現するものとして）議論している。「協働型コモンズ」は、その「社会関係資本」のもたらす圧倒的な財とサービスの生産費低下（のみならずまさにそのコモンズ・かつてない新しい人間関係）によって、現実に多くの問題を抱える「経営者支配」企業（リフキンにとっては資本主義的企業だが脱資本主義的企業に訂正することが正しい）と競合したり、協働したりしながら（つまり両者のハイブリッドとして）、近い将来に社会的存在として優位に立つようになる。リフキンのこのような問題提起の現実性から学ぶ点は極めて大きい。

今後、ＩｏＴやＡＩ技術上の進化とともに、現実的に生産と労働の様態が大きく変遷していくだろうが、それでも人類がその存在の前提とする社会的必要労働概念から完全に解放されることはないであろう。労働による中間財および最終財の生産と労働力および生産手段の形成のための最終財の消費。この生産と消費のより効率的な繰り返しという意味での経済原則の実現は、今後も人類の存在の根拠であり続ける。また社会的分業は仮に地域的な自律的経済が成立してもなくならない。かつて第一次産業から第二次産業へ、さらに第三次産業へと労働の社会的配分が大きく変わってきたと同様に、国際的国内的な両面で、旧来産業一般を超えて新しく労働や仕事や生活スタイルのダイナミックな再編成が行われるだろう。また資本主義社会というより経営者支配・社会国家（経営者が経営の安定を図るために内部留保を高めるといったかたちで）が生み出した「労働市場」といった労働搾取形態、所得の格差や隠匿の問題も、近い将来に解決されようし、また解決されなければならない。経営者支配がもたらす巨額な内部留保資金を「社会関連資本」の形成のために生かしていく可能性も考慮するに値する。すでに一次大戦以後の経営者支配の時代において、すべての経済的社会的問題（当然に自然環境問題をふくむ）が、資本主義的経済法則の結果というのでなく、経営者・労働者と国家権力の意図的な制度設計の結果から発生したものである。それゆえすべてが、リフキンも強調するように、社会的政治経済的なグローバルレベルの意識改革を通じてのみ、解決しうる問題となる。

ともかく、経済学者にとどまらず社会科学者全体にとって、「社会関係資本」市場や「協働型コモンズ」の出現に対する現状分析的研究（それは原理論、段階論の明確化と対応しているが）は、法人企業・株式会社論あるいは「所有と経営の関連」の問題、国家論・世界政治経済問題と密接に関係して、今後ますます重要な研究テーマになるであろう。この点でも、リフキンのコモンズ・ガバナンスの提唱は、重要な意義をもつ。

コモンズ・ガバナンスと「社会関係資本」主義

リフキンによれば、１９８０年代以降、新自由主義と株主至上権のコーポレートガバナンスが猖獗を極め、かつその限界を現し始めた過去25年間に、若い世代の学者や専門家が、従来はその妥当性が封建社会と切り離しようのないコモンズの基本理念と前提を今の時代に合わせて手直しすれば、過渡期（というより脱資本主義的経済の「協働型コモンズ」への融合―引用者）にとってより実用的な構成モデルになるかもしれないと感じ始めている。過渡期（というより脱資本主義の……引用者）の経済では、ビジネスの中央集権化した指揮・統制が、分散型・水平展開型のピアトゥピアの生産に道を譲り、市場における財産の交換よりもネットワークにおける共有可能な財とサービスへのアクセスの方が大きな意味を持ち、経済生活をまとめ上げる上で、市場資本よりも社会関係資本のほうが価値が高まっているからである（リフキン2015）。

純粋な私有財産や政府が管理する「公共財産」以外に、政府にも個人にも完全には管理されていない「本質的に公共の財産」という独特の部類がある。それは社会全体が共同で「所有」し「管理」する財産で、その所有権は政府当局と称されるいかなる管理者からも独立しており、また所有権より実際に優位にある。法律の分野では、これらの所有権は慣習的権利として知られており、世界中の国々の法律原理の中に見られる。それらは一般的に、誰も記憶にないほど昔から存在してきた権利で、例を挙げると動物を放牧するために共同で土地を利用したり、地元の森から薪を拾い集めたり、沼沢や野原から泥炭を切り出したり、道路を使用したり、地元の小川で魚を釣ったり、「パブリック・コモンズ」で祭りのために集まったりする、コミュニティーの権利である。慣習的な権利に関して興味深いのは、そのほとんどがコモンズの適切な管理を保証する公式あるいは非公式の規約を伴い、コミュニティの自主的なガバナンスによっていることである。

公共広場は（少なくともインターネット以前）は、人々がコミュニケーションをはかり、交際し、他者と過ごす時間を楽しみ、コミュニティの絆を結び、コミュニティを育む上で欠かせない要素である。「社会関係資本」や信頼を生み出す場である。そのために、祭りやスポーツの催しに参加したり、遊歩道に集まったりする権利はあらゆる権利のうち、昔から最も基本的なものだった。仲間に含めてもらう権利や、互いにアクセスする権利、つまり「共同で」参加する権利が基本的な所有権であるのに対して、私有財産、要するに囲い込み、所有し、締め出す権利は規範からの限定的な逸脱に過ぎない。現代ではその限定的逸脱のほうが規範になってしまったも同然なのだが（リフキン2015）。

公共の財とサービスを私有化し自由競争を促進するというレーガン大統領とサッチャー首相主導の経済政策によって、人々を財産（知的財産を含む）から締め出す権利はさらに極大化したように見えた。政府は骨抜きにされ、民間市場にまともに対抗できる勢力を提供することがもはやできないため、悪影響を被った人々は、彼らの関心や感性をもっともっと適切に反映する別のガバナンス・モデルを探しにかかった。片や、中央集権化され、ときに人間味に欠ける官僚的な政府による管理、片や、収入源や利益の源泉に、生活に関わるあらゆる面を取り込もうとしている、操作巧みでしまり屋の巨大民間部門という両極端に対して人々は幻滅し、経済生活を構成するもっと民主的で協働型の方法を見込めるようなガバナンスモデルを探し始めた。そして彼らはコモンズを再発見した。市場を通じて機能する株式会社企業とコモンズで機能するソーシャルエコノミー（社会関係資本）という、大きく異なる二つの経済の必要性を満たすために、新手の資金調達手段や社会的通貨と並んで、新ビジネスモデルが登場し始めている。アメリカでは、柔軟性を高めて市場とコモンズのハイブリッド世界でうまく立ち回れるように、従来コーポレート・ガバナンスの改革を試みるたとえば「ベネフィット・コーポレーション」という興味深い新モデルが登場している。(注)

(注) ベネフィット・コーポレーションは、資本主義企業の利益追求の目的意識を社会的コモンズにおける非営利団体の社会的・環境的な優先課題に近づけるよう修正する試みであり、その一方で非営利団体も自らに修正を加えて、資本主義企業の利益志向に近づきつつある。L3C（ロープロフィット・リミテッド・ライアビィリテー・カンパニィー）関連法すなわち「低利益有限責任会社」は、非営利と営利の組織のハイブリッドのタイプといわれる。それは、

> 新しいタイプの有限責任会社（ＬＬＣ）であり、社会的便益を提供するために企画されるベンチャーに民間投資や慈善事業資本を引き付けるために設計された。標準的なＬＬＣは非法人でありパートナーシップでありながら、メンバーは有限責任であり、売買可能性のある株式をもつこともできる。Ｌ３Ｃには特に、明確な一次的な慈善事業上の使命と二次的な利益関心が許されている。Ｌ３Ｃは、慈善事業とは異なり、利益を自由にそのメンバーつまりオーナーに分配できる（リフキン2015.025）

ベネフィット・コーポレーションは、現在、アメリカの18州で法人として認められ、法の管理下に置かれており、新たな融資と引き換えに社会や環境への貢献活動をやめるよう迫る可能性のある外部投資家に対して、企業家たちにある種の法的保護を与えている。ベネフィット・コーポレーションは、株主に対して責任を負ってはいるが、新たな法的地位のおかげで、株主利益の最大化にしか関心のない投資家の怒りを買う危険を冒すことなく、社会と環境の面での使命を第一に掲げることができるようになった。

ベネフィット・コーポレーションは、「社会的起業家精神」という名称で緩やかに定義されるより大きなうねりの一部で、このうねりは世界中で経営大学院出身の若い世代の心をとらえている。「社会的起業家精神」は、コモンズの中心を担う非営利団体から市場の支配的事業体である従来の持株会社まで、幅広く網羅する。非営利団体と営利企業という二つのモデルは、ソーシャルエコノミーと市場経済が接する辺縁でかかわりをもつだけでなく、互いに相手の特質をいくらか取り入れているので、非営利事業と利益追求型事業の相違は曖昧になってきている。「社会的起業家精神」という大きな天幕のもとに、営利の世界と非営利の世界は、市場経済と協働型コモンズの双方から成る二層構造の商業空間に対応するために、あらゆる類の新たなビジネスの取り決めや規約を生み出しつつある（リフキン2015）。

第11章　コーポレート・ガバナンス論争

一　経営者支配と機関投資家

六〇年目の論争再開

１９２０～１９３０年代において、ドイツで「企業それ自体」論争が展開され、アメリカでバーリとミーンズの共著『現代株式会社と私有財産』が大きな反響を巻き起こした。以来60年ほどたって、コーポレート・ガバナンスが政策上の主要課題として舞い戻ってきた。冷戦が終わり、社会主義体制が崩壊した。１９９０年代にはいり、１９２０・３０年代におけると同様に先進国でも新興諸国ＢＲＩＣsでも、東ドイツ、ロシアなど旧共産主義圏でも世界中で、巨大株式会社組織における「所有と経営」のスタイルに関して、公衆の関心が非常に高まってきた。その関心は、賃金と報酬に於ける不平等、多数の劇的な金融上のスキャンダル、そして経営者による会社利益の侵害、いわゆる代理人問題の発生に対して、株主は何もできないという明らかな不満とともに増大した。一般的に株式会社は誰のものか、誰のために運営されるべきものか、根本的な問いかけがなされた。

１９３０年代以来の国家介入の方向を逆転させる、より長期にわたるグローバル化の緒力も作用している。ほとんど20年間にわたる新自由主義のもとでの財政改革、プリバタイゼイションと規制改革の結果として、国家や組織労働者からの「対抗力」が弱まったために、株式会社組織における経営陣の権能が非常に強まってきた。国境線を超える商品・貨幣・資本の流動性をコントロールする規制上の拘束が除去された。そのために会社は、それらの国際市場において競争圧力の著しい増大にさらされるようになった。しかしその反面で経営者は、その経済的目標を達成するために、広範囲にわたって戦略的な選択を追求する自由な裁量権を獲得した。また巨大株式会社組織の意志決定が国内外のコミュニテーにもたらす影響も相当なものになってきた。要するに、政治経済のグローバル化によって、会社経営の意志決定に対して仲介役をつとめる政治的、制度的な機構のほとんどが解体された。結果として、衆目の関心が再び会社の内部的ガバナンスに焦点を合わせるようになってきた（Hughes 1997）。

グローバルの、ローカルの、国家の、株式会社組織の、などと形容詞がつけられるように、ガバナンスは多くの文脈において定義される。前二者は措いて、後二者を社会慣習上の全体像としてみれば、それらが、それぞれ固有の領域をもちながらも、互いに重なりあい、直接的間接的に密接な関連を持っていることははっきりしている。

すなわち国家のガバナンスとは、国家社会的経済的プログラムを実行し、それにより持続的な経済成長を生み出すために用いられる民間と政府の間における権力の作用関係である」（Halpern 2000）。またコーポレート・ガバナンスとは、株式会社組織セクターが管理されるその仕方を条件づける政治、法律、規制制度、報告要件など、国家ガバナンスの「枠組み」のもとにおける法人企業のガバナンスである。国家ガバナンス・システムはまた金融システムとの関連を含むが、これは、金融システムが公開会社セクターの行動を条件付けることにおいて、一定の役割を果たすからである。それ自身国家ガバナンスの重要な一環をなす金融システムは、一国の経済における生産的資産から生み出されるすべてのキャッシュフローに対する請求権の配分構造を決定する（Halpern 2000）。

それに対してその固有の領域としては、コーポレート・ガバナンスは、公的に取引（証券取引所に上場）される法人企業組織における内部的ガバナンス・メカニズムとその社会的責任に関する概念との関係に、関心をよせる。これは、直ちに、内部的関係の処置が、より広く社会的な目標と適合しうるかいなか、という問題をもたらす（Deakin and Hughes 1997）。なお、国家ガバナンスとコーポレート・ガバナンスとは、公債の発行と証券市場の関係、財政支出と企業課税との関係などを通じて、互いに決定的な影響を及ぼし合う。

シェアホルダーVSステイクホルダー

以上のように、国家ガバナンスに包括されるコーポレート・ガバナンスの固有な領域に関しては、相当に明瞭であるにもかかわらず、実際に「株式会社組織の内部的ガバナンス・メカニズム」をどう理解するかに関しては、議論が大きく二つに分裂する。議論は、つねに、コーポレート・ガバナンスの特定目標に関連づけられる。コーポレート・

ガバナンスの目標を株主の富裕に結びつける新古典派経済学（法学者、会計学者をふくむ）の問題提起から、コーポレート・ガバナンス論争は始まった。

その問題提起によれば、法人企業の組織ガバナンスは、究極的に株主に特定される権利のために存在する。株主は、法人組織の資産と所得に対する最も下級の要求の保持者として、事業ベンチャーの「残余リスク」を引き受け、そして自らの利害を少なくとも契約を通じてつらぬく。株主価値を最大化するガバナンスの構造と慣習が、株主によるリスク引受けに対する報酬（残余利益）をもたらす一方で、労働者と原料などの供給者、製品などの需要者、債権者といったより上級の要求権者の保護と満足をも保証する（Williamson 1993）。残余収入に対する請求権を有し、会社価値の増大と利害が一致する株主だけが、会社ガバナンスと意思決定上の諸費用を削減できる（Kraakman 2001）。それゆえ、「株主の至上権」こそ、「資本主義の精神であり、資本の論理であり、真の資本主義の確立である」（若杉2001）。

以上のような「株主の至上権」をかかげるコーポレート・ガバナンスの主張は、しばしば「株主資本主義」（シェアホルダー・キャピタリズム）と呼ばれる。それに対抗して現れた「利害関係者資本主義」（ステイクホルダー・キャピタリズム）の主張は、次のことを問題にする。つまりひとつの株式会社組織において、一連の利害関係者（ステイクホルダー）が存在する。会社の経営者と株主とならんで、会社の従業員、会社の生産する製品に対する需要者（消費者）、会社への部品・原料などの供給者、そして銀行など長期、短期の金融債権者である。これらの利害が、如何にバランスを良く維持されるか、ということが、コーポレート・ガバナンスとして重要な課題になる（この利害関係者のなかに、地域社会、環境問題、景気や企業課税の動向、失業率など国家や社会一般の利害関係を含めることはしない。概念が曖昧になってしまうから）（Cambe III997）。

「株主資本主義」と「利害関係者資本主義」とは、両者ともに「理念型」を掲げて実践（政策実現）を目差す「市場原理主義」（プラグマチズム・政治主義）のゆえに、互いに二律背反（相互に矛盾し対立する二つの命題が、おなじ権利をもって主張されること）に陥ってしまう。後者からすれば、前者は、会社利害関係者の一員に過ぎない株主に不当な特権を与えている。前者からすれば、供給者、債権者や従業員の契約上の権利を尊重し、その利害関係の保護は十分に折込済みなのに、後者は、彼らの利害に不当な優先権をみとめ、法律上制度上認られる株主の資本所有権（支配権つまり従業員の雇用・解雇など契約上の義務・権利をふくむ）を侵害する。このような二律背反は、いずれか一方を選択する二者択一か、あるいは、「株主資本主義」をイギリス、アメリカモデルとし、「利害関係者資本主義」をドイツ、日本モデルとすることによって、折衷的に回避できると考えられるかもしれない。しかしわれわれは、そのいずれの方法もとらない。われわれは、両タイプの普遍主義的市場原理主義的な政治主義アプローチを放棄して、三段階論上の現状分析的方法に立ち帰る。

1980年代以降における証券市場のいっそうのグローバル化に伴って勃興する新自由主義の主要な一環をなしたコーポレート・ガバナンスキャンペインは、株主至上主義あるいはステイクホルダー利害のバランスという目的を達成することができなかった。それは、経営と所有の分離も、それをもたらす経営者と株主との情報の非対称性も全く克服することはできなかった。逆に新自由主義の市場原理主義はいわゆる規制緩和（改革）という政治主義によって経営者支配をさらに強化・拡大させた。結果的に、アメリカで1930年代に禁じられたユニバーサル・バンキングの復活に伴い、幾多の金融危機と一次大戦以後の脱資本主義的な法人企業に固有の代理人問題が再び頻発した。財政赤字がさらに悪化するとともに、世界中で所得格差が猛烈に拡大し、失業率や移民の増大がもたらされた。

新自由主義的コーポレート・ガバナンス論は、レッセフェール国家と市場原理そして資本所有とコントロールの一体性（19世紀の資本主義黄金時代）の復活を求めたかもしれないが、そのための歴史的条件はすでにとっくに消滅していた。新自由主義を主張する新古典派経済学は、普遍主義かつ市場原理主義のゆえに、一次大戦以後、また二次大戦を経て、国家の介入と世界的政治経済システムのもとに、経営と所有を分離する脱資本家的企業が大きく発展している事実にかんして、気が付くことも認知することもできなかった。

現代の脱資本家的株式会社に対する無理解ゆえに、人々は、新自由主義的グローバリゼイションが、2016年ごろ、突然アメリカを始め世界中で生み出したものが、それと対極的なもの、極端なナショナリズム、いってよければヒットラーもどきの「国家社会主義」の再現でもあり得るという点に驚愕した（対極的、といったが、両者は、脱資本家的経営者社会をベースとするものとしては、まったく同一のものであることに注意されたい）。新自由主義的グローバリゼイションが実際にもたらしたものは、アメリア社会を含めあらゆる社会形態がその存続のために確保しなければならない経済原則の実現を全面的に損傷しかねない（実際に人々の生活と社会を相当に破壊した）ものであった。生活を破壊された所得不平等の被害者を超えて多くの人々が、少しでも生きがいのある真面な社会を復活させるために、新自由主義的グローバリゼイションに代替して、失業率の低下や貧困問題の解決、生活の安定性の回復など現実的に経済原則を達成しうる（実際にはその保証は何もないにもかかわらず）本当に強力な国民国家の存在を求めたのである。

証券市場のグローバル化と機関投資家

一般的に、成熟経済の進展とともに、賃金や報酬が国民所得にしめる割合と退職所得（年金給付）に向けられる家計の貯蓄割合が増大する。こうして、労働所得を規制するそのやり方は、貯蓄がバンキングシステム（公的、私的機関など）に流れ込むか、または市場向きの有価証券に入って行くかどうかに影響を及ぼす。アメリカで設立された任意制の年金基金資本化（積み立て方式）制度はイギリスと同様に、源泉徴収による社会保障や非資本化の企業年金にもとづくドイツと日本の連帯的（賦課方式）年金制度よりも、市場向きの有価証券に対してより高い需要をもたらした。また一般に、より豊かな家庭は、低・中所得家庭よりも、市場向きの証券に対してより大きな需要をもたらす傾向があった。それゆえドイツと日本に於けるより平等な所得配分は、（アメリカの場合に於けるよりも）銀行預金（非流動的な長期預金をふくむ）に対して、より大きな需要をもたらした（Vitols 2001）。

イギリスとアメリカでは、1960年代以来、証券市場が復活し、ますます発展するとともに、巨大株式会社における個人・家族株式所有の割合が継続的に低下したが、それを埋め合わせる形で、年金基金や生命保険料、ミュウチャルファンドを運用する機関投資家の投資が増大した。機関投資家は、リスク回避のために、投資を多数の大企業に分散させた。そのために、株式所有の分散化はますます進んだ。それに対して、経営者は、配当抑制、利益の内部留保による自己金融をいっそう進め、会社に対する支配を拡大した。自己金融は、中・長期的に株主価値を高めるので、機関投資家は、配当金の抑制はキャピタルゲインの獲得によりカバーすべきものと考えていた。

しかし1980年に入って、アメリカでは、株式投資のリターン（キャピタルゲインを含む投資利回り）の最大化をもとめる機関投資家が、その方法として一般的に使われてきた「ウオールストリート・ルール」（値上がり益を含めた利回りが高くなりそうな株を買い、利回りが低迷しそうな株を売って総合的に利回りを最大化する）を維持することができなくなった。年金基金など運用資金が膨れ上り、自らの株式取引自体が株価を期待とは逆の方向に動かす（買おうとすれば高くなり、売ろうとすれば安くなる）ようになったからである。機関投資家は、投資利回りの最大化のために、投資先企業の買収・リストラ（ダウンサイジング、アウトソーシング）や徹底した業績改善、労働生産力・国際競争力増進などによる株価の値上がりに期待を寄せ、経営陣に対する影響力の増大を求めるようになった（田村2002）。

機関投資家は、ますます金融資産を集中し、幾多の法的規制のもとに、バーリ・ミーンズ型株式会社組織に特徴的な株式所有分散化の進行を逆転させようとした。これが、イクジット（売り逃げによるキャピタルゲインの追求）からボイス（経営者に対する発言）へと、株主・経営者関係のあり方を大きく変えた。アメリカの多事業部門を有するＭフォーム大企業（コングロマリット）は、プライベート・エクイティ（未公開投資・持ち株）会社によるレバレッジド・バイアウト（ＬＢＯ、買収対象の企業の資産、あるいはそれが将来生み出すキャッシュフローを担保とする負債で買収資金の大半をまかなう買収方法、銀行の貸付が、所有権市場・証券市場に関与することになる）買収の標的になった。１９８０年代必ずしも敵対的とはいえない買収の結果として、多数の巨大株式会社組織がリストラを被るとともに、株式会社形態にかわる新たなパートナーシップ形態の巨大企業が増加していった。

銀行は、互いの合同によって規模を拡大しつつ、小売や商業銀行業から仲買業と投資銀行業務にいたる全範囲にわたる金融サービス戦略を強化した（これが、１９３３年以来のグラス・ステーガル法の形骸化と州間支店制限のスクラップをもたらした。前者は、１９９９年にグラム・リーチ・ブライリー法によって廃止）。アメリカとますます投資銀行業務を拡大するドイツにおいて、ユニバーサル・バンキングの広範な復活が見られた。ユニバーサルバンキングの発展のゆえに、両国において金融システム上、銀行ベースと市場ベースとのハイブリッドが生まれた。同時にアメリカに起こった新自由主義は、機関投資家による資本所有権の分散から集中への転換に伴って、労働者利害に対抗して経営者・資本利害を有利にさせようとする傾向があった。しかしその反面で従業員と経営者との協同も生まれた。たとえば、会社の乗っ取りに対する抵抗において労働者利害が動員され、保護的な反買収立法を強く求めることにおいて経営者利害と共同した。

二　分岐するガバナンス・システム

トニー・ブレヤーのプラグマチズム

イギリスでは、１９８０年代において、自由奔放な実利主義（貪欲は善）の風潮とともに、猛威を振うブル（価格を上げようとして株の買いをあおるような）マーケット、ロンドン証券市場を世界に開放したビッグバン、一連の大規模なプリバタイゼイション、これら三つが累積して、ロンドンシテーを、１７２０年代の南海バブル以来かって知られたことのないほどの国家的動静の中心におくことになった。ロンドン証券市場は、ニューヨークなどの証券市場とむすびついて、ますますグローバル化した。イギリス経済は、全体的に、製造業からサービス産業、特に金融業に転換していった。長期にわたり時代遅れのまま沈滞していたシテーが急速によみがえり成長しはじめた。

ロンドンシテーは、アメリカナイズされ、新しい全生活の仕方、新しい価値観の象徴となった。シテーは、１９９0年代中ごろに、サッチャーの新自由主義に反対する労働党の「利害関係保有者（ステイクホルダー）」スローガンに対抗して、アメリカで普及していた株主価値スローガンを導入した。90年代を通じて、株主価値スローガンは、シテーで活躍する機関投資家、シテーで信任を得たいと望む経営者など、すべての関係者にとって、非常に魅力あるものとなった。それは、端的で、懐疑を許さない表現であり、そして何よりも、ますますアメリカナイズされる世界におけるアメリカ人的なものの見方をよく示していた。トニー・ブレアは、自ら華々しく打出した「ステイクホルダー」スローガンを、総選挙の数週間まえに、強力な既得利害（利害関係者の利害は、シテーの利害より強力というわけでは決してないはずだが）は守らないというプラグマチックな決定を下して、ほとんど投げ捨ててしまった。そしてブレアのもとで政権党になった労働党は、通貨政策のコントロールをイングランド銀行に全面的に任せることによって、金融市場との信頼関係をさらに強固なものにした（Roberts & Kynaston 2001）。

イギリスでは多数の住宅金融組合（組合員の出資金を、住宅を取得する組合員に土地を担保に貸し付ける）が、規制撤廃によって、ハリファックスなど四大株式商業銀行へと整理・転換・統合された。伝統的な四大商業銀行（ロイド、バークレー、ナットウエスト、ミッドランド）は、国の内外からの激しい競争に直面して、商業銀行業務を改善するとともに、合併によるシナジー効果を求めて投資銀行業務を大胆に導入した。イギリス版のユニバーサル銀行の発展である。しかしそれはほとんど十分な成果を収めることができなかった。イギリスでは、19世紀以来、両銀行業務がそれぞれ専門化され、まったく別々の企業文化のもとに発展してきた。そのため、両業務の統合は、困難極まりのないものとなったのである。しかしミッドランドだけは、１９９

2年にHSBCに買収されたうえで、投資銀行業務を拡大した。HSBCは、香港からロンドンに本拠を移し、さらに「グローカル（グローバルかつローカル）戦略」を発展させた。

ドイツでも進んだ株主価値重視

ドイツでは1990年代にはいって、資本調達を、国内よりも、ますますグローバル化する資本市場に求めるようになった。ほとんどの大会社（ダイムラー、エネルギー・電気通信・化学グループのVEBAなど）が、それによって株主価値の増進に積極的に努めると宣言した。この点で、1993年、ドイツ最大の産業グループであるダイムラー・ベンツが、ニューヨーク株式取引所への上場をかちとるために、アメリカの会計・ディスクロージャーの必須要件を採用する決定をしたことは、象徴的であった。これにより、伝統的なドイツ会計基準によれば大きく仮装されるはずの相当な損失が暴露された。こうして、ダイムラーでは、効率性を高めるべく劇的な変化を求める圧力が一挙に高まった。多角化を促進する会社の政策は、放棄された（The Economist 1996）。

ドイツの資本市場における銀行の支配（銀行ベース・システム）は、つねに、敵対的な企業の買収というようなアングロ・サクソンの金融慣習に対立して作用してきた。だがその抵抗もついに腐食しつつある、といわれた。鉄鋼のホルシェや包装紙のフェルデムーレのようなよく知られたドイツ企業が買収された。一方、株主アクテビズム（ものいう株主）が、シーメンズやダイムラーのような巨大企業の年次株主総会において発生した。単一支配株式保有者というドイツ特有のパターンも、また変化しつつあった。ダイムラーは、その資本の25％が、特別な持ち株会社に保有される場合には、防衛的な姿勢をとらないことを決定した。ドイチェバンクは、ダイムラーの所有株式を25％にまで引き下げることに同意し、コメルツバンクも、その長期にわたる保有株式を若干売却した。今や、ドイツのすべての投資家が、ある会社の5％以上の株式を保有する場合について詳細な公表を義務付けられるようになった。

ダイムラーなどによる制限的な投票調整（単一支配株式保有）について不満を述べていた株主は、国内の株主ではない。カルパーズ（カリフォルニア・パブリック・エンプロイー・リタイアメント・システム）はまた、年次株主総会で会社の投票権について、コングロマリットRWEの経営陣を公然と非難した。カルパーズのような巨大年金基金の影響は、決して小さいものではなかった。ドイツ諸会社の売買可能な株式の約40％が、1996年には外国人の手にあったた。ドイツの経営陣は、諸会社がキャッシュ・リッチであった80年代には、外国の所有者を無視する余裕があった。しかし、国内経済が不況になり、利益が厳しい圧力のもとにおかれるとともに、国際資本へのアクセスがとつぜん重要になった。

ニューヨーク株式取引所や合衆国株式取引委員会の必要条件を満足させる上でなんら必要がない場合でも、多くのドイツの法人企業が、デスクロージャーを改善し、よりおおくの寛大な配当政策を適用するようになった。１９８９年のドイツ統一による財政上の圧力が、ドイツのプリバタイゼイション・プログラムを加速化させ、その株の売却による政府の収入を最大化するために、外国の投資家が必要とされた。また人口の高齢化によって、より多くの年金保険料が、国家から年金支給協定基金に移転され、株式に対する需要が増大した（The Economist 1996）。

しかし、よりオープンな資本市場（証券市場）への一般的な傾向にもかかわらず、株主総会の本来の代理機関である監査役会が、経営陣を動かし、企業リストラを進めるという点では、イギリスやアメリカに比べれば、遅々たるものがあった。ドイツ産業の成功の多くは、明らかに、会社内における経営陣と労働者との調和的な関係と、そして外部つまり、銀行、供給者、政府、コミュニティーとの長期的コッミトメントにもとづいていた。この長期的コッミトメントという点では、アメリカでは、機関投資家が、特定の企業に「縁故関係投資」をし、取締役と継続的な対話をする、という関係が新らしく生まれてきた。しかしそれはドイツではそうなる傾向は強くないとされた。ドイツ金融システムの生来の保守主義が、急激な変化を許さないからである。銀行は、その強力な既得権にもとづいて投資銀行業務を拡大して、ユニバーサル化をさらに進めた（Financial Times 1993.4.9）。コーポレート・ガバナンス論争は、１９７0年代以来の共同決定制度にはいささかのキズもつけなかったとされるし、また株主利益から経営者・労働者・銀行を保護するその因襲的体制にもかかわらず、ドイツのネオ・コーポラテイズムには、最小限の株主価値重視に転換するために十分な柔軟性と順応能力が存在していることが認められている。年金制度の改革も進んでいる。

日本の株価収益率（ROE）革命

日本の銀行ベース金融は、１９８0年代後半に、財テク・バブル経済をもたらし、ひたすら不良債権を累積する体制に転化した。担保に取る株と土地の価格が暴落すれば、銀行債権は、直ちに不良化する。90年代に入り、日本の銀行ベース・モデル企業も同様に、証券市場の圧力を受けるようになった。旧来の企業グループと系列が解体し、再編成し始めた。金融上の圧力のもとに、企業グループ内のパートナーがその持合株を売り始めた。コアー労働者の永年雇用も脅かされるようになった。会社は、強い円や日本製品に対する海外の保護主義の脅威に対処し、またより安い労働費をもとめて、生産を外国に移動させ始めた。日本経済新聞（１９９４年）は、製造業の59％が、海外生産をふやす意志があることを明らかにした。野村研究所は１９９８年までに、日本の五大電機グループの生産の約40％が、海外で行われると推定した。日本企業でも海外進出とともに、株式価値増進の唱道者が増えてきた。三菱商事（最大の総合商社）によって率いられる会社が、金融上の規律強化のため、ＲＯＥ（株主資本収益率）重視に転換することを宣言した。ＲＯＥ重視の圧力は、より一般的に、従来は日本の会社の株式保有から低い収益しか受取とらなかった年金制度にも及んだ。日本社会の少子高齢化とともに、年金財政も赤字を累積し始めた。会社が年金基金の運用に対してより高額の配当をだす場合にのみ、この赤字の幾分かの解消も可能になる。もし、日本の会社が株主価値重視を怠れば、年金基金は外国の資本市場に向かうことが当然に予測された（The Economist 1996）。

「土地と株」のバブルがはじけ不況が長引くなか、橋本首相はビックバンを断行し、銀行の証券業務を禁じる規制を改めてユニバーサル・バンキング体制を復活させた。また純粋持ち株会社を禁じる独禁法第９条が、不況に苦しむ財界の強い要請によって、１９９７年12月、50年ぶりに改正された。企業のリストラをすすめ、不況を克服するために、ともかくコーポレート・ガバナンス改革が追求された結果であった。キャノンなど、株主価値重視を明確にする会社もあらわれた。銀行の合併による金融持ち株会社の成立とともに、旧財閥に起源をもつ水平系列企業グループが相当に崩れ、それをこえる純粋あるいは事業持株会社を軸とする企業グループ組織の新たな再編成が進んでいった。

１９９０年代中ごろから、株式総保有にしめる持合い株の割合は、94年までの50％以上から、99年以後の40％以下にまで下がった。古い銀行システムも、同様に崩壊した。銀行は、企業をコントロールするための金融上の強さに欠き、資本を縮小させた。銀行は、自分のビジネスが生み出した混乱（不良債権の累積）のゆえに信用を失っていることによく気がついており、そのため慎重になりすぎ、自信を失って貸し渋り・貸しはがしに奔走した。日本の資本市場は、急速に成長してきたが、機関投資家が会社に対して真の圧力をかけたり、あるいは合併や乗っ取りが行なわれるようになるまでには、まだ相当時間がかかる、と推定された。株価は、不良債権の累積とあいまって、長期に低迷したままであった。

日本的コーポレート・ガバナンスは、外部的チェックがますます真空状態になっていた。この状況のもとで、会社が、系列の足かせから自由になり、自ら内部的な改革を通じて、事態を有利なものに転換できるかどうかは、相当に疑わしいこととされた。系列下の工業会社は、多くが相当の過剰設備を抱えていた。会社は、長期的な戦略のもとに、わずかなコアービジネスを選択し、それに集中することにより、自らを再構築しなければならないとされた。住友セメントと大阪セメントの合併など、再構築に成功した事例もあるが、合併したほとんどの企業が、銀行の合併の場合と同様に、コスト高と過剰稼動力（資産インフレ）を整理し、利益の上がるビジネスへと転換することに成功したとはいえない。

取締役会に対する外部チェック機能を少しでも強化する目的で、商法が改正され、2003年6月から、アメリカスタイルの三委員会構成（報償、指名、監査の委員会を、社外取締役のもとに設置する）が導入された（2005年の会社法に編入）。機関投資家の国際的団体が、コーポレート・ガバナンスのグローバル標準に従うように、日本企業に対してより大きな圧力をかけたのである。この商法改正は、日本の法人企業の所有権をより大きく外国の投資家に開放し、会社経営に対するより積極的な株主関与の余地を増大させるねらいを持っていた。しかし、それが、日本的コーポレート・ガバナンスを実質的に変える（あるいは変える必要性を明確にする）上で、どれほど実効性があるかは、きわめて疑わしいものとされていた。しかも、これは強制ではなく、任意制である。これらの理由もあって、6月の株主総会で、その制度の採用を決定した上場会社は、東芝など36社と極少に近かった。(注)

(注) 東芝は、ウエスチングハウスによって展開したアメリカなど海外の原子力発電所建設において巨額の損失をもたらし、2016・7年にかけて最大の経営危機に陥った。この子会社に対する東芝本社の、あるいは本社自身に対するコーポレートガバナンスのあり様が大きな問題になったが、事態の深刻さは、明らかに通常のコーポレート・ガバナンス論議の次元を超えていた。2013年3月11日の想定外の巨大地震による福島原発事故の後、世界中で原発建設や危機管理の費用が高騰したことが、東芝のウエスチングハウスによる原発事業の危機をもたらしたからである。この意味において、もともとコーポレート・ガバナンスとは（「企業統治」と和訳されるように）、シェアホルダーかステイクホルダーかといった理念型論議に矮小化されるべきものではない。それは、様々な深刻な状況変化に対して、国家や世界政治とともに機敏に対応すべく、法人企業の

死活をめぐる現状分析上の課題をなすことが、より明確にされる必要があろう。

ともあれ製薬グループの山之内など、多くの会社が、40％以上を外国の投資家によって所有されるようになった。ソニーやオリックスなどのようなアメリカで上場する会社は、すでに、エンロンなどのスキャンダルに続いて強化されたアメリカのコーポレート・ガバナンス規制にしたがった。しかしその一方で、トヨタなど、多数の優良企業が、アメリカスタイルを導入せず、従来の制度を基本的に保持しながら実質的な改善を断行する道を選んだ。これは、機関株主による株主価値維持とともに、むしろ中堅従業員の活動を重視する新「日本型コーポレート・ガバナンス」（井伊2001）の大いなる可能性を示唆するものといってよいかもしれない（ただし同書は、従業員・労働階級を分断し、のちに現れる派遣社員などの労働所得不平等化を正当化する理論を提供する可能性を十分に持っていた）。

分岐する労働関係

１９８０年代以降のグローバル化は、各国のコーポレート・ガバナンス体制にいかなる影響を及ぼしたか。グローバル化は、しばしば、盲目的かつ抵抗不可能な諸力によって、国民的な経済政策・制度・慣習を打ち破り、また規制緩和や自由化を強引に押し付ける一種の経済的不可抗力とみなされてきた。しかし現実的には、グローバル化は、国民的諸制度を打ち砕いてしまうわけではないし、また、逆にそれらを全く変化させないで、従来のまま独立した状態で放置しておくわけでもない。また国際的市場の冷酷な競争圧力のもとにおいても、株式会社組織にとっては、自らの国民国家を地理上、組織上の両面で、存在と活動の根拠地にすることについては変わりはない（Cioffi and Cohe 2001）。

国家によって提供される法律は、コーポレート・ガバナンスの制度構成上の決定要因であり、この制度的構造が、対立する諸利害や株式会社組織内の権力関係を規定し調停する。政治は、所有権の集中または分散とともに一定の経営構造を呼び起こす特定の労働関係を決定する。法律と政治は、世界中で多くの様々なコーポレート・ガバナンス形態が、一次大戦以後の「自己金融の肥大化」および「所有とコントロールの分離」の経路依存的性格を共通に有するにもかかわらず（図表6参照）、さらにまた二次大戦後における生活および労働生産力水準上昇の一様化にもかかわらず、完全に収斂することに抵抗して、これほどまでに執拗に生き残っている主たる理由である（Roe 2003）。特に１９８０年代以降の証券市場のグローバル化も、自己金融の肥

図表6　自己金融比率の国際比較

A=1977-80、B=1981-89

	イギリス		ドイツ		合衆国		日本	
	A	B	A	B	A	B	A	B
負債	23.4	30.4	33.2	18.4	35.1	33.7	56.3	54.2
短期負債	22.9	21.3	—	—	22.0	10.8	42.2	32.4
長期負債	0.5	9.2	—	—	13.1	22.9	14.1	21.7
株式発行	9.1	13.2	66.8	81.6	3.6	–5.3	5.1	6.4
内部資金	67.5	56.4			61.3	71.6	38.6	39.5

（Dismale and Preverser 1994）

・自己金融比率は、上場会社における投資資金に占める内部資金の割合の平均値。
・ドイツでは、徴収される年金保険料が自社株の購入に向かう。この点は、従業員の監査役会での投票権の実質的根拠とみなしうる。
・日本では、銀行借入が高率の分、自己金融比率は低い。

大化にもとづく「所有とコントロールの分離」（代理人問題）という現代株式会社に共通する性格を維持しながらも、それぞれの労働関係をめぐる法律的政治的環境のもとで、各国ごとに異なるコーポレーガバナンス形態を生み出すことになった。

イギリスでは、労働関係は、流動的であり、柔軟性をもつとされるが、社会民主主義の強い影響のもとに、最終的には労働法によって安定化される。その一方で、銀行より証券市場が優位にたつ金融システムのもとで、会社の所有権は分散している。機関投資家は、イギリスの年金基金の運用によって、分散所有権を促進する。会社従業員の契約上の権利は、個々の労働者に対する一定の法的保護および交渉と討議のための集合的な権利（労働組合）によって補強される。これらの労働法上の権利の多くは、個々の会社のレベルでは、ほとんど作用しない。特に集合的権利は、仕事の場所（工場またはプラント）、または個々の会社を超えて産業部門など多数雇用者ユニットに付帯される傾向がある。労働党（イギリスの社会民主主義）は、ドイツ事例にそくして、従業員代表の取締役会への参加を主張したが、CBIのコーポレート・ガバナンス委員会（1998年のハンペル報告）は、これを完全に拒絶した。その理由は、次の二つである。第一に、労働者は、法制上、十分保護されている。第二に、証券市場では株主価値重視が叫ばれており、従業員代表を含むような役員会では、株主価値を生み出すことに役員会の主たる責任があるという点が、曖昧にされ見失われてしまう（Financial Times 1996）。

ドイツでは、労働階級は、産業別組合が強い力をもつとともに、直接ガバナンス機関の中枢に参与している。労働者と株主利害関係者の代表が、それぞれ半数の議席を占めることによって、上級役員会（監査役会）で共存している。この共同決定制度においては、直接労働ブロックに対抗するために、株主利害が集合しなければならない。会社の戦略的な意志決定に労働者を参加させることは、労働者が会社に協力的になる環境を助長する。また合理化のために仕事が削減されるといった困難な決定がなされる場合でも、資本側とならんで、労働者の支持のもとに合理化を遂行することが保証される。ドイツの課税ルールは株式ブロック所有権に有利であるとされる。現代ではドイツの銀行は、証券市場の発展をむしろ妨げてきた。こうして労働関係が安定化する一方で、銀行優位の金融システムのもとで、会社の所有権が集中する。ドイツにおける共同決定制度と所有権の集中は、社会民主主義（政治）が制度を生み出すというテーゼのもっとも明瞭な証明になる（Roe 2003）。

アメリカでは、ドイツやイギリスと異なり、ビジネス企業に対する社会民主主義の影響は弱い。このことが、アメリカ的な特徴を有する大公開会社の興隆と永続的な優位性のための重要な政治的先行条件をなしている。アメリカは、ドイツと同様な労働争議をほとんど経験しなかった。労働階級はガバナンス・システムに直接関与することはまずないし、相当量の株式を所有することも、いわんや取締役会に関係することもない。経営者市場が発展するとともに、労働市場が全国的流動的で雇用が柔軟性に富むことが、アメリカ会社の労働関係を安定化させた、といえる。その一方、アメリカの政治は、歴史的に、それほど強力なものとはいえないが、証券市場優位の金融システムを作り出した。こうして所有権が分散（ブロック株の所有または家族所有の消滅）し、また多くの事業部門を有する大規模公開会社が発展した（Roe 2003）。

日本の永年雇用や年功序列型賃金は、労働関係を安定化させ、社会的な安定性を達成する他国とは別のやり方を示している。日本では、これらの構造は、二次大戦後の激しい紛争（1945～1949年の東芝争議がもっとも有名）の時代を通じて生れ、そして成功したものである。日本は、多くの従業員に永年雇用を約束することによって、戦後の労働平和を実現した。永年雇用制度、内部昇進者が優位を占める取締役会の構成、行政に指導され郵貯としばしば競合する銀行優位の金融システムと企業集団のもとにおける所有権の集中、これらは、相互に適合している。日本では、取締役は、永年雇用を保証されるインサイダー（従業員）のなかから選出され、会社を管理運営する。取締役は、従業員に永年雇用を保証する一方で、株主への配当を著しく抑制し、利益を内部に留保する。全体として多数多種類の事業体を有する企業集団（系列）は、個々のメンバー企業に対して、所有権を集中して、状況次第で、銀行とともに、その所有権コントロールを行使する（Roe 2003）。

収斂としての「所有とコントロールの分離」

イギリスやアメリカのシステムのように、生涯にわたって、仕事の保証が得られない労働者ならば、他の会社で有利な雇用機会を増大させるような技能を獲得することに、より強い動機がはたらく。それに対して日本やドイツのように、生涯にわたり仕事を保証されることは、従業員がその会社の内部では評価されるが、その外部では限られた価値しか持たない技能の獲得に、時間と努力を費やすことに、より強い動機を与える。

いずれの国の公開会社でも、労働関係の安定化は、株主と経営者の結びつきを虚弱なものにし、資本と賃労働との対立を深める傾向がある。経営者は、なるべく多くの労働機会を提供することによって、労働関係を安定化させせようとする。そのために、市場がもはや会社の生産可能力とつりあわないような場合にさえ、資本の整理と生産規模の縮小（労働者の解雇が生ずるかもしれない）を避け、むしろ生産規模を拡大し、リスクをとることを先送りにする傾向がある。つまり経営者の活動は、雇用を安定化させる代わりとして、リスクをとるゆえに利益を最大化するという株主本来の目標に反する傾向がある。自由裁量権をもつ経営者の活動は、株主の利益最大化目標から逸脱しがちである。ドイツやイギリスでは、社会民主主義的な圧力が、このような経営者の志向を容認しさらに強めることは、明らかである。ここでは、社会民主主義が、株主と経営者の間のギャップを広げるように無理やり割り込んでくる。しかしながら、社会民主主義の影響力が弱い日本やアメリカでも、経営者が、株主利益の最大化よりも、雇用や生産の規模の拡大を自己目的化する傾向は存在する。株主と経営者の間のギャップの広がりは、まさしく一種のエイジェンシー・コストを増大させる。こうして、しばしば、労働分配率や経営報酬の増大に対して、資本分配率と株主価値の低下が生じる（Roe 2003）。

このように、大規模な公開会社は、所有とコントロールの結合が虚弱になり、両者の分離が行き過ぎると、非常に不安定な状態になり、株価が下がり、さらに買収されるとか、破綻するとか、危機的事態に追い込まれる。所有権の分散化と証券市場が深く関連しているアメリカやイギリスの公開会社は、特にそうである。しばしば、経営者の活動が株主の目標と異なってしまうので、前者を後者にしっかりと結びつけることが、アメリカのコーポレート・ガバナンス改善では、中心的なテーマとなる。経営者を分散した株主と同盟させるために、動機付け報酬や会計上の透明性(エンロン破綻に見られるその失敗は、その手法の重要性と欠陥の両方を浮かび上がらせた)、敵対的な買収、強力な株主価値最大化ノルマなどの新式手法が駆使される(Roe 2003)。

社会民主主義が弱い場合には、所有と経営・コントロールの結びつきをしっかりしたものにすることに対して、妨害するものはなにもない。しかし、日本やドイツでは、純粋な株主価値の追及は、会社の目標とはされていない。経営者を分散する株主と同盟させるアメリカの新式手法も、たいていは誹謗中傷される。ドイツや日本では、公開会社は、経営上より高いエイジェンシー・コストを有することになる。そのため、大きな株式ブロック保有(所有権の集中)が、これらのコストをコントロールするために、残された最良の方法として、生き残ることになる。これらの国では、アメリカなどのような所有権の分散でなく、その集中が、エイジェンシー・コストをコントロールすることと、強く関連している(Roe 2003)。

三　LBOアソシエイション

1980年代の企業買収ブーム

一次大戦以後、経営者の目標は会社を所有する株主の目標としばしば衝突してきた。1930年代以来制定された法律と規制は、株式会社所有者の利益をひんぱんに犠牲にして、事実上会社権力の大部分を経営者の手中に置かせるようになった。同時に取締役会はもともとは株主の利害を守るために作られた代理機関であるにもかかわらず、経営者に従い株主の利害を無視する傾向があった(Jensen 2000:9)。こうした中で、合衆国の最大会社の多くが、成熟する、ないしは衰退するビジネスの売上高や収益を維持するための絶望的な企てにおいて、あるいは、コアービジネス中心に多角経営化することにおいて、大幅な過剰投資に、すなわち法人企業におけるフリー・キャッシュフロー(税引き後の余剰資金)の浪費に陥ってしまった。GE、IBM、コダックなど多くの著名な法人企業が、長期にわたる過剰投資や過剰職員配置を通じて、巨額な資産を浪費した。これらは広範囲に及ぶ法人企業の内部的コントロールの失敗を反映する事実である。１９８０年代の企業買収ブームと法人企業リストラ運動を引き起こしたものは、大部分、このフリーキャッシュフローに対するコントロールの問題であった（Jensen 2000.12, Jensen 1989）。

公開会社における中心的な弱点と浪費の源は、フリーキャッシュフローの処理をめぐる株主とマネージャーとの衝突である。会社が効率的に活動し価値を最大化するためには、フリーキャッシュフローは、内部に留保されるよりもむしろ株主に配当金として分配されなければならないが、それはめったに行われない。上級管理者はファンドを分配するインセンティブをほとんど持たないし、分配を強制するメカニズムもほとんど存在していない。一方でマネージャーは、一部はキャッシュの留保が資本市場に対して自社の自治権を増大させるという理由で、キャッシュを社内に留保するインセンティブをもっている。しかし大きなキャッシュバランス（資本市場からの独立性）は、競争上の目的に貢献するかもしれないが、けっきょくは浪費と非効率性をもたらす。マネージャーは、キャッシュの留保が自分が経営する会社の規模（価値でなく）を拡大するという理由で、株主へのキャッシュの分配に抵抗する。さらに株式会社の成長は、会社の社会的卓越性、公的な名声、上級管理者の政治的な力量を高める、とみなされている（Jensen 1989）。

１９７０年代末以来特に激しくなったフリーキャッシュフローをめぐる戦いは、公開会社の衰退とパートナーシップ企業（ＬＢＯアソシエイション）の勃興における負債の役割を中心にして行われた。銀行ローン、劣後証券、高利回り債（ジャンクボンド）は、企業買収、リストラ、非公開株式の取引の到来を煽り立てた。合衆国におけるすべての非金融株式会社の借り入れ合計は、１９７９年の８３５０億ドルから１９８８年の約2兆ドルに達した。これらの借り入れに対する利子負担は、法人キャッシュフローの20％を超えた。このような歴史的に高いとみなされた「法人アメリカのレバレッジング」理解が、公開会社の擁護者や新しいパートナーシップ組織形態の批判者の間における懸念の中心に存在していた。

ところで負債は、さもなければ留保しかねない将来の現金支払いをマネージャーに強制することによって、フリーキャッシュフローの浪費を制限する助けになる。負債は実際には配当金の代替であるといってよい。負債は、現金を少ないまたはマイナスのリターン、肥大化したスタッフ、寛大な手当て支給、そして組織上の非効率を伴う会社帝国の建設プロジェクトのために費消する（このような経営者の自由裁量はおうおうにして会社破綻につながる）よりも、マネージャーに対して現金を無理やり吐き出させて、むしろ会社破綻を防ぐ（実際にパートナーシップ企業の破産は極めてマレであった）ことにつながる。

また負債は変化のための強力な手段になる。過度の借り入れを深刻に心配するすべてのものにとって、「借り入れ過ぎ」は、それが会社の解散、ビジネスの一部の売却、会社勢力の少数中核事業への集中といった経済的に道理にかなうものである場合には、望ましくかつ有効であり得る。経営上のキャッシュフローによって債務返済に対処し得ないほどの多額な負債を負う会社は自ら、会社全体の戦略と構造の見直しを余儀なくされる。「借り入れ過ぎ」は危機的な雰囲気を作り出すので、そのもとで、マネージャーは不健全な投資プログラムを大幅に削減し、諸経費を縮小し、会社の外でのより高額な資産処分を要求することができる（Jensen 1989）。

こうして、遅滞していたリストラをおし進めることによって生み出される進展の過程は、より贅肉のとれた、より効率的かつ競争力のある組織を作り出しつつ、負債額を持続できるレベルまで引き下げて経営を健全化させていく。一方で、借入契約条項に対する違反行為は、新役員を舞台に登場させるほどの役員会レベル危機を生み出し、トップマネジメントや戦略に関して新見解を生みだす動機づけとなり、こうして危機的環境への会社の対応を加速化させる（Jensen 1989）。

以上のように、高い負債資本比率を有する限りで、ＬＢＯアソシエイションは、一般的に低い負債資本比率を有する公開会社における「所有と経営の分離」をさらに一層推し進める（資本所有とコントロールの一体化と逆の）もの、ただし、一部無限責任を伴うとともに、経営者をいっそう厳格に債務（ライアビリティー）に服させるもの、といってよいであろう。

パートナーシップ企業としてのＫＫＲ

１９８０年代の企業買収ブームによって、法人企業本部の権力コンプレックスに対して革命が仕掛けられた。コーポレート・ガバナンスのテーマが新聞の一面を飾るようになった。合併、買収、ＬＢＯ（レバレッジ・バイアウト）やその他の資金借り入れによるリストラは、安全な場所に身を置いていた権力者に対する長らく遅滞していた攻撃の開始を意味した。株式会社のコントロールは、永続的な合意手法から、最高額の入札者により所有者の利益が優先される市場環境によるものへと移行した。その結果は、多くの場合において、経営管理者と所有者の間における利害の合致であった。金融の新方法によって大企業でさえ攻撃を受けやすくなった。買収取引規模における一貫した増大は１９８９年、60人以下の従業員を有するパートナーシップとして組織化されたレバリッジ・バイアウト企業であるＫＫＲ（コールベルグ、クラビス&ロバート）による２５０億ドルのＲＪＲナビスコ買収において頂点に達した（Jensen 2000.10）。

　このような買収取引の結果として、しばしば成熟産業や不経済なコングロマットのなかに閉じ込められていた莫大な法人資産に対するコントロール権が、それらの資産をより効率的に使って大きなプレミアムをもたらす心構えのある者たちへと移行した。ある場合には買収者は、買収した資産の一部もしくは全部を他者に売って、プリンシパル（所有者）というよりもむしろエイジェント（代理人）として機能した。多くの場合に、買収者は、（コントロール権の移転に反対な人たちによって「企業乗っ取り屋」の汚名を着せられた）個人投資家とよりも、他の大手公開法人と連携した。この資産売却の増大、大きな利益配当率、そして買収に金融するための多額の負債利用は、資金提供者に対して、多額の自己資本リターンをもたらすことになった（Jensen 2000.9）。

　このようなコントロール活動の結果は明白に、より中小規模の、より焦点を絞った、またより効率的な（そして多くの場合に）非公開（プライベート）株式会社の流行であった。１９８０年代を通じて、資本と資産が強引にアメリカの最大株式会社の外に引きづり出された。その一方で、合衆国の中小規模法人部門は、雇用と資本と設備投資において活気あふれる成長を経験した。そしてこの資本市場が法人資産の大規模な移転をもたらすと同時に、合衆国経済は92ケ月に及ぶ成長と記録的な高雇用率を経験した（Jensen 2000.10）。

　ますます増大する法人経営者から能動的投資家へのコントロール権の移転は、結果的に計り知れない論議をまきおこした。強力な反対は、その権力や影響力が法人リストラの挑戦を受けるグループ、特にビジネス・ラウンドテーブル（大株式会社経営者の団体）、組織労働者、そして富と権力に対する自らの結びつきが弱体化しかけない政治家から来た。メディアは常に一般大衆の意見に機敏に反応し、たいていは誤解によってだが、アメリカのポピュリスト的伝統であるウオール・ストリートの大投資金融業者に対する敵愾心を蘇らせることに成功した（Jensen 2000.10）。

LBOアソシエイション VS 公開会社

ＫＫＲやホストマンリットルといったＬＢＯアソシエイションは、新式の組織形態であり、実質的に新しい統括経

図表７　公開会社 VS LBO アソシエイション

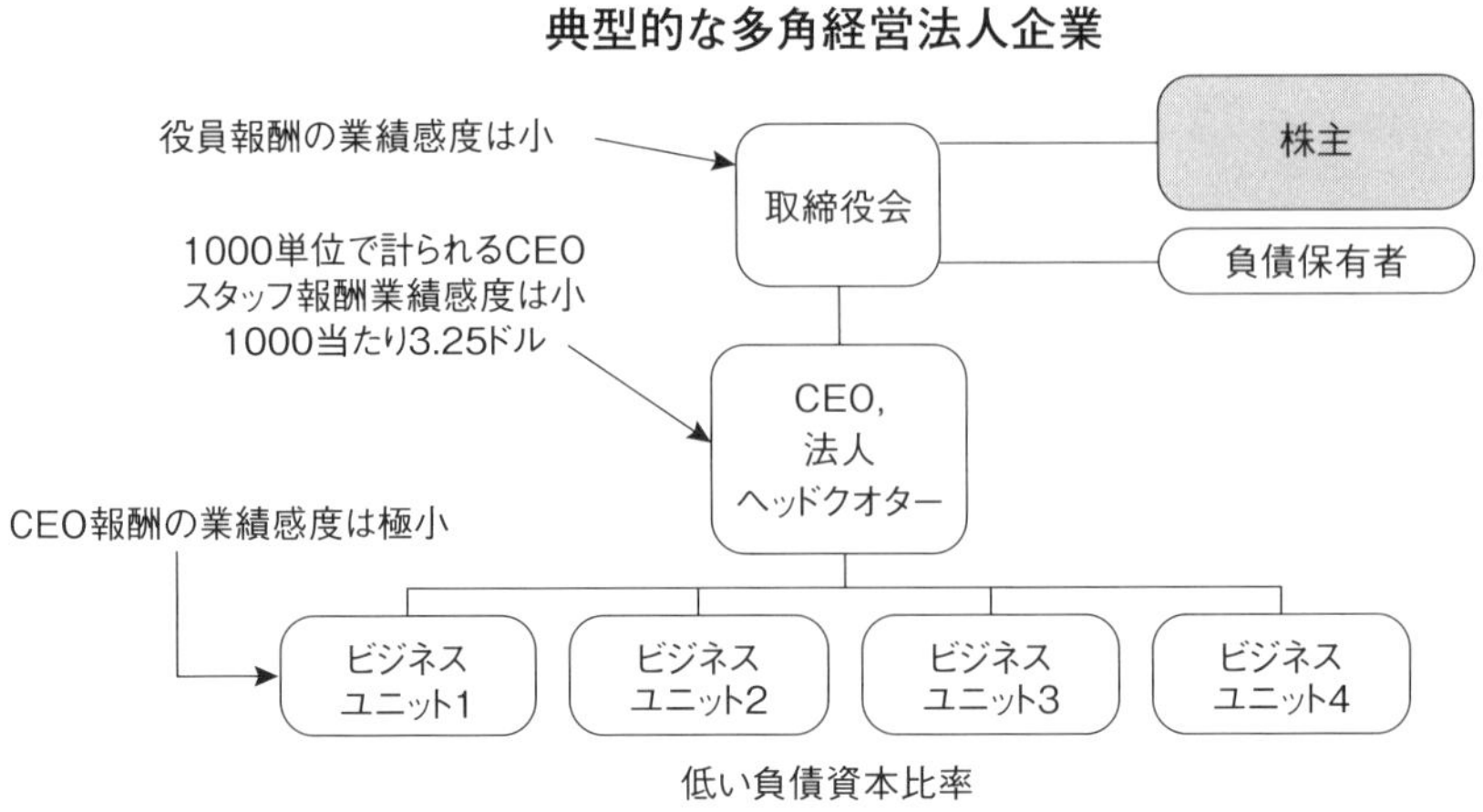

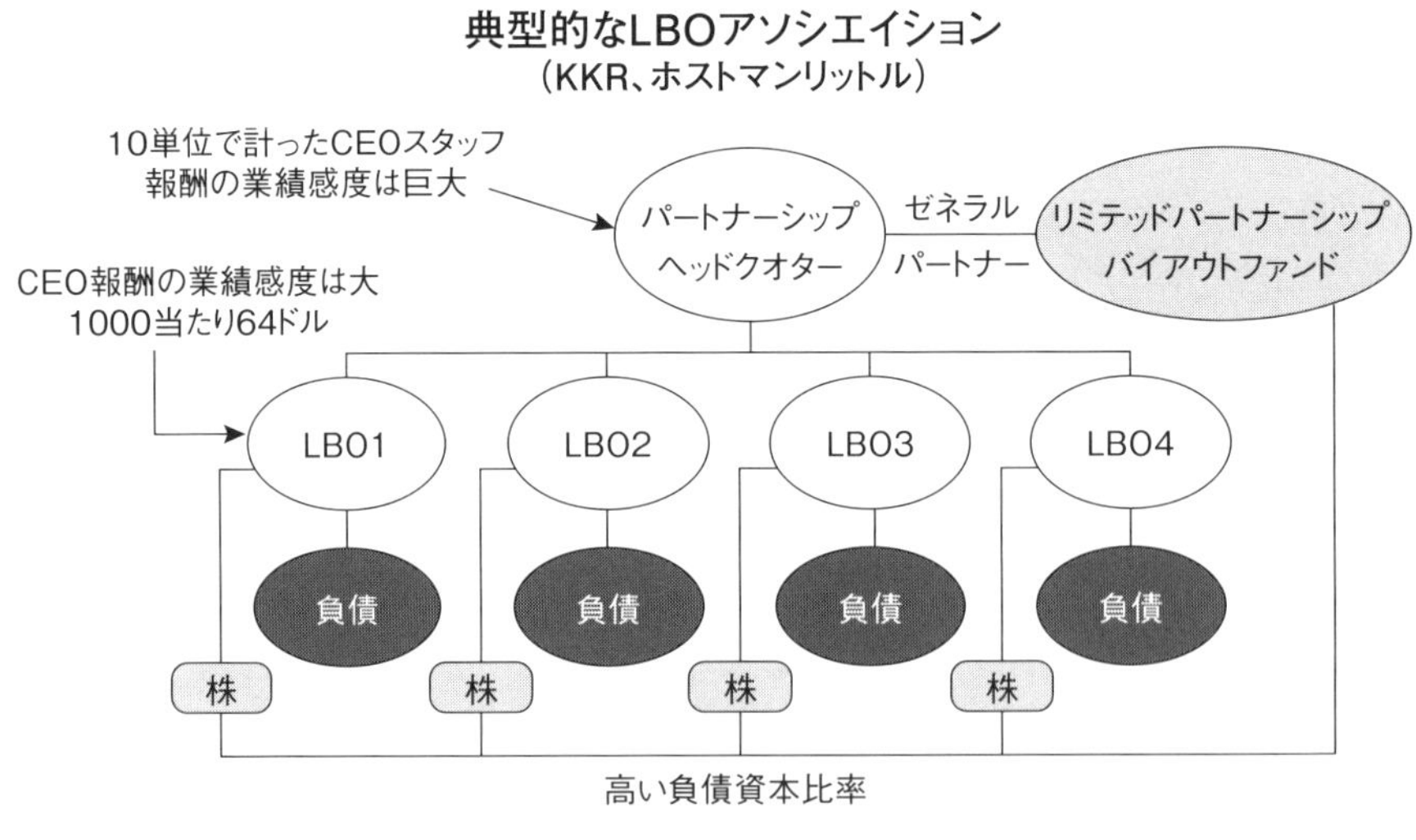

＊組織形態を競い合う、典型的に多角経営化した法人企業と典型的なLBOアソシエイションとの対応関係。LBOアソシエイションは、小規模なパートナーシップ組織によって率いられる。この組織では、（たいてい株式所有権を通じての）報酬インセンテイブと取締役によるトップレベルの監督が、典型的な大手法人ヘッドクオーターの官僚的モニタリングのための大量の株式所有権に対して、代替する。図表では、簡単にするために、それぞれのLBO会社の取締役会は、省略されている。LBOパートナーシップの本部はたいてい、それら自身の名前において、つまりリミティッド・パートナーシップ（無限責任を有するパートナーと有限責任を有するパートナーから構成される）の名前において、株式の60％を保有し、それぞれの取締役会をコントロールする（Bank 2010.69）。

営モデルである。これらの組織は、多くの点で多角化されたコングロマリットあるいは「系列」として知られる日本の企業グループと類似している。日本とドイツの法人企業部門が公開取締役によってモニターされる所有権分散モデルのアメリカ法人企業と著しく異なっていることは、注目に値する。ドイツと日本の両方の国民経済においては、銀行と企業のグループが合衆国よりもより重要である。実際に、ビジネス・ラウンド・テーブルとウオール・ストリートとの間で続いている衝突を理解する一つの考え方は、ウオール・ストリートは今や、典型的なコングロマリットの法人企業ヘッドクオター・オフィスに対する直接的なライバルであるということである（Jensen 2000.67）。

KKRのようなLBOアソシエイションは、コングロマリット組織に対する一つの代替物であり、過去の実績から判断すれば、明らかに大きな効率性増大を生み出した。図表7は、これらの組織形態の間の類似性と相違点を示している。LBOアソシエイションは、複数の事業に多角化された典型的な大株式会社のヘッドクオター・オフィスにかわって、パートナーシップによって経営管理される。これらのパートナーシップは、数千人におよぶ法人ヘッドクオター・スタッフのかわりに数十人に及ぶスタッフによって、監視と最高の調整機能を遂行する。これらのパートナーシップのリーダーは無限責任パートナーとして、結果的に買収ファンドにおける有限責任パートナー投資家および、大株式資本所有者に対して、直接的な受託者関係を有している（Jensen 2000.68）。

LBOパートナーシップは、多くの方法で日本のグループ会社におけるメイバンクの役割と同様な役割を演じる。銀行（そしてLBOパートナーシップ）は、クライアント企業において相当量の株式と負債を保有しており、これらの企業の監視と戦略的な方向付けに深く関与している。さらに典型的なLBOアソシエイションにおけるビジネス単位のヘッドは、ウェスチング社やGEのヘッドとは異なり、相当な株式所有権を有するが、そのことによって、業績感度報酬（株式会社のCEOの平均報酬の二十倍高い）が与えられる。1990年のあるサンプルによれば、平均CEO（各LBOのヘッド）は、6・4％の自分の株式持ち分だけで、株主財産の1千ドル変動ごとに64ドルを受け取った。一方、典型的な株式会社のCEOは、業績に関係なく支払われる。フォーブス1千社（1990年）の平均CEOは、株主価値の1千ドルの変動増ごとに、約3・25ドル変動する報酬総額（サラリー、ボーナス、繰延給与、ストック・オプション、そして株式を含む）を受け取った（Jensen 2000.68）。

しかしながらコングロマリットCEO（株式会社のヘッ

ドクオター）の給与体系の業績感度報酬に対する比較はより適切には、ＬＢＯのＣＥＯとではなく、むしろ、パートナーシップ・ヘッドクオター（経営管理パートナー）との間でなされうる。パートナーシップの給与制度は公にはほとんど知られていないが、業績感度報酬（もちろん持分権をふくむ）は、ＬＢＯのビジネスユニットマネージャーの報酬と比較してさえも、非常に多額のようである。買収共同資金によって実現される利益のうち実効（株式）持分権は、一般的に、グループとしての無限責任パートナーについては、約20％以上になる。ＬＢＯビジネスユニットのヘッドは、課題に取り組む際に決して官僚主義的ではない一方で、ビジネスを行う上ではより多くの決定権を持っている。法人企業の官僚制においては、直接的な監視と中央集権化された意思決定のインセンティブを提供するものとして、独自の報酬と所有権のプランがある。それに代わるものとして、ＬＢＯの報酬と所有権プランは、大株式会社ではめったに見られないことであるが、ビジネスユニットの業績をそのマネージャーの報奨金に高度に反映させる。

加えて、パートナーシップ・ヘッドクオターと、買収ファウンドに資金を供給する者との契約関係は、多角経営企業における株式会社のヘッドクオターと株主との関係とは非常に異なっている。保険会社、年金基金、資金運用会社などの機関投資家が、買収ファンドに資金を提供し、後者は、買収取引に金融するために株式を購入し、貨幣を貸し付ける。この買収ファンドは、有限責任パートナーシップとして組織化されるが、その関係の中では、パートナーシップ・ヘッドクオターのマネージャーは無限責任パートナーである。多角経営化された大法人企業とは異なり、有限責任パートナーとの契約においては、パートナーシップ・ヘッドクオターは、現金や他の資産を一つのＬＢＯビジネスユニットから別のユニットに移動させる権利はない。一般的には、それぞれのビジネスユニットからのすべての現金支払いは、直接的に買収ファンドの有限責任パートナーに支払われなければならない。このことが、ほとんどの多角化された株式会社に広くいきわたっているフリーキャッシュフローの浪費を削減させることになるのである（Jensen 2000.69-70）。

四　公開会社の失墜

現代株式会社の限界線

公開会社は19世紀中葉以来、自らを世界最大の国民経済である合衆国の心臓部に備え付けられて過去の１５０年間、広範囲にわたり繁栄をもたらしてきた。それは19世紀には鉄道を建設し、続いて20世紀には、自動車、テレビジョンとコンピュウターで世界を満たした。それは、ビジネス生命体に透明性をもたらし、ＩＰＯ（新規株式公開）と証券取引所を通じて、大衆に潤沢な投資機会をもたらした。公開会社は、イノーベーションと雇用創出において中心的な役割を演じてきた。公開会社は、途方もないほどの回復力を示してきた。それは、１９３０年代の大不況、国有化の流行、１９８０年代のＬＢＯ買収革命を切り抜けて生き残ってきた。１９８０年代のプリバタイゼイションとミーチュアルファウンドを通じて、株式保有はさらに広がった。公開会社は、永続的成功を助長する次の三つのことを提供したゆえに勝利した。つまり、公衆を投資に向けて鼓舞する有限責任、生産性を高める専門的な経営陣、ビジネスが創立者の引退後も生き延びうることを意味する「法人格」である。１９９７年にアメリカの株式会社の数は、７８８８の空前の多数に達した。２０１２年現在でさえアメリカの上場会社は、先の60年間においてよりもより儲けた。しかしながら、ついに現代株式会社は限界線に達したもようである。過去十年間を通じてみると、ハーバード・ビジネススクールのＭ・ジェンセン（１９８９年）の論文「公開会社の失墜」は、先見の明があったことが明らかになる（The Economist 2012）。

２００１・2年には、アメリカの最も有名な公開会社のいくつかが破綻した。これには、崩壊する以前は絶賛されていたエンロン、タイコ、ワールドコム、グローバル・クロッシングが含まれる。その六年後の２００７年、リーマンブラザーズが崩壊し、シテーグループとジェネラルモーターズが、政府に救済された。同時に国有企業（ＳＯＥＳ）は新興国市場において発展しつつあり、公開会社は海洋で最大の魚であるという考え方に挑戦している。プライベート・エクイティ（非公開株式投資会社、株式非公開企業に投資し、優良企業に育て上げ、投融資を転売して儲ける会社）が西側で繁栄し、公開会社こそもっともよく運営管理されるという考え方に挑戦している。公開会社は、たくさんの現金を内部留保している場合にも（実際アメリカの企業は、２・23兆ドルを使わずにいる）よくみれば健康がすぐれているようには見えない。公開会社の数は、過去十年間を通じて劇的に減少した。１９９７年以来の十年間で、アメリカでは、38％減、イギリスでは、48％減である。ＩＰＯの件数は、アメリカでは、１９８０～２０００年の年平均３１１件から２００１～２０１１年の年平均99件までに減少した（ＩＰＯの大飢饉といわれた）。株式公開はもはや、かつてそうであったほどには、魅力のあるものではない、とされている。

企業家は、彼の会社がベンチャー資本によって実際に支援されるまでに、より長く（1985年には平均四年であったが、2011年では平均十年であった）待たなくてはならないし、より多くの試練に耐えなければならない。弁護士や会計士はますます専門化していて費用も高い。銀行家はあまり株式の公開をさせたがらない。もし誤った会計にサインしようものなら「非執行」であっても刑務所行きの可能性があるから、適格な取締役を見つけることも難しい。また、かつては「株式を公開する」がすべてのCEOの夢であったが、今では、「株式を非公開にする」が、完全にまともだとされている。企業が株式を公開する場合にも、最も成功した技術を持つ起業家は、多くの個人的コントロールを維持するつもりで管理運営する。グーグルは、その三人のボス、エリック・シュミット、サージー・ブリン、ラリー・ページが議決権株式の60%を所有するという事実があるにもかかわらず、第三種非議決権株式を導入した。ツッカーベルグは、選択肢がほとんどなくなるまでフェイスブックの株式公開を避けてきた（5百人以上の個人株主をもてば、公開会社と同様に、四半期ごとに会計を公表しなければならない）。彼はフェイスブックの議決権株式の過半数をコントロールしようとした（The Economist 2012）。

公開会社は管理運営上、非公開会社に比較して、特に次の三つの限界点を抱えている。第一に公開会社にとって、最大に不利な点は、エコノミストがプリンシパル・エイジェント問題と呼ぶものである。会社を所有する人々（プリンシパル）と、会社を経営する人々（代理人・エイジェント）とのいわゆる「所有とコントロールの分離」である。エイジェントは、自分自身の「ねぐら」をふさふさと飾り立てるという陰険な習性をもっている。デニス・コツロウスキーというテイコの元ボスは、2・1百万ドルの金をつかって、女房の誕生祝にミケランジョエロのレプリカを送った。ところが最近の「株主の春」が実証するように、プリンシパル（株主）は、現場で経営者をモニターするためには余りにも分散して、経営者（エイジェント）を監視する上で、不十分な力しかもっていない。

その問題の解決の一つは、オーナーのごとく活動させるために、マネージャーに株式を与え、彼らに対する支払いについて会社の業績を反映させること（ストック・オプション）であった。これは裏目に出た。幾人かのボスが、自分らを豊かにするために会社の株価を操作し、またほとんどのボスが、会社の業績をこえる支払いを受けた。FTSE100（100種総合）の社長の総報酬は、1999〜2010年で年平均10%上昇したが、FTSE100の利益は年々1・9%増加したに過ぎない。

第二の問題は規制である。公開会社は、つねに株式非公開会社よりも、より多くの規制を受けなければならない。なぜなら、公開会社は一般大衆に会社の資本リスクを取らせるからである。特に2007・8年の金融危機以後、その規制上の負担はより重くなってきた。アメリカは、2002年のサーベンスオックスレイ会計規制から2010年のドット・フランク金融規制にいたるまで、たくさんの新ルールを導入した。サーベンスオックスレイは、証券法のコンプライアンス年費用を、1会社当たり、1・1百万ドルから約2・8百万ドルに引き上げたといわれる。

ヘッジファンド顧問会社であるオークツリー・キャピタル・マネジメントは、2007年、IPOではなくて私募（株式や公社債を発行する際、特定少数の投資家を対象に募集すること）で、880百万ドルを調達する選択をした。それらの創業者たちが言うように「あまり煩わしくない規制環境や非公開にとどまる便益の見返りとしてみれば、公開市場上の流動性を若干犠牲にしたり、わずかに低い価額評価を受け入れたりすることは、問題にならない」からである。

第三の問題は、短期間で収益を上げようとする短期主義の傾向である。資本市場はその力を、巨大な機関投資家の隆盛および株主行動主義の強化とともに、劇的に増大させた。ミュウチュアルファンドは、自身のカネを何十億単位でなく何兆億単位で勘定する。リスクメトリックといったデータ・プロバイダーは、株主行動主義者をたくさんの兵器でもって武装させる。そしてヘッジファンドは、マクドナルドとかタイム・ワーナーのような大法人企業を、もしそれらが破綻しつつあるとみなせば、買収することを恐れない。そして資本市場が繁盛する時には、法人生命はよりリスクの高いものとなる。公開会社の平均余命は、1920年代の65歳から1990年代の10歳以下に短縮した。社長（CEO）の平均余命も同様である。あるコンサルタント会社によれば、CEOの平均在職期間は、2000年の8・1年から2009年の6・3年に低下した。

会社は、将来的な計画を持つ一方で、今日の利益のためにマーケットの需要を満たしながら、短期と長期の間にバランスを作り出さなければならない。問題点は、規制者と所有者の両方によって社長が四半期収益の先を思い描くことがより困難にされているようにみえることである。法人法の専門家であるレオ・スツライン判事は、機関投資家がお金をある会社から他の会社に移す時、「荒地鼠のように」行動するとして非難している。スタンダーズ・ライフ・インベスターズは、四半期収益により生まれるノイズが、長期な思考を乱して「不愉快な注意散漫」をもたらす、と文句を言っている（The Economist 2012）。

非法人企業の勃興

公開会社の不振に対応して、一方で非法人企業の勃興が見られる。新規株式公開（ＩＰＯ）の大飢饉は、法人形態に代替する企業組織のブームと同時に発生した。非法人企業形態である有限責任会社（ＬＬＣ）やパートナーシップ企業は、特に２００８・９年のエンロン破綻や金融恐慌とともに勢いを得て、公開株式市場におけるコーポレート・ガバナンス上の構造的脆弱さの問題に取り組んできた。セコンド・マーケット（非上場株のための二次市場）といった非公開市場も存在しており、自らパートナーシップもしくは有限責任会社として組織化されるプライベイト・エクイティ（非公開株式投資会社）やベンチュアーキャピタルの両方が、（優遇税制措置に助けられて）現金を節約し、投資資金の調達のためにアクセスできる。

クライスラー、あるいはシアーズ・ブランドなどよく知られた会社が、その名称の後にＬＬＣ（有限責任会社）といったなじみの薄い文字を用い始めた。ＬＬＣのひとつの形態としてリミテッド・ライアビィリテイ・リミテッド・パートナーシップ（ＬＬＬＰ）、パブリッククリー・トレイド・パートナーシップ（ＰＴＰＳ）、リアルエステイト・インベエストメント・トラスト（ＲＥＩＴＳ）といった、非法人パートナーシップでありながら、株主・所有者は有限責任であるといった斬新な組織形態が発展してきた。イリノイ大学のラリー・リブスタイン（２０１０年）は、これらの動きを見て、「非法人企業の勃興」と呼んだ。プライベイト・エクイティも、ブーツ、Ｊ・クリュウ、トーイズ・Ｒ・ユーエス、バーガーキングなど目抜き通りでもっとも親しまれている非公開会社を買収するなど、活発に活動している。

パートナーシップ企業はＣ・デッケンズ（１８４８年）『ドンベイとその息子』の時代に始まった衰退を逆転しつつある。パートナーシップは、パートナーに無限責任を提供したが、しかし所有者の人数を制限していた。このことは、パートナーは、もし会社が倒産すれば自ら破産するか、また会社が景気の良い場合にも、会社を拡大しえないことを意味した。現在では、三十年間にわたる法律上の改革のおかげで、パートナーシップは、有限責任であり、取引可能な株式を所有し、また、その株主と株式数を増加させるといった、上場会社とほとんど同様の恩恵を所有者に提供することができる。アメリカではパートナーシップはまた、大きな税制上の優遇措置をうけている。パートナーシップは、一つの税についてのみ納税義務があるが、一方で会社は、法人税および利益配当税（つまり法人事業体と個人との分離法人課税）を支払わなければならない（Economist 2012)。

その結果は、一つの革命であった。アメリカでは２００６年に、約１６３万の有限責任会社（ＬＬＣ）が納税報告をした。非法人総数約２７８万１千のうち、約７１万９千のジェネラル・パートナーシップ（無限責任を有する二人以上のパートナーで構成）と約４３・３万のリミテッド・パートナーシップ（無限責任を有するジェネラル・パートナーと有限責任を有するリミテッド・パートナーから構成）が納税報告をした。同年に５８４万１千の法人が納税報告をしたので、アメリカの納税報告企業の約三分の一が、自分の企業をパートナーシップとして分類していることになる(Ribstein 2010. The Economist 2012)。

なお税制上、内国歳入法（ＩＲＣ）のサブチャプターＳが適用される会社をＳ株式会社という。サブチャプターＳは、パートナーシップであり非公開であることを望み、法人税が特別に重荷になる中小法人に対する有限責任とパートナーシップ課税の提供を規定する。有限責任会社ＬＬＣとＳ株式会社とは同一のものではないが、前者は、税制上サブチャプターＳが適用されるので、以下ではＳ株式会社に分類される。

Ｓ株式会社とパートナーシップ

ビジネス企業が法人組織からその代替形態へと進む傾向には、１９８０年代以降、過去三十年間にわたり、確固としたものがあり、過去数年にわたって何ら弱まる兆候がみられない。国税庁（ＩＲＳ）によって公表されたデータによれば、提出されたパートナーシップ納税申告書の総数は、２００２年の２・３百万から２００５年の２・８百万へと23％増加し、ビジネス純所得に占めるパートナーシップの割合は１９８０年の３％から２００８年の21％に増大した。これは少なくとも部分的に、債務不履行ルールのもとでパートナーシップとして課税される新タイプの有限責任会社ＬＬＣの人気の上昇を反映している（Bank 2010.258）。

個人事業体を含むすべての形態の非法人格ビジネスによって受け取られるビジネス純所得の割合は、１９８０～２０１０年に21～50％に増大した。さらに課税上Ｓ株式会社が多数形成され、そしてビジネス所得のうち重要な割合を獲得し続けている。(注) 多くのものが、１９９０年代初頭に有限責任会社（ＬＬＣ）にパススルー・ステイタス（租税がパートナーシップと同様に直接会社の利益に課される方式）を公式に認める財務省の決定は、Ｓ株式会社の消滅を導くと仮定したが、しかし図表８で見るようにそういうことは起ら

図表８　Ｃ法人　Ｓ法人、パートナーシップの分布（1980－2006）

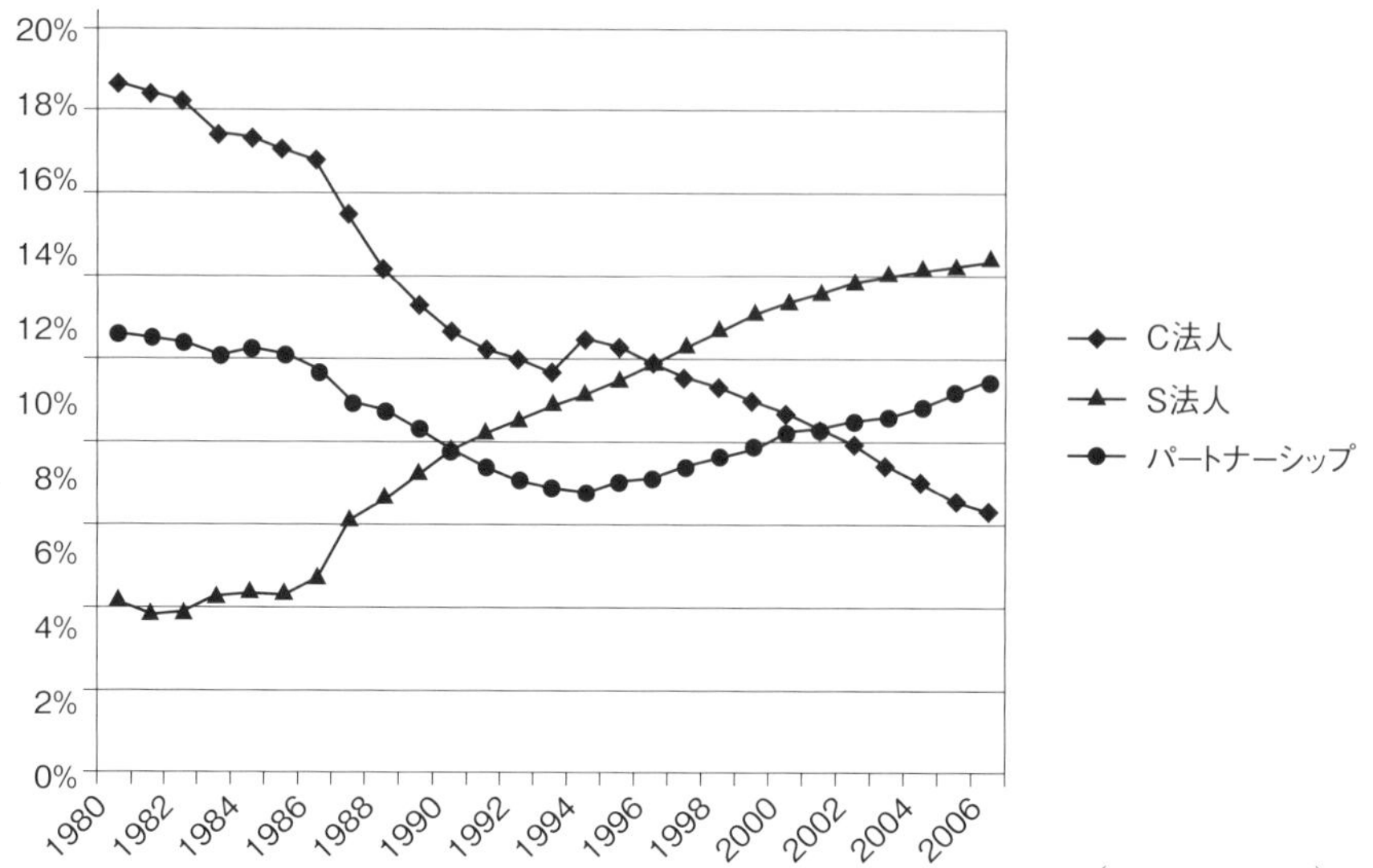

（Bank 2010.259）

なかった。反対に、その納税申告書の総数は１９９５年の２・１百万件から２００５年のほとんど３・７百万件へと増大した。Ｓ株式会社の形式を選択するビジネスの百分比が１９８０～２００６年に４・２％から12・６％へと三倍に増加したからである。さらにＳ株式会社によって得られるビジネス純所得の割合は、１９８０年の１％から２００８年の15％へと増大した（Bank 2010.259）。

（注） Ｓ株式会社は、標準的な（つまりＣ）株式会社よりもしばしば中小ビジネスの所有者にとってより魅力的である。Ｓ株式会社は、若干の税制上の優遇を求めることができるし、また、ビジネスの所有者に株式会社の法的責任上、保護を提供できるからである。Ｓ株式会社では、所得と損失が株主たちに対して詳しく吟味（パススルー）され、株主の個々の所得税申告書のなかに収録される。結果として連邦税の支払いレベルは一つだけになる。

Ｓ株式会社は法律上、一定の条件を満たさなければならない。第一に、Ｓ株式会社は、75人以上の株主を有することはできない。75人の株主数限度を算出するに際しては、夫妻は一株主とされる。また次のような存在が株主となり得る。個人、不動産権、一定のトラスト、一定のパートナーシップ、免税の慈善組織、そして他のＳ株式会社（ただし「他のＳ株式会社」が唯一の株主である場合に限る）。Ｓ株式会社は、Ｃ株式会社と同じ必須要件に従わなければならないが、このことは、より高い法律上税制上のコストを意味する。それらは、また法人設立定款を提出し、取締役と株主総会を有し、法人議事録を保持し、重要な法人決定については株主に投票をしてもらわなければならない。S株式会社を設立する法律上会計上のコストは、標準的な（つまりC）株式会社と同様である。S株式会社を選択する場合には、すべての株主の同意が必要である。なおS株式会社の扱いは州によってかなり異なる。

S株式会社とLLCとは類似性がある。両者が所有者に有限責任上の保護を提供できるし、またパススルー課税の事業体である。パス・スルー課税はビジネスによって生まれる所得と損失が所有者の個人的な所得税申告書のなかに反映されることを可能にする。この特別な課税状況はS株式会社とLLCにとって二重課税のいかなる可能性をも除去する。一方で両者の相違もある。S株式会社の所有権に関しては、株主の人数が制限されている。一方、LLCは無制限の数のメンバー（所有者）を有することができる。そしてS株式会社は合衆国市民でないものを株主とすることはできないが、LLCはそれができる。加えて、S株式会社は、C株式会社、他のS株式会社、多数のトラスト、LLCあるいはパートナーシップによっては、所有できないが、LLCにはそうした制限はない（SMALL BUSINESS ENCYCLOPEDIA 参照）。

ビジネスの現場ではS株式会社企業形態とそしてその他の法人格を持たない企業形態が増加し続けたのみならず、立法もこの傾向に有利に働いた。S株式会社における法定の株主の人数限度が過去十年ほどにおいて数回にわたり自由化され、１９９６年の75人から２００４年の１００人へと増加した。加えて、株主の定義が株主家族全員を含むものに拡大され、6世代にわたり直系の子孫および共通祖先の配偶者を含むものとして規定された。ごく最近では２００８年に、国会では、これらの必須要件をさらに自由化すべきとの要請があり、株主の人数限度を１００人から１５０人に拡大し、非居住外国人を適格株主と認める提案がなされた。

プライベイト・エクイティおよびヘッジファンドの成長が、２００８年における信用危機がその傾向を休止させるまで、法人企業の、法人格をもたないビジネス企業への転換を促進した。たいていはパートナーシップ、もしくは有限責任会社として組織され、法人形態の事業会社の経営を助けるプライベイト・エクイティが最近年において劇的に増大した。２００７年が始まる以前に、約２７００のプライベイト・エクイティがバイアウト（買収）に利用できる７５００億ドルの現金をもって、活動していた。合衆国は未公開株式投資について世界でトップの国であり、過去五年間にわたりアメリカをベースとする最大10のファンドのうち7社がアメリカの会社であった。

一次大戦以後における連邦収入システムの一部としての

法人所得税は、少なくとも過去半世紀にわたり、衰退した。二次大戦後、連邦収入のほぼ約三分の一、GDPの5・6%に達した法人所得および利潤に対する課税は、2003年の終わりには、連邦収入の7%、GDPの1・2%を占めるにすぎなかった。2003〜2006年に法人利潤は増加し、法人税収入もその三年にわたり2010年までの五十年間のなかで最大に増加したが、連邦収入に占める割合は、10〜15%にとどまった。このような法人税収入の衰退の最も重要な原因は、パートナーシップや有限責任会社、そして内国歳入法のサブチャプターSのもとで同様に「パススルー課税」を選択できる株式会社といった、パートナーシップ事業体の人気の増大にあった。なお会計検査院のレポートによれば、1998〜2000年に、全法人の約60%が全く納税をしなかった（Bank 2010.xviii）。

株式会社は、個人に適用される最高限界税率が法人の最高限界税率をはるかに超える時代（1914〜1980年）のほとんどを通じて、株主がお金を一時的に預ける場所としては魅力的であった（株主に対する配当金の支払いを抑制して課税から株主を守るとともに、株主は一方で、利益の内部留保と自己金融による株価の上昇をキャピタル・ゲインとして取得できたから）。このことは特に、中小規模のビジネスに関して当てはまった。これらのビジネスの場合には、被雇用者、債権者、あるいはベンダー（株式の発行人）といった非株式保有者能力において、法人所得を二重課税に服させることなく株主に分配するための多くの手段が存在していた。しかし1983年以降、両方の最高限界税率の相違が急速に縮小し、さらに1986年にわずかに逆転さえ生じる時代になる（第10章図表5参照）と、投資家にとって直接的に株主として、株式会社に投資することは、以前ほどに魅力のあるものとはならなくなった（Bank 2010.60）。それらのことが、ひとつには間接金融によるプライベート・エクイティ・ファンドなど非法人企業の勃興の背景にあった。

非法人企業の勃興が意味するもの

1880年代から一次大戦まで、アメリカの法人企業は、資本に対して食欲旺盛な需要を持っていた。貨幣市場と資本市場が相互補完的に流動性リスクを最小化するレッセフェール金融システムのもとに、証券取引所に公的に株式を上場することによって多額の資本を調達した。収益金は、取締役の自由裁量権のもとに、しかしたいていの場合に証券市場で強制されてそのほとんどが、配当金として株主に分配された。しかし一次大戦以後、株主個人の資本所得に対する累進付加税が大幅に引き上げられた。そのために、株主への配当金の支払いは著しく抑制されるようになった。儲けを「閉じ込める」法人の能力は、その事業体の決定的な特徴になった。大規模かつ成功した法人企業は、自ら留保利益の内から金融するようになり、投資家によって供給される資本をあまり必要としなくなった。配当金と労働報酬をめぐって、マネージャーの自由裁量権はとめどもなく拡大した。会社が株主のサポートを必要としなくなったので、株主に伝統的に結びついていた、より高い配当金の受け取りなど所有権の権限は非常に縮小した。この場合に、法人所得税については、非分配収益への課税はパススルー課税をなすものとして否認された。事業体と株主とが分離され、後者に対する累進付加税を回避するために配当金の支給が抑制され、二重課税問題に関して妥協的な解決が図られた。株主は投資というよりも投機的にキャピタルゲインを求めて、失地回復を狙うようになった。要するにレッセフェール金融システムの崩壊と分離法人課税のもとにおける、いわゆる「所有とコントロールの分離」であり、経営者支配の確立であり、脱資本家的株式会社の進展であった。

非法人企業（distorporation）の勃興は、以上のような、一次大戦以後に発展した（よく知られる有限責任株式会社の公式名称である）C株式会社の犠牲の上に起っている。このC法人企業においては、投資と成長の持続を保証する資金手当のために留保利益を使うことができる。一方、貨幣をパススルーするパートナーシップの前提条件は、収益の事業体内への留保を妨害する。非法人企業はパートナーシップとして、その収益金のうちほんの僅かだけを留保する企業のタイプである。すなわち収益金といった所得は事業体というよりもその投資家または所有者の所得として取り扱われ、会社内の蓄積に向けられることなく、年々、できるだけ多く、直接的に投資家と所有者に引き渡される（「パススルーされる」）。なおこの場合に課税については、事業体ではなく、所有者と投資家だけがその収入に対して課されるので、配当税および二重課税は避けられる（The Economist 2013）。

株式会社金融について一般的に言えば、一次大戦前、世界中に資金・資源の最適配分を可能にするレッセフェール金融システムにおいて実際にそうであったように、投資家の再三にわたる投資は、資本を本当に必要とする産業部門や地域に方向転換する現実的可能性を持っていた。それに対して、一次大戦以後のC法人企業にあっては、留保利益はいったん入ったら出られなくなる、いわばタコツボに嵌る（さまざま無駄に消費される）可能性が大きく、資本をリターンをもたらすところに自由に向かわせることは容易ではない。企業が生きながらえるということは、資本をふだんに吸い込みかつ吐き出すことを意味する。パススルービジネスは、留保利益がないので、常に直接的にはるかにより大きく外部の投資家と結びつき、確かに資本蓄積の方向を導くことができるかもしれない。パススルー企業組織は、アメリカ経済システムを生産的かつ革新的に改革する上で、もっとも重要かつ不可避的な構成要素をなすものとして、しだいにその存在価値を認められるようになった。

バーリ&ミーンズの共著（1932年）は、一次大戦以後に発展したC法人企業に関して、「かくして経営管理者は奇妙な仕方で手に負えないトラスト管財人になる」と述べた。これらのトラストが巨大になる時には、私的契約を通じて締結されるものを超えて従業員や取引先の取り扱いを支配するルール、並びに、経営管理者が所有者（投資家）を取り扱う仕方を支配するルールなどの法律が議会で制定されなければならない。この種の思考を反映するものとして、共著の二年後1934年に、SEC（証券取引委員会）が設立された。その後ずっと、いくつかのマイナーな取り扱いにもかかわらず、公に上場される会社における政府の役割は容赦なく拡大した。政府は過去には、法人税回避という点に関連して、一般的にパススルー企業組織の利用を制限していた。しかしこれらの制限は緩和されてきた。会社企業に対してより多くの権力を行使しようとする立法者による1980年代以降の企ては、結果的に民間サイドにおいて合法的起業家精神主義を引きだした。ますます多くのビジネスが、自らパススルー適格者となる企業形態にむかって身を捻じ曲げるようになった。新しい非法人企業組織の勃興は、1997年以降スピードを上げた。一つのグループとしてバンガード総市場インデクスファンド内に存在する、十分に伝統的な構造と取引高を有する会社（C法人企業）の数は、1997年の7・306千から2013年における3・369千へと激減した（The Economist 2013）。

第三次産業革命とパートナーシップ企業

1973～1979年に十倍になった石油価格の高騰とともに始まったアメリカ経済のリストラは、物理上および経営上の技術変化、グローバル競争、規制、課税、そして共産主義経済の崩壊など多様な要因を伴っており、まさしく第三次産業革命の開始を告げるものであった（Jensen 2000）。C法人企業からの離脱は、1975年に本格的に始まった。活気のあるビジネス拠点であるワイオミング州は、新しい団体組織として有限責任会社リミッテッド・ライアビリティー・カンパニー（LLC）を承認した。そのモデルは、パナマから輸入されたもので、会社の負債や訴訟に関して個人責任から法人保護を維持する一方で、パートナーシップ課税措置を可能にした。続いて他の諸州がそのモデルを承認した。財界はそのモデルの優位性を見抜く上で敏感であった。LLCをきっかけにして増殖した様々な新しいタイプの企業は、同様にパートナーシップ組織を活用した（The Economist 2013）。

1980年代の始まりにおいて、資本はアメリカの石油・ガス産業に殺到した。以前は鉄鋼、大規模牧場、自動車販売を連結するコングロマリットであったアパッチ・コーポレイションは、これまで聞いたこともないような斬新な仕方で、会社の資産フローをうまく活用することを試みた。会社は、ひとまとまりの非公開石油・ガス資産を、パートナーシップに似ているが公に上場される新しい所有構造の内に包み込んだ。アパッチが先駆けて開発したこのマスター・リミッテイド・パートナーシップ（MLP）は1987年に、税率の急低下とエネルギー価格がアパッチ石油会社を休止に追い込むまでは、有益なアイデアであったとされている。

とはいえ1987年の租税法によって、「鉱物ないし天然資源」会社には、上場するパートナーシップ企業として稼働することが許可された。そのビジネスは、大きく資本を必要としているというだけではなく、「鉱物ないし天然資源」開発の定義上、MLPを立ち上げることがより容易でもあったからである。その結果、エネルギービジネスには、沢山のMLPが存在するようになった。MLP会社は2000年代には、壊滅的な金融危機の最中にでさえ、資本集約的エネルギー産業に不可欠なファウンドを引き付けることが可能になった。2007年には、プライベート・エクイティ会社は、利子と配当金に関する租税法のある条項に飛びついた。それによって、アポロ、ブラックストン、カーリル、KKRやその他のプライベート・エクイティがそれぞれの構成機関を公的に上場するためにMLP組織を利用することが可能になったからである。

MLP連結を中心に構築されている複合体であるキンダー・モルガンは、1090億ドルの企業価値（市場資本化プラス負債）を有している。そのMLP全体の集合市場資本化は、ニューヨーク証券取引所で最高額の価値を持つエクソン・モービルを超える。MLPといった非法人企業は集合的にアメリカ市場で1兆ドルを超える価値を有している。それらの企業は、上場会社数の9％を占め、募集される出資金の28％を占め、1912年には10％の配当金を支払った。しかしこれらの統計値は、MLPの実際のスケールを控えめにしめしている。MLPのような組織は、はるかに大きな価値のあるトップ産業帝国を管理する、大規模プライベイト・エクイティ会社の経営者を住まわせるために活用されている。国税庁（ＩＲＳ）から得られるデータによれば、２００８年には、パススルー組織は、企業総数の23％を、利益総額の63％を占め、新設会社の三分の二以上に達すると推定される。

他の成長著しいパススルー組織は、ビジネス・デベロップメント・カンパニー（ＢＤＣ）である。これらの会社は、株式資本と負債を、レバレッジド・ファンドとそっくりに公衆から募る。ＢＤＣは、マネージャー、公衆そして投資家の利害関係を調整するために、ＳＥＣ（証券取引委員会）の一部局によって、規制される。40以上の公的に売買されるＢＤＣのうち、七つだけが、役員会、伝統的な株主投票によって、通常の法人企業と真に類似するやり方で組織化される。それら全部が共有するものは、銀行と同様の規制上のコンプライアンス・コストなしに、銀行と同様のビジネス、つまり貨幣を必要とする会社に対する貸付けを行うことである。資本を提供する投資家は、銀行預金者のように政府によって保証されることはないので、ＢＤＣは、ローリスクを指定された国債のような領域に投資するプレッシャーを受けない。代わりにＢＤＣは、今日では従来型の銀行が無視する信用需要を満たしながら、非公開企業に資金を供給することに焦点を合わせることができる。

同様な組織を有する最大にして、最も古い会社のグループは、リアルエステイト・インベストメント・トラスト（ＲＥＩＴＳ）である。１９６０年に公衆の資本にアクセスすることを欲した機敏な財産所有者たちが、中小投資家に機会を拡大する目的を持っていた「たばこ消費税拡張法」の中に一つの項目を挿入することに成功した。こうして生まれたＲＥＩＴＳは、はじめは住宅や事務所スペースを所有する方法として利用された。ＲＥＩＴＳは現在では、カジノ、病院そして携帯電話の中継塔といった広範囲にわたっている。他のパススルー組織と同様に、その定義を十分に満たすために自らを「歪曲」できない会社でも、ＲＥＩＴＳが有するいくつかの便益を得ることができる。フォルマートとドラクストアチェインであるＣＶＳの店舗などは、ＲＥＩＴによって保有されている。２００９年には、ニューヨークタイムズ紙のヘッドクオーターは、ＲＥＩＴに売却され、それから賃借りに出された（The Economist 2013）。

第12章　世界政治と世界経済

一　ベルサイユ・ワシントン体制

レッセフェール世界市場の終わり

いずれの国でも政治と経済とは、一次大戦前のように明瞭に分離しているのでなく、避けえない形で相互に浸透しあっているという事実の決定的な切れ目は、一次大戦中に生じた。戦時中に打ち立てられた国家の統制メカニズムは、1919年以降たしかに後退したけれども、国家は戦前より相当に増大した干渉の可能性を保持し続けた。いずれの国でも、「市場の見えぬ手」を企業や国家の「見える手」により置き換える傾向が続いた（チプラ1989）。

18世紀以来の近代国家形成の意図せざる結果として生まれた19世紀の平和で安定した資本主義的産業文明は、「一次大戦の荒廃によって枯渇し」、同様に意図せざる結果として突然死した。しかしながらいかなる社会も、戦争しようとしまいと生存し続けることを止めるわけにはいかない。いかなる社会も、社会存在の根拠をなす、ポランニーのいう「組織化された社会生活の基本的な要求」、宇野のいう「経済原則」を何らかの形で実現しなければならない。今や戦後社会はいずれの国でも、国内・国際的の両面で経済と政治を自ら意識的に組織化していく以外に、社会としては生存できない事情のもとにあった。

戦後復興そして1920年代にわたり、やむにやまれず、「自己調整的市場のユートピア的実験」（ポランニー1944年）が行われることになる。(注) 戦後社会は、「社会生活の基本的要求」を実現する制度設計において、19世紀文明（経済的自由主義）をモデルにする以外になかったからである。(注) 1930年代に顕著になる「大転換」、アメリカのニューディール、ドイツのファシズム、ロシアの一国社会主義体制、あるいは日本の総力戦体制指向などの自己目的的実現は、事実上「一次大戦以降どうしても機能しなくなった自己調整市場の渇望（ユートピア実現）に対する反動であった」（ポランニー1944）。

（注） ポランニーによれば、1917年10月のロシア革命でさえ、19世紀文明を理想型とする「ユートピア的実験」として起こった。ボルシェヴィキは熱烈な社会主義者であったにもかかわらず、「ロシアに社会主義を樹立する」ことを頑なに拒否したことは、一般によく認識されていない。彼らがマルクス的信念だけしかもっていなかったならば、遅れた農業国において社会主義建設という試みをすることはなかっただろう。1920年におけるいわゆる「戦時共産主義」というまったく例外的なエピソードを除けば、ボルシェビキの指導者たちは、世界革命は、先進地帯である西ヨーロッパから開始されねばならないという立場に固執していた。…革命は、伝統的な西ヨーロッパの理想を具現したものであった…。1917～1924年の革命は、実際イギリスのコモン・ウエルスやフランス革命のモデルに従うヨーロッパにおける政治的大変動の最後のものであった（ポランニー1944）。

ソ連邦は、レーニンのいわゆるネップ（新経済政策、1921～1927年）のもとに、1924年には外国貿易と主要産業に対する国家管理を維持しながら、再び自由な国内穀物市場を成立させていた。ロシアは、穀物、木材、毛皮その他いくつかの有機原材料の輸出を拡大しようと躍起だった。しかしそれらの商品価格は、1930年代の貿易の全面的崩壊に先立つ1926年以来の世界的農業不況（穀物や一次産品の過剰供給・貯蔵増大・価格暴落）の過程で大きく下落しつつあった。穀物を有利な条件で輸出できなかったことが機械類の輸入を制限し、国内工業の樹立を妨げた。このことが、都市との交換条件で農村に不利な「鋏状価格差」（鋏を水平にして開くとき上刃は工業品の価格上昇傾向を示し、下刃は農産物の価格下落傾向を示す）をもたらし、それによって、都市労働者の支配に対する農民の敵意を掻き立てた。すでに1920年代央に露になっていた国際システムの破綻がロシアにおける世界農業問題に対する一時しのぎの解決策による緊張を増大させ、コルホーズの到来（1928年）を早めた。一次大戦以降、ヨーロッパに伝統的な政治システムとしての「バランス・オブ・パワー」が欠如しており、そのもとで国際市場がロシアの農業生産物を吸収できないことが、ロシアをやむなく自給自足経済の道を選択することを強要した。恐怖政治をともなうスターリンの一国的社会主義体制、近隣への軍事的膨張、広域経済の追及（極東ではソ連が、一次大戦以降、日本の第一級の仮想敵国に成長した）は、「レッセフェール世界市場の消滅」に対する顕著な反動を物語っていた（ポランニー1944）。

ソ連邦にとどまらずいずれの大国でも、それぞれ自国の生存に不可避的と思われる独自の「食料および経済的安全保障体制」（多かれ少なかれ自給自足的な広域経済体制）が希求された。イギリスでは１９２０年代を通じて戦前は金融資本勢力によって抑圧されていた帝国特恵運動や食料の自給自足政策が復活した。多数の植民地の独立に対して、またアメリカの世界政治経済的覇権を阻止するために、コモンウエルズ（ポンド通貨による一種のブロック経済）・大英帝国の再組織化を１９３２年オッタワ協定によって実現した。ドイツは、このイギリスの特恵貿易体制に対抗して、中東欧帝国による広域経済圏構築を志向しはじめた（戦前は単に構想に過ぎなかったが）。日本では、一次大戦におけるドイツの敗北から学習した軍人永田鉄山をはじめリーダーたちは、総力戦体制の構築を企て、勝手に中国本土を日本帝国の生命線と見なした。すでに大戦中から中国大陸での権益確保を主張し（１９１５年日本は満鉄および遼東半島の租借期間を99年にするなど中国に21か条要求）、最後は対ソ緩衝帯、アメリアの「門戸開放帝国主義」を挫く満州国建国の暴走（１９３２年）に至る（Barnhart 1987）。

世界政治と世界経済の二重の危機

各国の保護貿易主義や世界経済分断化の危機的事態にあって、アメリカ合衆国は、世界政治経済上の「自己調整的市場のユートピア的実験」に踏み込んだ。アメリカにとって、ベルサイユ・ワシントン体制において優越的地位を獲得することは、イギリスをその過去にもとづく世界政治経済上の優越的地位から追放し、世界に対して自らの覇権を確立するという長期目標を達成するために、不可欠な前提であった。一次大戦中に突然出現した「フォード式成長モデル」は、アメリカを世界の銀行、指導的工業国・貿易国に押上げた。国内市場の狭隘さを克服し、成長モデルを最大限に機能させるために、終戦とともに一挙に過剰になった商品と貨幣と資本に対して世界経済を開放すること（金本位制と自由貿易の復活、とりわけドイツおよび日本のブロック化に対する門戸開放政策）が絶対的に必要とみなされ、ベルサイユ・ワシントン両条約体制によって国内の発展を外側から保護し確実のものとすることが求められた。アメリカの指導層は、国の「経済上の国境」は、「今からは世界経済と一致している」と確信した。この「アメリカ経済の世界経済化」によって、ソ連邦の共産圏に対峙する経済的安全保障体制を作り出す長期目標が確立された。この場合にアメリカは、ヨーロッパでのドイツ、南東アジアでの日本という、特権を付与されたパートナーに依存していた。アメリカは、両条約体制における自己の指導権の貫徹によって、「世界国家システム」に関して、まさに本格的な「蝶番《ちょうつがい》国家として機能することを望んだ（チプラ1984）。

ベルサイユ体制は、一次大戦後パリ郊外（ベルサイユなど）での戦勝国会議で、国際連盟の設立、ドイツの領土分割や賠償問題などに関して結ばれた諸条約からうまれた（賠償問題は最初から「自己調整的市場」の否定に他ならなかったが）。ベルサイユ体制の安定化にとって、賠償問題は最大重要事であった。ここでは、アメリカがフランス・イギリスに強要する一次大戦時の債務返済は、後者に向けられるドイツからの賠償年次金支払い・トランスファーによって保証される、と仮定された。しかしアメリカからドイツへの大規模な短期クレジット供与も、事実上経済成長ではなく財政収支の赤字補填につかわれ、ドイツ経済にトランスファーのために外国為替（債権）を創出する輸出超過をもたらすことはついになかった。こうしてトランスファーの問題は、アメリカからドイツへの短期借款のさらなる増大という形で悪化した。ドイツは、賠償金額の軽減にむけてベルサイユ条約の修正を執拗に要求したが、１９３０年の経済破綻以前には受け入れられることはなかった。

ワシントン体制は、１９２１・2年にワシントン会議の諸条約により、アメリカ・イギリス・フランス・イタリア・日本ならびに中国の間に成立した。この体制は、軍事的・戦略的均衡を貿易関係の新しい秩序と結び合わせることによって、東南アジアの空間に新しい安定を達成する試みであった。南東アジアでのあらゆる紛争、特にアメリカ－日本－中国という力の三角形の中での紛争は、イギリスにとっても最大級の意味をもっていた。イギリスは、中国に伝統的に強大な経済的、金融的諸利益を有しており、この地域に対するアメリカと日本のますます増大する野心に対して防衛線を強める必要があった。しかしイギリスはアメリカとどれほど利害が対立しようとも、ヨーロッパではフランスの覇権要求に対してアメリカの支援を必要とした。このことはけっきょく、イギリスは極東でも指導権をアメリカにゆだねるという結果に帰着した。イギリスは、アメリカの圧力の下に、１９２1年12月、１９０２年以来の日英同盟を破棄した（チブラ1984）。

アメリカ覇権主義の限界

アメリカ合衆国は現実には、戦前に大英帝国が有したリーダーシップ（金本位制・自由貿易・金融システム・海軍力による安全保障）の「衣鉢を継ぐ」意思も能力もなかった。戦後の貨幣価値下落は、人々に戦争がどれほどの混乱を後に残したかを感得させた。ここに一つの世界（大戦前のレッセフェール世界市場システム）の崩壊が明白な事実になった。今や通貨の混乱は、崩壊する社会のシンボルとなり、国家と伝統的な支配層の正統性が疑問視されるようになった。それゆえ1920年代の通貨政策は、ベルサイユ条約体制とワシントン条約体制による世界政治経済システム全体の安定化を保証すべきものとして、卓越した意味をもたされていた。一次大戦中に、アメリカ経済の対外的地位について決定的な変化が生じた。「フォード式成長モデル」の内部での、企業の大規模化による労働生産力のまさしく爆発的ともいうべき発展が、アメリカをして世界の最も重要な債権国に転換させるとともに、金本位制を貫徹させドルを世界の指導的な通貨の地位に押し上げることを可能にした（チプラ1984）。

その一方で、アメリカ以外の大多数の、たいてい巨額の債務を背負っていた国々にあっては、戦前の為替相場（完全な金本位制）への復帰は問題外であった。けっきょく1922年、国際的な経済専門家会議は、アメリカ主導の下に、戦前の体制の一変種である金為替本位制の導入を決議し、すべての参加国に可能な限りすみやかに金本位制に復帰するという義務を背負いこませた。しかしこの決議は20年代の世界経済の不安定化（不均衡化）に決定的な作用を及ぼし、次いで30年代の世界経済不況の時期になると、世界通貨の中でまだ生きながらえていた部分を最終的に崩壊させるという作用を及ぼした。一次大戦後の国際通貨体制は、それが最も必要とされた、まさにその瞬間に、その弱さ、それどころかそういう体制はそもそも存在しえないのだという事実をはっきりさせた（チプラ1984）。

相対的には議論の余地ない指導的国家アメリカは、主として経済的手段により、戦後世界の経済上の再建と社会内部の安定化に決定的な役割を演じたが、他方で自らの通貨政策、保護貿易主義（1922年関税法、1930年スムート・ホーレイ関税法）を通じて、ベルサイユ・ワシントン両体制の内部の極端に重くのしかかる構造上の諸問題をますます悪化させた。ベルサイユ条約の賠償協定は、短期資本（貨幣の商品化）のフローに対する調整過程の本質的一部をなす国際的通貨協働を深刻に弱めた。地域および国民レベルでの金融機関の相互依存がますます大きくなり、そのことが、銀行間債務をつうじて、銀行業システムを体系的な危機に導きやすいものにした。一つの銀行で危機が発生すると、危機は、ただちに地域全域、さらに全国的国際的に伝播していった。制度的な金融危機の可能性は、証券市場（特に先物市場）によって提供される投機（一次大戦前にみられた安定的な「投資」とは異なる）機会の増大と、長期的投資に資金を提供する上での短期的預金への過度の依存（「手形満期ミスマッチ」の可能性）と共に非常に高まった（チプラ1984）。

けっきょく「アメリカ経済の世界経済化」は、アメリカに対する、a．イギリス・ドイツ両国の農工業生産力の格差拡大、b．ドイツ・日本の世界経済上の「辺境化」、c．アメリカ国内外の所得格差拡大など、グローバルな規模でのさまざまな不安定要因の拡大を伴っていた。特にドイツ、日本の軍国主義とブロック経済の追求は、アメリカの労働生産力優位性に対する不安と危機意識のあらわれであるとみなされた。アメリカは、自国経済の繁栄が、両体制維持のために特権を与えられたパートナー（ドイツと日本）の世界経済上の「辺境化」に依存していたにもかかわらず、その際にもたらされる二重の政治的意味（ドイツのベルサイユ条約修正の要求、そして日中の紛争が生じた場合に、アメリカがどういう態度をとるかがはっきりしないという事態）を本当に真剣に受け止めることを怠った。両体制は、はじめから世界政治上、および世界経済上の「二重の危機」をはらんでいた（チプラ1984）。

１９３０・１年以降のベルサイユ・ワシントン体制の一歩ずつの崩壊の最後の時期に、これまでは他の国をさしおえて特権を付与されていた日本とドイツの二つのパートナーが、アメリカの最も厳しい敵対者に変貌した。１９３０年代の世界経済危機がもたらした、重大な結果を生む政治的諸作用のひとつは、世界経済危機がアメリカの両条約体制の蝶番機能に対する決定的役割のための経済上の基盤を奪い去ったという事態に存した。特権を喪失した日本とドイツは、どのような結果が生じようとおかまいなしに、国内の危機克服のために絶対の優先権が与えられたと確信した。このことが、30年代初頭の両条約体制の崩壊過程をかなり加速した。秩序「修正」を要求するドイツと日本の二国は、ますます増大する困難を、力ずくの領土拡大によって解決しようと試みた。一方で、西側デモクラシー諸国も、軍備強化を迫られた（チプラ1984）。けっきょくベルサイユ・ワシントン体制における世界政治と世界経済の二重の危機は、莫大な犠牲を経て、二次大戦の日独敗戦に対する米英など戦勝国によるブレトンウッズ体制の確立を通じてようやく克服されることになる。

二　両条約体制の崩壊と二次大戦

グローバル証券市場の衰退

株式会社金融をめぐるレッセフェール金融システム、すなはち専門化バンキング（イギリス）およびユニバーサルバンキング（ドイツ、アメリカ、日本）と世界証券市場との相互補完関係による流動性リスク極小化のメカニズムは、一次大戦以後その内実を失い、各国巨大株式会社における自己金融の肥大化、「経営と所有の分離」の発展とともに崩壊した。1914年の一次大戦勃発から1939年の二次大戦の勃発までの25年間において、一次大戦前100年において達成されたレッセフェール世界金融システムの大部分が失われた。

1914年以後、個々の国の経済と国際的な経済との両方において、経済システムにおける証券市場の役割に対して漸進的な浸食が存在していた。一次大戦の勃発とともに、すべての主要な証券取引所が一時的に閉鎖された。その後証券市場が再開された時も、それは、たいてい政府の監督のもとにおかれた。各国は戦争遂行のために財政極大化を余儀なくされ、大量の国債発行を企てた。また戦後は、国際的な貸付、借り入れの再開にそって政府やビジネスに必要な資金を振り向けるために、政府が直接介入して証券取引所の重要性を戦前水準にまで回復させようとした。戦争が1918年に終わるまでに、結果的に1917年の10月革命以後、ロシアの証券取引所を始め、多数の証券取引所が消滅しただけではない。戦前の世界的証券市場の発展と繁栄をもたらしたその経済的自由主義の精神的風土もまた衰え始めた（Michie 2006）。

国内・国外に対する政府コントロールが証券市場作動の自由を制限する一方で、インフレーションや債務不履行が、証券の信用と価値を破壊した。さらに、ベルサイユ条約の賠償協定が証券市場と銀行金融との流動性リスク管理上の補完関係を切断し、金融危機の可能性を増大させた。実際に、1920年、1922年においてバンキングシステムの制度的危機が発生した。日本では、最悪のバンキング危機が、1923年の関東大震災後十年間に発生した。不良債権問題が悪化し、1925～1927年にバンキング危機が爆発した。合衆国でも、一連の銀行危機が発生し、1929年の証券市場の価格暴落につづく銀行システムの崩壊において頂点に達した。さらに1931年にヨーロッパ特にドイツで金融ならびに通貨危機が発生した。これらの危機の金融的社会的コストは、その主たる犠牲者（農民と労働者）が政治的権力を獲得し、通貨政策と危機との関係を理解するに従い、ますます政治的に受入れ難いものとなった。各国の政治的エリートが、1918年以後に受け継いだものほどに失敗しないような金融規制の新しい体制を制定する必要性を感じたのは、この時であった（Michie 2006）。

1929年の株価大暴落とともに、証券取引所は、内在する経済的不安定性の犠牲者とみられるよりもむしろ、1930年代の経済的不況をもたらす原因の一つとして非難された。その結果は突然起行われた、証券取引所活動のコントロールを目的にする立法であった。合衆国政府は、1933・4年において、株式の新発行と二次的な取引を監視するために証券取引委員会を設立し、グラス・スティーガル法によって、債券売却による金融に対する政府自身の戦時ニーズの結果として成長していた証券市場への商業銀行の直接的な参加を禁じた。ドイツにおいては、経済的崩壊に続いて、証券取引所閉鎖の期間が延長され、それから、証券取引所があまり重要性を持たなくなった1934年に、政府によって再組織化された。他の場所では、戦争と革命が、証券取引所の一時的または永久的な閉鎖をもたらした。国際的には、取引所コントロールの無理強いや強制が、世界の通貨システムの崩壊とともに、諸国間に重大な障壁を生み出し、世界的証券市場の活動を厳しく妨げた。ほとんどの証券取引所が政府および法人の証券のための市場として重要なサービスを提供し続けたが、政治的経済的ナショナリズムが、銀行と証券取引所を通じる資金の自由流通を切断した。その一方で、国内的には国家対策または銀行金融に対する選好が増進した（Michie 2006）。

アメリカのニューディール

1930年代と大不況の最中とその後に諸国家が直面した根本的な問題は二つあった。ひとつは、いかに金融市場における安定性を再建し促進するか、もうひとつは、いかに金融システムを「国民的財源」として経済的社会的目標の達成のために使うか、であった。この二つの課題に対する場合に、日本とドイツのエリートたちは、証券市場について非常に批判的であり、金融システムにおける銀行支配に対して明確な優先権を与える銀行ベース規制体制を、1920年代のかたちだけのレッセフェール規制体制（後退したユニバーサルバンキング）に代えて建設した。証券市場に対する非難は、ドイツでは、コーポラテイスト規制メカニズムの選択における、日本では行政指導をつうじての個々の銀行と国家とのはるかにより直接的な関係形成によって実現した。

ルーズベルト大統領の「ニューディール」行政においては、かれの顧問や議会の支持者の大多数は、「市場資本主義」の根本的批判には賛成しなかった。その代わりに、すでにポピュリストと進歩主義者の時代を通じて反トラストや公益事業といった分野に発展していた市場規制のリベラルな接近方法が金融市場に適用された。この接近方法は、市場でのフェアープレーのための独立した機関による規制や、これらのルール強化のための裁判官への依存など、銀行システムよりも証券市場を強化する結果をもたらした。

1930年代と1940年代が、金融システムに対する重大な「規制上の分水嶺」であった。いずれの国でも19 20年代以来、利益の内部留保による自己金融がますます中心的な金融方式となっていた。その上でアメリカはより多く証券市場ベース（直接金融）になり、ドイツと日本はより多く銀行ベース（間接金融）になった。これらの過程の重大な関係者は国家であり、国家はレッセフェールな態度を捨て金融システムを再建するために多かれ少なかれ積極的な金融規制に踏み出した。この政策実現は、経済発展や労働問題の解決、戦争への動員といった国家目標の追求と符合していた。それゆえ、諸国家の新しい規制諸体制は、一次大戦前のレッセフェール規制体制と対照的に、それぞれの国家介入のパターンや国家的目標にしたがって大きく異なっていた（Vistols 2001）。

アメリカの国民的政治経済では、諸立法が、その一次大戦以後の転換を、金融システムをふくめて、ドイツ、日本の場合とは、極めて異なった道に向かわせた。スタンダード・オイルのようなトラストが、競争諸会社に分割されたし、銀行は州間の合併を禁じられた。投資銀行と商業銀行は分離させられ（ユニバーサルバンキングから市場ベース金融への転換）、独立した職種別労働組合は、集合的取引や組織化の権利が与えられた。株式売却では、インサイダー取引や撹乱的行為が禁じられ、小売業では、競争が自由になった。

これらの政策決定は、アメリカ経済を現行のアングロ・アメリカン軌道（非中央集権的、個人主義的、緩やかに連結された、アームズ・レングスの、短期的な、消費者志向の、入札的市場猛進的なシステム）へと突き動かした。アメリカ的パターンは、一次大戦以後、特に1930、40年代以後の政治と政策から出現したのである。アメリカは、イギリス的な（最初から商業バンキングと投資バンキングを分離する）専門化バンキングの方向に転換した。とはいえイギリスでも既に、一次大戦前のレッセフェール金融システムの安定性は完全に失われていた。商業バンキングは、銀行の大合併のもと、短期借りと長期貸しで流動性リスクを増していたし、海外投資も国際的自由貿易も、国際通貨ポンド・金本位制とともに、既に崩壊していた（Gourevitch 1996）。

ドイツの国家社会主義体制

ナチス政権時代を通じて、株主の権利は戦時期の日本における と同様に制限された。会社の会計は、株主総会ではなく、監査役会によってのみ承認された。配当金の支払いは利潤の6～8％に制限され、国債に対しては、より高い利払いが認められた。これらの措置は、投資をコントロールし、株式を政府債券よりもより魅力的でないものにすることによって、戦争財政を保証する政策の一部をなしていた。資本投資は、一定の産業における投資を禁止するために強化された強制カルテルを通じて、方向付けされた。消費を押さえる賃金コントロールとともに、企業における強い自己金融によって、また国家の直接投資に支えられて投資は増大し、消費者指向の産業から重工業や軍備へと移行した（Vistols 2001）。

日本の銀行システムの戦時動員と異なって、ナチス政権は、銀行を産業ガバナンスに結び付けなかった。イデオロギー的には銀行に懐疑的で、「高度金融に対する闘争」を世論に訴えた。銀行では、利子率は低く抑えられ、利潤率は低く、流動性要求は増大する一方で、信用のレベルは停滞した。こうして銀行は直接的には一般の企業金融にほとんど貢献せず、資金は否応無く国債の購入など国家建設のために向けられた。

ナチスの統治のもとでは、公共的な利益は経営陣をオープンにしてナチスや国家が指導する（コーポレートガバナンスを政治化する）狭い民族主義的風潮において解釈された。著名な工業家が公然とナチス支持者であることはほとんどなかったが、ビッグ・ビジネスは、当初はナチス権力から利益を引き出した。労働組合は破壊され、カルテルは活性化され、そして政府との契約により、特定部門の企業の成長が引き立てられた。戦時を通じて、多くのナチス党職員が経営者になり、また国家経営の企業（ゲーリング・ベルク）が設立され、征服地域でプラントを支配した。国家はまた、私的利益のもとで計画目標を達成しえない場合には、直接介入した。たとえばフェラインツ・スタールベルクのプラントが１９３７年と１９３９年に没収されて、強制的に売却された。コーポレート・ガバナンスの政治化は、ユダヤ人の銀行家や他の非ナチス党メンバーを経営陣から除去することを目的にしていた（Vistols 2001）。

ナチス政権はリーダーの逮捕、財産の没収そして組織の解体をつうじて、全ての自治的労働組織を破壊した。労働者は党により運営される労働前線のもとに再組織された。１９３３年の労働信託法は、資本と労働との共同決定権を単一の国家代表に移した。労働側の利益代表とみなされた従来の労働評議会は廃止され、新しい従業員評議会、ナチスの工場レベル細胞と理解されるいわゆる「信託評議会」に取って代わられた。「信託評議会」の目的は、党の指導の下に企業共同体内部における国家の信任を強化することであった。１９３４年の国民労働秩序に関する法律は、「工場では、工場リーダーとしての企業家と従者としての従業員および労働者は、工場の目的と人々および国家の共通な便益を促進するために連帯して働く」とのべて、工場の共同体イデオロギーを成文化した。労働市場は国家のコントロールのもとにおかれ、賃金は国家の受託者によって設定された。しかし以上の制度は戦時中に大きく崩れ、体制は労働をコントロールするためにますます恐怖政治に依存せざるを得なくなった（ノイマン1944. Vistols 2001）。

日本における持株会社の発展と財閥

日本では、１９２０～３７年に、紡績、製糖、製紙、麦酒などで、持ち株会社（財閥本社）の子会社方式を利用し、株式取得による支配関係を梃子にする企業の合同・合併が行われた。それぞれワンセットで多数の同種事業所をもち、経営を多角化する大企業（大トラスト、財閥グループ）が生まれた。同種事業の合併集中と大規模化は、需要関係系列と供給関係系列において内部的・外部的な組織化を可能にした。内部的組織化においては、合併による事業の大規模化は、必ずしも最適規模化を意味しなかったが、たとえば綿紡績業などにみられたように、特定製品分野に専門化する場合には、支配下の工場間生産品目を市場に代わり計画的に調製することにより、生産単位を最適化する可能性をもっていた。一方、外部的組織化においては、少数大企業における同種事業の大規模化は、その企業間の競争を制限することを可能にした。両大戦間が産業諸部門におけるカルテルの時代であったことはよく知られている事実である（由井1986）。

カルテル組織による生産制限や価格の協定は、市場の安定化のために、加盟企業の企業行動を制限するものであった。しかし、多くの製造企業にとって協定によって市況が安定化することは、価格変動を見込んだ投機的な利益の追求でなく、製造業において本来の利益源泉となる費用削減に経営努力を傾注させる上では大きな意味を持った。また、急激な市況の変化にともなう在庫の急増などを避けることによって、各加盟企業は短期的な流動性の危機に見舞われる危険を軽減することもできた。しかしこのことは、たとえば化学肥料の供給などの場合に、農業部門に対して鋏状価格差などの脅威を与えることにもなる。

大戦間期を通じて、ドイツと同様の（取締役と監査役会の）二層役員会制度を有する日本の株式会社は、旧財閥企業内でそれなりに有機的な関連を持つ主要事業部がそれぞれ株式を公開して独立し、財閥本社としての持ち株会社に垂直的に統合される本来的な多角化企業グループの一環をなすものとして発展した。旧財閥の商業部門も金融部門もそれぞれ株式会社として独立したが、従来の事業部としての機能を受け継いだので、財閥グループにおけるそれらの役割は圧倒的に重要であった。こうして各財閥グループは、本社持ち株会社と総合商社および金融機関によって支配されるものとして大きく発展した。

経営の規模拡大および多角化は、製品の販売（輸出）と原材料、燃料などの購入（輸入）の両面において、総合商社の国際的（しばしば政治的軍事的）な活動を不可避的なものにさせた。実際に総合商社は、財閥の発展にとって中心的であるのみならず、20世紀をつうじて、国際的環境において日本の世界貿易の困難を打開していく上で、主要なエイジェントになった。最も成功した三井物産は１９２０年代までに、支店網を極東からアメリカヨーロッパへと世界的に拡大した。財閥グループが（各企業内にアメリカ大企業のような多事業フォームを確立しないまでも）総合商社を持っていたことは、日本の企業の組織化に特徴的なことであり、アメリカのMフォーム（一大企業は自ら販売部を持ち消費者に販売する）を組織的効率性の前提とみなすチャンドラー・モデル論の有効性を制限することになる（由井1986）。

財閥家族は持株会社に対して主要なコントロールを保留した。持株会社と財閥銀行は、１９２８年に、三井では資本の90・2％、三菱では69・4％、住友では79・1％、安田では32％をそれぞれ所有して、グループコントロールの閉鎖的システムを確実なものにした。大戦間期を通じて上位12人を基準として集計される「大株主」が株主層全体に占める比率は、人数比では低下、保有株数比では増加している。一社当たりの平均株主数が１・８倍になっていることを合わせて考えると、大戦間期に大企業の株主については、一方で少数保有株主層の増加による「所有の分散」を展開しつつ、他方で上位大株主の保有比率が顕著に増加したことは明らかである。この点は、一株主当たり保有数で大株主の平均保有数が急増する一方、その他株主の保有数は若干減少するという事実によっても示されている（志村1969）。

このような変化は大企業が資本市場を介して零細な投資家の社会的資金を吸収するという株式会社制度の機能を利用しつつあったことを示しているが、その反面で株式を介する資金供給全体のなかで、そうした社会的資金への直接的依存度を低下させたという事実をも同時に明らかにしている。つまり大株主への保有株式数の集中度上昇をもたらした基本的な要因は、少数株式保有者の増加ではなく機関投資家の増大に他ならなかった。１９１９～１９３７年に大株主としての個人の役割は大幅に低下し、保険会社や持株会社さらには事業会社の株主としての地位が顕著に増加した。１９３６年末まで上位12の株主に含まれる法人企業（銀行・証券・信託・保険など）は、４７７の大企業が発行した株式の27・6％を保有していた。この間に一挙に進んだ株式保有の機関化は、第一に保険・信託などの成長により、社会的資金がこれらのパイプを通してリスク回避しながら企業の資金需要を満たすようになったことによる。その結果、株式の直接的な社会的資金への依存度が低下した。第二に税制改正の影響のもとに進展した「法人成り」を背景としつつ、株式会社の数が増大し、持ち株会社が成長したことであった。1936年末に、全体の20・7％を保有する株式会社の保有株数の53・8％は持ち株会社の手中にあった。第三に、事業会社が分社化や系列化のために株式保有を増加させたことである（志村1969）

以上の機関株主のなかでその投資規模で頂点に立つ財閥持ち株会社は、傘下にある大企業の事業経営に対して、株主として特異な関連をもつようになった。そこでは外見的には、財閥本社に大株主として子会社に対する絶対的な権限をあたえる一方で、その子会社大企業が必要とする資本の調達に関しては、全面的な責任を本社部門に課していた。財閥本社は持ち株会社として、子会社大企業の多数派株を保有し、範囲の経済や金融戦略の改善のために尽力し、また子会社の利益を吸収して、「内部化」資本市場として金融上のコミットメントを強化した。持ち株会社はしばしばその財閥家族に高額配当を支払ったが、財閥家族は分配された配当金を、傘下企業が発行する新株を購入するために使った。このような調整過程は、財閥銀行が、留保利益を梃子として使い、またグループ会社から株を買うことによって安定化された（森川1992）。

財閥企業グループの組織上の規模と複雑性は不可避的に財閥本社・持ち株会社の傘下企業に対する経営能力を超えた。持ち株会社は総合的に見れば、戦略的コントロールを提供した。つまり傘下大企業は、財閥持ち株会社と広範囲にわたる議論をして結論を出した後に、後者の承認をうるために、戦略決定案を提出した。これらの案件が、1923～1932年において、拒否されることは一回もなかったといわれる（森川1992）。それだけコントロールは所有から分離していたことが明らかである。

本社は完全な安定株主であったし、それほど高額の配当金を要求する株主というわけではなかったから、傘下大企業は、潤沢な内部資金を自己金融として使えるという意味で高度の自由裁量権をもっていた。また傘下大企業が不足する資金を増資による調達に依存しようとする場合には、払い込み資本の責任を負う本社を説得すればよく、「高配当」を実現して株価の引き上げをはかるなど直接資本市場に対してシグナルをおくる必要性はなかった。さらに財閥本社は傘下大企業に負債を導入する機関としての意味合いを色濃くもっていた。本社・持ち株会社は、株式担保を主流とする銀行融資の媒介機関として機能し、「間接金融」を「直接金融」に結びつける役割をはたした。この結びつきによって、その閉鎖性にもかかわらず、株式会社化した傘下大企業に対する市場の評価が意味をもつようになった（武村1969）。

つまり担保物件としてみた場合に優良大企業の株式が融資獲得に有利であることは間違いなかった。その点では財閥本社の持ち株といえども市場の評価から無縁ではあり得なかった。配当金の支払いを抑制し自己金融化していた財閥系企業の株式がその市場の評価に答えることができたからこそ、財閥本社はその株式担保金融の仲介機関ともなりえたのである。さらに銀行ベースの間接金融と自己金融に大きく依存することができる場合には、傘下大企業の専門経営者（トップマネジメントにおける産業上の専門主義、技術的・事務的雇用者の数の増大、複雑な内部組織的発展により、経営上の進化を遂げた）は、財閥本社の資本所有者としての責任を軽減させる一方で、その現場主義的志向性（つまり株主資本収益率ＲＯＥの無視）の強化を進めることができた。この点は、特に１９３０年代になってその問題点が意識されるようになったが、ともかくも、大戦間期を通じて、Ｍ＆Ａ（企業の買収・合併）による企業の大規模化と組織化、自己金融の肥大化によって、所有とコントロールの分離、経営者支配そして企業の「政治化」と「軍事化」が進んだという点において、日本の財閥グループ企業も世界の流れに沿っていたことは間違いない。

日本の戦時総力戦体制

日本の戦時体制経済では、総じて株主指向から従業員指向へとコーポレート・ガバナンスの移動が起こった。国家の対産業関係は、軍隊が政治諸党に対して支配権を獲得し、消費を削減し戦争生産のために投資を増大させ始めた１９３６年以来、劇的に変化した。国家は、経済計画について、ソビエトで鼓吹されたシステムを適用した。１９３７年に設立された政府の企画院（計画局）は、株式会社は株主コントロールから解放され、会社利潤の追求は国民的な利益実現の下におかれるべきであるとした。１９４０年に公表された企画院の「経済新体制確立要項」は、「企業を公的利益本体に転換すること」「所有と経営を分離すること」「利潤を制限すること」（Aoki 1997）の三点を主張した。

厚生省は１９３８年以来、従業員は、短期的なレント・シーキング志向の株主よりも、会社企業により大きく貢献しているという見解を支持したが、その言い回しは、産業企業側からの抵抗によって、「会社は、資本・労働・経営の有機的構成体である」と修正された。１９４３年の軍需会社法は、現職経営者の中から「責任者」を決定し、株主からの干渉を排して行動させるために、彼に特別の権限を与えた。国家総動員法11条は配当と貸付を規制し、配当率は、大蔵省からの特別な許可のない限り、上限を10％と決めた。一方で利潤への課税は、持ち株会社、子会社企業、そして財閥個人にも課せられ、利潤に対する財閥家族のコントロールは著しく弱まった。ドイツにおけると同様に、株主コントロールの制限は、利潤動機を除去することではなく、利潤の分配をコントロールし、投資を促進することを目的としていた。

１９３０年代をつうじて、急速に商業銀行の数が減少する一方で、配当金の支払いを制限する政府は、不安定な資本所得よりもむしろ上昇しつつある労働所得からの銀行預金を奨励した。政府は戦争物資の生産に資金を提供するために、貸付コンソウシアムの設立を奨励した。軍需会社は特に、貸付を提供しもっぱら支払いの決済を仲介する指名銀行と連結された。会社金融に於ける貸付の割合は増加し、また銀行により所有される株式の割合も増大した。戦時期の銀行は、国家のコントロール下にあったので、会社金融において真のモニタリングの役割を果たしておらず、戦後の「メインバンク」とはかなり異なるものとして機能していた（Aoki 1997）。

三　ブレトンウッズ体制

再び米・日本・西独の三極構造

大恐慌のショックと二次世界大戦が諸国民に与えた犠牲を受けて、二次大戦末期に西側民主主義国家は、二組の戦後経済の優先事項を決めた。第一は、経済成長および完全雇用の達成と福祉国家の形成。第二は、１９３０年代の破壊的な経済ナショナリズムに戻ることのない安定した世界政治経済秩序の創生（１９４４年のブレトンウッズ会議）。

一次大戦前では、国民経済と国際通貨とのジレンマは、後者（金本位制度・最終的にはイングランド銀行の割引市場政策）を前者（自由・公正貿易政策）に優先させるかたちで解決された。大戦間期では、各国独自の国内向けマクロ経済政策が国際秩序（金為替本位制）を犠牲にして、けっきょくは、大不況、広域経済圏の追及、そして二次大戦をもたらした。ブレトンウッズ体制は理論的には、各国国民経済の自主的運営（国内秩序形成）と国際通貨（固定為替相場・通貨の交換性、国際秩序形成）との本来的なジレンマを、ＩＭＦ体制によって妥協的に解決するこころみであった。ブレトンウッズ体制のものとでは、各国は自由貿易を行うことが奨励された（ＧＡＴＴ、後にＷＴＯ）が、もしある国が重大な国際収支上の困難（経常収支の大幅赤字）に陥る場合にも、ＩＭＦが、資本輸出入の管理の下で、赤字に対する融資を行い、為替相場（通貨の交換性）を調整（または場合によっては変更）できるので、その国が国際収支不均衡を是正する目的で輸入制限を行う必要はないことになる。このような国際協調によって、為替相場制度を混乱させる危険を犯すことや、１９３０年代の通貨切下げ競争、近隣窮乏化などナショナリスティックな政策論争に戻ることなく、政府の国内経済に対する介入やケインズ的成長刺激政策の遂行が可能になる、とされた。

しかしながら、実際にはブレトンウッズ体制は、ドルを基盤とする金為替本位制（ドルを外貨準備として保有する国が、自国の通貨に対してドルを一定の為替相場で無制限に売買できる制度）であることは、次の事実から明らかであった。他の国が自国通貨をドルにペグ（固定）することにより、固定相場制ができた。調整過程は、たんにドルに対する自国通貨の平価を変更することであった。ドルが主要な準備通貨であったので、国際流動性はアメリカの国際収支に依存したが、アメリカの国際収支は１９５９年以降しばしば赤字であった。制度の眼目は、アメリカがドルを1オンス35ドルで金と交換することを保証していることであった。アメリカがこの保証を守り、他国がアメリカ経済の健全さを信頼している間は、この制度は機能した。ドルは金と等価であり、実際は金以上であった。ドルは、世界の主要な通貨の媒体であり、計算単位であり、価値の貯蔵手段であった。ブレトンウッズ体制の確立により、国際貿易の空前の成長と世界経済の相互依存の増大という時代が開かれた。アメリカ経済が世界の経済成長の主たる牽引車であった。アメリカの通貨制度が、世界の通貨政策となり、ドルの流出が、円滑な通商のための流動性を供給した（ギルピン 1987）。

この金為替本位制度では、実際にはアメリカの国際収支赤字に依存して、流動性の供給が行われていたが、この流動性創出の仕組みと制度に対する国際的信認との間には、根本的な矛盾が存在していた（この矛盾を指摘したエコノミストの名前にちなんで「トリフィン・ジレンマ」といわれる）。長期にわたるアメリカの国際収支の赤字は、金準備によってカバーされる限度を超えると、ドルに対する信認を著しく損なうことになるからである。1オンス35ドルでアメリカの保有金（金準備）と交換される裏づけのない海外のドル保有（流動性）が増加するに従い、制度に対する信頼が失われて、それが金融投機につながり、通貨（ドル）の安定をさらに損なうことになる。１９６７年以降、ドルのためにいくらかの保護機能を持っていたポンドが切り下げられ、引き続きベトナム戦争が大幅に拡大し、それによりアメリカの国際収支が猛烈に悪化したことにより、「トリフィン・ジレンマ」は、現実のものとなった（ギルフィン1987）。

世界的なインフレの増大、通貨の不安定さの増加、およびドルに対する投機的攻撃に対応するため、トリフィン・ジレンマを現実的に解決する国際的努力が加速されたが、けっきょく、金為替本位制・固定為替相場制度がその後何年か生き延びたのは、堅固な政治的基盤があったからである。アメリカ、西ドイツ（ヨーロッパ）、日本という国際経済の三極の間で、実質上暗黙の相互補完的な取引が行われていた。アメリカは、西ドイツ（欧州共同体）や日本によるアメリカの輸出品に対する差別に限らず、彼らのアメリカへの輸出拡大策を容認し続けた。一方ドイツと日本は、大部分は政治的戦略的な理由から、アメリカとの貿易によって生まれる自らの膨大な経常収支黒字によって、アメリカの国際収支赤字をファイナンスすることに同意していた。西ドイツと日本が金利付きの米国政府証券（財務省証券）の形で膨張したドルを膨大に保有したことにより、アメリカは、日本・西ヨーロッパやその他ソ連・中国の周辺地域における米軍駐留の約束を維持し、海外援助を賄い、さらにベトナム戦争を戦うことが可能になった。アメリカは、対外政策や戦争の遂行のために必要とされる外国為替を、ドルの有利な国際的水準を利用しながら、大部分借金により調達したことになる。アメリカ政府は、世界の覇権を維持する費用を国民への増税に求めて、内政上の安定を損なう必要がなかったのである（ギルフィン1987）。

変動相場制に向かって

二次大戦後の三十年間近く、アメリカは、その経済の総合的な強さ、外国部門への相対的に僅少な依存のゆえに、国際収支の赤字をもたらす（しかし海外の軍事費支出のための外国為替の調達には有利な）ドルの為替相場（ドル高）については無関心であった。さらに日本と西ドイツ（ヨーロッパ）との同盟関係を強化するために、アメリカは、国内経済上の利益より、より大きな国際政治的利益を優先させてきた。他方、ベトナム戦争の遂行、外国企業の買収、世界への政治的覇権を許すドルの優位性を経済的政治的理由で受け入れていたアメリカの同盟国・経済的パートナーたち（特に西ドイツと日本）は、世界の通貨（ドル）供給の大幅な超過によるインフレ、乱調な通貨投機、通貨の不安定の増大に対してますます懸念を抱くようになった。これに対するアメリカの立場（ますます過大評価になっていくドルと悪化していく経常収支バランスに対するビナイン・ネグレクト政策・無策の功）は、１９６０年代終わりから１９７０年代初頭にようやく変化しはじめた（ギルファン1987）。

１９５０年代終わりから１９７０年代初めまで続くインフレは、まったく新しい現象であった。当初はインフレは、基本的に完全雇用政策を欲張りすぎたことから生じる国内問題と考えられてきた。１９６０年代終わりまでに各国経済の相互依存が高まるにつれ、インフレが国際的なマクロ経済問題であることが明確になってきた。アメリカによる過剰な通貨創出のため、インフレ圧力は、資本移動や、統合された産品市場、製品市場での価格水準を経由して、国から国へと世界経済の隅々まであふれていった。この新しいインフレの時代は、通貨価値を歪め、国内経済、世界経済の双方の安定を損ねた。１９７１年の半ばまでに、ドルと他の主要通貨とのバランスは大幅に狂い、アメリカと他の市場経済とのインフレ率の相違は為替相場の根本的な不均衡を生じさせていた。

ドルに対する信認は急激に失われ、外国為替市場に混乱を引き起こしていた。アメリカ政府は何百億ドルものドル紙幣と金との交換を要求されており、国際通貨制度は崩壊の脅威にさらされていた。この急激な情勢悪化に直面して、ニクソン大統領は１９７１年8月、実質的にその後のアメリカの新しい対外政策となるものを発表した。１８９３年以来初めてのアメリカの貿易赤字、保護主義圧力の台頭、大量の金流出、ドルに対する攻勢の加速、そして金融恐慌の恐れに対応して、ニクソンは金の流出を食い止め、急激に衰えてきたアメリカ経済の先行きを反転させるために、強硬で一方的な一連の措置を講じた（ドルと金の交換性停止、輸入課徴金、賃金と物価統制、１９７１年ドル切り下げ）。

西ドイツや日本による大量のドル保有は、もしドルの価値を維持し、ドルの交換性を存続させるのであれば、アメリカは彼らの要請を受けた政策を行うべきであるということを意味していた。このような他国からの自主性の制限に対して、アメリカは、自国の経済的、政治的な行動の自由度を増すために、固定為替相場制を破壊した。１９７３年3月にスミソニアン合意が破棄され、為替相場をフロートさせるという決定が下された。続いて、ＯＰＥＣが世界のエネルギー価格を四倍に引き上げ、国際収支や金融市場に衝撃を与えた。主要な経済大国はアメリカによって通貨の再調整を押し付けられたが、重要な同盟国である西ドイツはドルを引き続き支持することを拒否し、変動相場制に付くことを決めた。けっきょく、変動相場制への移行は、国民経済の独立性と国際通貨秩序との本来的ジレンマが前者に有利な形で解決されることへの移行を意味した。より複雑になったケインズ的世界において、完全雇用のもとでの非インフレ的成長という国民経済的目標と国際収支の均衡・国際秩序との潜在的対立を克服するという国際通貨制度の基本的問題（ブレトンウッズ体制の課題）は、アメリカがその解決のためのリーダーシップを提供する意思と能力を持っている間においてのみ可能であった。要するに引き続いた国際通貨制度の危機は、アメリカの不十分な経済的・政治的リーダーシップという政治的問題に他ならなかった（ギルフィン1987）。

ドイツの「社会市場経済」

二次大戦後ドイツでは、日本の財閥解体と異なり会社所有権の構造は急激には変化しなかった。若干の所有者が逮捕され、戦争犯罪の廉で審理されたが、連合軍による集中排除政策が主に、三大銀行（ドイツ銀行、コメルツ銀行、ドレスナー銀行）、そして化学工業グループ（I・Gファルベン）や石炭・鉄鋼会社（クルップ）に向けられた。しかし結果的に株式会社の所有権集中構造や会社グループと銀行との密接な関係はほとんどそのまま残った。石炭と鉄鋼会社は、だいたい家族所有のもとにおかれたが、最大12の鉄鋼会社が、28の独立した会社に分割された。１９５２年に所有者は以前保有した株と等しい割合で新しい会社のそれぞれについて株を受け取った。これらの大株主は保有株を5年以内に売りきり、単一会社における保有株を減少させることが義務付けられた。アルフレッド・クルップやオットー・ボルフといった少数の個人だけが、石炭と鉄鋼から完全に退出する命令をうけた。大きな株式ブロックを売ることはドイツの弱体株式市場では困難であった。そのため合併により互いに会社間所有の網目を強化する株式スワップがおこなわれた（Jackson 2001）。

集中排除政策にもかかわらず、法人組織の所有権は、会社グループと銀行との間で「閉鎖的な」状態のままにおかれた。１９５８年に最大１１０会社のうちで、61％が単一の株主（20％は家族、残りは国または外国と国内の会社）によってコントロールされ、19％が多数の小株主によってコントロールされ、そして20％がマネージャーによりコントロールされた。１９５０～１９９５年に、銀行と保険会社による所有が、市場価値総額の３％から21％に増大し、会社間所有は、22％から42％に増えた。反対に、個人と家族の所有は、42％から17％に下がった。こうして高度に集中する所有権をコンツエルンの核心である親会社がコントロールするという支配構造が定着した。親会社の大量の株式が私有化され、しばしば非常に分散して多数の市民に所有された。しかしその場合でも、銀行の役割のゆえに（つまり銀行は、株が銀行に預けられるときに生じる委任投票権を行使することによって、株主総会を支配した）、敵対的買収や市場指向的株主からの脅威は制限された。１９９０年代初頭に銀行は総会で直接の保有株と委任投票権を通じて、投票割り当ての84％を支配した。また銀行は、１００の最大会社のうち、監査役会の約10％を代表した。ドイツの銀行は（企業における依然として強い自己金融の傾向のために）金融というより、所有権、信用貸し、委任投票権、監査役会への役員派遣により、日本のメインバンクに似たリレイションシップ・バンキングのなかで「その時々の」モニタリングを実行した。

戦後の株式会社法は、その「立憲的」特性は維持したままであるが、ますます自由主義的要素を具象化した。株式会社法の改正（１９６５年）は、株主権（情報開示、利潤配分管理、株主訴訟）の回復を求めた。これにより、１９３７年の法改革で確立された企業の「公益」条項が削除された。しかしその後、「私有権は社会的義務を伴う」（ドイツ基本法）という法改正の「社会的責任の原則」が、監査役会で従業員代表と株主代表が同数を占める（したがって議長が決定権をにぎる）「共同決定制度」をめぐる論争において強調された。こうして、「企業の利益」における公益の強調（すなわち私的所有権の絶対性の希釈化）の正当性の堅持が明確にされた（Jackson 2001）。

二次大戦以後冷戦の開始とほとんど同時に、西ドイツでは、フランスとの和解が進み、国籍を超える欧州石炭鉄鋼共同体が成立する。これが、共通農業政策（ＣＡＰ）とともに、後に欧州共同体、さらにヨーロッパ連合（ＥＵ）に発展する。１９７０年代からは、その欧州鉄鋼共同体の資本・労働共同決定システムが一般に従業員2千人以上のドイツ企業にも採用を義務付けられることになり、ここに、監査役会に従業員の代表が半数の投票権を占めるいわゆる共同決定制度が成立した。他半分の投票権は資本側代表が占め、資本側を代表する議長の一票がキャスティングボートを握ることになった。同時に発展してきた従業員持株制度が本来的に資本の代理機関としての監査役会における従業員代表の在籍を事実上保証しているが、会社従業員は、監査役会で代表権を獲得する一方で、産業別組合組織を背景にして、雇用、労働条件、解雇に関して労働評議会の決定に参加できるようになった。このような従業員権利の拡大は、会社の決定にたいする従業員の参加が経営側の随意に基づくイギリスの株主権利と比較する場合に、ドイツの株主財産権の希釈化の構成要素をなすものと考えられている。

日本の企業グループ

終戦に続いて連合軍最高司令部は財閥の解体（1945～1952年）とアメリカ制度をモデルとする法律上の改革を開始した。商業銀行が証券、保険業務を行うこと（ユニバーサル・バンキング）を禁じる規制（1932年のアメリカ法にちなんで日本版グラス・スチーガル法といわれる）が導入され（1998年まで）、また独占禁止法によって、自己資本を超える他社の株式保有および旧財閥持株会社のごとき純粋持株会社が禁じられた（1996年まで）。

最高司令部は、一般的には私的な会社所有権を保持することを追及したが、財閥家族からはその所有権力をほぼ完全に剥ぎ取った。財閥家族の財産は、資本税（事実上、没収、というのは、この資本課税は、特に財閥に向けられていたから）、累進課税、そして進行するインフレーションを通じて、徹底的に削減された。財閥に対するパージは1945年の本社・持ち株会社の家族と経営幹部を標的にする指令に始まり、238企業の経営幹部またはフルタイムの監査役レベル職員1980人に対して1947年まで続けられた（Morikawa 1993）。1948年の法律はパージの範囲を拡大し、財閥の本社と子会社の3625人の経営幹部が追放された。パージ指令は、1951年の講和条約の締結により破棄されたが、復帰したマネージャーはほとんどいなかった。財閥家族メンバーとトップマネージャーの解任によって、全体として急速に新しい世代が迎え入れられることになった。これらの新マネージャーは、より低いランクの役員、部局、工場からリクルートされた。

1946年には財閥持株会社が所有する株券は、日本の会社における払込資本金簿価の42％を占めていた。連合軍最高司令部は、持株会社整理委員会を通じて摂取した株式証券を、優先権を与えられた会社の従業員や地域住民に再分配した。彼らは、1950年7月までに、売却された株式の47％を購入した。接収された株式証券はまた委託販売のためにブローカーに提供された。残った限られた数の株式証券だけが一般公衆に提供された。1949年までに、株式証券の69％が個人と家族によって所有されたが、銀行や他の会社による所有は16％に達した。1951年までに、旧財閥持株会社が所有する株式証券は一掃された。持株会社は26の新事業会社に改組され、残りの57会社が旧財閥グループから離脱した。所有権分散は高度のものに達し、経営者は株主コントロールからの自由を享受したが、この分散化した所有から、グループ企業間のクロス株式所有構造が発展した。個人株主は、彼らの株を高インフレの時期を通じてすばやく売ったので、日本銀行は、日本の銀行にこれらの株式証券を購入することを強く勧めた。なお新しい企業グループの形成は、それぞれの企業の製品・サービス販売関係および部品・原料購入関係において、株式所有に基づく子会社・孫会社など垂直的な系列の形成を伴っていたことは注意されてよい（奥村1975）。

水平的な系列としてのクロス株式保有（持合い）は、独占禁止法による垂直的系列としての純粋持株会社禁止および他会社の株式所有制限のもとで、１９５０年代と１９６０年代を通じて成長したが、この所有構造の成長は、住友、三菱、三井などの旧財閥企業グループによって導かれた。これらのグループ企業は、それぞれメインバンクと総合商社をメンバーに含みつつ、互いに経営自治権の強化を追及する一方で、株式保有に関しては全体として強い内部的なコントロールを保持した。１９６０年代初頭における証券不況のなかで、銀行と証券会社は、「安定株主」に売られる株式証券を購入するための協同組合的協会を設立した。１９６０年代に日本がＩＭＦ８条国になり、もはや輸入と外国為替管理を制限できなくなった際には、外国からの買収を阻止するために、追加的にいくつかの企業グループが形成され、同様なクロス株式保有のかたちを取り始めた。この新しいグループの中で、三和や第一勧業はなんら旧財閥の遺産をもっていなかったが。

クロス株式保有は、一部はメインバンク中心に組織化されグループ内会社間の協同を支援する機能を引き受け、閉鎖的な所有権構造のなかで会社の金融上のコミットメントを促進した。メインバンクは、ネットワークのセンターを形成し、銀行ローンの相当な部分を提供する一方で、役員派遣による委託モニタリングをおこない、また会社が危難に陥る時には積極的に介入した。銀行は、顧客会社の株式所有に関して法律上の制限の下にあったので、通常はいくつかの銀行が企業グループを超える一つのグループとして密接に多数の会社に関わった。銀行は、コントロールについて、負債ベースおよび証券ベースの水路を握っていた（シェアード1997）。たとえば銀行は土地と株式証券を担保とする短期、長期の貸し付けを顧客会社に対して行った。

脱資本主義的日本企業

アメリカの役員会制度をモデルとする１９５０年の株式会社法改革によって、株主総会の権利が制限され、また代表取締役を決定し新株を発行し投票権を共有することにおける役員会の諸権利がより明確にされた。株主の半分以上を代表する株主総会における投票の三分の二以上の多数決によってのみ取締役経営者は解任できる、とされた。大企業の約三分の一だけが一人の外部取締役を持っているが、これは普通はメインバンクから派遣される。監査役は取締役会の任命によるので、真の独立性を欠いていて本来の役割を果たせない、とされた。一方でクロス株式保有とは、旧財閥持株会社と同様に株主コントロール権を抑制していて、グループメンバー会社が相互に保有する株式証券に関して、安定株主であると同時に高い配当金は要求しないことを意味した。

　年次株主総会は、十分な期間を通じて準備される取締役会の投票委任状処理や多数派工作の上で、しかもほとんどが同日に開催され極端に短時間に限られているので、株主総会の会社コントロール権は非常に形骸化していた。クロス株式保有は、理論的にはグループとして多数派株式保有による会社の株主コントロールを可能にするが、総会の形骸化と所有と経営の分離のもとでは、例外的非常事態を除いて、メンバー会社に対してその株主コントロール権を実現することにはならない[注]。むしろ逆に、常に情報を月例会クラブで共有するグループ会社の社長たちは、全体として、メンバー会社取締役の経営支配を正当化し擁護するために、その多数派工作に従って投票権を行使することになった（シェアード1997）。

(注) 奥村宏の「法人資本主義」論は次のごとし。「法人としての会社」は、（論理的には）まず「経済的、実質的所有（生産手段の所有）の主体」であるが、続いて「法律的、形式的所有の主体」として「登場する」。すなわち株主は「法律的所有の主体」をなすが、日本では、自然人とともに「法人としての会社」についても、株主たりうることを想定しなければならない。この点に、「法人資本主義」の大きな特質がある。「自然人である経営者ａ」は、「身体がないから意志もなく行為もできない」「法人としての会社」Ａを代表して、またさらにＡ会社によるＢ会社の株式所有に基づいて、「法人としての会社」Ｂを代表する「自然人である経営者ｂ」を支配する。一方で逆に、経営者ｂは、会社Ｂを代表して、またさらにＢ会社による会社Ａの株式所有に基づいて、経営者ａを支配する。ここにおいて、「株式の持ち合い」の本当の意味が解明される。つまり日本の企業グループは、「法人としての会社」間における株式の「相互持合い」、「相互所有」、そしてそれに基づく経営者の「相互信認」によって構成される。要するに「法人としての会社」による株式所有にもとづくコントロール（資本の支配）が、究極的に成立している。奥村によれば、いわゆる「経営者支配の日本的形態」は、本質的には会社間にまたがる資本所有コントロールとしての「法人資本主義」として、現実的に存在していることになる（奥村1975）。

　しかしここで奥村が大前提にしている会社Ａ（資本所有）と経営者ａとの一体性（所有とコントロールの非分離）、そして会社Ｂ（資本所有）と経営者ｂとの一体性（所有とコントロールの非分離）を、一次大戦以後の現代株式会社の現実的発展に即して否認せよ。そうすれば、Ａ会社とＢ会社との株式の持合い・相互資本コントロールによる「法人資本主義」の成立論理などは、直ちにパンクする。

会社の一般の従業員の中から選ばれるエリートは、内部的なランクを経て取締役などに出世する。そして取締役会で任命され総会で承認される社長は、長期に、たいてい六年の期間にわたり経営者権力を行使する。日本はこうして高度経済成長期（1960年代）を通じて、一次大戦以来の世界的なマネジリアリズムの趨勢（自己金融の肥大化、所有とコントロールの分離）に沿って、しかし独特な従業員指向・経営者主権的コーポレート・ガバナンス（企業別組合、工場内技術研修と永年雇用、年功序列賃金、トップ経営者の内部昇進、持合い株式証券価値の無視）そして戦前の財閥に代わる新しいワンセット型企業グループを発展させた。

いわゆる「日本的経営」の中核となる終身雇用制、企業別組合、労働市場の流動性の欠如、配当の極少化は、「労働力の商品化」を基礎とした資本＝賃労働関係」の崩壊の反映として把握される（脱資本主義的）現象形態の一つであるといえる。それゆえ、現代日本の大企業においては、一般に、「直接生産者と生産手段の分離」は存在せず、両者は「労働者共同体としての企業」において、事実上一致している[注]（西山1983）。

(注) なお西山（1980年）は、脱資本主義的「日本社会の病理」として、次の五点を指摘している。1．公認会計士による会計監査制度の無機能化、2．社内取締役をコントロールすべき社外取締役の無機能化（日本では二次大戦後、ドイツ的な二層役員会制度からアメリカ的な取締役会・単層役員会制度へと商法が改正された）、3．TOB（他会社を乗っ取るために、その会社の株式を集中的に公開買い付けする）が、日本ではほとんど行われないこと、4．「経営者にとって役に立つ総会屋」の存在、5．以上の「腐敗の構造」の「政府と企業の癒着」よる完成。上記1、2の「制度」は、元来「資本家の存在を前提とした制度であるが、資本家が存在しないとなると、それらが無機能化するのは当然である」。また上記3については、経営者は、「支配力をもつ株主としての」資本家が復活することを恐れているからである。また上記4については、それをチェックする資本家が存在しないからこそ、総会屋と経営者の結託が生じる。かくして上記5によって、「経営者を含む労働者による巨大な利益共同体」、「資本主義でも社会主義でもない別の社会」、仮称「管理主義社会」が成立する。

四　ブレトンウッズⅡ体制

米ソ冷戦の終わりとドイツ再統一

トロイハント（信託公社）が、東ドイツ社会主義政府によって、人民所有企業の財産を管理するための行政上の機関として設立されたのは、１９９０年3月のことである。それまで階層的に組織化され中央集権的に計画された生産の単位に過ぎなかった企業が、形式上私会社に変換され（2千人以上の従業員を有する企業は株式会社、それより小さい企業は有限会社へ）、その財産権が、農場や酒場、商店など小サービス業にいたるまで、すべてこの信託機関に移転された。この頃政府は曖昧な社会主義的市場経済を唱えていたが、まだプリバタイゼイションは問題になっていない。自由選挙によって、社会主義政府が一掃され、七月の西ドイツとの経済同盟に道が開かれて以後、初めてトロイハントは、社会主義経済を社会的市場経済に転換するという歴史上先例のない使命を引き受けることになった。

　六月のトロイハント法（十月のソ連との統一条約によって何ら変更を受けなかった）は、その任務を、国有会社約８０００（従業員総数約4百万人）と農場、その他小サービス業などを再組織化し、市場環境の要求に適合するものにし、私的所有者に売却することにあると規定した。東欧やロシアなど旧社会主義国のプリバタイゼイションは、競売、バウチュア（株式引換券）、相互基金、株式市場などによって行われた。プリバタイゼイションのトロイハント方式は、東ドイツに特有なものである。しかしその法律は、会社の資産管理や経営改革、労働者の保護など、プリバタイゼイションのうち、どの目標を優先すべきかを明確にしなかった。そのためトロイハント方式は、最初から、いろいろ多方面から非難され、また政治紛争の影響を受けた。八月に総裁に就任し、市場競争原理を強調したＤ・ローベーダーが、翌年（１９９１年4月1日）自宅で何者かの銃撃を受け暗殺された。あとを継いだＤ・ブルエル総裁は、国家財政による保護を強く訴えざるをえなかった。

　トロイハントの諮問協議会は、最も重要な利害グループ（連邦政府、州政府、連邦銀行、商業銀行、主要な西ドイツの銀行、労働組合、二人のヨーロッパビジネスマン）によって構成された。また常務取締役は、すべて西ドイツのコンサルタント兼経営者（70％）本業の経営者（20～25％）、退職した経営者（5～10％）によって占められた。その活動は、役員や職員の確保（4百人から最後に3千人に増えた。その半数が西ドイツから）などのために遅れたが、90年末には本格化した。

　トロイハントの最初の仕事は、自ら管理する5百人以上の従業員を有する国有会社に、西ドイツで発展した企業制度（二層役員会制度、共同決定制度）を持ち込むことであった。これらすべての会社について、監査役会と取締役会が定められた。後者は会社の日常的な経営に責任を負う。前者は、従業員（１５百人未満の会社では役員の三分の一、それ以上の会社では役員の半分）と総会で選任される株主の代表から構成される（共同決定制度）。監査役会は、取締役会の上級経営者を任命し、その経営活動を一定の基準により監督し、重要な決定に拒否権を有する。それぞれの会社について、監査役会の株主代表は、60〜70％がほかの会社（ほとんど西ドイツの）20〜25％が銀行、10〜15％が地方政府によって占められた。

トロイハントは最初、参加の会社に、それぞれが独自に監査する開始貸借対照表および経営計画書を提出させ、それを民間に提示して、直接プリバタイゼイションを進めようとした。しかし、もともと東ドイツの社会主義体制下では不動産市場が存在せず、会社資産の帳簿価格が不当に低く評価された。そのため、会社を買収する投資家や企業が、その土地資産を開発するかわりに、キャピタルゲインを求めて売り逃げする恐れが十分にあった。そこでトロイハントは戦略を変更した。傘下の各会社が提出する（その期限は、1990年10月から1991年6月に延期された）開始貸借対照表と経営改革計画書を厳密に審査し、二、三年の間に収益性を上げるためにはどうすべきか指示するために、トップ80人の西ドイツ経営者による特別の指導委員会がもうけられた。この委員会は、各会社について、予想される売上高、資産高、債務残高、資本構成を、西ドイツの相当する企業と比較して、経営の改革が成功するかどうかの判定を下した。この過程で、旧来の国立銀行に対する債務100兆DMの四分の三が帳消しにされ、約8千の会社（速やかなプリバタイゼイション、経営改革後のプリバタイゼイション、閉鎖に三等分された）、その他小サービス業（四万の半分が1991年3月までにプリバタイゼイションされた）が、行政上の単位でなく市場経済上の効率性を基準にして、最終的に大小1万3千社に再編成された。この数の会社が二、三年の存命を許され、プリバタイゼイションの対象になった。

ブレトンウッズⅡ体制と金融システム

2008年の金融システムの崩壊の原因は、最終的には1989年のベルリンの壁崩壊に始まる重大な世界政治と世界経済の転換に求められる。中央経済計画という社会主義モデルが失敗に終わると、中国、旧ソ連諸国、インドが国際貿易システムに加わり、貿易財、なかでも工業製品を生産する世界の労働力のプールに毎年何百万人もの労働者を送り込んだ。過去四半世紀間に、世界貿易システムに労働力を供給するプールの規模は三倍以上に拡大した。先進諸国は、安い消費財の流入から恩恵を受けたが、製造業セクターの雇用が減少するという代償を払うことになった。

新興国は、日本と韓国を手本として輸出主導型の成長政策を追及した。輸出を刺激するために自国通貨を対アメリカ・ドルで低い水準に固定し、為替レートを抑えた。この戦略は成功し、世界の輸出に占める中国のシェアーは、1990年には、2%だったが、2013年には、12%に上昇した。中国をはじめとするアジア諸国は、巨額の貿易黒字を抱えた。言い換えると、アジア諸国は自分たちが支出する以上に生産し、国内に投資する以上に貯蓄していた。老後に備えるなど貯蓄意欲はとても旺盛だった。その一方で、西側の消費者の支出意欲はとても旺盛ではあったが、新興国の貯蓄意欲の方がそれ以上に強く、貯蓄を相殺するには足りなかった。その帰結として世界経済で貯蓄が過剰となり（貯蓄のだぶつき）、それが原因で、世界中で金利が低下した（十年以上の長期の金利は世界全体の支出と貯蓄のバランスで決まり、中央銀行は長期金利の動きを見ながら短期の政策金利を設定する。なお貨幣利子率から期待インフレ率を差し引いたものが実質利子率である。近年では政策金利がインフレ率を下回ったために、短期実質利子率はマイナスに転じている）。要するに、中国を始め新興国は、世界中に売る財を生産する労働力のプールに何百万という人々を送り込んで、他国の実質賃金を押し下げただけでなく、行き場のない貯蓄のプールに何十億ドルもの資金を流し込んで、国際資本市場の実質利子率を押し下げた。

新興国は国内に投資する以上に貯蓄していたため、（おそらく冷戦後の世界政治が介在して）奇妙ではあるが実際には投資機会が自国内よりも限られている先進国に資本を輸出した。つまり先進国が発展途上国から巨額の借り入れをするという、「資本の自然の流れ」における逆転が起こった（通貨システムのこの特質すべき特徴を「ブレトンウッズII体制」という）。このような新興国から先進国の国際的資本フローの相当部分が、西側の銀行システムを経過しており、これが2008年の金融危機の前にみられた二つ目（一つ目は「貯蓄のだぶつき」）の重大な動き、つまり銀行バランスシートの急激な膨張（「銀行のだぶつき」）につながった。実質金利が低い水準にあったため、資産価格が値上がりした。それに呼応して第一に、例えば住宅購入者の債務の水準が上がり、その大部分を銀行が融資したので、銀行のバランスシートは急激に膨らんだ。第二に、金融機関や投資家は、リターンを少しでも稼ごうと、十分な見返りもないままに、どんどんリスクを取り始めた。こうして「金融派生商品（デリバテブ）」が開発された。水面下では、債権と債務のストックが、レンガの山のように、持続不可能な形で積み上がっていた（キング2016.47-55）。

市場ベース金融VS銀行ベース金融

1937年に自国経済を世界不況の影響から隔離する目的で導入された資本輸出入管理によって、国際的な資本の流れは、事実上干上がってしまった。資本管理は、大戦中はもちろん二次大戦後も維持された。戦勝国が、自国の為替レートを固定することを決定したからである（ブレトンウッズ体制）。1945〜1970年までの時代には、資本管理のもとで、多くの諸国が自由な証券市場をほぼ完全に廃止したために、世界的な証券市場は、国内的と国際的との両方で後退した。二次大戦後、譲渡可能な証券の使用増大と市場の自由な機能に根拠を与えていた信頼と信用の多くが消滅した。その代わりに、方向付けし、規制し、管理し、コントロールする政府の権力が、いまや多かれ少なかれ、世界中で中心的な信頼の対象になった。社会主義国家においては、金融市場に中央計画が取って代わり、証券市場はまさに存在自体を中止した。

西側の市場経済においてさえも、政府は、金融資源の方向付けを含む全般的な計画にますます多くまきこまれるようになった。多くの産業が、全体的な鉄道システムの同様に国有化され、その証券が証券取引所で取引されることを停止した。同時に、強く要請される金融上の媒介機関は、市場よりも銀行によって支配された。銀行だけが、国内的には複雑な課税により、そして国際的には為替コントロールにより、政府規制における巨大な増大にうまく対処すべく人的資源と組織・構造を有していた。こうして、世界的金融フローとビジネスの国内金融を支配したのは銀行であった。二次世界大戦後の約25年間は、証券市場は、国民的レベルであれ、国際的レベルであれ、世界の金融システムにおいてマイナーな役割に身を固めていた（Michie 2006）。

二次大戦以後、1970年初頭まで固定相場制の黄金時代において、金融システムにおける市場ベースと銀行ベースに関する評価について、ひとつのコンセンサスが生まれた。銀行ベースでは、銀行の役割は、企業に対して、金融資源の動員と配分を直接指導する点で、きわめて明快である。それに対して「市場ベース」金融システムの背景にあるロジックを理解するのは容易でない。長期の金融を受ける企業は、彼らのために発行される証券をその企業についてほとんど知識を持たない投資家に買わせるために、投資銀行家に手数料を払わなければならない。このことは、企業を、長期的な親交ではなく、銀行の短期的な考慮によって導かれる市場状況にさらすことになる。こうして、ドイツや日本の「銀行ベース」（間接金融）は、長期の経済成長を支援する上でなした寄与によって、金融機関の究極形態とみなされた。それと対照的に、イギリスやアメリカの

「市場システム」は、企業に対する長期のコミットメントを持たないゆえに、投資について短期的な態度を促進するものとして、深く弱点のあるものとみなされた（Michie 2003）。

金融システムについて、次のようなコンセンサスが存在した。日本の企業においては会社間の株式の持合いは、グループ内の投資を奨励する。それは、計画の調整をよりよいものにする可能性を高める。株式の持ち合いというような株式保有形態は、さらに、当事者たちのあいだの長期的なかかわり（それは、数年の後にはじめて結果がでるような投資を可能にする）を保証する。また特に研究開発に長期的な投資をなしうる能力が、貸し手でもあり株主でもあるメインバンクの役割りより、強化される。さらに、株主、特に銀行の会社に対するかかわりは、問題が生じるときには、銀行に、それを解決する強い動機をあたえる。イギリスやアメリカの場合には、むしろ、その株を売ってしまうか、または、敵対的な企業買収をうけるかするのであるが、日本とドイツでは、そんなことは、ほとんど見られない。銀行の長期主義は、また、銀行が小・中規模の企業（それは、日本やドイツでは、経済上の最もダイナミックな、革新的な活動者であり、アメリカやイギリスにおけるよりも、より普通に存在する）に対して、より確かな金融資源を提供するために必要とされる。しかしながら、以上のコンセンサスには、いまや、重大な修正が必要とされるようになっている（The Economist 1996）。

1970年代に経験した固定相場制の廃止をともなう通貨の困難性以来、いっそう発展した形態とみられるものは、次のような金融システムであった。グローバルな証券市場がますます重要な役割を果たすようになる、その一方で、国家の役割は、銀行や市場の代替物というよりむしろ規制者の役割へと後退する、そのような金融システムである。この結果は、それぞれの国民経済において進化した金融システム、あるいはシステムにおける銀行と証券市場の間に存在する関係が、基本的な経済諸力と個々の政府の指令によって駆動される国民的考慮よりも、ますます統合されるグローバル経済によって規制されるようになるということである。実際に、ドイツとイギリスのバンキング慣行の間には、相違よりもむしろ類似性が現れる傾向があったし、また1980年代に入り、経済成長率が、指導的な先進国において収斂するようになった。イギリスとアメリカに対して、ドイツと日本が相対的に貧しい結果を示すようになると、経済成長率における銀行ベースの優越性に関する神話は崩壊した。そして1980年以来の20世紀末葉までに、いずれの先進的な金融システムでも、銀行と証券市場の両方（そして中心的には自己金融）が本質的な構成要素をなすということが、明らかになってきた(注)。

（注）〔経済成長率〕1955～1995年の40年間にまたがってみると、一人当たりのGDP平均年成長率は、日本5・5%とドイツ3%は、イギリス2・0%やアメリカ1・7%をはるかに上回っている。ドルと市場為替レートで換算すると、1994年における一人当たりGDPは、日本36732ドル、アメリカ25512ドル、ドイツ25133ドルに対して、イギリスは17465ドルにすぎない。しかしながら、1965～1995年の30年間だけをとってみよう。一人当たりGDPの成長率は、日本の年平均4%と、依然としてかなり高いが、しかし、他の諸国に対する相違の幅は、いささか縮小する。つまり、ドイツ2・4%であり、アメリカとイギリスはそれぞれ1・9%である。1985～1995年の10年についてみると、平均で、日本の2・5%に対して、アメリカ2・2%、イギリス2・0%、ドイツ1・9%で、差はもっと縮小する。1995年では、一人当たりGDP成長率は逆転して、アメリカで、推定3・3%、イギリスで2・6%、ドイツ2・1%に対して、日本は、0・5%である。銀行ベース・モデル（その最も著しいのは日本であるが）は、たしかに戦後の最初の2、30年間は市場ベース・モデルを凌駕した。しかし、両者のギャップが、1995年以前の20年間で、著しくせばまったことも事実である。そして1995年以前の10年間においては、後者が前者を追い越すようないくつかの兆候もみられた。明らかに日本とドイツのモデルのすぐれた性能は、90年代の不況が始まるずっと前に、終わっていたのである（The Economist 1996）。

資本の自由化と変動相場制

1960年代に始まりその後足取りをましたが、国民的金融システムと世界的な貨幣および資本の流通との両方に対する政府のコントロールが崩壊し始めた。ドル危機の後、1970年代初頭に各国通貨は市場が設定するとおりのレートで互いに「フロート」するようになった。このことは、グローバル証券市場の再生を知らせる信号となった。アメリカとドイツは、すばやく資本の流出と流入をコントロールする試みをストップした。イギリスは1979年に資本管理を廃止し、日本は1980年にほとんど資本を自由化した。フランスとイタリアは遅れたが、1990年に国境を横断する投資に対する最後の制限を放棄した。延長するインフレーションの影響にうまく対処できる証券に対する投資家の追及は、彼らの注意を政府債券よりむしろ法人企業の株式に向けさせた。取引所コントロールの漸次的放棄はまた、金融機関が国境を越えて魅力ある投資を探し回り始めたので、証券の国際的市場の復活をもたらした。

先進国では主として財政危機の解決のために公共企業のプリバタイゼイションや自由競争の促進などの新自由主義

的政策が唱えられ、共産主義国家の崩壊に多大な影響を与えた。一方でブレトンウッズ体制における固定為替相場の廃棄は、国際金融上の規律が失われることを意味した。民間および国家間の、そして国際的な債務の大幅な拡大への門戸が開放され、各国は資本を自由化し、証券市場のグローバル化と大量の不安定な資本移動がはじまった。為替相場が固定されていない以上、国家の行動についてもはや外部的な規制はなくなった。変動相場制への移行に対して、その変動幅を限定的なものにするために、OECDやサミットやG7を通じる国際協調が重要な課題になり、IMFも国際通貨の安定のためにSDRなど様々な試みを行った。この間に石油資源大国OPECと新興国BRICsが台頭した。国際通貨・通商・金融システムはますます不安定になり、ともかくもアメリカドルを基軸通貨とするブレトンウッズ体制の完全崩壊のおそれが、国際的政治経済にとって大きな懸念となった。

国有化された産業は見込みある恩恵の結果を出すことに自ら失敗したという一般的な認識によって、1980年代以後、世界中でプリバタイゼイション・プログラムが生まれた。その過程で多くの新証券が生み出された。共産主義的経済が破綻するとともに、生まれ変わった新しい体制は無理やりプリバタイゼイションを進めて、いろいろな証券の名前において、平均に及ばないような国家資産を売り払った。これらのことは、公式に組織化されたものであれ、電子ネットワークをふくむものであれ、既設の証券取引所の活動を非常に増大させるとともに、多数の新しい証券取引所の創設をもたらした。

二つの力が商品と貨幣と資本の流通を増大させた。第一は、IT技術による流通コストの軽減である。第二は、貿易の自由化である。戦後、経済大国は貿易障壁を引き下げることが復興にとって重要であるという点で協定を結んだ。かれらは、GATTによって輸入関税を徐々に低下させるために、一連の交渉を行ってきた。GATT交渉あるいは一方的な決定の結果として、ほとんどすべての国が外国貿易に対する障壁を引下げた。ほとんどの国が同様に国際的な資本移動を歓迎した。投資家の魅力を引き付けるために株主に有利なコーポレート・ガバナンスが世界中で吹聴された。こうして、1987〜1997年の十年間で、貿易は産出高とおなじ二倍に、外国直接投資は三倍に、株式の国際取引は十倍に、それぞれ増大した（The Economist 1993）。1995年にGATTがWTOによって置き換えられるとともに貿易はさらに著しく拡大した。1997年のアジア通貨・金融危機の後、先進国の機関投資家は、中国大陸の西部大開発へと、投資先を転換した。その中国は

２００1年、あの9・11直後に、対テロ世界戦略の一環として大いに歓迎されてＷＴＯに加盟した。そして新興国ＢＲＩＣsがますます台頭してきた。

レッセフェール金融システム復興ならず

21世紀の始まりまでに世界的証券市場は、その国民的そして国際的重要性を再生させたが、アメリカ標準のグローバル化を唱える新自由主義（ワシントン・コンセンサス）は、一次大戦以前の真のレッセフェール金融システム（貨幣市場と資本市場の相互補完的流動性リスク管理）の回帰をもたらすものとはとうてい言えなかった。変動相場制の始まりとともに、通貨金融システムは常に極めて不安定であった。実際に１９９０年代初頭に日本のバブルは崩壊し、１９９７・８年にはアジア通貨危機がおこり、２００６年以後のサブプライム問題、２００８年9月のリーマンショックにつながり、さらにギリシャのユーロ・財政危機に伝搬していった。市場を伴うとしても社会・世界政治の強力介入によってのみ一般的な経済原則均衡は実現されることを、これらの危機の頻発は示している。もともと１９８０年代以来、世界的証券市場が活動するその諸条件は、一次大戦前とは根本的に異なっていた。

情報および算術技術の継続的な発展は、世界中で参加者をリンクする電子的商品売買の創設を可能にした。もやは物理的なトレーデングフロアは必要ないが、このことが、世界の証券取引所の多くによって占有されている重要な地位を危険にさらし、そして地方の証券取引所の多数の閉鎖をもたらした。電子革命はまた、世界中の政府の積極的介入と結びついて、設立されて久しい証券取引所のルールや規制などいかなる取引上の束縛をも除去していった。１９１４年以来、そして特に１９４５年以来、証券取引所は金融システムの規制においてますます擬似公的地位を占有する官僚的組織になっていた。このことは20世紀末葉のよりオープンな経済とは両立できないので、公式的に組織化された証券取引所は、非公式市場や電子取引に敗北し、その重要な地位を回復させるためばかりでなく、それらがまだ持っているものを保持するためにも戦わなければならなかった。

20世紀の最後の二十年間において劇的な復活がみられた世界的証券市場は、既存の証券取引所に対して重大な挑戦を生み出すことになった。もはや証券取引所は、一世紀前にそうであったように、レッセフェール世界市場における基幹的な構成要素ではない。現在では、証券市場のみならずまた貨幣、資本、外国為替のための市場の機能の多くを内部化できる世界的ネットワークをもつ銀行やブローカーの活動がいたるところに存在している。このことが、国民的証券取引所と国民的政府との両方の権力に対して重大な脅威を引き起こしている。それに対する証券市場の対応は、その活動を国際化し、証券取引所の制度的構造を国際化することであった。それと対照的に諸政府は、証券市場に対してますます国際的規制の強化を促進し国家的コントロールを維持しようと努力した（Michie 2006.14-6）。

五　小括：「社会の超越的性格」

大戦間期においてファッシズムが演じた役割は、一つの要因すなわち市場システムの状況によって決定された。第一期すなわち1919～1923年においては、各国の政府は時として法と秩序を回復するためにファッシストの助けを求めた。市場システムの機能を維持するためにそれ以上のことは必要なかった。ファッシズムの反民主主義的哲学は既に存在していたが、それはまだ政治的要素になっていなかった。第二期すなわち1924～1928年までは、ヨーロッパと合衆国は賑々しい好景気の舞台となり、この好景気が市場システムの健全性に対する懸念を完全に払拭した。資本主義は復活したと宣言された。辺境的地域を除いて、ボルシェビキもファッシズムもともに一掃された。イギリスを除くすべての主要国の経済状態は改善しつつあった。合衆国は今では伝説となった繁栄をおうがし、ヨーロッパ大陸もほとんどそれに近い状態にあった。ライヒスマルクは奇跡が起こったように復活した。ドーズ案によって賠償問題は政治のテーマでなくなり、ロカルノ条約の締結が近づいていた。ドイツは七年にわたる好景気をスタートさせつつあった。1926年末にまでには、金本位制が再びモスクワからリスボンまで支配していた（ポランニー 1944）。

ファッシズムの真の意義が明白になったのは、1929年以降の第三期である。市場システムの行き詰まりは明らかであった。今やファッシズムは、産業社会が直面する問題に対する一つの解決方法として登場した。ドイツは全ヨーロッパに及ぶ革命の指導国となった。ファッシスト提携がドイツの権力闘争に勢いを与え、やがて五つの大陸を包み込んだ。三つの強国すなわち日本、ドイツ、イタリアは、現状に対する反乱を企て、崩れかけた平和のための諸制度を壊滅させた。それと同時に世界経済を実際に動かしてきた機構が作動しなくなった。決して偶発的でない事件が国際システムの破壊を開始した。すなわちウオール・ストリートの株式暴落は巨大な影響を与え、イギリスが金本位制を離脱し、さらに二年後は合衆国が同様の行動をとった。資本市場と世界貿易は次第に縮小していった。同時に軍縮会議は中止され、1933年にはドイツは国際連盟を脱退した。地球上の政治システムと経済システムは、もろともに解体していった。

世界各国における変化も、それに劣らず徹底的なものであった。ロシアは独裁的形態を持つ社会主義へと転じた。自由主義的資本主義は、ドイツ、日本、イタリアのような戦争を準備していた国々においてはまったく姿を消し、合衆国およびイギリスにおいては、影が薄くなった。しかしファッシズム、社会主義、ニューディールという新興の体制は、自由放任主義（レッセフェール・レッセパセ）を顧慮しないという点においては、類似性をもっていた（ポランニー1944）。

歴史は社会変動の時代に入り、諸国家の運命は、制度的転換におけるその国の役割と結びつくようになった。このような共生は必然的なものである。国家集団と社会的制度はそれぞれ別の起源をもつものであるが、生存のための闘争においてお互いに結びつく傾向がある。…このような認識は、この時期の各国の身を切られるように痛切な歴史を、進行中であった社会的転換から切り離してくれるに違いない。そうすれば、権力単位としてのドイツとロシアが、またイギリスやアメリカ合衆国が、根底的な社会の転換プロセスとの関係いかんによって、どのように手助けされあるいは妨げられたかが容易に理解できるようになるであろう。しかし、このことは社会プロセスそれ自体にも当てはまる。…すなわちファッシズムと社会主義は、それぞれの教義の普及を手助けしてくれた強国の勃興の中に、自己の信条の伝達者を見出したのである。ドイツとロシアは、それぞれファッシズムと社会主義の、世界規模における代表者となった。これらの社会運動の真の力量が測定できるのは、善良なものであろうと邪悪なものであろうと、そうした運動の超越的な性格が、運動への参加を促した国家の利害とは切り離されて認識される場合に限られるであろう（ポランニー1944）。

アメリカが1920年代に企だてた「自己調整的市場のユートピア的実験」は、実際には、その解体がはじめから予定される矛盾を含んだ全く独自な「世界政治・世界経済の混合」体制（いわゆる相対的安定期）を生み出したにすぎない。政治と経済が完全に分離しており、「世界政治」と「世界経済」の混合などの実態を全く知らない19世紀自己調整市場モデルなどは、一片たりとも復活し作用する余地などありえなかった。国家が介入する市場システムの機能不全とは、ともかくその市場システムでは経済原則を総体的に実現しえないことを意味する。一次大戦後世界は、自己調整的市場がもはや機能することのない、つまりそれが「ユートピア」に変じてしまう社会に他ならなかった。

それゆえに、1930年代に顕著になったニューディール、ファッシズム、社会主義は、一次大戦以後の「どうしても機能しなくなった市場経済にその根源をもっていた」(ポランニー1944年)とは言える。その点で、それらの運動においては、この自己調整的市場の完全機能不全に代替して、ポランニーのいう「自然(土地・工場・生産手段)と社会(労働)」、宇野のいう「経済原則」を明確な社会的意志と意識をもって実現するものとして、市場とその市場を保証する国家を超える「運動の超越的な性格」(ポランニー1944年)が明確になる。「(市場)経済システムが社会に命令することをやめ、逆に(市場)経済システムに対する社会の優位が確保されつつある」。

生産の要素、すなわち土地(生産手段)、労働、貨幣を「市場から取り除」き、それぞれ「地代」、「賃金」、「利子」を「市場の外」で決定するという「行動」は、あたかもそれらが商品であるかのよう扱っていた(商品として扱っていた…宇野の場合)市場の観点から見た場合に限って画一的な行動を意味する。人間にとっての現実世界という観点からすれば、「商品擬制」(商品形態…宇野の場合)の廃棄によって回復される新たな現実は、社会的領域のあらゆる方向へと広がっていく。実際、画一的な市場経済の解体は、すでに新しく多様な社会を誕生させつつあり、これが一定の政治権力を導く。さらにまた市場の終焉は、決して市場が存在しなくなることを意味するものではない。市場は様々な形態で存在しつつ、消費者の自由を確保し、需要の変化を示し、生産者の所得に影響を与え、会計の手段として役立つ一方で、経済的自己調整の機能としての作用を全く停止するであろう(ポランニー1944)。

ポランニーの「大転換」とは、宇野のいう「私有制と価値法則」に代わって経済原則の実現をもたらす「国家と市場」に対する本来的な「社会の超越的性格」を意味する。そしてその「社会の超越的性格」は、1930年代に大不況をもたらした1920年代の「自己調整市場のユートピア的実験」を始めとして、二次大戦後のブレトンウッズ体制や、そしてまたその国際通貨と貿易管理と国家財政の赤字に異を唱え、結果的に金融市場の不安定化と労働所得格差をもたらした1980年代からの新自由主義的主張に対しても、さらにまた2016年に始まる新自由主義とグローバル化に対する明確な反動(イギリスのEU離脱の国民投票とトランプのアメリカ大統領選の勝利など)に対しても、あるいはもしそれらに代わる「選択肢」たとえば「社会関係資本（生産手段）」主義（本書第10章参照）といったものがあるとすれば、その一つの「社会システム」に対しても、まずは等しく認められるべきものであろう。現代世界は、経済原則を実現するための連続的かつ永続的な制度改革の根拠としての「社会の超越的性格」から成り立つことが明らかになる。ここにはじめてイデオロギー論争がおわり、何をなすべきかの現状分析が始まる。

ライシュ、ピケティ、リフキンに学ぶ

ライシュ（２０１５、邦訳２０１６）『Saving Capitarism 最後の資本主義』は、ピケティ（２０１３、邦訳２０１５）『21世紀の「資本」』とともに、経営者支配国家と反社会的な「自由市場」（ポランニーの言う「自己調整市場の完全機能不全」）に対する「社会の超越的性格」を徹底的に「現状分析」する、あるいはまた「制度化されたミクロ経済学」批判の文献として、今日においても理論的にも実践的にも決定的な重要性をもっている。ライシュの著書は、トランプの勝利に直接大きく影響したかどうかはともかく、トランプ現象の必然的根拠を解明するものとなっている。もちろんトランプ政権に「お墨付き」を与えるものなどではない。国内に限らず世界に通じる「社会の超越的性格」を、まずはアメリカにおける民主主義国家と真に公正な市場として、いかに具体的な形態において再生させるか、新政権に対する評価はひとえにその点にかかっていることを、ライシュは主張している。以下のライシュの文章中、［　］は、引用者による挿入をしめす。ライシュの主張をより明確なものにするための修正である。

［現代アメリカの脱］資本主義［的経営者社会］を脅かしているのは、今や共産主義でも全体主義でもなく、現代社会の成長と安定に不可欠な「信用」の弱体化である。大多数の人たちが、自分や子どもたちに成功への機会が公平に与えられているとは信じなくなったとき、「人々の自発的な協力」という暗黙の社会契約によって成り立つ現代社会は瓦解し始める。そして「協力」の代わりに出てくるのが、コソ泥、不正、詐欺、キックバック、汚職、といった大小様々な破滅だ。経済資源は徐々に、生産するためのものから、すでにあるものを守るためのものへと変質してしまうだろう。

だが私たちはこうした状況を変える力がある。ごく少数のためではなく、大多数のために機能する経済を再生する力だ。カール・マルクスが言うところの、資本主義は容赦なく経済格差や不安定の拡大をもたらすなどということは、［現代の経営者社会では、20世紀中葉に実際に見られた

> ように」全く［当てはまら］ない。［脱］資本主義［社会］の基本原則は［あらゆる社会形態に通じる経済原則の意識的制度的実現であって、人々の行為に対して客観的に作用する］不変の法則ではない。すべて人が決め、人が実行していることなのだから。しかし何を変えなければならないかを決め、それを実行するためにはまず、何がどうしてこうなったかを理解しなくてはならない（ライシュ 2015.vi〜vii）。

ライシュによれば、「自由市場」か「国家」という従来の論争においては、一つの大きな現実、すなわち「市場を設計し、構築し、機能させるという、政府が本来担っている役割」が見過ごされている。そのせいで、立法や行政や司法がこれらの基本的な仕事を遂行する際に取りうる多種多様な選択肢が、どう決められ、その選択に対し大企業や金融業界や個人資産家の影響力がどう拡大しているのかという点から、人々の注意がそらされている。最も声高に、徹底して「自由市場」を称賛する人々の多くは、この隠されたプロセスから最大の利益を享受している。彼らは、経済がどう動いているかについての人々の認識から「権力」の存在を消すことで、自らの姿を都合よく消し去っている。その結果、政府が税制優遇や社会保障給付などを通じて行っている富めるものから貧しいものへの富の再配分という現象だけが目につきやすくなった。

> しかしこうした上から下への再分配は全体像のごく一部分でしかない。実際のところ、最近では再分配のほとんどが逆の方向、すなわち消費者や労働者や中小企業、小口投資家から、大企業や金融機関の重役、ウオール街のトレーダーやポートフォリオ・マネジャー、個人資産家に向かっている。だがこうした下から上への再分配は目に見えない。そのための主な手段が、莫大な富と政治的影響力を持つ勢力が作り上げた市場のルール（所有権、独占、契約、倒産、執行）のなかに隠されているからだ。その意味では、下から上への「事前配分」が市場の仕組みの中で起きていて、そのごく一部を政府が後から税制優遇や社会保障給付を通じて貧しいものに再配分しているのである。（ライシュ 2015、200〜2）

以上のように、ライシュは、ピケティが「経営者の社会」は「不平等の拡大に向かう傾向があると述べた難題」をより具体的に解き明かしていく。政治権力の介入とともに「自己調整的市場の完全機能不全」のもとにある「自由市場」は、労働組合など様々な社会的対抗力を解体し「ワーキング・プワーの台頭」や全般的な『政治不信』をもたらすにとどまらない。1980年代以来の新自由主義がもたらした「自由市場」は、ポランニーのいう通りに「社会的領域のあらゆる方向へと広がってい」き、「社会の超越的性格」に対して重大な挑戦を仕掛けている。この趨勢に対応して、ライシュは、従来の共和党と民主党を超えて政治勢力を導く新しい「社会の超越的性格」の復興を主張する。ただしここで問題になる点は、彼が今後の新しい社会の復興を「資本主義」に本来的な「社会の超越的性格」に求めている（らしい）ということである。

たとえば、最近目立つようになった「ベネフィット・コーポレイション」に関連して、ライシュは次のごとく主張する。「こうした動きは、六十年前であれば米国で当たり前と考えられていたステークホルダー資本主義のような形への回帰の始まりなのかもしれない。」「１９８０年代に定着した株主資本主義が何をもたらしたかを精査してみると、大多数のアメリカ人の賃金が停滞するか減少し、仕事のアウトソウシングが進み、地域社会が荒廃し、ＣＥＯの報酬は天文学的数字に達し、四半期の収益ばかりが近視眼的に注目され、カジノの様相を呈した金融セクターが２００８年に破たんしかけて大多数のアメリカ人を巻き添えにするなどの負の遺産ばかりだった。」（ライシュ 2015）

ベネフィット・コーポレイションは、ライシュのいう通り「営利企業でありながら、株主とともに従業員や地域社会、環境の利害を考慮することが設立定款で求められている企業」といってよい。しかしより正確にいえば、ベネフィット・コーポレーションは、一次大戦以後、分離法人課税、経営者革命、ニューディール、ケインズ革命、新自由主義などの洗礼を受けた脱資本家的株式会社企業の延長線上に位置している。それは、リフキン（２０１５年）が言うように、「市場を通じて機能する株式会社企業とコモンズで機能するソーシャルエコノミー（社会関係資本）という、大きく異なる二つの経済の必要性を満たすために」登場した「新たなビジネスモデルである」。ただし、リフキンのいうように、ベネフィット・コーポレーションを資本主義的発展の最終段階における、「協働型コモンズで展開される共有型経済」への「過渡期形態」とみなすことはできない（ライシュの著書の邦訳タイトル「最後の資本主義」は、リフキンの主張と符牒が合っているが、ライシュの趣旨である「資本主義の救済」を誤解させかねない）。

もともと、ポランニーと宇野の三段階論は、資本主義の永久化を説くＡ・スミス以来の普遍主義と、資本主義の発生・発展・没落を説くＫ・マルクス以来の歴史主義との両方の克服を主題にしていた。ライシュやピケティ、リフキンの著書にあっては、（三段階論による）普遍主義の払拭によって、それらの重要な現状分析上の貢献はますますはっきりしてくる。一方で、「溺れる者」のごとくマルクスの歴史主義にしがみ付いた我が宇野学派の大勢は、誠に遺憾ながらというべきか、無惨な結末をむかえた。ドンキホーテよろしく、脱資本主義の百年目において「資本主義社と社会主義の双対的（ママ）危機」を唱える伊藤誠（２０１６年）の学派総括書『マルクス経済学の方法と現代』が、おそらくソ連邦崩壊を震源地とする、宇野三段階論の「液状化現象」以外の何物でもないことを知るものはいない。

あとがき

小幡道昭（2010年）の「変容論的アプローチ」は、なんであれ雲をつかむような話だが、功を奏したようだ。自らの存在基盤をみごとに掘り崩してしまった。残されたものは宇野学派の残骸である。そんななかで本書の序章は、資本主義の世界史的発展あるいはその帝国主義段階は一次大戦をもって終わるとする宇野三段階論の決定的論点を、ピケティの「不労所得生活者社会」から「経営者社会」への移行論およびラーテナウの「企業それ自体」の解読を通じて、改めて検証することからはじめた。それとともに固定資本概念をめぐる宇野原論の重大な難点が明らかにされ、宇野理論の再生可能性が大きく展望された。

宇野は、1971年の『経済政策論改訂版』の「補記――第一次大戦後の資本主義の発展について」で、旧版（1954年）の結語の中の「段階論はしかし資本主義の発展の歴史そのものではない」という一句につけた「注記」を次のように引用する。「本書は見られる通りその対象の範囲を第一次大戦までの資本主義の発展に限定している。その後の資本主義的発展が段階的規定をなすのに如何なる程度まで役立てられるかは極めて興味ある、重要な問題であるが、疑問として残しておきたい。1917年のロシア革命後の世界経済の研究は、資本主義の典型的発展段階の規定を与える段階論よりも、むしろ現状分析としての世界経済論の課題ではないかとも考えられるのである」。

宇野は「この改訂版ではこの注記を削除した」という。その理由は、一次大戦以後、また特に二次大戦以後の「資本主義国の発展は顕著なるものを見せながら」、ソ連、中国、北朝鮮、東欧諸国等における「社会主義諸国の建設を阻止し得るものではなかったようであり、しかもその発展に新たなる段階を画するものがあるとは言えないからである。」宇野によれば、それらの発展によって、けっきょく、段階論としての政策論に新たなる展開を規定することはできないのであって、「その対象の範囲を…」の「限定」は不必要のことであった。つまり段階論の「対象の範囲を第一次大戦前までの資本主義の発展に限定」するという注記は「不必要であった」。「第一次大戦後の資本主義の発展は、それによって資本主義の世界史的発展の段階論的規定を与えられるものとしてでなく、社会主義に対立する資本主義として、いいかえれば世界経済論としての現状分析の対象をなすものとしなければならない」からである。

以上の宇野による段階論と現状分析との明確な区別立てに関して、山口重克（２０１３年）は次のような曲解を提案した。…文章の流れからいうと旧版当時は段階論としての政策論について曖昧な考えが残っていた、あるいは迷いがあった、といってその理由を述べたあと「しかし」といっているのであるから、「その後の資本主義の発展」をみて、迷いが吹っ切れて、「その発展に新たな段階を画するものであるとはいえない」、「段階論としての政策論に新たな展開を規定することはできない」、したがって従来の段階論の「対象の範囲」を大戦前に限定する必要はないという結論に達し、新しい段階として規定することを止めた、というように読むのが率直の読み方であろう。宇野はここで、その後の資本主義は従来の宇野の段階論が適用可能な資本主義だという結論に達した、と読むことができると私は考えている…（山口2013）。

伊藤誠（２０１０年）によれば、商品貨幣論に続いて論じられる「貨幣の資本への転化」論における降旗節雄の「純粋の資本主義社会の想定」に対して、宇野は、次のように批判した。「商品、貨幣、資本の流通形態を展開するさい、商品の形態規定、貨幣の機能論、資本の運動形式論は、一律に扱えるものではない。資本の運動形式論は、最後に産業資本形式において資本主義社会の特殊な歴史性を導入するのであって、それに先行する資本の運動形式は、むしろ資本主義に先立って出現する古くからの商人資本、金貸資本によって展開されるべきものと考えられる」。伊藤によれば、「歴史を理論的に解明する経済学の原理論にとって、その体系に特有な転化論は、資本主義の形成発展の歴史的特質に根ざして構成されるべきであり、その意味では、けっして純粋な資本主義社会の内部に反復される経済関係の考察のみにとどまりえない史実に依拠せざるを得ないところがある…」（伊藤2013）。

しかし宇野において、「古くからの商人資本、金貸資本」の例証によって、「貨幣の資本への転化」が論じられたからといって、その転化論が成功したわけでも、「最後に産業資本形式において資本主義社会の特殊な歴史性」が完璧に論証されたわけでもない。宇野の転化論（貨幣の資本へ転化、価値の生産価格への転化）や利潤と地代概念の失敗の原因は、けっきょくは固定資本を明確にしえない内容上誤った「純粋資本主義」の想定にあるのである（河西2009）。

以上の二大ミスリーデングによって、「解体する宇野学派」（降旗1983）の命運は尽きたが、宇野理論の再生のルーツが絶たれたわけではない。ソ連邦崩壊のパニックゆえに、余りにも性急な方法論論議だけがまさったわけだがこれを断ち切り、少しでも内容上の議論を進めるためには、次の三論点を明らかにする必要がある。なお「グローバル資本主義の段階論的解明」（河村2016）なるグロテスクだけは避けたかった。

つまり原理論としては、一次大戦直前までの特に株式会社の普及に示される資本主義的発展の「純粋化」傾向を踏まえながら、「純粋資本主義的論理」（固定資本と循環資本からなる資本家的企業が水平的垂直的分業を通じてより効率的に経済原則を実現するものとして、資本主義的生産様式を拡大再生産する論理）の自律性を学史と学派を超えて追及することである。

段階論としては、次のことを明らかにする。レッセフェール金融システムのもとで、社会的再生産の自律的論理の展開を歴史的に保証する固定資本の形成・蓄積によって、資本家的企業は、水平的および垂直的な自由競争をつうじてふだんに労働生産力の高度化を実現し、そしてそのことによって資本所有とコントロールの一体性を確立する。

そして一次大戦以降の現状分析としては、国家および世界政治の介入と「所有と経営を分離して代理人問題を抱える」脱資本家的企業の活動のもとに、ベルサイユ・ワシントン体制を始めとして各種制度設計が、もはや存在しえない「神の見えざる手」に代わって、いかに目的意識的に世界経済上で（原理論・段階論標準からの離脱として）社会存在の根源としての経済原則的均衡を実現しうるか、もしくは実現しえないか、国家と脱資本家的市場に対する本来的な「社会の超越的性格」（ポランニー１９４４年）を国々の多様な展開を通じて現状分析することになる。

これらの方法論上の課題に本書が（『企業の本質―宇野原論の抜本的改正―』２００９年とともに）どの程度具体的に答えることができたかどうか、については、大方の遠慮のない批評を仰ぎたい。それと同時に、失敗から学ぶことは大事であるが、学問上の成果はおそらく望めない（利子生み固定資本については決定的に問題意識を欠落する一方で、労働力商品化ナムアミダブツ神話に嵌まった「変容論的アプローチ」の泥沼からイクジットし、「宇野三段階論」に回帰しつつ、改めてそれぞれの専門分野で活躍する指向性をもつことを、特に若手研究者には期待したい。

本書がいささかでも成功し、学説上の存在価値をもつとするならば、宇野理論のお陰という以外にはないが、それは、その三段階論が三つの領域をそれぞれ極めて明確に限定しているために、おそらく経済学にとどまらず社会科学上のさまざまな分野の成果を率直に受容しうる普遍性を有しているからだと思う。むろん本書の勉強不足を棚上げするわけではないが、第２章鉄道資本主義の隆盛、第４章イギリスの株式会社、第5章ドイツの株式会社、第9章イギリス産業資本家の安楽死は、ほとんどもっぱら次の二書によっている。

・Caroline Fohlin（2007）：
Finance Capitalism and Germany's Rise to Industrial Power. Cambridge

・Brian R. Cheffins（2008）：
Corporate Ownership and Control. British Business Transformed. Oxford UP

宇野の株式会社論は、「株式会社の資本は擬制資本たる株式証券と現実資本との二重の存在を与えられる」（森2014）とするなど、基本的にR・ヒルファーデング（１９０７年）『金融資本論』の「資本の二重化」ドグマによるもので、固定資本の誤解に基づく理論的破綻を免れることはできない。しかしその内容を右の二書で置き換えたとしても、宇野の方法論上の三段階論はビクともしないばかりでなく、ますますその明瞭性と輝きは増すばかりである。

なお一言、今後の課題である。「固定資本所有と循環資本」からなる資本家的企業の「論理と歴史」を明確にする「原理論と段階論」によって、マルクス『資本論』とレーニン『帝国主義論』・ヒルファーデング『金融資本論』は、その歴史主義的歪曲（唯物史観主義）から完全に解放されるべきである。それと同時に、「現代経済学」に関して、その「ミクロ経済学」を資本主義の「原理論」（論理・限界原理と労働価値原理の一体化）に転換させ、「マクロ経済学」をはっきり一次大戦以後の「現状分析」として定義し直し、そしてその両者の間に資本主義発展「段階論」（歴史・レッセフェール国家の根拠）を挿入すれば、ここにおいて三段階論からなる「現代経済学」が成立する。このように「現代経済学」の「ミクロ・マクロ」経済学を三段階論に編成し直すことは案外に容易であろう（これこそ宇野弘蔵がほんとうに求めたものではないのか）し、また社会科学全般の発展にとっても是非必要なことである。ここにおいて、宇野三段階論を経済学にとどまらず単数形の「社会科学」の方法に普遍化すべしとする柴垣和夫（２０１７年）の提唱も、その重要性が明らかになる。

「マクロ経済学」は、国民経済計算統計などを駆使して、財政・金融・所得・貿易・人口・経済成長・失業・景気循環・インフレーション・貧困・（そして現代株式会社を含めてよい）など、実際に豊かな「現状分析」を積み重ねてきている（「マル経」はこの点で業績ほぼゼロだが、ＧＤＰ一つ、理解ままならぬのだから、それも当然）。それに対して、「ミクロ経済学」は、「純粋資本主義」の想定に基づく宇野原論以外のマルクス派と同様に堕落していて、マーシャルやシュンペーターやワルラスなどが明らかにする限界原理・イノベーション・一般的均衡論など原理論史上の意義を認めるというよりも、事実上、それらを国家や企業や家計（の現状分析というよりは）の局所的市場モデル論に貶めている感じがある。一次大戦前には、資本家企業（ミクロ）が同時にその総体としてマクロ経済社会を形成する。ミクロとマクロの区別などなりたたない。一方、一次大戦以後の現代経済に関しては、国家と世界政治が「社会経済」に多様な形で介入しているために、「ミクロ」と「マクロ」とをそれぞれ都合よく分離して議論することなどできない。「権力や影響力というものは、市場ルールの形成過程に潜んでいるため、そこから出てくる経済的な損益は「非人間的な市場の力」によってもたらされる「中立的」な結果であると誤解されている（ライシュ2015）。このような「自由市場」の神話化にミクロ・マクロ経済学は「科学的に」貢献しているのではないか。

さらにまた、宇野もおそらく「論理」と「歴史」の分離において参考にしたマーシャル（１９２３）の『産業と商業』がもともと、レーニンやヒルファーデングに対抗しそれらを批判するものとして、優れた資本主義発展「段階論」をなすことは、一般に全く気付かれていない。ケインズの「一般理論」も、マーシャルの「原理論」に対する以上に、マーシャルのこの発展段階論との対比において、改めて検証されるべきであろう。すなわちマーシャルによる古典的株式会社の「資本所有とコントロールの一体性」理解に対するケインズによる現代株式会社の「所有と経営の分離」理解である。この点に関連して、宇沢弘文（間宮訳『一般理論』の改題）の次のような指摘は極めて重要である。ケインズの企業観や非自発的失業観は、完全雇用状態を実現する新古典派の限界原理にもとづく企業によってではなく、「固定的生産要素」（「固定資本」と読む—引用者）の形成上、大きな難点を抱えるバーリ・ミーンズのいわゆる経営と所有を分離する現代企業の実証分析にもとづいて形成された、と。このように現代の株式会社やマクロ経済の解明は、新古典派の原理論・段階論に対して同レベルで「一般理論」を対置するのではなく、時と所を一定とする国家の介入を踏まえて現状分析的にのみなされうることを、宇沢は事実上、指摘していることになるからである（宇野の三段階論に至るにはなお永遠の距離があるとしても、われわれが宇沢のケインズおよびベブレン論から学びとるべきものは大きい）。

＊

２０１２年から五年間におよぶ本書作成の作業において精神的に支えになったは、ザザムシ会（長野県諏訪清陵高校同期会、昭和33年入学64回生）の諸兄姉との交流であった。

『ザザムシ会古希記念誌』（2012年6月発行）で、私は、「1961年に北大に赴任したばかりの降旗節雄先生との出会いもあって、宇野理論にのめり込みました。…宇野三段階論は、日本の特有な政治経済に根ざしており、他国の経済学が真似のできない大きな意義のあるものです。それを復活させるまでは、死ぬに死ねないな、という思いで、今います」、と述べた。そのためかどうかはともかく、諸兄姉には、北海道にいて惰眠を貪りがちな私を東京ザザムシ会の月例勉強会（粋酔会）や、年一回のミニ文化祭、国内（南信州、飛騨高山および安曇野）、海外旅行（バリ島、台湾、ラオス、フィリッピン、サイパン）そして日常的にはEメールの交換にと、快く誘ってもらい、同じ釜の飯を食って再びセイシュン、東芝や電通ややまゆり園などトピックスをめぐって喧々諤々、いろいろ現実的なアイデアとたくさんの叱咤激励を頂戴した。

折に触れこまごましたことを親切に教えてくれた友人たちに、そしてこのたびは特にあれこれ面倒をかけた家族のみんなに、この場を借りて感謝の気持ちをお伝えしたい。

長期間の準備を要した本書の編集と出版に際しては、社会評論社の松田健二さんに忍耐強く多大なお世話をいただいた。幾重にもお礼を申し上げます。

2017年12月1日

初冬の札幌にて　河西　勝

Economic History (spring).
・Alfred D. Chandler (1977). The Visible Hand: The Managirial Revolution in American Business.
・Gerge H. Lehmann (1970). Die Agrarfrage in der Theorie und Praxis der deutschen und internatinalen Sozialdemokratie, vom Marxismus zum Revisionismus und Bolschewismus. Mohr (Paulsiebeck).
・K. Ritter (1945). Agrarwirtschft und Agrarpolitik in Kapitalismus. DBV
・Dwight Macdonald (1941). The End of Capitalism in Germany. Partisan Review 1941, May, June.
・F. A. Mann (1937). The New German Company Law and Its Background. Journal of Comparative Legislation and International Law. November 1937.
・D. W. Korn (1936). Untersuchungen zur Standortfrage des deutschen Zuckerrubenbauses. Wurzburg, Buchdruckerei Richard Mayr.
・Willi Prion (1933, 2013). Die Selbslfinanzierung der Unternehmune. Springer
・K. Sewering (1933). Zuckerindustries und Zuckerhandels in Deuchland.
・A. Ochdenfart (1931). Die Rubenlieferungspflicht der Gesellschafter von deutschen Zuckerfariken.
・Gardiner Means (august 1930). The Diffusion of Stock Owernersip In the United States in Quarterly Journal of Economics
・Fritz Haumann (1929). Konflikt zwischen Aktienrecht und Steuerrecht? Steuer und Wirtschaft.
・Osker Netter (1929). Problem des lebenden Aktienrechts. Verlag von Otto Liebmann.
・Fritz Haussman (1928). Von Aktienwesen und Von Akitienrecht. J. Bensheimer
・G. May (1925). Zucker.
・W. Sombart (1923). Die deuche Volkswirtschaft im neunzehnten Jahrhundert und im Anfang des 20. Jahrhunderts.
・Walter Rathenau (1917) Von Aktienwesen, Eine Geschaftliche Betrachtung. Gessamelte Schriften Bd.5
・Willi Prion (1910) Die Preisbilding an der Wertpapierborse. Verlag von Dunker und Humblot.
・H. Mauer (1907) Landschaftliche Kreditwesen Preussens.
・H. Passhe (1905). Die Zuckerprouction der Welt.
・R. Hilferding (1904) Zur Das Zukerkontingent. Ein Beitrag zum Staatskapitalismus, Deutsche Worte, 23. Jg., 1904.

Business In the Twentieth Century. Begbahn Books.
· Harm R. Berghahn (1996). Europe in the Strategies of Germany's Electricak Engineering and Chemicals Trusts, 1919-1929. Chapterl in "Quest For Economic Empire" edited by Volker R. Berghahn. Berghahn Books.
· The Economist (February 10. 1996). Shareholder Values, Stakeholder Capitalism.
· Financial Times (1996). Stakeholders: CBI Rejects Labour Plans, Friday November, 1 1996
· P. A. Gourvitch (1996). The Macro Politics of Micro-Institutional Differences in the Analysis of Comparative Capitalism in Convergence or Diversity? National Moderls of Production and Distribution in a Global Economy eds. Suzanne Berger and Ronal Dore. Cornell University Press 1996.
· Margaret Blair (1995). Ownership and Control, Rethinking Corporate Governance for the 21st Century. Brookings Institution.
· Christel Lane (1995). The Social Constitution of Supplier Relation in Britain and Germany. Richard Whitley and Peer Hull Kristen (editors). The Canging European Firm. Routledge
· L. Weiss & J. M. Hobson (1995). State and Economic Development, A Comparative Histrical Analysis. Polity Press.
· A. Nicholls (1994). Freedom With Resoponsibility. The Social Market Economy in Germany 1918-1963. Clarendon Press. Oxford.
· Jonathan P. Chakham (1994). Keeping Good Company. Clarendon Press.
· Nicholas Dimsdale and Martha Prevezer (1994). Capital Markets and Corporate Governance. Clarendon Press. Oxford.
· A. Nicholls (1994). Freedom With Resoponsibility. The Social Market Economy in Germany 1918-1963. Clarendon Press. Oxford.
· M. Prevezer and M. Rickett (1994). Corporate Governance: The UK Compared with Germany and Japan, in N. Dismale and M. Prevezer. Capital Markets and Corporate Governance, Clarendon Press. Oxford
· Financial Times (9. 4. 1993). German-British Capitalism.
· William Lazonick (1991). Business Organization and myth of the market economy. CAMBRIGE UP
· Robert Albritton (1991) A Japanese Approach to Stage of Capitalist Development. Macmillan.
· J. Perkins (1990). The Organisation of German Industry 1850-1930: The Case of Beet-Suger Production. The Journal of European Economic History. Volume 19, Number 3. Winter 1990
· William Lazonick (1990). Competitive Advantage on the Shop Floor, Harvard UP
· Alfred D. Chandler (1990). Scale and Scope: The Dynamics of Industrial Capitalism
· Michael C. Jensen (1989, revised 1997). Eclipse of the Public Corporation. Harvard Business Review (September-October 1989)
· Wellhoner Volker (1989) Grossbanken und Grossindustie in Kaiserreich, Vandenhoeck & Ruprecht in Gottingen
· Albert Bill and Adrian Graves (1988). The World Sugar Economy in War and Depression, 1914-40. Routledge.
· Michael A. Barnhart (1987). Japan Prepares For Total War. The Search for Economic Security, 1919-1941. Cornell UP.
· Germaine A. Hoston (1986). Marxism and the Crisis of Development in Prewar Japan. Princeton UP.
· J. Persons (1981). The Agricultural Revolution in Germany 1850-1914. The Journal of European

・P. Gourevitch & J. Shinn (2005). Political Power & Corporate Control; New Global Politics and Corporate Governance. Princeton UP.
・Ranald C. Michie (2003). Banks and Securities 1870-1914. In Douglas J. Forsyth and Daniel Verdier (editors), The Orogins of National Financial Systems. Routledge
・Daniel Verdier (2003). Explaning Cross-National Variation in Universal Banking in Nineteeth-Century Europe, North America And Australasia. in Douglas J. Forsyth and Daniel Verdier (editors), The Orogins of National Financial Systems. Routledge
・Mark Roe (2003). Political Determinants of Corporate Governance, Oxford Unversity press
・Martin Daunton (2002). Just Taxes 1914-1979. Cambridge UP.
・Reinier Kraakman (2001). The Durability of Corporate Form, Edited by Paul DiMaggio, The Twenty-First-Century Firm, Princeton Unibersity Press.
・Gregory Jackson (2001). The Origins of Nonliberal Corporate Governance in Germany and Japan. Wolfgang Streeck and Kozo Yamamura (editors). The Origins of Nonliberal Capitalism. Cornell UP.
・Sigurt Vistols (2001). The Origins of Bank-Based and Market-Based Financial Systems; Germany, Japan, and the United States. In Wolfgang Streeck and Kozo Yamamura (editors). The Origins of Nonliberal Capitalism. Cornell UP.
・Roberts Richard & David Kynaston (2001). The Rout of the Stakeholders. The New Statesman 2001, Statesman 17 September
・John Cioffi and Stephen Cohen (2000). The State, law and Corporate governance. Stephen S. Cohen and Gravin Boyd (editors). Corporate Governance and Globalization, Edward, Elgar.
・Michael C. Jensen (2000). A theory of the Firm. Governance, Residual Claims, and Organizational Form. Harvard UP
・Chris Wrigiley (2000). The First World War and the Inernational Economy. Edward Elgar
・The Economist (2000 November 25). Japan's Keiretsu, Regrouping.
・Hans-Joachm Voth (2000). German Banking and the Impact of the First World War in Wrigly, Chris (editor). The First World War and the International Economy.
・Margaret M. Blair and Mark J. Roe (Editors 1999). Employees and Corporate Govrnance. Brookingus Institution Press.
・David Rogers (1999). The Big Four British Banks. Macmillan.
・Hopt, Kanda, Roe, Wymeersch, Prigge (1998). Comparative Corporate Governance. Claredon Press/Oxford.
・Simon Deakin and Alan Hughes (Editors 1997). Enterprise and Community; New Directions in Corporate Governance. Blakwell.
・David Cambell (1997). Toward less Irrelevant Socialism: Stakeholding as a 'Reform' of the Capitalist Economy. Simon Deakin and Alan Hughes (Editors), Enterprise and Community; New Directions in Corporate Governance. Blakwell.
・The Economist (October, 18, 25. 1997). schools Brief
・Arndt Riechers (1996). Das. >Unernehmen an sich< Die Entwicklung eine Begriffes in der Aktienrechtsdiskussion des 20. Jahrhunderuts. J.C.B More (Paul Siebeck) Tubingen.
・Frank Laux (1996). Die Lehre vom Unternechmen an sich. Walter Rathenau und die akitienrechtlichen Diskussion in der Weimar Republik. Dunker & Humblot
・Volker R. Berghahm (editor 1996). Quest for Economic Empire. European Strategies of German Big

・Ｆ.ノイマン（1944. 岡本友孝・小野英祐・加藤栄一訳1963）『ビヒモス―ナチズムの構造と実際』みすず書房
・Ｋ.ポラニー（1944, 2001. 野口建彦・栖原学訳2009）『大転換』東洋経済新報社
・宇野弘蔵（1944）『糖業における広域経済の研究（序論と結論）』『宇野弘蔵著作集第八巻農業問題』
・栂井義雄（1941）『独逸の証券及株式会社統制』東洋書館
・向井鹿松（1933）『統制経済原理』改造社
・バーリ＝ミーンズ（1932. 森杲訳2014年）『現代株式会社と私有財産』北大出版会
・Ｗ.ゾンバルト（1928. 金森誠也訳2015）『ユダヤ人と経済生活』講談社学術文庫
・Ｍ.ケインズ（1926）『レッセフェールの終焉』『ケインズ全集４巻』
・Ａ.マーシャル（1923. 永澤越郎訳1986）『産業と商業１．２．３』岩波ブックサービスセンター
・Ｓ.ゲゼル（1920. 相田愼一訳2007）『自由地と自由貨幣による自然的経済秩序』パル書房
・Ｊ.シュンペーター著（1918）・木村元一・小谷義次訳『租税国家の危機』岩波書店
・Ｎ. レーニン（1918. 角田安正訳2006）『帝国主義論』光文社
・Ｒ.ヒルファーデング（1910. 岡崎次郎訳1955）『金融資本論上、中、下』岩波書店
・Ｆ.エンゲルス（1894）「フランスおよびドイツの農民問題」大内力編訳「マルクス・エンゲルス農業論集」岩波文庫（1973）
・Ｋ.マルクス（1894. 岡崎次郎訳1969）『資本論(7)』岩波文庫
・Ｗ.モリス Ｅ.Ｂ.バックス（1893. 大内秀明監修 川端康雄監訳2014）『社会主義―その成長と帰結―』

引用参照文献（出版年順）

・William R. Neil (2016) Karl Polany and the Coming U.S.election. Real world economics. issue. NO.75
・The Economist (2012. May 19th). Breifing The endangered public company. The Big Engine that couldn't.
・Steven A. Bank (2010). From Sword To Shield. The Transformation of the Corporate Income Tax, 1861 to Present. Oxford UP
・Larry E. Ribstein (2010). The Rise of The Uncorporation. Oxford UP.
・John R. Bell (2009) Capitalism & The Dialectic. The Uno-Seckine Approch to Marxian Political Economy. Pluto Press.
・Brian R. Cheffins (2008) Corporate Ownership and Control, British Business Transformed. Oxford UP
・Andrew E. Barshay (2007) The Social Sciences in Modern Japan. California UP.
・Caroline Fohlin (2007). Finance Capitalism and Germany's Rise to Industrial Power. Cambridge
・Leslie Hannah (2007). The Divorce of Ownersip from Control from1900; Re-calibrating Imagend Global Historical Trends"49 Busine History 404
・Ranald C. Michie (2006). The Global Securities Market; A History. OXFORD UP
・Marco Becht and J. Bradford DeLong (2005). Why Has There So little Block Holding In America? In A History of Corporate Governance around the World, Edited by Randall K. Morck. The Univeresity of Chicago Press.
・Carolin Fohlin (2005). The History of Corporate Ownership and Control in Germany. In a History of Corporate Gorvernance around World, Edited by Randall K. Morck. The Univeresity of Chicago Press.

・R.ギルフィン（1987. 邦訳1990）『国際関係の政治経済学』東証経済新報社
・原田溥（1987）『ドイツ社会民主党と農業問題』九州大学出版会
・由井常彦（1986）『日本財閥経営史　安田財閥』日本経済新聞社
・森杲（1985）『株式会社制度論』北大出版社
・豊永泰子（1984）「ナチ党の農村政策―1926～33年6月―」川本和良・他編『比較社会史の諸問題』未来社
・北原勇（1984）『現代資本主義における所有と決定』岩波書店
・C.ヘルムート（1984. 久保正幡・村上淳一訳1991）『近代法への歩み』
・G.チプラ（1984. 三宅正樹訳（1989）『世界経済と世界政治』みすず書房
・L.ハンナ（1983. 湯沢威、後藤伸訳1987）『大企業経済の興隆』東洋経済新報社
・西村忠範（1983）「溺者の藁か法人資本主義論（上、下）」『経済評論』10月、11月号. 日本経済評論社
・降旗節雄（1983）『解体する宇野学派』論創社
・河西勝（1983）「第2章経済政策論研究」、清水正徳・降旗節雄編『宇野弘蔵の世界―マルクスの現代的再生』有斐閣
・松尾秀雄（1982）『所有と経営の経済理論』名古屋大学出版会
・西山忠範（1980）『支配構造論』文眞堂
・牧浦健二（1980）『ドイツの自己金融論』税務経理協会
・中村通義（1980）『株式会社論』亜紀書房
・大月誠（1978）「第二帝政期ドイツの土地国有論」 椎名重明『土地公有の史的研究』
・森川英正（1978）『日本財閥史』教育社
・A.チャンドラー（1977. 鳥羽・小林訳1979）『経営者の時代』）
・奥村宏（1975）『法人資本主義の構造』日本経済評論社
・W.ゴットシャルヒ（1973）保住俊彦・西尾共子訳『ヒルファーデング』
・加藤栄一（1973）『ワイマル体制の経済構造』東京大学出版会
・宇野弘蔵（1971改訂版）『経済政策論』弘文堂
・長坂聡（1971）「株式会社と自己金融」 武田隆夫・他編『資本論と帝国主義下』東大出版会
・宇野弘蔵（1970, 1973）『資本論五十年上、下』法政大学出版会
・D.ランデス（1969石坂昭雄、富岡庄一訳1980）『西ヨーロッパ工業史』みすず書房
・大塚久雄（1969）『株式会社発生史論』岩波書店
・志村嘉一（1969）『日本資本市場分析』東京大学出版会
・宇野弘蔵（1964）『資本論の経済学』岩波新書
・宇野弘蔵（1962）『経済学方法論』東大出版会
・西山忠範（1961）『株式会社に於ける資本と利益―企業会計法の問題点―』勁草書房
・戸原史郎（1960）『ドイツ金融資本の成立』東京大学出版会
・J.バーナム（1960）武山泰雄訳1965）『経営者革命』追加4.7以降、東洋経済新報社
・宇野弘蔵（1955）「座談会　法律学への疑問」『法律時報』第27巻、昭和30年4月
・R.ヒルファーデイング（1954）「歴史の問題」 倉田稔・上条勇編訳（1983）『現代資本主義論／R.ヒルファーデイング』新評論
・宇野弘蔵（1954）『経済政策論』弘文堂
・大隅健一郎（1953, 1987）『株式会社法変遷論』有斐閣
・A.ガーシェンクロン（1952. 久保清治訳『歴史的視野から見た経済の後進性』

・武藤秀太郎（2009）『近代日本の社会科学と東アジア』藤原書店
・西新津和典（2009）「企業それ自体」の理論と普遍的理念としての株主権の「私益性」(1)『法と政治』59巻4号
・河西勝（2009）『企業の本質―宇野原論の抜本的改正―』共同文化社
・高橋英治（2007）『ドイツと日本における株式会社法の改革―コーポレート・ガバナンスと企業結合法制』商事法務
・大田一廣（2006）「第２章宇野弘蔵」鈴木信雄編『経済思想⑥』日本経済評論社
・御崎佳代子（2005）「Ｍ・ＥＬワルラス」大森郁夫『経済学の古典的古典的世界』日本経済評論社
・Ｊ．デユメニル＆Ｄ．レヴィ（2003. 竹中進訳2006）『マルクス経済学と現代資本主義』こぶし書房
・Ｒ．ラジャン＆Ｌ．ジンガレス(2003. 堀内昭義・ブレウ聖子・有岡律子・関村正悟訳2006)『セイヴィングキャピタリズム』慶應義塾大学出版会
・Ｊ．ミクルスウエイト＆Ｅ．ウールドリッジ（2003. 鈴木恭雄訳2006）『株式会社』ランダムハウス講談社
・武藤秀太郎（2002）「宇野弘蔵の広域経済論―総力戦体制と東アジア―」『日本研究 No.25』
・保住俊彦・他（2002）『シュンペーターと東アジア経済』創土社
・田村達也（2002）『コーポレート・ガバナンス』中公新書
・若杉敬明（2001）「コーポレート・ガバナンス、日本企業に何が求められているか」『フィナンシャル・レヴュー』（December 2001）
・伊丹敬之（2001）『日本型コーポレート・ガバナンス』日本経済新聞社
・田中洋子（2001）『ドイツ企業社会の形成と変容』ミネルヴァ書房
・降旗節雄・伊藤誠編（2000）『マルクス理論の再構築―宇野経済学をどう生かすか』社会評論社
・久間清俊（2000）『近代市民社会と高度資本主義』ミネルヴァ書房
・Ｒ．ドーア（2000. 藤井眞人訳2001）『日本型資本主義と市場の衝突』東洋経済新報社
・Ｐ．シェアード（1997）『メインバンク資本主義の危機』東洋経済新報社
・降旗節雄編・宇野弘蔵・藤井洋（1997）『現代資本主義の原型』こぶし書房
・田中史郎（1996）「株式会社の変容と資本主義の現在―法人資本主義の成立とその特質」『経済研究所所報』秋田経済法科大学経済研究所、第24号
・有澤廣巳（1994）『ワイマール共和国物語上下』東京大学出版会
・Ｐ．Ｊ．ケイン・Ａ．Ｇ．ホプキンズ（1993. 竹内幸雄・秋田茂訳1997『ジェントルマン資本主義の帝国Ⅰ』名古屋大学出版会
・降旗節雄（1993）『生きているマルクス』文真堂
・河野裕康（1993）『ヒルファーデングの経済政策思想』法政大学出版局
・河西勝（1992）『農業資本主義』世界書院
・青木幸平（1992）『ポスト・マルクスの所有理論』社会評論社
・Ｊ．ガルブレイス（1992）「奉仕する経済学と豊かな経済学」Ｊ．Ｄ．ヘイ編・鳥居康彦監修『フューチャー・オブ・エコノッミクス』同文書院
・Ｐ．ジョンソン（1991. 別宮貞徳訳1992）『現代史1917－1980s（上・下）』
・Ｒ．アルブリトン（1991. 永谷清・他訳1996）『資本主義発展の段階論』社会評論社
・Ａ．チャンドラー（1990. 阿部悦・他訳1993）『スケール＆スコープ』有斐閣
・河西勝編著（1990）『世界農業問題の構造化―日本資本主義論争Ⅱ』社会評論社

和書参照引用文献（出版年順）

・柴垣和夫（2017）「社会諸科学から社会科学へ」『宇野理論を現代にどう活かすか』Newsletter 第２期　第18号
・伊藤誠（2016）『マルクス経済学の方法と現代世界』桜井書店
・水野和夫（2016）『株式会社の終焉』デスカヴァー
・佐和隆光（2016）『経済学のすすめ、人文知と批判精神の復権』岩波新書
・Ｊ.ステイグリッツ（2016）峯村利哉訳『THE EURO ユーロから始まる世界経済の大崩壊』徳間書店
・勝村務／小幡道昭教授退職記念誌刊行改会編（2016）『経済原論研究への誘い』響文社
・河村哲二（2016）「グローバル資本主義の段階論的解明―現代資本主義の理論と方法―」『季刊経済理論』第53巻第1号（2016年4月）
・伊藤光晴（2016）『ガルブレイス　アメリカ資本主義との格闘』岩波新書
・宇野弘蔵（2016）『経済原論』岩波文庫版
・太田仁樹（2016）『論戦マルクス主義理論誌研究』御茶ノ水書房
・マーヴィン・キング（2016. 遠藤真美訳2017）『錬金術の終わり―中央銀行のあり方を問い直す』日本経済評論社
・Ｒ.ライヒ（2015. 雨宮寛・今井幸子訳2016）『SAVING CAPITALISM 最後の資本主義』東洋経済新報社
・岩井克人（2015）『経済学の宇宙』日本経済新聞出版社
・Ｊ.リフキン（2015. 柴田裕之訳2015）『限界費用ゼロ社会』NHK 出版
・森杲（2014）「訳者解説；株式会社研究史におけるバーリ＝ミーンズ」『現代株式会社と私有財産』北海道大学出版会
・伊藤誠（2014）「21世紀の資本」論と『資本論』―格差拡大の政治経済学―」『現代思想』（1月臨時増刊号 VOl.42-17）青土社
・鎌倉孝夫（2014）『〈資本論〉を超える資本論―危機・理論・主体―』社会評論社
・相田愼一（2014）『ゲゼル研究　シルビオ・ゲセルと自然的経済秩序』ぱる出版
・トマ・ピケテイー（2013. 山形浩生・守岡桜・森本正史訳2014）『21世紀の資本』みすず書房
・山口重克（2013）「資本主義の不純化と多様化」『季刊経済理論』第50巻第2号．桜井書店
・柳澤治（2013）『ナチス・ドイツと資本主義―日本のモデルへ』日本経済評論社
・奥村宏（2013）『会社の哲学―会社をかえるために―』東洋経済新報
・中田常男（2012）『株式会社論と経営者支配』八朔社
・Ｊ.リカーズ（2012藤井清美訳2012）『通貨戦争』朝日新聞出版
・小幡道昭（2010）「純化傾向と体系的純化」桜井毅・山口克重・柴垣和夫・伊藤誠編『宇野理論の現在と論点』社会評論社
・中山智香子（2010）『経済戦争の理論―大戦間ウイーンと経済戦争の理論』勁草書房
・櫻井毅・山口重克・柴垣和夫・伊藤誠編著（2010）『宇野理論の現在と論点―マルクス経済学の展開』社会評論社
・伊藤誠（2010）「価値概念の深化とその歴史的基礎」櫻井毅・他編著『宇野理論の現在と論点』所収
・青木昌彦（2010. 谷口和弘訳2011）『コーポレーションの進化多様性　集合認知・ガバナンス・制度』NTT 出版
・Ｄ.ロスコフ（2009. 河野純治訳2009）『超・階級―グローバル・パワーエリートの実態』光文社

河西　勝（かさい・まさる）

1942年（昭和17年） 長野県諏訪市北沢（旧・現岡村）に生まれる
1958年（昭和33年）3月～ 1961年（昭和36年）3月　諏訪清陵高等学校在学
1961年（昭和36年）4月～ 1966年（昭和41年）3月　北大（教養部理類、農学部）在学
1966年（昭和41年）4月～ 1968年（昭和43年）3月　北大大学院農経学科修士課程在学
1968年（昭和43年）4月～ 1970年（昭和45年）3月　専修大学美唄農工短期大学在籍
1970年（昭和45年）4月～ 1972年（昭和47年）3月　北大経済学研究科博士課程在学
1972年（昭和47年）4月～ 1975年（昭和50年）3月　北大経済学部在籍（助手）
1975年（昭和50年）4月～ 2011年（平成23年）3月　北海学園大学経済学部在籍
1989年（平成1年）10月～ 1990年（平成2年）9月　イギリス・ワーリック大学客員研究員
2000年9月　北海道大学博士（農業市場論）
「第一次大戦前における小麦・砂糖世界市場の発展とドイツ農業の生産力形成」
共著（1977）『資本論を学ぶⅤ』有斐閣／（1979）『経済学原理論』社会評論社／
（1985）『宇野弘蔵の世界』有斐閣
編著（1990）『日本資本主義論争Ⅱ；世界農業問題の構造化』社会評論社
単著（1992）『農業資本主義─その論理と歴史─』世界書院
（2009）『企業の本質─宇野原論の抜本的改正─』共同文化社

宇野理論と現代株式会社──法人企業四百年ものがたり

2017年12月25日　初版第1刷発行

著　者────河西　勝
装　幀────右澤泰之
発行人────松田健二
発行所────株式会社 社会評論社
東京都文京区本郷 2-3-10
電話：03-3814-3861　Fax：03-3818-2808
http://www.shahyo.com
組版・印刷・製本──株式会社ミツワ

printed in japan